本教材2008年获“山东省高等学校优秀教材一等奖”

2020年被评为“山东省普通高等教育一流教材”

2014年被列为“山东大学第一批精品教材建设项目”

2022年被列为“山东大学高质量教材出版专项”

特此声明并致谢

2008年山东省高等学校优秀教材
2020年山东省普通高等教育一流教材

·高等院校精编社会学教材系列·

社会科学研究方法 第四版

主编 林聚任 副主编 泥安儒 刘玉安

山东人民出版社·济南
国家一级出版社 全国百佳图书出版单位

图书在版编目（CIP）数据

社会科学研究方法 / 林聚任主编．—4版．— 济南：山东人民出版社，2023.8（2025.7重印）
ISBN 978-7-209-14523-7

Ⅰ．①社… Ⅱ．①林… Ⅲ．①社会科学-研究方法 Ⅳ．①C3

中国版本图书馆CIP数据核字（2023）第161180号

社会科学研究方法（第四版）
SHEHUI KEXUE YANJIU FANGFA (DI SI BAN)
林聚任 主编

主管单位 山东出版传媒股份有限公司
出版发行 山东人民出版社
出 版 人 田晓玉
社　　址 济南市市中区舜耕路517号
邮　　编 250003
电　　话 总编室（0531）82098914
　　　　 市场部（0531）82098027
网　　址 http://www.sd-book.com.cn
印　　装 山东新华印务有限公司
经　　销 新华书店

规　　格 16开（185mm×260mm）
印　　张 23.25
字　　数 510千字
版　　次 2023年8月第4版
印　　次 2025年7月第2次
ISBN 978-7-209-14523-7
定　　价 46.80元

第四版前言

本教材自2004年初版以来,2008年出版第二版,2017年出版第三版,前后共印刷10多次,销售近3万册,被国内多所高等院校列为本科生或研究生的学习用书,受到了广大读者的欢迎。本教材2008年获"山东省高等学校优秀教材一等奖",2020年被评为"山东省普通高等教育一流教材"。同时,被列为山东大学精品课程"社会研究方法"指定教材,2014年被列为"山东大学第一批精品教材建设项目"。2022年,本教材被列为"山东大学高质量教材出版专项",并获得出版支持,故修订出版第四版。

近年来,随着信息技术的快速发展和计算社会科学的兴起,社会科学研究方法取得了一系列新进展。特别是随着"大数据"(Big data)时代的到来,社会研究方法得到更新,并对传统的研究思维提出了挑战。大数据不但深刻地影响了人们对社会世界的认识,而且为社会研究方法的革新提供了极大的可能性。社会学研究通过与大数据的创新结合,有可能重塑传统社会学研究的范式,开拓新的研究领域与方向。其发展和变革所带来的主要影响可概括为如下方面①:

第一,大数据让我们对社会研究数据有了全新认识。社会学研究长期以来受实证主义方法论影响,非常重视定量数据资料,而传统的定量数据主要是基于个体样本的调查数据。这类结构化数据虽然在代表性大样本条件下具有推论性和解释性,但因受调查研究条件等因素的影响,样本规模总是有局限性。而大数据的出现完全改变了数据的性质,让我们对社会研究的数据有了全新的认识。

所谓大数据,通常与云计算相关,是以海量数字为计量的以非结构化和半结构化为主要形式的数据,其主要特征包括数据量极大、数据类型多样、时效性高、应用价值广泛等。马修·萨尔加尼克(M. J. Salganik)在《计算社会学》中指出,大数据有利于社会研究的突出特征是海量性、持续性和不反应性。这些特征都是传统定量数据所不具备的。以往社会研究即使有足够多的大样本,但在数量上也是很有限的。而利用大数据可轻易获取几十万甚至更多分析对象的数据信息。正如他所说的,"不断增加的海量大数据意味

① 参见林聚任:《大数据时代定量社会研究方法的革新与挑战》,《中国社会科学报》2022年7月13日,第5版。

着我们已经从一个缺乏行为数据的世界进入一个行为数据极其丰富的世界”①。

第二，大数据拓展了社会研究数据获取途径。传统定量社会研究数据主要依靠问卷调查或实验研究等专门法获取，方式有限且受多种研究条件的制约。进入大数据时代，我们获取数据的途径大大拓展。目前社会大数据存在于社会活动的各个领域，专门开发大数据的机构也越来越多，数据存储、挖掘和开发技术也在不断进步。这为我们获取和利用大数据提供了极大的便利。在大数据时代开展社会研究遇到的难题，已经不同于传统社会研究常常受困于数据获取，越来越多的研究者感到数据或信息太多，面临难以取舍的问题。

第三，大数据极大地发展了定量研究方法。近几十年来，定量社会研究方法虽然不断发展进步，但总是存在一定的局限性。随着现代计算机技术和“云计算”的快速发展，分析方法和技术不断更新，从而极大地丰富和发展了定量社会研究方法。比如，基于互联网、物联网的数据挖掘与分析技术已有广泛应用。因此，在新的计算技术和方法基础上的社会科学研究，已在数据处理与分析方式上发生了重大变化，新的计算社会学与传统的定量社会学存在非常大的不同。也可以说，大数据及相关新技术的发展与社会科学研究的结合，形成了具有学科交叉性的计算社会科学，这为定量社会研究方法的创新提供了方向和可能性。

大数据的出现既为社会研究带来了前所未有的机遇，同时也带来了极大的变革与挑战。有的学者甚至把与大数据相关的计算社会科学的兴起称为社会研究的一次“范式革命”。“在开展社会科学研究中，数字社会研究不再是一种补充或一种修饰，相反，它正在改变着社会研究的性质，因为数字已经改变和正在改变着我们的社会。”②我们已进入数字化的信息社会新阶段，各领域信息的数字化成为普遍的发展趋势，这就需要社会研究以更加开放和积极的态度去对待大数据。因此我们需要重视大数据，以开放和专门化的方式接受和合理利用大数据。一方面，需要处理好社会研究的目的与工具之间的关系。传统社会学定量研究的基本程序是预先提出研究假设，按照自己设计的研究框架收集定量数据资料进行分析。这种演绎式的研究逻辑主要是“理论导向型”的。而新的以大数据为主的社会研究逻辑看起来是“数据驱动型”的，即这种研究所依赖的大数据不是研究者按照事先设计的方法获取的，而是从其他途径直接获取的。另一方面，需要处理好传统定量社会研究与大数据方法之间的关系。近年来，社会学在研究范式上出现了一些新的变化趋势，研究方法的整合创新已成为重要发展方向。

从研究方法应用层面来说，社会科学研究日趋多样化和实用化。学习研究方法的目的，不仅在于掌握基本的分析技术和技巧，还在于对社会研究的性质和应用有更深入的理解。随着社会研究的发展，学术界出现了“实践转向”，研究者的关注重点由对知识自身的探求，转向了研究的实践建构过程。或者说，从社会建构论的角度来看，社会研究本身实际上是一种实践活动，社会研究者及其对象都是处于实践之中的要素。所以实践取

① ［美］马修·萨尔加尼克：《计算社会学》，赵红梅、赵婷译，中信出版集团2019年版，第19页。
② G. A. Veltri. *Digital Social Research* . Cambridge：Polity Press. 2020. P. 198.

向的社会研究需要对“作为研究对象的实践”与“作为研究过程的实践”都要有反思性的分析，以把握研究实践的复杂关系，提高研究的针对性和实用性。实际上，在研究中不存在客观的旁观者，研究者、对象、环境条件等构成了一张无缝之网，它们相互影响、相互介入，通过这一实践过程而建构起我们所谓的知识或社会现实。所以，社会科学研究具有很强的实践目的性和价值性，研究目的和需求是多样化的，研究者应对自己所做研究的目的有明确的认识。

为适应社会科学研究的这些新变化和新需要，我们本次又对教材部分内容做了相应修订。修订的基本原则仍然是，保持教材原有的基本风格和优点：内容体系全面、新颖、实用；写作风格力求简明扼要；适用对象广泛，以满足多层次读者的需要。因此，本教材不但面向社会学、社会工作专业的学生，也面向政治学、人类学、教育学、心理学、新闻传播、公共管理等专业的学生。因为社会研究方法涉及不同层次的知识，有些是关于一般性的研究方法，有些则是关于复杂的高级研究方法，故在教学过程中可根据不同情况有所取舍。

本次修订，注重吸纳该领域内的最新成果和知识，促进教学效果和学生学习能力的提升。跟之前版本相比，我们首先根据近年来社会研究方法的最新进展和成果，特别是大数据和网络化研究的发展，对部分章节的内容进行了调整、修改和补充，增加了一些新内容或案例。此外，适应数字化和信息化教材建设的新要求，力争在内容呈现方式等方面有所更新。

本书的整体结构仍然为三编共十七章。第一编是总论，从整体上说明社会科学研究方法的性质、方法论、理论建构、研究设计与测量、抽样等内容。第二编介绍目前社会科学研究的各种主要方法，包括文献研究法、比较研究法、实地研究法、访问研究法、调查研究法、实验研究法等，同时简要介绍了社会网络分析法和统计分析法。第三编主要是社会科学研究的应用与评估，包括政策分析与评估研究、社会研究成果撰写与解析、社会研究伦理等内容。

目 录

第二编　研究与分析方法

第三编　应用与评估

第一编

总论

第一章　导　论

随着科学的快速发展与进步，社会科学研究知识和方法不断更新，其重要性也日益凸显。社会科学研究与自然科学研究在方法上既有相通之处，也存在明显的差别。科学究竟是什么？这些被称之为社会科学的学科与那些传统的、公认的即通常所说的自然科学有哪些联系和区别？社会科学是否应该像自然科学那样采用某些为所有研究者普遍认可、共同使用的方法进行研究？这些是本章要讨论的主要问题。

第一节　社会研究与科学

一、什么是科学和科学研究？

“科学”已经成了时下使用范围最广、重复频率最高的字眼，似乎已经变成一个人人都理解、人人都接受的概念。例如，在谈到21世纪时，人们会说这是一个“科学革命和知识经济时代”；在宣传中，我们经常听到“崇尚科学、反对迷信”的口号；在工厂、公司里以及各种建筑工地上，随处可见“科学施工、科学管理、节能增效”之类的标语；在广大农村地区，“科学种田”已经不仅仅是口号，还成为许多农民脱贫致富的现实手段。“科学”甚至与人们的日常生活也是密不可分的。按照各种广告的说法，几乎所有的牙膏、洗发水、饮料，更不用说各种保健品、营养素，都是采用“科学配方”精心配制而成，并经过了“科学鉴定”。

科学到底包含哪些因素？科学中到底有哪些特殊成分，使得它受到人们如此的尊重？英文中的“科学”(science)一词来源于拉丁文 scientia，意思就是“知识”“学问”。早在古希腊时期，亚里士多德在使用和讨论“科学”这一范畴时，就把它与知识联系在一起，认为科学是关于事实的原因的知识。被誉为近代实验科学真正始祖的弗朗西斯·培根(Francis Bacon)在提出“知识就是力量”这一口号时，进一步把知识与科学联系在一起。

科学是一种知识，这一点不难被大家接受，但是不能说“知识是科学”。例如，许多产品推销员、经纪人、传教士以及哲学家在他们各自的领域内拥有许多知识，但是如果把他们所拥有的知识都说成“科学”，则势必引起混乱和争论。也就是说，有些知识可以称之为科学，有些知识不能称之为科学。那么，哪些知识可以称之为科学呢?

罗素(Bertrand Russell)曾经把“科学”规定为诉诸人类理性的“确切的知识”，而所谓“确切的知识”，是指关于有限领域、有实证根据、有明确适用范围的知识。显然，罗素的着眼点在于把科学与宗教、哲学区别开来。这一区别固然很有必要，但是还不全面。按照罗素的规定，人们的许多琐碎常识显然也可以堂而皇之地登上“科学”的殿堂。于是，按照所谓的关于科学知识的标准观点来看，科学在“自然界被认为是真实的和客观的。其性质不会受观察者的偏好或目的的决定。然而这些性质可被或多或少地如实反映出来。科学是对发生在自然现象界的事物、过程和关系提出精确解释的学术活动。在这一意义上，科学知识是有效的，它以系统化形式揭示和归纳自然界的真实性质”①。

综合了各家学说之后，《韦伯斯特新世界大辞典》给“科学”下了这样一个定义：“科学是从确定的研究对象的性质和规律这一目的出发，通过观察、调查和实验而得到的系统的知识。”

这个定义首先规定了科学的研究对象，这个研究对象就是不依赖于我们认识主体而存在的客观世界，这个世界有着自身的规定性和发展规律。这一点是一切科学的前提。用爱因斯坦(Albert Einstein)的话来说就是，“在我们之外有一个巨大的世界，它离开我们人类而独立存在，它在我们面前就像一个伟大而永恒的谜，然而至少部分地是我们的观察和思维所能及的”②。现在，几乎所有的人都知道，在人类出现以前，地球早已存在了很长很长一段时间。在将来的某一天，人类灭绝了，地球还会绕着太阳旋转。甚至即使地球爆炸了，消失了，火星、木星等仍会绕着太阳旋转。即使太阳系整个都毁灭了，银河系仍然会存在。

这个不依赖于我们而存在的客观物质世界有着它自身的发展规律。在这里，四季的更替、月缺花残、潮起潮落等现象都按照一定的规律有条不紊地进行着。科学的目的就在于认识这些事物并且发现这些规律。显然，这个过程从人类脱离动物界的那一天起就开始了。不过，最初人们采用了一些极其原始、粗陋，甚至是极其愚昧的方式来求得关于外部世界的知识，如占星、占卜等。后来，随着生产力水平的提高，一小部分人可以脱离生产活动，专门从事对自然界以及人类社会的研究，出现了一批圣贤者、智者、大师，这些圣贤者、智者、大师发表了他们的经典著作。当人们碰到一些令人困惑不解的问题时，这些人以及他们的著作便常常被咨询、被查阅，他们的意见常常被当作权威来引证。从人类发展史的角度来说，接受前人的知识，以已有的知识水平为起点，把人们对自然界和社会的认识逐步推向深入，这是无可厚非的，甚至是一个必然的过程。但是，人们在接受权威意见时往往忘记了这一点：权威的意见是有条件的。像神学家通过所谓神的启示而得出的权威意见，例如《圣经》，本来就是虚幻的、无法证实的，但是，在整个中世纪，在基督

---

① ［英］迈克尔·马尔凯：《科学与知识社会学》，林聚任等译，东方出版社2001年版，第26页。

② ［美］爱因斯坦：《爱因斯坦文集》（第一卷），许良英、范岱年编译，商务印书馆1976年版，第2页。

教世界,《圣经》一直被当作最高权威而被引证,它的条文、它的说法在任何法庭上都具有最高法律效力。就是像亚里士多德那样伟大的科学家,他的许多意见、看法和结论虽然现在看起来非常荒唐,但曾经因为亚里士多德的意见是权威意见,而被人们长时间信奉。罗素曾经举过一个例子:在近代解剖学发展起来以前,欧洲人都相信女人比男人少两颗牙,因为这是亚里士多德说过的。罗素深感遗憾地指出,这么一个简单的错误,居然欺骗了人类两千多年!

伽利略(Galileo Galilei)和牛顿(Isaac Newton)在17世纪所开创的近代实验科学与古代那种盲目认同权威意见的做法是格格不入的。不过,谈到近代实验科学,我们必须首先提一提被马克思称为"英国唯物主义和整个现代实验科学的真正始祖"①的弗朗西斯·培根。培根提出了一个著名的口号"知识就是力量"。他认为,人类经历过的无穷的灾难都是源于对自然的无知。只有发现自然界固有的规律,只有认识了自然界,才能改造自然界,使自然界为人类造福。以往人们也对自然界进行过研究,但由于受神学和经院哲学的束缚,虽然有许多著作问世,但人们对实际事物、对自然界的认识并没有增进多少,许多研究甚至束缚了人类理性的发展,自然界反倒成了一座越来越不可理解的迷宫。培根主张在适当的基础上,把科学、艺术和人类的一切知识加以重新改造。这个基础就是唯物主义的经验论。用马克思的话来说就是,"在他的眼中,自然科学是真正的科学,而以感性经验为基础的物理学则是自然科学的最重要的部分"②。在培根看来,必须从事物本身去研究事物。人们的感觉是完全可靠的,是一切知识的源泉。虽然他知道单凭经验还不足以认识自然,还必须对感觉经验进行加工、分析,但他坚持认为理性思维所加工整理的材料必须来自感觉经验。为此,他创立了经验归纳法。他强调,归纳要从感觉材料出发,循序渐进,逐步上升到普遍原则。为了防止偏颇,防止从个别现象得出普遍结论,他还特别强调,在搜集材料、进行归纳的过程中,不仅要注意正面的例子,还要注意反面的例子,同时也要注意那些程度不同的例子。经由这种方法得出的结论,还应该回到自然之中,通过实验来检验所得到的结论是否正确,是否真正揭示了自然界的奥秘。培根说:"一切比较真实的对于自然的解释,乃是由适当的例证和实验得到的。感觉所决定的只接触到实验,而实验所决定的则接触到自然和事物本身。"③

由伽利略和牛顿所开创的近代科学,特别是近代物理学,基本上贯彻了培根的上述原则。自那时以来,人类开始了揭示自然界奥秘的快步进军。随着"日心说"的确立,"万有引力"以及细胞、能量转化、生物进化等一系列新的发现,人类对自己所生存于其中的自然界以及自身终于有了全面、系统的了解。人类完全可以靠经验自然科学本身所提供的事实、所显示出来的因果链条来认识自然界。科学上的这些发现,很快转化为工业技术。工业技术的改进极大地提高了人类改造自然、造福自身的能力。正如马克思和恩格斯在19世纪中期所指出的,"资产阶级在它的不到一百年的阶级统治中所创造的生产

① 《马克思恩格斯全集》第2卷,人民出版社1957年版,第163页。

② 《马克思恩格斯全集》第2卷,人民出版社1957年版,第163页。

③ 北京大学哲学系外国哲学教研室编译:《十六—十八世纪西欧各国哲学》,商务印书馆1975年版,第17~18页。

力,比过去一切世代创造的全部生产力还要多,还要大。自然力的征服,机器的采用,化学在工业和农业中的应用,轮船的行驶,铁路的通行,电报的使用,整个整个大陆的开垦,河川的通航,仿佛用法术从地下呼唤出来的大量人口,——过去哪一个世纪料想到在社会劳动里蕴藏有这样的生产力呢?"[①]科学的长足进步不仅揭示了自然界的奥秘,提高了人类改造自然的能力,而且改变了人们的生活方式和思维方式。到19世纪中叶,科学在社会生活中已经确立起极其重要的地位,成为人们改造自然、征服自然须臾不可离开的法宝,并得到了人们的高度尊重。

科学究竟有哪些特点呢?

将我们先前讨论过的有关科学的那些定义与培根对近代实验科学的要求以及近代科学的实际发展情况结合起来,可以做这样的概括:

第一,科学具有客观性。自然界的一切事物都有其原因,但所有的自然现象,无论在表面上有多少偶然性因素,其出现都是客观的,都是不以任何人的意志为转移的。科学的目的就在于发现这些客观现象之间的因果联系,并通过这种发现来改造自然。

第二,科学具有系统性。科学旨在揭示自然界的奥秘,揭示自然现象之间规律性的联系,因此,与单个的公理、发现、判断以及箴言、格言等不同,科学通常表现为一个逻辑上相互联系的知识体系。

第三,科学具有普遍性。科学揭示的是规律性的联系,这种规律性的联系就表现在它的普遍性上,即表现为:在相同的条件下,同样的原因会产生同样的结果。例如,在正常的气压下,水在零摄氏度时结冰。

第四,科学具有实证性。科学是从观察自然现象开始的,它的所有发现、所有结论都必须经过实践的检验才能确证。不能通过实践确证的知识不能称作科学。

第五,科学具有开放性。科学上的所有发现都要经过实践或实验来验证。验证则至少有成功或失败两种可能。如果验证失败,必须修改乃至推翻先前的理论。不仅如此,人类对自然界的认识是一个由浅入深、由片面到全面的过程。这意味着,即使在一定的条件下实践或实验成功了,如果在以后反复的实践中发现了例外,那么还是要修正原来的理论。青霉素的发现是一个很好的例证。尽管它在一开始曾获得了巨大的成功,挽救了无数人的生命,但后来人们发现它并非适用于所有人,在使用它之前还必须做过敏试验。再后来,人们又发现许多细菌对它产生了抗药性,于是第二代、第三代青霉素相继问世。总之,科学不相信一劳永逸的发现,不接受千古不变的结论,科学是开放的。

科学研究是运用一定的研究方法和手段,去探讨客观事物的内在本质和规律的一系列活动,旨在获取系统化的知识,并把科学知识运用于解决某些问题。因此,科学研究离不开研究方法,研究方法的改进可以促进科学的发展。

二、社会科学是可能的吗?

以上我们所讨论的,实际上还仅限于自然科学,特别是限于以传统物理学为代表的

---

① 《马克思恩格斯选集》第1卷,人民出版社1995年版,第277页。

自然科学。我们提到,自然科学以自身的巨大进步、巨大成就而赢得了人们对它的尊重。就连原先对科学采取敌视态度的基督教会也不得不改变态度。基督教会声称,它与科学一样,也尊重因果规律,同时还曾郑重其事地在1980年,即1600年宣判的380年之后,公开为近代科学的奠基者之一的布鲁诺(Giordano Bruno)平反,承认当年对布鲁诺的处罚是错误的,表示了对科学的尊重。

在整个19世纪,自然科学的巨大成就还激发了人们运用自然科学的方法来研究社会现象的热情,形成了一股被列宁称为"从自然科学奔向社会科学的强大潮流"①。这股潮流的弄潮儿就是被公认为社会学创始人的奥古斯特·孔德(Auguste Comte)。孔德认为,在自然现象范围内,各门科学已经贯彻了实证主义原则,已经取得了无可争议的成功,在人类社会生活领域中为什么不能做同样的尝试呢?他提出,人类智慧现在已经建立了力学的或化学的天体物理学和地球物理学,也建立了动物或植物的有机物理学,余下要建立的是社会物理学。孔德给自己提出的任务就是建立一门可以与天文学、物理学、化学、生物学等相提并论的专门研究人类社会生活、社会现象的科学。他最初把这门学科命名为"社会物理学",后来他又发明并且使用了"社会学(sociologie/sociology)"这一概念。显而易见,孔德所要创建的"社会学"非常宽泛,它实际上包含了我们现在所说的政治学、经济学、法学以及狭义的社会科学等所有的社会科学。他希望把社会科学建成像物理学、化学、生物学一样的"实证科学"。因为在孔德以前,以社会现象为主要研究对象的各门学问,包括最古老的哲学在内,还没有进入"科学"的殿堂,这些学问常常被归于"修辞学"(rhetoric)、"人文学"(humanities)、"艺术"(arts),等等。那么,孔德的主张实现了吗?社会科学是可能的吗?

孔德已经发现,社会现象不同于天文、物理、化学、生物等自然现象。既然与这些自然现象相对应的各类自然科学都已经建立起来了,那么,与社会现象相对应的社会科学(孔德称之为社会物理学)也应该能够建立起来。孔德的这一主张是合情的,但不尽合理,因为他并没有注意到社会现象与天文、物理、化学、生物等自然现象有着很大的不同。概括地说,社会现象与自然现象至少存在以下四个方面的区别:

第一,复杂程度不同。虽然从哲学的意义上说,包括人类社会在内的整个物质世界服从着统一的运动规律,但是,在目前被普遍承认的五大类运动,即天文运动、物理运动、化学运动、生物运动和人类社会运动中,人类社会运动是非常复杂的。在这复杂程度不同的五类运动中,每一类较复杂的运动都包含着比它复杂程度低的运动,但不能归结、还原为复杂程度较低的运动。例如,据报道,英国的科学家们曾经试图依据奶牛的肠胃消化过程制造一条生产牛奶的机器生产线,结果失败了。还有一部推理电影,讲述人们用希特勒的基因克隆出一个小希特勒,结果这个小希特勒与第二次世界大战的那个元凶在性格及心理状态上都完全不同,原因是这个小希特勒所生活的社会环境与希特勒当年的完全不同。由此得出结论:人是社会环境的产物。在这个意义上,人既不是机器,也不是生物,而是"一切社会关系的总和"。因此,不能把研究自然现象的方法直接搬进社会现

① 《列宁全集》第25卷,人民出版社1988年版,第43页。

象研究领域中来。

第二，因果联系的方式不同。与复杂程度相一致，在自然界和社会领域中，事物之间因果联系的方式并不相同。在自然界中，一个事物可能由一个或几个事物共同作用而产生，即一果一因或一果多因；一个事物也可能引起一种或多种结果，即一因一果或一因多果。例如，在一个标准气压下，水在零摄氏度时结冰，在100摄氏度时沸腾。在这里，气压和温度这两个原因决定着水的冰点和沸点。在社会领域中，某一事件往往是由许许多多的原因共同引发的，而一个大的历史事件往往又可能引发许许多多的其他事件。例如第二次世界大战、中国的“文化大革命”、苏联解体等，关于这些事件的原因以及由它们所引起的结果可以说不计其数。不同社会科学研究工作者对同一事物的不同解释绝不仅仅是“见仁见智”的问题，更可能是“盲人摸象”，每一个特定的社会科学研究者所了解的，只不过是错综复杂的因果链条中的一部分。这就使得人们在社会领域中，很难形成像在自然领域中形成的那样系统的、全面的知识体系。

第三，受认识主体的影响程度不同。虽然绝大多数社会现象是不以认识主体的意志为转移的，是外在于认识主体的，但是，我们不得不承认，社会现象、社会事实毕竟是人们活动的结果。行动者不仅拥有各种情感、独立的价值观，作为认识的主体，也是有着一定“先入为主”的偏见的人。一个最简单而且也最容易为人们所接受的事实是：情人眼里出西施。虽然绝大多数社会科学研究者都意识到“价值判断”与“事实判断”存在着明显的差别，而且几乎所有的研究者都在力戒“价值判断”的影响，然而事实上这一点难以做到，因为社会事实与社会价值是密切联系在一起的。每一位政治家、每一个政党、每一个政党的每一个竞选纲领、每一场战争等，事实上都渗透着、凝聚着不同的价值。在研究这些事实的时候，显然不可能把它们所内含的价值与这些事实完全剥离开来。

不仅如此，研究者选择一些事实、排除另外一些事实作为自己的研究对象，并且能够理解它们，必然也要受其判断能力和价值观的影响。千里马只有在伯乐的眼中才有价值，俞伯牙的琴声只有钟子期才能完全理解其含义。用马克思的话来说就是，“对象如何对他说来成为他的对象，这取决于对象的性质以及与之相适应的本质力量的性质；因为正是这种关系的规定性形成一种特殊的、现实的肯定方式”①。“从主体方面来看，只有音乐才能激起人的音乐感；对于没有音乐感的耳朵说来，最美的音乐也毫无意义，不是对象，因为我的对象只能是我的一种本质力量的确证，也就是说，它只能象我的本质力量作为一种主体能力自为地存在着那样对我存在，因为任何一个对象对我的意义（它只是对那个与它相适应的感觉说来才有意义）都以我的感觉所及的程度为限。”②

虽然主体在认识过程中的这种能动性也表现在对自然现象的研究中，但在社会现象的研究中，主体的感受性、主体的判断力、主体的价值观在整个研究过程中的作用显然要比在自然现象研究过程中大得多。

第四，在自然现象中，任何事情的发生与发展，大都是一些不自觉的、盲目的动力在

---

① 《马克思恩格斯全集》第42卷，人民出版社1979年版，第125页。

② 《马克思恩格斯全集》第42卷，人民出版社1979年版，第125～126页。

起作用。而在社会历史领域内进行活动的,包括认识的主体和客体,是具有意识的、经过思虑或凭激情行动的、追求某种目的的人;任何事情的发生都不是没有自觉的意图,没有预期的目的的。这也使得对社会现象的研究与对自然现象的研究极为不同。在自然现象的研究中,当我们控制了一定的条件,例如一定的压力、一定的温度、一定的电压和电流,就可以把食盐电解。在这个过程中,食盐的分子绝不会因为有人在观察它们而改变自己的行为方式。在社会领域中却不同,在很多情况下,由于研究者的介入,被研究者往往自觉不自觉地改变自己的行为方式。在某些情况下,被研究者还参与到研究过程本身。正如华勒斯坦(Immanuel Wallerstein)所指出的,"与自然科学所界定的自然界不同,社会科学的对象领域有其自身的特点:不仅研究对象包括了研究者本人,而且被研究的人还能够与研究者展开各种各样的对话或辩论。在自然科学中,辩论的问题通常无须诉诸研究对象的观点就能够加以解决。相反,社会科学家所研究的民族(或其后代),不管其观点是否为学者们所探求,都越来越频繁地参与到讨论中来,而对研究者来说,他们的闯入经常都是不受欢迎的"①。换句话说,与自然科学的研究对象不同,社会科学的研究对象在很多情况下参与到研究过程之中,这就不可避免地使研究过程更加复杂了。

我们还可以发现,自然现象与社会现象之间存在着更多的差别。不过,仅仅以上四个方面的区别,似乎已经足以使人们提出这样的疑问:社会科学是可能的吗?

第二节 社会科学研究的属性与基础

一、社会科学研究的属性

虽然目前尚存在不同的观点,但绝大多数社会科学家对上述问题都做了肯定的回答。其中,恩格斯和法国社会学家涂尔干(又译为迪尔凯姆,Emile Durkheim)的回答尤其具有代表性。

在《费尔巴哈和德国古典哲学的终结》一文中,恩格斯曾明确地提出:在社会历史领域中"也完全像在自然领域里一样,应该通过发现现实的联系来清除这种臆造的人为的联系;这一任务,归根到底,就是要发现那些作为支配规律在人类社会的历史上起作用的一般运动规律"②。

恩格斯充分注意到了自然现象与社会历史现象之间的区别。他指出,在自然界中起作用的是不自觉的、盲目的动力。"这些动力彼此发生作用,而一般规律就表现在这些动力的相互作用中。在所发生的任何事情中,无论在外表上看得出的无数表面的偶然性中,或者在可以证实这些偶然性内部的规律性的最终结果中,都没有任何事情是作为预期的自觉的目的发生的。相反,在社会历史领域内进行活动的,是具有意识的、经过思虑

---

① [美]华勒斯坦等:《开放社会科学》,刘锋译,生活·读书·新知三联书店1997年版,第54页。

② 《马克思恩格斯选集》第4卷,人民出版社1995年版,第247页。

或凭激情行动的、追求某种目的的人；任何事物的发生都不是没有自觉的意图，没有预期的目的的。但是，不管这个差别对历史研究，尤其是对个别时代和个别事物的历史研究如何重要，它丝毫不能改变这样一个事实：历史进程是受内在的一般规律支配的。因为在这一领域内，尽管各个人都有自觉期望的目的，总的说来在表面上好像也是偶然性在支配着。人们所期望的东西很少如愿以偿，许多预期的目的在大多数场合都互相干扰，彼此冲突，或者是这些目的本身一开始就是实现不了的，或者是缺乏实现的手段的。这样，无数的单个愿望和单个行动的冲突，在历史领域内造成了一种同没有意识的自然界中占统治地位的状况完全相似的状况。行动的目的是预期的，但是行动实际产生的结果并不是预期的，或者这种结果起初似乎还和预期的目的相符合，而到了最后却完全不是预期的结果。这样，历史事件似乎总的来说同样是由偶然性支配着的。但是，在表面上是偶然性在起作用的地方，这种偶然性始终是受内部的隐蔽着的规律支配的，而问题只是在于发现这些规律。"①显而易见，恩格斯认为，尽管社会历史现象与自然现象有区别，但是社会历史领域同自然界一样有着自身发展的客观规律，社会科学在本质上与自然科学一样，就是要发现这些客观规律。

法国社会学家涂尔干的回答更加具体。在某种意义上，我们可以把涂尔干看作孔德思想的继承者和实践者。孔德虽然在 1830 年就提出创建"社会物理学"，后来又把这门新学科命名为"社会学"，但直到 1897 年涂尔干的《自杀论》问世之前，社会学一直未被承认为一门独立的学科。《自杀论》的问世，在某种意义上可以说是用事实证明了社会学，或者说是整个社会科学是可能的。

《自杀论》是一本与数学、物理学等著作一样充满了数字及计算公式的书。以往的研究者大都把自杀当作一种心理现象，涂尔干首次把它当作一种社会现象来研究，因为他发现，某个人自杀固然可能有心理方面的原因，但个人心理方面的原因显然不能解释一个社会自杀率的变化。他认为，一个社会的自杀率的变化是一种社会现象。他指出，所谓社会现象，是指"一种与已经形成的个体现象相脱离的现象"，"它们是存在于人们身体以外的行为方式、思维方式和感觉方式，同时通过一种强制力，施以每个个人"。② 他认为："社会现象是客观事物，要研究它，就必须把它当作事物来看待……把一切现象都看作是事物，是所有科学的出发点。社会现象毫无疑问体现着这种性质。"③在《自杀论》中，涂尔干令人信服地证明了：自杀虽然是一种个人现象，但是其主要不是取决于个人的内在特性，而是取决于支配着个人行为的外在原因，取决于社会的整合程度。根据社会整合程度的变化，人们甚至可以有把握地预计自杀率的变化。也就是说，在社会现象的研究中可以发现存在于自然现象中的同样的规律。这样，涂尔干用他的案例研究证明了社会科学是可能的。

也有一部分学者对社会科学的可能性持否定的态度。这些学者认为，社会科学的重要研究对象是人或人的行为，而人是有自由意志和价值追求的，社会科学研究应该侧重

---

① 《马克思恩格斯选集》第 4 卷，人民出版社 1995 年版，第 247 页。
② ［法］埃米尔·迪尔凯姆：《社会学方法的规则》，胡伟译，华夏出版社 1999 年版，第 5 页。
③ ［法］埃米尔·迪尔凯姆：《社会学方法的规则》，胡伟译，华夏出版社 1999 年版，第 23 页。

于对人类自身价值的体验和思考,因而应该体现出个体性和独特性。换言之,社会科学研究的重点应在于个体化的感受、理解和表达,而非像自然科学那样去追求所谓的普遍规律。德国哲学家狄尔泰(Wilhelm Dilthey)和英国哲学家席勒(F. C. S. Schiller)就是持上述观点的典型代表。狄尔泰的追随者贡布里希(E. H. Gombrich)说:"人文科学学者必须与自然科学学者不同,他必须放弃因果说明,放弃发明确切的法则的努力。他关心的不是说明,而是理解,是阐释学。"①

席勒则主张,人文社会科学应当既立足于观察,同时又超越现实。人文社会科学研究的过程应该是一个情感与理性互动的过程。他强调,在人文社会科学研究领域内,人们诚然要运用事实、原因、规律性等概念,但更多的应使用价值、理想、情感、人性、善恶、美丑等概念,只有这样,才能更合理、更深刻地理解和体验人类的精神生活、宗教信仰以及文化世界。他说:"人本主义就是对于下面这个见解的系统一贯和有方法条理的发挥:每一种思想都是一种个人的行为,做这个行为的是某个思想者,而对于这个行为是可以(要)让他负责的。"②

不能否认,狄尔泰和席勒的思想是有其道理的。特别是在像文艺、美学、哲学以及语言学这样一些领域中,的确更难以发现像在自然科学中所发现的那样一些精确的规律。按照他们的观点,全部科学应该分为三类,即自然科学、社会科学和人文科学。在经济学、政治学、社会学以及法学等社会科学领域中,人们更容易使用自然科学的方法,发现类似于自然科学中那样具有普遍性、可重复性的客观规律。在这些领域中,虽然行动者个人的愿望、激情、信仰、价值取向、自由选择等似乎发挥着更大的作用,但是正如恩格斯曾经指出的,"愿望是由激情和思虑来决定的。而直接决定激情或思虑的杠杆是各式各样的"③。这些愿望和激情的产生和形成看起来似乎完全是由偶然的、个别的因素决定的,实际上不然。就拿"爱情"这一充满个人激情且似乎最难以把握的事物来说,其实也有其客观的、内在的规律性。鲁迅先生说得好,"贾府的焦大是决不会爱林妹妹的"。如果我们把不同国家、不同民族、不同时代的征婚广告语做一个对比,也可以从中发现许多有规律性的东西。再次,重复恩格斯说过的那句话,即使是在人文科学领域内"在表面上是偶然性在起作用的地方,这种偶然性始终是受内部的隐蔽着的规律支配的,而问题只是在于发现这些规律"④。换言之,尽管人文科学与社会科学之间有区别,但它们与自然科学一样都是可能的。

上述结论似乎可以通过下列事实得到进一步证实:世界上几乎所有的大学都设有社会科学学院(系)或人文社会科学学院(系);世界上几乎所有的国家,要么独立设有社会科学院,要么在统一的科学院内部设立人文社会科学部。社会科学已经登上了科学的殿堂,它正在逐步地赢得人们与对自然科学一样的重视和尊敬。用1993年成立的、由一批国际上著名的社会科学家、人文科学家和自然科学家组成的"重建社会科学委员会"主

---

① 范景中编选:《艺术与人文科学:贡布里希文选》,浙江摄影出版社1989年版,第390页。
② [英]C. F. S. 席勒:《人本主义研究》,麻乔志等译,上海人民出版社1986年版,第177页。
③ 《马克思恩格斯选集》第4卷,人民出版社1995年版,第248页。
④ 《马克思恩格斯选集》第4卷,人民出版社1995年版,第247页。

席、美国学者华勒斯坦的话来说，这是因为“自然科学一直都在朝着一个新的方向转变，它日益地将宇宙看成是不稳定的、不可预测的。于是，宇宙便被设想成是一种能动的实在，而不是一架受处于自然之外的人操纵的自动机器。与此同时，社会科学也在朝着一个新的方向转变，日益地表现出对自然的尊重。自然科学与社会的趋同比以往更加明显，以至于我们完全有理由相信，两者都是在处理各种复杂的系统”①。

当然，正如华勒斯坦所指出的，目前自然科学与社会科学还只是有趋同的表现或者说迹象，它们之间还存在区别。这就使得社会科学的研究在方法上不应该，也不可能完全仿效、完全照搬自然科学的做法。发现社会现象中的“万有引力”，期待在社会科学中出现牛顿或爱因斯坦的想法事实上已经被人们放弃了。

二、社会科学研究的特征

跟自然科学研究相比，社会科学研究具有自身的一些特征。

首先，社会科学研究坚持个体性与整体性的统一。

在自然科学研究中，我们可以通过化验一滴血来了解一个人的全部血液状况，可以通过解剖一只麻雀来了解一群麻雀甚至是全部麻雀的生理结构。但是在社会科学中，我们很少能够这样做。按照德国社会学家韦伯（Max Weber）的观点，任何社会现象最终都可以甚至都必须还原到个人。我们显然不能因为希特勒的原因而得出德意志人凶残的结论，也不能因为姚明的原因而得出中国人善于打篮球这样的结论。

个人与社会的关系事实上几乎是所有社会科学研究都不能回避的问题。因为，社会的确是由个人组成的，无论多么宏大的历史事件、多么复杂的社会现象，我们最终的确可以追溯到个人。例如，我们可以把希特勒确定为第二次世界大战的罪魁祸首，我们可以用张三一家的米袋子、菜篮子的状况来描述中国人民生活水平的变化，等等。但是，在社会科学研究中，我们关注的并不是“希特勒们”的个人行为，也不是“张三们”的个人生活状况，他们的行为和生活状况都是由一系列社会关系、社会原因造成的。社会科学研究的重点在于解释和说明这些行为和状况为什么出现，为什么发生，有什么变化规律。这就不能孤立地看待这些个别行为和个别状况，而必须用一系列的社会关系、社会原因来说明。如涂尔干所说的，一个社会事实只有通过与其他社会事物的整体联系才能得到说明。而社会事实，包括风俗、道德规范、文化传统、语言甚至服饰、言谈举止等的存在，是外在于个人的。从这个意义上说，社会并不是个人的机械集合体，它有着比个人机械集合体丰富得多的内容。社会是一个系统，在这个系统中，各种现象，包括一些个人的行为和状况的出现，都有其客观根源，或者说都有其必然性。在这里，由希特勒或由张三来体现、代表或反映他们所处的那种社会关系或社会结构完全是偶然的，因而是不重要的，重要的仍然在于不能用个人的动机和愿望去解释个人的行动，特别是解释社会事实。俗语“人言可畏”比较确切地反映了这一观点。用涂尔干的话来说就是，社会现象对于个人来说是外在的。“集合体和个人这两种现象通常有不同的状况。例如，某种思想经过许多

① ［美］华勒斯坦等：《开放社会科学》，刘锋译，生活·读书·新知三联书店1997年版，第84页。

人的共同加工，成为一种集体的思想，这时它与先前出自个人的思想是不相同的。不论先前个人的思想与这种集体的思想是如何地接近，两者不是一回事。个人的思想存在于个人身上，集体的思想存在于集体之中，它独立于个人而发生作用。与这种集体思想和行为相适应，采取某种形式，构成一种特别的团体，形成集合的现象，这与个人现象显然不同。集体习惯所以存在，不仅仅在于连续行为中一种固定不变的形式，而且这种形式一经采用，就会通过人们的交谈、教育以及文字的传播等发生作用。这是社会现象的特性，在生物界里，找不出这样的例子。这也就是法律、道德、谚语、俗语、宗教教规和政治条文、文学学派等的缘由和性质。这种特别的性质自然不能在个人实践的例子中找得出来，因为它即使在实践以外，也还仍然是存在的。”①而在涂尔干看来，社会科学所要研究的正是这些整体性的、客观性的社会事实。

显而易见，个别与一般、个体与整体的矛盾存在于一切事物之中。它们之间的关系是一种辩证的关系：既互相联系，又互相对立。如果说在自然科学研究的某些过程、某些环节，我们可以把个体与整体做暂时的、对立的分离的话，那么，在社会科学研究过程中，甚至这种暂时、对立的分离都难以做到。在这里，个体与整体必须联系在一起才能得到说明和理解。用马克思的话来说就是，“首先应当避免重新把‘社会’当作抽象的东西同个人对立起来。个人是社会存在物。因此，他的生命表现，即使不采取共同的、同其他人一起完成的生命表现这种直接形式，也是社会生活的表现和确证。人的个人生活和类生活并不是各不相同的，尽管个人生活的存在方式必然是类生活的较为特殊的或者较为普遍的方式，而类生活必然是较为特殊的或者较为普遍的个人生活……因此，人是一个特殊的个体，并且正是他的特殊性使他成为一个个体，成为一个现实的、单个的社会存在物，同样地他也是总体、观念的总体、被思考和被感知的社会的主体的自为存在，正如他在现实中既作为社会存在的直观和现实享受而存在，又作为人的生命表现的总体而存在一样”②。

马克思的上述论断既深刻论述了个人与社会的辩证关系，同时也在方法论上深刻揭示了在社会科学研究中必须坚持个体性与整体性的统一，即必须在整体中发现个体，解剖个体，同时又必须在系统中、在整体中来分析个体，说明个体。

第二，社会科学研究坚持实证性与理解性的统一。

我们在前面提到，法国实证主义哲学家、社会学的创始人孔德的目标是把社会科学建成与物理学、化学一样精确、严密、实证的科学，而且他最初就把这门科学命名为“社会物理学”。马克思和恩格斯从世界的物质统一性、从辩证唯物主义认识论和方法论的高度充分地肯定了发现社会发展原因、把握社会发展规律的可能性。孔德的学术继承人涂尔干从社会事实的客观性出发，进一步强调了社会科学研究的这种实证性。在他那里，这种实证性表现在不是简单地解释一种事物或现象的效用或功能，或者说不是简单地理解一个事物，而是必须探索、发现该事物的原因，就像物理学上由结果追溯原因、由原因去预期结果一样。他说：“我们对一种事物的需要不能说明事物本身的情况……事物的

① ［法］埃米尔·迪尔凯姆：《社会学方法的规则》，胡伟译，华夏出版社 1999 年版，第 8 页。
② 《马克思恩格斯全集》第 42 卷，人民出版社 1979 年版，第 122～123 页。

存在有它自己的原因。我们对事物表现出来的效用所发生的感情,可以使我们注意事物的原因及其结果,但是这种感情却不能解释事物的原因和结果。”①他认为:“一件事物,知道了它的原因以后才能分析它的结果。但是原因和结果之间的统一性使它们具有一种相互联系的特征,还没有引起人们充分注意。事物的结果不可能离开它的原因而存在,反过来,事物的原因也需要有它的结果。有了原因,事物的结果才有动力,正是有了结果,事物的原因才能实现。”②他强调:“社会学的解释主要是建立社会现象的因果关系。对于一种现象,要研究它的原因何在;对于一种原因,则要考察它的有效结果。”③按照这样的方法得出的结论自然是具有实证性的。

涂尔干本人对自杀问题的研究就是按上述原则进行的。他首先排除了从个人的原因解释自杀流行的做法,认为自杀的根源与背景在于社会环境和社会条件。进而依据不同的原因必然产生不同的结果、相同的原因应当产生相同的结果,不同的结果应当产生于不同的原因、相同的结果应当产生于相同的原因的原理,对各种不同的自杀现象进行分类,然后又对产生各类不同自杀现象的社会条件进行分析,最后得出“社会整合度”与该社会自杀率密切相关这样一个结论。这个结论的确能够成功地说明不同国家和地区、不同宗教信仰以及不同年龄、不同社会地位的人在不同时期自杀率的变化,从而也就证明了他的结论的可靠性。当然,涂尔干也承认社会现象比物理现象和化学现象复杂得多,因而社会科学研究中因果之间的联系也复杂得多。在自然现象中,一因多果、一果多因的现象是屡见不鲜的,而在社会科学的研究中,这种情况则更为普遍。在社会科学研究中,关于原因和结果的分析至少有以下几种可能性:

首先是单因和多因的不同。有些现象可能是一个原因引起的,如经济萎缩与失业率上升,而有些现象则可能是多种原因引起的,如邪教、黑社会势力、暴力犯罪等。

此外,即使在单因与多因的关系中,还有直接因果关系与间接因果关系的区别。一般说来,在单因关系中,由于原因和结果之间的关系简单明了,其表现也就比较直接。而在多因关系中,有些原因与结果之间的联系要通过一系列的环节或因果链条才能显现出来。用一个简单的图来描述,社会科学中的因果联系大致上做如下区分(图1-1):

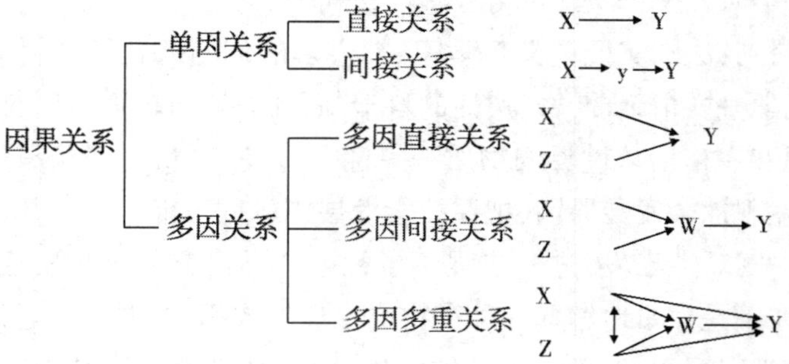

图1-1 不同因果联系

① [法]埃米尔·迪尔凯姆:《社会学方法的规则》,胡伟译,华夏出版社1999年版,第73页。
② [法]埃米尔·迪尔凯姆:《社会学方法的规则》,胡伟译,华夏出版社1999年版,第78页。
③ [法]埃米尔·迪尔凯姆:《社会学方法的规则》,胡伟译,华夏出版社1999年版,第102页。

在社会科学研究中，最常见的显然是最后一种，也就是最复杂的“多因多重关系”。即使如此，以涂尔干为代表的实证主义学派仍坚持认为社会科学研究只是难度大了一些，并没有改变因果关系的基本规则。他指出：“在有些情况下，人们以为可以从事物中观察到多种多样的原因。然而要证明这种同一结果存在着多样性的原因，就必须证明这些原因不仅仅是外形上的不同表现，而且在实际上也存在着这种多样性；就必须证明这种多种多样的原因所产生的确实是同一种结果，并且在这种结果里面不包含其他结果，这样才能使人相信。”①

我们并不否认涂尔干上述论证的逻辑力量，但是，在纷繁复杂的社会现象中，有许多事物是不能用理性来解释的。换句话说，有许多事物是不遵循什么“逻辑”的，例如被人们讨论过无数次的“爱情”。鲁迅先生所谓“贾府上的焦大是决不会爱林妹妹的”固然有道理，但是所谓“一见钟情”“情人眼里出西施”“爱情是盲目的”等例证在现实生活中俯拾皆是。对于这一类现象，我们既不能否认它们是“社会事实”，是一种客观存在，又不能像孔德和涂尔干那样，一定要用实证的方法，在它们之间找出“因果联系”。对于这一类现象，社会科学研究中的另一派思想家认为，最关键、最核心、最重要的问题在于“理解”，他们甚至干脆主张把社会科学叫作“解释学”或“理解学”，其著名代表就是我们前面提到的狄尔泰。

狄尔泰认为，社会现象的主体是人，而人的思想、观念、意志、情感、行为等都具有个别性、非确定性、非量化性，这就使得人文社会科学的研究不能够像对自然现象的研究那样采用客观的、定量的、实证的方法。人文社会科学现象只有通过理解才能够，或者说才可以被把握。狄尔泰的上述思想是建立在这样四个基本假定之上的：“‘理解’是日常生活的一个普通的过程；‘理解’作为关于人的最基本的知识（更不用说关于复杂的社会问题的知识）之泉源乃是重要的；‘理解’是一个唯一性的过程，亦即是说，是一个既不能从另一个过程派生出来，又不能为另一个过程所代替的过程；最后，‘理解’是人文科学方法的一个基本方面，这个基本方面使人文科学不同于自然科学。”②

狄尔泰强调“理解”在人文社会科学研究中的重要性，强调人文社会科学与自然科学的区别，这无可厚非。正如我们前面已经指出过的，以人为主体的社会现象的确有着与自然现象不同的规定性。但是，过分地强调这二者的区别，进而过分地强调社会科学与自然科学的区别，甚至把这二者根本对立起来，显然也是不符合事实的。用欧洲比较流行的那句谚语来说，“人是什么？一半是天使，一半是野兽”。人类固然不同于自然界的任何其他事物，但人类毕竟是整个物质世界的一部分，是生物进化，也是整个物质进化阶梯中的最高阶段，这就决定了人类社会现象具有自己的特殊运动规律，从而使得人文社会科学的研究有着自身的特点。但人类毕竟又是自然界的一部分，人类社会运动毕竟包含了全部生命运动、化学运动以及物理运动等其他较低级的运动形式，因此，人文社会科学研究在方法上也不应当排斥其他运动形式研究，亦即自然科学研究的方法。概而言

① ［法］埃米尔·迪尔凯姆：《社会学方法的规则》，胡伟译，华夏出版社 1999 年版，第 104 页。

② ［英］H. P. 里克曼：《狄尔泰》，殷晓蓉、吴晓明译，中国社会科学出版社 1989 年版，第 141 页。

之，社会科学研究在方法上应该与自然科学既有联系又有区别，应该坚持实证方法与理解相结合。

第三，社会科学研究坚持事实判断与价值判断的统一。

客观性是包括社会科学在内的各门科学立足的根基。在科学史上一直有这样一种观点：科学的使命就在于追求客观真理，它不应该与研究者的价值观念和价值判断相联系。用德国社会学家韦伯的话来说就是，科学应该保持价值中立或价值无涉。简单点说，科学只回答“是”什么与“不是”什么的问题，不讨论“应该”或“不应该”的问题。也就是罗素所说的，科学是关于客观事实的判断，与判断者的价值取向无关，而“关于‘价值’的问题完全是在知识的范围以外。那就是说，当我们断言这个或那个具有‘价值’时，我们是在表达我们自己的感情，而不是在表达一个即使我们个人的感情各不相同但却仍然是可靠的事实”①。举个例子来说，科学只关注或解决“人能否被克隆”这一类的问题，至于“应不应该克隆人”这类判断则属于价值问题，不属于科学的范围。科学是客观的，它关注事实；价值是主观的，它关注目的。科学追求真理，价值追求功利，科学应远离价值，且离价值越远就越纯洁。

上述观点虽然维护了科学的客观性和纯洁性，但事实上，这个原则即使是在所谓纯粹的经验科学内也难以坚持。因为所有从事科学研究的人都生活在一定的社会环境之中，他们从事某项研究的选择不可能不受那个时代、那个社会的思想、观念、价值取向的影响，尽管这个影响有时候是自觉的，有时候是不自觉的。第二次世界大战前人们对原子能的研究以及目前人们对生物克隆技术的研究，就是很好的例子。在这里，很难把事实判断与价值判断截然分开。

在原子能及生物这样纯粹经验的自然科学范围内，我们尚难以把事实判断与价值判断截然分开，那么，在社会科学研究领域中，我们就更难以，甚至不可能做到这一点。列宁在评价马克思主义的时候曾经明确指出，马克思主义的显著特点之一就是实现了严密的科学性和鲜明的阶级性的统一，它公然声明自己的理论是为无产阶级解放事业服务的。在近代西方思想家中，不少人则从另外一个角度论证了事实判断与价值判断的统一。例如著名科学哲学家库恩（Thomas Samuel Kuhn）就曾指出，科学是以价值为基础的事业，“不同创造性学科的特点，首先在于不同的共有价值集合”②。另一位科学哲学家普特南（Hilary Putnam）则进一步指出，价值本身也是事实，任何事实都有价值，任何价值都是事实的价值。他说：“每一事实都含有价值，而我们的每一价值又都含有某些事实。”“一个没有价值的存在也就无所谓事实。”③由此看来，即使是自然科学，也不可能真正实现价值无涉。因为在自然科学范围内，它的认识对象虽然是客观的，但由于任何科学活动必然同时又是一种文化活动，是一种由不可能与价值无涉的人来实现的社会实践，因此它不可能完全实现价值中立。

---

① ［英］罗素：《宗教与科学》，徐奕春、林国夫译，商务印书馆 1982 年版，第 123 页。

② ［美］托马斯·S. 库恩：《必要的张力——科学的传统和变革论文选》，纪树立、范岱年、罗慧生等译，福建人民出版社 1981 年版，第 325 页。

③ ［美］希拉里·普特南：《理性、真理与历史》，童世骏、李光程译，上海译文出版社 1997 年版，第 212 页。

在社会科学范围内，除了认识主体的社会性和价值取向的因素外，由于认识对象也是具有价值取向、追求一定目的的人的活动，因此，在社会科学研究领域内不可能把"事实判断"与"价值判断"截然分开。"人以群分""物以类聚""情人眼里出西施"这些谚语都说明了在社会科学研究领域中"价值判断"与"事实判断"之间的内在联系。

第三节　社会科学研究的目的和方法

一、社会科学研究的目的

世界上任何一个民族，甚至可以说我们当中的每一个人，都既想了解自己的过去，也想把握自己的现状，更想预知自己的未来。每一个人、每一个民族都会从自己的前辈、从周围的社会环境中继承某些传统知识、传统文化，与此同时，了解自己的过去、把握现状、预知未来的欲望也会驱使人们去做各种各样的研究和探索，从而使得新知识、新发现层出不穷。而人类对自己的历史、现状以及未来的理解和认识不仅改变着人类自身，同时也在改变着、创造着整个人类社会的历史。用英国社会思想家吉登斯（Anthony Giddens）的话来说就是，整个人类社会就是一座由其自身不断改变的砖组成的不断在重建的大厦。在这个意义上，人类对社会的研究和探索是与生俱来、与时俱进、每日每时都在进行着的一种全方位的行动。

所谓社会科学研究，就是人们从一定的社会科学学科角度出发，应用某些方法和技术对社会现象或事物所作的系统分析或解释，简称社会研究。它是一种有目的的智力活动，也是一种社会活动。通过这种活动，我们可以获得有关社会现象或事物的知识，解决一定的理论或现实问题。

具体来说，社会科学研究有其重要的功能或目的。首先，社会科学研究既有理论上的功用，也有实践上的功用。其理论上的功用主要是指通过理论性或基础性的社会研究，获得有关人类社会的基本知识；而实践上的功用主要是指针对某种社会实际问题而进行的具体研究，研究本身是为了提供解决这些问题的思路与方法。在实际的研究中，这两个方面是相互关联、必不可少的。默顿（Robert King Merton）指出："基础研究和应用研究在根据已有的知识发展新知识方面是相同的。二者的不同之处在于，基础研究所发展的新知识，可增加我们对统一性的基本认识，而不限于任何特定的应用；它旨在扩大构成基础科学的知识之库。而应用研究则是基于已有的知识，找出实现实用目的的新方法，这本身超出了基础知识的范围。"①

其次，社会科学研究与自然科学研究一样，也具有描述、解释和预测的功能。描述就是对社会现象或事物的状况、过程和特征进行客观的说明，给出"是什么"的回答。尤其是对陌生的东西，我们所要做的首先就是通过细致的描述，获得对它们的系统的认识和

---

① ［美］罗伯特·K. 默顿：《社会研究与社会政策》，林聚任等译，生活·读书·新知三联书店 2001 年版，第 247 页。

了解。描述也是进一步分析研究的基础。

解释旨在对研究对象的过程、原因等做出分析，即回答“为什么”的问题。解释性研究所采用的分析方法是不同的，如因果解释、功能解释、历史解释等。

预测是对研究对象未来发展状态的预期。它是建立在描述和解释基础上的研究活动。只有对事物的现状、发展变化的规律及其因果关系有了比较明确的认识之后，才能对其未来的状况做出正确的预测。但由于社会现象的复杂性，社会科学的预测也存在很大的局限性。

二、社会科学研究的方法体系

目前，社会科学已形成了自身的研究方法体系。就像人们对社会的研究可以区分为不同的层次一样，社会科学研究方法也可以区分为不同层次。大致上说，社会科学研究方法可以区分为方法论、研究方式和具体方法与技术三个层次。

（一）方法论

方法论是指人们研究社会的基本立场、基本假设和基本出发点。方法论可再划分为哲学方法论和各门具体学科的方法论。

哲学方法论实际上就是解决前面我们已经讨论过的一些问题，例如：怎样看待我们生活于其中的社会现象；是否存在着客观的社会规律，如果有，社会科学能否像自然科学那样去发现这些规律；如何判断社会科学研究中所得到的知识的客观真理性；如何区分价值判断与事实判断等。

我们在前面提到过，人们对社会的研究是一种全方位的活动。但是，这一活动在许多人那里并不是自觉的行动。马克思曾经指出：“从前的一切唯物主义（包括费尔巴哈的唯物主义）的主要缺点是：对对象、现实、感性，只是从客体的或者直观的形式去理解，而不是把它们当作感性的人的活动，当作实践去理解，不是从主体方面去理解。”[①]在这里，马克思充分肯定了主体在认识过程中，包括在社会科学研究过程中的能动作用。由此我们也可以看出，从不同的立场和观点出发，对社会的研究和认识会得出不同的、有时甚至是相反的结论。例如人们经常举的那个例子：同样是半杯水，在悲观主义者看来，“我们只剩下半杯水了”；而在乐观主义者看来，“我们还有半杯水呢”。需要指出的是，人们观察世界、观察社会的立场和出发点受传统影响很深，用培根的话来说就是，人们都难免受“洞穴偏见”的遮蔽。社会科学研究者必须摆脱“洞穴偏见”的束缚，自觉地接受先进的、科学的世界观和方法论的指导。

除作为基本立场和出发点的哲学方法论外，各门具体学科还有它们各自不同的基本原则和基本假定，这些就构成了各门学科的方法论，例如政治学中关于“功利主义”的假定、经济学中关于“经济人”的假定、社会学中关于“整体主义”或“个体主义”的假定、伦理学中关于“人性善”或“人性恶”的假定等。从这些不同的假定出发，对同一对象的研究往往会得出不同的结论。关于这一点，我们在下一章中会详细讨论。

---

① 《马克思恩格斯选集》第1卷，人民出版社1995年版，第54页。

（二）研究方式

方法论确定了研究的方向，研究方式则主要是确定研究途径和研究路线。依据不同的研究目的和不同的研究对象，人们可以采取不同的研究方式。就社会科学领域而言，最常用的有这样几种研究方式：调查研究法、文献研究法、历史比较研究法、实地研究或观察法、访问法、实验法等。

（三）具体方法与技术

如果说方法论和研究方式提出了研究的方向、目标、假设，并且确定了研究途径的话，那么剩下的事情就是要"小心求证"了，这就涉及在研究过程的各个阶段所使用的具体方法和技术，其中最主要的是如何搜集资料，如何进行观察，如何进行访谈，如何进行调查，如何汇集资料，如何分析资料，如何处理数据等。这些具体方法与技术显然与所选择的研究方式密切相关。在实际研究过程中，这些具体方法和技术往往交叉使用于各个阶段。随着网络通信技术的发展，目前几乎所有的方法技术都与网络技术有关。在本书中，我们并不打算专门讨论这些具体方法和技术，而是将这些讨论融入相关的研究方式当中。

三、社会科学研究的范式

库恩在其《科学革命的结构》中对"范式（paradigm）"概念做了经典论述。他提出，范式主要是指科学共同体所共有的信念、价值和技术以及共有的范例等要素。"一个范式就是一个公认的模型或模式。"①他认为，每一学科都形成了一些自身的研究范式，并指导着学者的研究工作。目前，社会科学研究也形成了一些不同的研究范式，概括而言，主要分为如下三种范式：

（一）定量研究范式

社会科学研究长期以来受实证主义观点的影响，一直重视定量研究（quantitative research），于是出现了计量经济学、定量社会学、定量政治学、定量史学等学科研究方向。此研究传统的主要特征是：

1. 以实证主义方法论为基础，强调研究方法的科学性。实证主义方法论者主张，社会科学与自然科学在研究方法和研究程序上是一致的，只有科学统一的研究方法才能获得可靠的知识。因此，定量研究追求研究方法的统一性、客观性和标准化。

2. 强调研究的目的是对社会现象做出因果解释，寻求普遍的因果关系定律。这种因果解释通常借助于数理模型的分析路径。要求预先提出研究假设，然后通过系统的定量化数据去验证假设，做出理论分析。

3. 把研究过程看作客观表征，认为研究者的角色只是去做客观呈现，即研究者通过科学方法以合理的形式"准确呈现"外部世界的客观现实，获取真理性或本质性的知识。

4. 主张运用数学统计技术进行量化分析，即在研究语言和技术上追求严格的定量分析，重视数理统计方法的应用。

---

① ［英］托马斯·库恩：《科学革命的结构（第四版）》，金吾伦、胡新和译，北京大学出版社2003年版，第21页。

（二）定性研究范式

定性研究（qualitative research），又被称为质性研究。“质性研究包含着一种对世界的诠释性的、自然主义的面向。这意味着质性研究者是在事物的自然背景中来研究它们，并试图根据人们对现象所赋予的意义来理解或解释现象。”①此研究传统的主要特征是：

1. 以解释主义或建构主义方法论为基础，强调社会研究的独特性。坚持这一传统的学者认为，社会研究是对人类社会世界进行自然主义的解释性、建构性分析。认为社会研究的现象极不同于自然现象，强调对社会现象所具有的或建构性的社会文化意义进行理解或解释。

2. 定性研究者强调社会现实意义的建构性，认为社会研究不能脱离具体的社会文化情境去做所谓的客观分析。他们认为社会研究难以获得统一的规律性认识，强调对社会现象做具体深入的分析。

3. 把社会研究看作研究者参与的实践构建过程，认为研究并非简单的“发现”真理性的客观知识，而是研究者在一定的社会文化情境下“制造知识”的过程。“质性研究者强调现实的社会建构性，强调研究者与研究对象之间的密切关系，强调研究探询过程会受到情境的制约。质性研究者强调，研究是价值关联的，而非价值中立的。他们需要解答的是，社会经验是如何被创造并被赋予意义的。与此相反，量化研究强调变量间因果关系的测量和分析，而不注重过程研究……”②

4. 定性研究形成了一些特定的研究方法，如个案研究、生活史、深度访谈、扎根理论、民族志、“深描”（thick description）、叙述法、文本和话语分析等。但“定性研究并没有完全属于自己的一套独特方法或实践”③。定性研究者所运用的方法，既有符号学、叙事法、文本法等质性分析技术，也有统计、图表技术，而且广泛地运用现象学、诠释学、解构主义、精神分析和文化研究等方面的分析路径。

（三）混合研究范式

近年来，混合研究范式（mixed methods）被视为一种新的方法论范式，得到了越来越多研究者的关注，它主要从实用主义角度出发，强调根据研究问题和研究性质选择和运用合适的研究方法。按照美国方法论学者塔沙克里（Abbas Tashakkori）和特德莱（Charles Teddlie）的总结，混合方法的研究具有如下基本特征④：

1. 方法论的折中主义，反对定性研究与定量研究的二元对立。

2. 研究范式的多元主义，或者说认为混合研究可运用不同的哲学观。

---

① ［美］诺曼·K. 邓津、伊冯娜·S. 林肯主编：《质性研究手册：方法论基础》，朱志勇、王熙、阮琳燕等译，重庆大学出版社 2018 年版，第 5 页。

② ［美］诺曼·K. 邓津、伊冯娜·S. 林肯主编：《质性研究手册：方法论基础》，朱志勇、王熙、阮琳燕等译，重庆大学出版社 2018 年版，第 14 页。

③ N. K. Denzin & Y. S. Lincoln (eds.). *The Sage Handbook of Qualitative Research* (5th ed.). Thousand Oaks, CA.: Sage Publications. 2018. P. 12.

④ A. Tashakkori & C. Teddlie (eds.). *Sage Handbook of Mixed Methods in Social & Behavioral Research* (2nd ed.). Los Angeles: Sage Publications. 2010. Pp. 8 – 11.

3. 强调研究活动层次的多样性。

4. 强调研究方法的一体连续性，反对方法上的对立。

5. 把研究看作一种可循环的方式，在同一研究中既包括演绎逻辑，也包括归纳逻辑。

6. 强调研究方法的选择要根据研究问题的需要而定。

7. 它也有一套“特定的”研究设计和分析程序，如“平行混合设计”。

8. 在“第三方法论共同体”内倾向于均衡与调和立场。

9. 运用视觉呈现法（如图表）和常用复合系统。

混合研究试图消除定量研究范式和定性研究范式之间的鸿沟，寻求“第三条分析路径”。但是，混合研究并非定量研究和定性研究的简单调和，而是具有自己的一套分析逻辑或程序。比如，有些学者所倡导的三点定位（triangulation，又译作“三角测量”或“多元结合”），就体现了混合研究的逻辑。或者说，“三点定位原则指从理论、个案研究和统计分析三个不同角度来论证研究者的假设。在我看来，三点定位的最大优势是整合了假设的产生和假设的检验过程”①。具体而言，进行定量分析和定性分析的结合或三点定位可在社会研究的不同层面得到运用，既可以是收集资料方法的结合，也可以是研究理论视角的结合。彭玉生用图 1－2 表示理论、定性、定量三点定位的逻辑结构，即研究是从经验到理论，再从理论到经验的过程。在这个过程中，个案研究处于理论和假设之间，辅助从理论到假设的演绎过程，或主导从个案到假设的归纳过程。

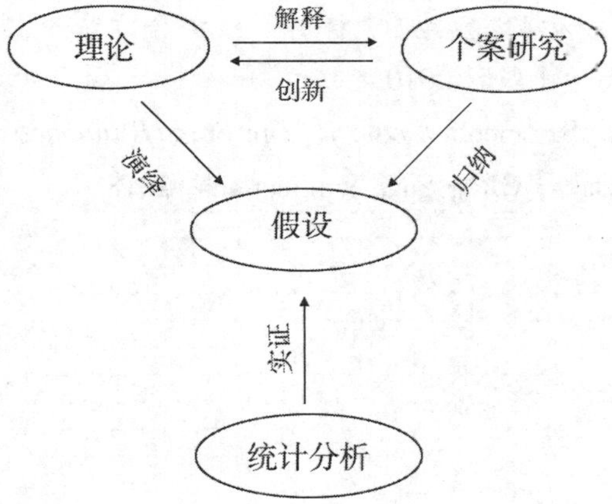

图 1－2　因果分析中的理论、定性、定量三点定位

混合研究范式的兴起在一定程度上反映了社会科学研究发展的趋势。甚至在 2007 年创刊的《混合方法研究学刊》（*Journal of Mixed Methods Research*）的《编者按》中，两位主编一开头即指出：“《混合方法研究学刊》的问世，开创了横跨社会和行为科学整合性研究方法概念化及其应用的新时代。”②也有学者指出：“在过去的 30 年里，这种以应用混

① 彭玉生：《社会科学中的因果分析》，《社会学研究》2011 年第 3 期。

② A. Tashakkori & J. W. Creswell. “Editorial: The New Era of Mixed Methods”, *Journal of Mixed Methods Research*. Vol. 1, No. 1. 2007. P. 3.

合方法和混合模型研究为方向的演变过程，以越来越快的速度发展。其原因在于：(1)大量新方法论工具的引进(既有定量方法的工具，也有定性方法的工具)，(2)新技术的快速发展(如电脑的硬件和软件)使这些方法论工具的应用变得更为容易，(3)社会和行为科学领域跨界交流的与日俱增。"①总之，社会研究方法和技术是不断改进的，随着各个学科的发展，相应的研究范式也会发生改变。

▶本章小结

社会科学研究方法是我们认识各种社会现象及事物的途径，是我们获取社会知识的重要方式。社会科学与自然科学既相互联系，又有所区别。因为社会科学所研究的对象，即社会现象或事物，是复杂多变的，因此在研究方法上，社会科学有其自身的特点和问题。社会科学研究已形成了不同的范式或传统，且处于不断变化之中。

▶进一步阅读书目

1. 谢宇：《社会学方法与定量研究(第二版)》，社会科学文献出版社 2012 年版。

2. [美]加里·格尔茨、詹姆斯·马奥尼：《两种传承：社会科学中的定性与定量研究》，刘军译，格致出版社、上海人民出版社 2016 年版。

3. [美]诺曼·K. 邓津、伊冯娜·S. 林肯主编：《质性研究手册：方法论基础》，朱志勇、王熙、阮琳燕等译，重庆大学出版社 2018 年版。

4. [美]阿巴斯·塔沙克里、查尔斯·特德莱：《混合方法论：定性方法和定量方法的结合》，唐海华译，重庆大学出版社 2010 年版。

5. N. K. Denzin & Y. S. Lincoln (eds.). *The Sage Handbook of Qualitative Research* (Fifth Ed.). Thousand Oaks, CA.: Sage Publications. 2018.

① [美]阿巴斯·塔沙克里、查尔斯·特德莱：《混合方法论：定性方法和定量方法的结合》，唐海华译，重庆大学出版社 2010 年版，第 16 页。

第二章　社会科学研究方法论

方法论(methodology)是关于方法的方法,它是一系列有关方法的理论与学说,是抽象的、概括的"方法哲学"。社会科学研究方法论的核心是研究方法选择的价值、规范和标准问题,它涉及什么问题是值得研究的,其理论根据是什么,资料获取的方法和原则是什么,如何进行解释,如何确定众多具体方法的评价体系,等等。

在各类社会研究方法的著述中,关于社会科学方法论的描述可谓众说纷纭、莫衷一是。我们这里试图从两方面来介绍社会科学研究的方法论:一是社会科学内部的方法论之争,二是社会科学与外部的冲突。本章的前两节重点介绍社会科学内部的不同观点,特别是实证主义和非实证主义之间旷日持久、时激时缓的内部争论,第三节主要论述社会科学与外部的冲突。

第一节　实证主义方法论

自17世纪科学革命以来,物理学、化学、生物学等自然科学各学科相继发展和成熟起来,并树立起了自然科学的权威地位。此后,社会科学各学科也竞相建立并争取自己的"科学"地位。社会学一诞生,其鼻祖奥古斯特·孔德就提出,社会学是关于"社会的科学"(science of society),并且是各门学科的"皇后"。其后的几代社会学家大都继承了孔德的宏旨,努力创建所谓"科学的社会学"(scientific sociology)。人们通常把这种源于孔德,主张社会科学与自然科学具有一致性,并寻求普遍规律性的观点称为实证主义(positivism)。

作为一种曾在西方学术界有广泛影响的方法论观点,实证主义的发展大致经历了三个阶段:以孔德和涂尔干为代表的经典实证主义阶段、20世纪40至60年代的工具实证主义阶段和后实证主义阶段。

一、经典实证主义:从孔德到涂尔干

孔德既是社会学的创始人,也是"实证主义"观点的首倡者。孔德学说的核心在于建

立一种“实证主义”的思想体系，反映在他的《实证哲学教程》（1830—1840）、《实证主义概论》（1848）、《实证政治学体系》（1851—1854）等著作中。孔德的实证主义既有方法论的规定性，又是一种思想学说。作为一种方法论，实证主义对社会学以及其他学科发展的影响是相当大的。

目睹了近代科学革命的成就和法国大革命所带来的巨大社会变迁，孔德以其老师圣西门的“工业主义”思想为基础，提出了所谓的人类进步法则，又称“三阶段法则”。他在《实证政治学体系》第四卷中提出，我们的每一个主要观念，即我们的每一种知识，都相继经历过三个不同的理论状态：神学的或虚构的，形而上学的或抽象的，科学的或实证的。与之相应，他提出人类社会的发展也经历了三个阶段：军事社会、宗教社会和工业社会。他认为他所处的正是工业社会到来的时代，实证主义应是这种社会中的主导思想。孔德在《实证主义概论》中把“实证”定义为：现实的而非幻想的，有用的而非无用的，可靠的而非可疑的，确切的而非含糊的，肯定的而非否定的。

孔德由此提出了他的“科学层次”理论。他认为，正如人类的进步是有阶段性的一样，科学知识的发展也有阶段性，不同学科具有不同的发展速度。最先发展起来的学科是最普遍、最简单的学科，即天文学，而后依次是物理学、化学、生物学，最后是社会学。在这个科学层次序列中，后发展起来的学科复杂性增加，但其普遍性降低。他说社会学就属于这种学科，它以其他学科为基础，为众学科之“皇后”。

牛顿力学的巨大成功，使孔德努力在理论术语和研究方法上让社会学仿照自然科学的模式。孔德起初把他的研究人类社会的学科称作“社会物理学”，并进而分为“社会静力学”和“社会动力学”，前者研究人类社会的关系或秩序问题，后者研究社会的发展或进步问题。在孔德时代，“物理学”指的是对一切自然现象进行研究的科学，而不是后来意义上的与化学、生物学等学科并列的自然科学的一个分支学科。因此，孔德的“社会物理学”有双重含义：研究社会现象的性质，遵循自然科学的研究模式。尽管后来他放弃使用“社会物理学”一词，而杜撰了“社会学”这个名称，但他仍然坚持应用自然科学的模式去研究人类社会。所以，在研究方法上，孔德倡导自然科学的研究方法，如观察法、实验法、比较法。另外，他也强调历史方法的重要性，认为贯穿于人类发展全过程的历史比较是社会学研究的核心。如果失去历史发展的意识，社会学就不能成立。

孔德指出，社会科学与自然科学不但在研究方法或程序上是一致的，它们的研究目标也是相同的，那就是发现普遍性的规律。他在《实证哲学教程》第二卷中明确指出，科学的作用不在于支配现象，而在于改变现象，而要做到这一点，就必须了解现象的规律。他认为社会现象与自然现象没有本质的区别，既然自然界中有规律可循，那么社会世界也是有规律可循的。这就是社会学家的研究目标。

孔德进而提出，找出规律也不是最终目的，重要的是让人们学会利用这些规律为人类服务，建立美好的社会秩序。他曾明确提出，除非使社会现象服从于各种永恒的自然规律，否则，就无法实现秩序与和谐。这些规律确切地规定出各个阶段社会行动的限度和性质。

孔德尽管构想了科学的社会学的理论体系、方法和目标等，但他的学说更接近于社会哲学,而不是经验科学。他的实证主义社会学思想后来由社会学家涂尔干加以发展和具体化,从而使所谓的科学的社会学思想成熟起来。涂尔干的实证主义方法论观点集中体现在他的社会学方法论名著《社会学方法的规则》(1895/1938)中,此书长期以来被视为实证主义社会学的纲领性著作。

涂尔干明确指出,过去的社会学家没有真正弄清楚社会学的研究对象和方法问题,仅使社会学停留在对社会进化的一般过程的哲学论述上。社会学要确立自己的科学地位,必须首先明确其研究对象。“社会学要成为一门科学,必须首先拥有它自己的对象,必须关注不属于其他学科范围的现实存在。”①他认为社会学独特的研究对象是社会事实(social fact)。

涂尔干说,社会学研究“首要的和最基本的规则是:把社会事实当作事物”②。“所以,我们的原则是在研究事物的基本性质时抛弃形而上学的概念和猜想。对社会学家所要求的是,在探讨尚未研究的科学领域时,具有物理学家、化学家或生物学家的头脑。”③他由此概括了社会学研究方法的基本特征:社会学完全独立于哲学;社会学的方法是客观的;把社会事实看作社会性事物,是社会学所独有的性质。

可以看出,涂尔干坚持认为社会学只有在明确了它的研究对象之后,才能确立起自己的科学地位。但他同时坚持认为社会学的研究方法与自然科学是一致的,并认为社会学的研究目的同样在于寻找普遍性的规律,寻找事物之间的因果关系。后来他在《自杀论》中更明确地提出运用统计学方法寻找社会规律,而且认为自己运用这种有效的研究方法确实找到了关于自杀的规律。因此,《自杀论》被奉为科学的社会学研究史上具有里程碑意义的著作,它标志着社会学与社会哲学的彻底分离。

孔德和涂尔干的观点代表的是实证主义发展的经典阶段,其基本特征可概括为:

第一,认为社会(科)学在学科性质上与自然科学诸学科是一致的,社会学完全可以借用自然科学的研究程序,并被纳入科学之列。故他们称社会学为“社会的科学”,或“社会的自然科学”,认为实证主义社会学与“形而上学”之间有严格的界限。

第二,认为社会(科)学的研究目的跟自然科学一样,是寻找和建立“规律”。正如涂尔干所说的,“社会学坚持,一切社会现象都服从于因果原理。这在于社会学应用这个原理不是出于理性需要,而是来自经验概括。既然已经证明自然界中存在着因果律,既然因果律已逐渐由物理学、化学领域扩展到了生物学领域,又从生物学领域扩展到了心理学领域,那么我们有理由宣称它同样适用于社会世界”④。

第三,认为社会学所研究的社会事实(对象)是一种外在于人的客观实在。例如,涂尔干坚持主张整个社会学具有主导性的观点是,社会事实是事物,而且必须把它看作事物去对待。他认为社会事实不同于人的心理或意识,具有外在性、客观性、普遍性和强制性等特征。

---

① E. Durkheim. *Suicide*. New York:Free Press. 1951. P.38.

② E. Durkheim. *The Rules of Sociological Method*. New York: The Free Press. 1938. P.14.

③ Ibid. P.14.

④ Ibid. P.141.

第四，主张整体主义的方法论。跟个体主义方法论观点强调对个体行动的研究不同，整体主义方法论强调对社会整体结构的研究，认为只有社会结构层次的事物才是重要的，个体行动只是社会结构的产物。涂尔干提出，社会虽然是由个体构成的，但社会事物又是客观独立存在的。社会事实是纯社会性的，它们不能被还原为个体的总和。因此，个人现象不同于社会现象，不能用对个体行为的解释取代对社会事物的解释。他主张必须从社会自身出发对社会生活进行解释。

二、工具实证主义

二十世纪二三十年代之后，美国的社会学研究在理论和方法上都取得了重大进展。实证主义方法论也发展到了一个新的阶段，20 世纪 40 至 60 年代出现的“工具实证主义”（instrumental positivism）就是其新的表现形式。

工具实证主义思想一方面来自早期的法国实证主义，另一方面，更多地受到了“维也纳学派”（Vienna Circle）的逻辑实证主义的影响。“维也纳学派”的代表人物，石里克（F. A. M. Schlick）、卡尔纳普（P. R. Carnap）、纽拉特（Otto Neurath）等提出，知识只能来自经验，而知识的获得需要一定的研究程序或逻辑，认为科学研究的目的就是通过对经验材料的逻辑分析找出规律。按照卡尔纳普的观点，经验世界是统一的，表述经验世界的科学语言同样也应该是统一的。科学家通过对事实的观察建立规律性的关系。这种规律或定律是一种因果关系，它或者通过归纳法概括获得，或者从更一般性的定律或理论中推演出来。而且，普遍性的定律具有预测性。

工具实证主义的社会学家以拉扎斯菲尔德（P. F. Lazarsfeld）的“哥伦比亚学派”为代表。拉扎斯菲尔德是奥裔美国社会学家，1924 年从维也纳大学获应用数学博士学位后创办了应用社会研究所。他于 20 世纪 30 年代末移居美国，后到哥伦比亚大学社会学系任教，又创建了一个应用社会研究所。以此研究所为基础，他与默顿联手开展了民意调查、大众传播研究等一系列富有成果的经验研究，尤其是在运用统计方法和研究程序规范化方面取得了突出成就。他们（后被称为“哥伦比亚学派”）的研究一度成为 20 世纪中叶社会学科学研究的范例。拉扎斯菲尔德的代表作有《人民的选择》（1944）、《社会研究的语言》（1954）、《应用社会学导论》（1975）等。

拉扎斯菲尔德经验研究的主要成就是：（1）把民意调查的问卷法成功地推广到了社会学，开创了量化的调查分析法；（2）在美国最先开展了听众研究和大众传播研究，并影响了后来的市场研究，显示了经验研究的应用价值；（3）作为现代数理社会学的创始人之一，他在发展社会学研究的数学语言（如测量）和具体分析技术（如定组分析法）等方面取得了重大成就；（4）在社会学经验研究的规范化和制度化（如培养了大批善于经验研究的人才，强调统计学的工具作用等）方面起了重大作用。因此，布赖恩特（Bryant）说：“就统计技术和研究工具的更新而言，拉扎斯菲尔德的贡献没人能超过，不管是他同代的斯托佛（Samuel A. Stouffer）还是后来的布莱洛克（H. M. Blalock）。在统计学上，拉扎斯菲尔德在多元分析、背景分析和潜结构分析方面所做的工作比其他任何人都多。而且是他把民意调查转变成社会调查分析，把定组分析（《人民的选择》）和滚雪球抽样法应用到了社会学。"①

哥伦比亚大学社会学系有定量研究的传统,如早期的重要人物吉丁斯(F. H. Giddings)是美国社会统计学的先驱,他曾明确提出:"要想对一件事情作真实而全面的描述,就需要计量。"而奥格本(W. F. Ogburn)更是鲜明地提出:"社会理论如果不建立在充足数据的基础上,它在科学的社会学中就没有一席之地。""所有社会学家将是统计学家。"但正是拉扎斯菲尔德的努力才使社会研究的定量化和程序化变得有效且易于操作,特别是他对人们的行为和态度进行了有效的测量和研究。例如,他在对美国1940年总统选举所做的著名研究报告《人民的选择》中,成功地运用了抽样法和态度测量,通过定组分析法和访问法,分析了大众意愿的形成、变化和发展。

拉扎斯菲尔德的经验研究对实证主义社会学发展的推动,还在于他把社会学由对宏观社会的研究转移到了对人的行动的实证分析。这种研究转向不仅是方法上的发展,也是理论发展的需要,尤其与社会学中功能主义的兴起有着密切联系。正如乔纳森·特纳(Jonathan H. Turner)他们所评价的那样,"定量的社会心理学和功能理论的出现是这个时期最重大的学术成就。对测量和统计分析的强调持续了几十年,并逐渐推动了其他方法的出现。甚至更令人惊奇的是功能主义与新定量方法的明显结合——这种结合主要是由帕森斯(Talcott Parsons)与斯托佛在哈佛大学以及默顿与拉扎斯菲尔德在哥伦比亚大学完成的"②。斯托佛与拉扎斯菲尔德并称为20世纪中叶社会学经验研究的大师,他们的研究对推动定量研究与定性研究的结合、经验研究与理论研究的结合起了重大作用。

李普塞特(S. M. Lipset)和斯梅尔塞(N. J. Smelser)对当时美国社会学界的状况是这样描述的:"这一新的科学的社会学的先驱得到了认可,无论是来自赞成者还是反对者,他们的名字有帕森斯③和拉扎斯菲尔德④。今天,最重要的社会学研究都试图把他们的问题置于理论发展的一体之中。同时,社会学在方法论上也变得更加自觉明了。"⑤

因为在20世纪40年代以前,美国社会学研究中最有影响的是"芝加哥学派",他们以实地调查为研究特色,但缺乏理论性研究。他们通过实地调查、访问、个人档案等方法,着重研究人口、种族、犯罪、贫民窟生活等社会问题,故这类研究又被称为"描述研究"或"自然史研究"。"芝加哥学派"中有代表性的研究成果主要有托马斯(W. I. Thomas)和兹纳涅茨基(F. Znaniecki)合著的五卷本巨著《身处欧美的波兰农民》(1918—1920)、帕克(R. E. Park)等人的《城市》(1925)、怀特(W. F. Whyte)的《街角社会》(1943)等。但20世纪40年代之后,功能主义理论异军突起,一直到20世纪60年代中期,它始终是社

---

① C. G. A. Bryant. *Positivism in Social Theory and Research*. London: Macmillan. 1985. P. 149.

② P. Turner & J. Turner. *The Impossible Science: An Institutional Analysis of American Sociology*. Newbury Park, CA.: Sage Publications. 1990. P. 129.

③ 以及他的学生,如戴维斯(Davis)、利维(Levy)、默顿和穆尔(Moore),还有一度与他合作过的希尔斯(Edward Shils)。

④ 以及斯托佛和格特曼(L. E. Guttman)。

⑤ S. M. Lipset & N. J. Smelser. "The Setting of Sociology in the 1950's", in *Sociology: The Progress of a Decade*. New Jersey: Prentice Hall. 1961. Pp. 4 – 5.

会学研究的主流范式。而且这个理论由于以生物有机体为基础，坚持实证主义的研究取向，充分显示了理论的解释价值和应用价值，因而推动了实证主义社会学的发展。

与前一阶段的科学的社会学家相比，这一时期具有科学取向的社会学家们的研究重点不再是对整个人类社会的考察，多数也放弃了建立普遍性的社会规律的企图，而是着眼于具体的社会现实事物或制度，力求通过研究方法和技术的改进，通过研究语言的数学化和形式化，发展实证主义社会学。故他们的观点有"工具实证主义"之称。其基本特征可概括为：

第一，坚持了经典实证主义的基本前提。认为知识只能靠系统的经验研究获得，社会（科）学与自然科学的研究逻辑是一致的，承认社会世界亦存在着规律，这种规律是因果规律或者统计规律。

第二，坚持了归纳主义的原则。认为科学知识的基础是经验归纳，科学的任务在于从经验上验证或做出预测，故强调经验操作研究，认为命题得不到证明或证实就是无意义的。

第三，坚持科学知识的客观性原则。认为研究者只要遵循一定的研究逻辑，即可获得对客观世界的知识，因此强调知识的逻辑性和系统性。

第四，坚持价值中立（value-neutrality）的原则。认为研究者在他们的研究工作中应该做到，也可以做到避免个人思想或偏好的介入。

三、后实证主义

20世纪70年代以后，实证主义方法论受到了极大的怀疑和挑战。它所受到的抨击主要有如下几个方面：（1）社会学没有能够取得有效的发现或定律性的经验概括；（2）由于社会行动是由基于人的主观性、反思性和创造性之上的情境诠释构成的，因此社会中不存在决定论的规律；（3）我们处于一个话语（discourse）的世界，社会本身是一种文本，我们在不同时间以不同方式去读它；（4）社会中只存在有历史意义的特殊事件，而不可能找到适用于任何时间和地点的一般规律；（5）人们对社会学所使用的各种方法和原理，尤其是因果性的概念也提出了批评。①

柯林斯（Randall Collins）后来又分析指出，社会学及社会科学的其他学科中看似有效的方法论或方法，并没有改变社会科学这些学科的状况。首先是经验主义。他说经验主义并不是社会学的灵丹妙药，社会学的经验研究没有导致认识的一致和快速发现，其结果只能算是一些重复性的描述。其次，定量分析和数学化也没有带来快速发现的科学。尽管社会统计学已在社会学中广泛使用，社会统计方法的进步也比较接近于快速发现的模式，但其进步只限于方法本身，并没有真正推动社会学研究的进步。也就是说，统计方法的进步没有导致社会学家在研究方式上形成高度的一致性，而且从更一般的方面说，也没有对重要的前沿问题形成共同的认识或快速发现。再次，实验方法的效果同样有限。柯林斯认为社会学研究技术不足的另一个方面是其应用效果差。自然科学技术的

① R. Collins. "Sociology: Proscience or Antiscience?", *American Sociological Review*. Vol. 54. 1989. P. 124.

应用可直接产生显著效果或产品,但社会学的应用只是一定形式的信息或劝告,因此它难以得到社会的支持,失去了发展的基础。

总之,柯林斯认为社会学的资料收集技术发展缓慢,其基本方法,如参与观察法、问卷法、实验法和历史分析法,在过去的100年中并没有很大的改变。我们的研究技术不能像自然科学那样由内行去做和不断更新,所以,社会学难以通过研究方法的创新来获得大量的科学发现。但是,当谈到社会科学的未来时,柯林斯不无乐观地指出,计算机的广泛使用有可能导致社会科学的快速发展。①

实证主义方法论之所以受到怀疑,除它自身发展的不足外,还有深刻的社会危机和学术危机的原因。古尔德纳(A. W. Gouldner)在20世纪70年代初就富有洞察性地指出:"功能理论,或从更广的意义上说,(西方)学术社会学现在正处于持续危机的早期阶段。"②这种危机一方面与西方福利社会的发展有关,另一方面是由于各种针对功能主义的新理论的出现。因为在这之前,实证主义具有相当大的学术自由,它考察的更多的是那种"自然地"或"自发地"出现的社会制度,而很少注意政治或国家的作用。但20世纪60年代后,国家对社会生活的干预不断加强,社会矛盾也日益突出,关于美好社会的神话已被打破,乐观主义的纯学术学院派日益失去了它的生存土壤。

随着社会的变迁和新一代学术人的出现,理论观点也发生了相应的变革。从20世纪60年代末开始,以实证主义为特征的功能论观点独霸天下的局面已成为过去,各种新的、与功能主义相对的理论观点纷纷出现。其中,不断发展的人文主义观点或现象学观点对实证主义的冲击最大。如美国社会学家舒茨(A. Schutz,又译许茨)深受德国的胡塞尔和韦伯的影响,把现象学方法引入了社会学,从而成为现象学社会学的创始人。他的观点与后来出现的常人方法论等理论有直接的联系。他们认为,社会学所研究的对象不应是实证主义者所称的"社会事实",而是社会现实的"意义"。自然科学所研究的对象——自然事实是无意义的,但社会学所研究的社会世界是由有意识的人的行动构成的,是有意义的,人根据意义去观察、解释和体验自己的世界。而且意义不是外在的,它是行动者在社会交往过程中建立和不断重建的。因此,他们提出社会学应采用"理解"的方法,而不可能像自然科学家那样置身于研究对象之外进行客观的计量、描述和解释。他们所倡导的是参与观察、实地访问等定性的研究方法。

现象学方法论者以及后来更多的人认为,社会学不可能成为科学至少有两个主要的原因:一是社会学所研究的对象是复杂多变的,不同于自然科学的研究对象;二是社会学家在对社会现象进行研究时,他们既是研究者又是参与者,这也是与自然科学研究所不同的。

在现象学等观点日趋高涨的情况下,实证主义方法论似乎失去了它昔日的发展势头。其中,实证主义本身发生了相应的改变,一些学者从内部对实证主义做了修正发展,出现了托马斯·库恩的历史相对主义和波普尔(Karl Popper)的证伪主义等新实证主义

---

① R. Collins. "Why the Social Sciences won't Become High-consensus, Rapid-discovery Science", *Sociological Forum*. Vol.9. No.2. 1994. Pp. 155-177.

② A.W. Gouldner. *The Coming Crisis of Western Sociology*. New York: Basic Books. 1970. P.341.

观点。但如果留心注意一下,我们将会看到20世纪80年代以来,仍有社会学家在公开或不公开地维护实证主义观点,只是其表述形式已有所改变,这就是新实证主义或“后实证主义(post-positivism)”。其主要代表人物有华莱士(W. L. Wallace)、乔纳森·特纳和亚历山大(J. C. Alexander)等。

华莱士是当代极少数能旗帜鲜明地捍卫实证主义社会学的社会学家之一,他的代表著作有《社会学中的科学逻辑》(1971)、《科学的社会学原理》(1983)等。他在《科学的社会学原理》一书中明确提出:“本书认为,社会学无论在其实际应用上,还是抽象设计上,都属于自然科学的一个分支,也就是说,它更接近于生物学、化学和物理学,而不是哲学、诗歌或宗教。”①他指出,之所以把社会学看作自然科学,有两方面的原因:一是可以增加我们对社会现象的整体控制;二是通过科学方法,可以增加我们有关社会现象的整体知识。

华莱士提出,科学的社会学应具有下列特征:把做出可靠的预测当作它的主要目标;关注规律性的东西,而不是特殊性的东西;追求可能性的知识以及真实性;依靠共同的标准,而不是依靠与个人好恶有关的概念、术语和测量。他认为,社会学要想拥有自然科学的研究目标和方法,就必须具备上述特征,而要获得上述特征,就必须规范社会学研究的程序或方法。②

与华莱士有所不同,特纳着重在社会学理论层面上坚持实证主义观点。他的口号是重建“社会物理学”。他在《迈向社会物理学》一文中指出,孔德所提出的社会学是科学的观点没有错,错的是后来人们背离了孔德的意图,故而没有建立起科学的社会学。他说:“孔德的观点是发展一门探讨普遍存在的社会现象的性质的科学。这个观点对社会学家来说仍是有益的,因为理论必须以所有社会系统中关键性因素的某些概念为起点。理论探讨的是一般性,而非特殊性、特定时间或背景。因此,恢复‘社会物理学’要从努力辨析那些超越时空和特定背景的社会世界的性质出发,要从关心什么是所有类型的社会组织的基础这一问题出发。”③

特纳坚持认为社会学的研究目的在于寻找社会规律。他说:“作为‘社会的自然科学’,社会学必须寻找那些存在于个体构成的社会关系中所固有的规律。这些规律不是来自上帝,它们比关于经验概括的陈述丰富,它们也不是随意所说的可以弃之的规则。相反,这些规律所告诉我们的是个体之间和群体之间的主要社会关系的性质。”④特纳对社会学理论的总结和发展(如社会分层论)都试图说明社会学已在向科学方面一步步迈进。

亚历山大是当代社会学学者中多产的少壮派,他的口号是“重建帕森斯的功能主义理论”,故有“新功能主义者”之称。他的主要著作是四卷本的《社会学中的理论逻辑》(1982—1983)。他的研究试图为实证主义社会学寻求新的理论逻辑,并表明理论的重要

---

① W. L. Wallace. *Principles of Scientific Sociology*. New York: Aldine Publishing. 1983. P. 6.

② W. L. Wallace. “Toward a Disciplinary Matrix in Sociology”, in N. Smelser (ed.). *Handbook of Sociology*. Newbury Park, CA.: Sage Publications. 1989. P. 30.

③ J. Turner. *Classical Sociological Theory*. Chicago: Nelson Hall Publishers. 1993. Pp. 15 – 16.

④ J. Turner. *Societal Stratification*. New York: Columbia University Press. 1984. P. 2.

性。他宣称："没有坚固和有力的社会学理论，就不会有坚固和有力的社会学。为了复兴社会学，我们必须复兴它的理论。"①

作为后实证主义的一个代表，亚历山大在继承传统实证主义思想的基础上，吸收了当代的其他各种思想观点。他通过倡导后实证主义观点而赋予实证主义以新的内容，并提高了它的解释力。例如，在对科学的认识上，亚历山大指出传统的实证主义有四个假定：第一，认为经验观察与非经验陈述之间有根本的认识论上的分野；第二，认为普遍和抽象的东西对经验取向的学科没有重大意义；第三，认为一般性、抽象性和理论性的问题只能通过经验观察加以评价；第四，认为科学的发展是"渐进性的"，即直线性和积累性的。与之不同，他提出的后实证主义的四个基本假定是：第一，科学的经验资料是受理论指导的，事实与理论的区分既不是出于认识论上的需要，也不是出于本体论上的需要，而是出于分析上的需要；第二，科学成果不仅仅依赖于经验证明；第三，一般性理论的形成是武断的和平行的，而不是怀疑性和积累性的；第四，只有经验事实的变化为新的理论所认识后，才会出现科学观念的根本转变。

亚历山大基于其后实证主义观点，对传统的科学观做了新的解释。他提出，科学可以被看作这样一种学术过程，"它产生于两种不同的环境脉络之中：一种是经验观察到的世界，另一种是非经验的形而上学世界"②。亚历山大称之为"科学思想连续统（continuum）"，如图2－1所示：

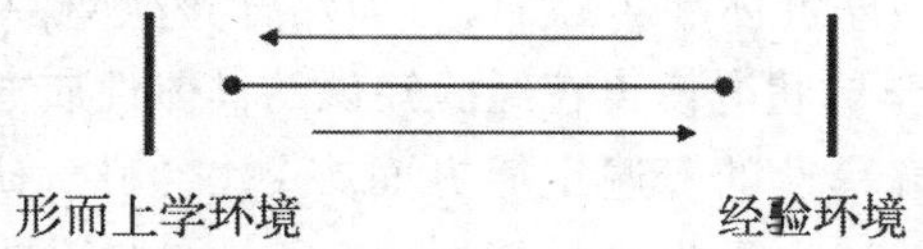

图2－1　科学思想连续统

根据这种科学观，科学与形而上学之间的界限并不是泾渭分明的。亚历山大提出社会学研究可以在不同的概括性水平上进行，而且可以提出不同的话语方式。但受社会历史等因素的影响，话语方式的选择又受到一定的限制。所以，他认为研究不只是依赖于经验基础，还依赖于非经验的构念，即认为社会学研究在时空上并非仅仅沿着科学思想连续统发展，它是由传统所传递并为人们所创造的。见图2－2：

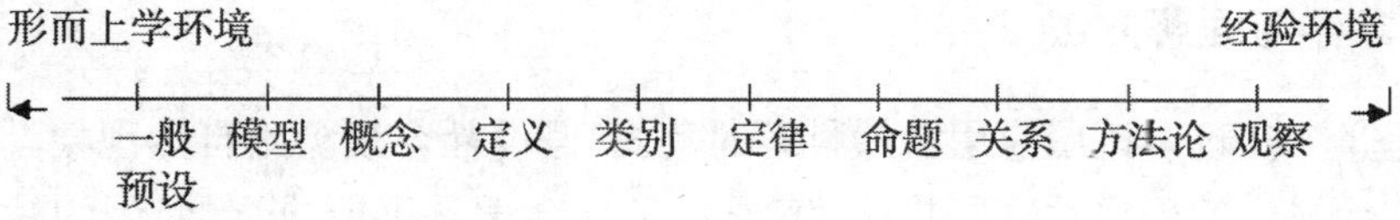

图2－2　科学连续统及其构成因素

---

① J. C. Alexander. *Theoretical Logic in Sociology*, *Vol. I*: *Positivism*, *Presuppositions and Current Controversies* Berkeley & Los Angeles, CA.: University of California Press. 1982. P. xvi.

② Ibid. P. 2.

因此，亚历山大强调非经验的传统因素在知识发展中的重要性。他指出，尽管社会学作为一门经验性的社会科学需要严格的检验、证实和证伪，但这些科学活动都发生于未经严格地经验评价而被当作自然的传统之中。例如，社会学家常常是按照以往的社会学家所确立的研究主题或要素而展开研究的。

后实证主义社会学观点虽未成熟，但它的出现从一个方面反映了当代西方社会科学方法论发展的某些趋势。

首先，社会科学研究趋于综合化，理论观点趋向多元化。近一二十年来，社会科学与自然科学各学科之间以及与人文学科之间的交叉与融合有了新发展，它们在理论与方法方面的相互影响与借鉴也更加明显。因此，传统的社会科学研究思维正在发生变革，新的研究课题正在形成。过去，宏观研究与微观研究（或整体主义与个体主义）的对立、定性研究与定量研究的对立等限制了学科的发展；现在，人们日益认识到，它们本是同一研究问题的两个方面，是不可分割的。

其次，对"科学"概念的认识和对社会科学各学科自身的认识发生了重大变化。人们已认识到，科学没有统一的模式，科学的目标也是多元的，因而社会学既可以是科学取向的，也可以是人文取向的。承认这两个方面，并不意味着否认这个学科的独立性，只是评价的标准在发生变化，普遍性与特殊性不是完全对立的，而是同时存在的。

再次，对"客观性"问题有了新的认识。传统的实证主义知识观强调客观主义，认为知识是积累性的，有客观的评价标准。然而，目前这种传统观点受到了相对主义论的极大挑战。"（现在）社会科学的状况使得在经验知识的具体性质方面达成一贯的共识几乎是不可能的，更不用说在解释性的普遍定律方面。"①社会科学研究中的价值或"意识形态"问题重新受到人们的关注。因此，"价值中立"观点也有所动摇。后实证主义者虽然试图通过新的努力来应对这些新变化，但实证主义方法论已显得不再强势了。

第二节　非实证主义方法论

二十世纪六七十年代之后，各种反实证主义或非实证主义的方法论纷纷出现，主要有现象学与理解方法、批判理论、建构主义等。

一、现象学与理解方法

实证主义方法论者试图应用自然科学的范式，假设社会现象跟自然现象具有相同的性质。但社会科学的现象学家则提出，实证主义社会学是不能成立的，因为社会世界与自然世界具有根本不同的性质。首先，自然界或自然现象是无意义的。自然科学家所注意到的事实、材料和事件，是在他们的观察领域之内相对客观存在的。与自然世界不同

---

① J. C. Alexander. "The New Theoretical Movement", in N. Smelser (ed.). *Handbook of Sociology*. Newbury Park, CA.: Sage Publications. 1989. P. 79.

的是,社会世界是一个由意义(meaning)构成的世界——社会现象本身是有意义的,每一个社会行动或社会现象都有其特定的意义。他们认为这正是人类社会的本质所在,即社会世界由生活于其中的成员运用一系列典型化的形式,把日常世界解释成了一个有意义的系统。

其次,从方法论上说,现象学者指出,社会学家不同于自然科学家的是,他们不能从旁观者的角度来判定、说明哪一类事实和事件与他们的研究目的是相关或无关的。也就是说,社会世界的研究者与自然世界的研究者相比,他们与研究对象之间的关系是不同的。因此,社会学家的观察活动不仅仅是对现象的观察与解释,还需要理解(understanding),从而抓住社会世界的意义结构。

在现象学者看来,社会世界是由不同意义构成的一个世界,社会成员以此作为参考构架来理解和解释现象。常识构架包括一套社会规则和标准,它们是社会成员形成其社会世界图景的基础。于是得出结论,社会学的任务就是研究社会世界建构的过程。他们认为实证主义社会学失败的根本原因就是没有考虑到这一点。

理解方法作为一种明确的方法论可以追溯到德国哲学家狄尔泰,他被誉为"诠释学(hermeneutics)之父",是西方第一个比较系统地提出"理解"方法的人。早在19世纪后期,狄尔泰及一些新康德主义者就对实证主义提出了批评。

狄尔泰主张社会科学(他称之为"精神科学",包括社会科学与人文科学各学科)和自然科学是两种性质根本不同的科学。他认为人类行动是有目的性的,但自然界的事物是无目的性的;自然科学能做到价值中立,但精神科学不能。因此,他认为精神科学虽然可以使用自然科学的一些经验研究方法,但从根本上说,它们之间是有差别的。狄尔泰说,精神科学"与自然科学相比,这些科学具有完全不同的基础和结构。它们的研究主题是由一些既定的、而不是推论出来的单元组成的——这些单元都是可以从内部加以理解的。在这里,我们为了逐渐达到概念性的知识,从一种直接存在的知识或者理解过程开始"①。对自然界可以说明(explanation),但对社会精神生活需要去理解。

狄尔泰反对实证主义社会学关于社会现实的解释。他认为,认识复杂的社会现实,不仅要从外部社会事实出发,更要从社会行动者的内部世界出发。因此,狄尔泰认为"心理内省"是认识社会现实的最好方法。狄尔泰所说的"内省"并不是纯心理学的。心理学的"内省"是纯粹的自我认识,而狄尔泰的"内省"是指既要认识自我的内心世界,也要认识他人的内心世界。于是,狄尔泰将这种个人从自身内部世界出发去观察社会"最后现实"的方法称作"理解"。这种"理解"的基本原则:一是"在你中发现我";二是"凡人创造的东西都是人可以理解的"。所以,他强调"移情作用"的意义,认为只有通过移情,才能对别人的内心世界有所体验和理解。

后来韦伯继承与发展了"理解"方法,并产生了深远的影响。韦伯的社会学关注对社会行动的研究,而不是关注文本诠释,被称为"理解社会学"。他对社会学的定义是:"社会学是一门关于社会行动的解释性理解,并依此对社会行动的过程和结果进行因果说明

① [德]威廉·狄尔泰:《精神科学引论》(第一卷),童奇志、王海鸥译,中国城市出版社2002年版,第180页。

的科学。"[①]由此可见,韦伯把社会行动作为社会学的研究对象。他认为社会学既要对社会行动的客观结果进行解释,也要对其主观意义进行理解。他把因果说明和解释性理解同时看作获取知识的基本方法。因此,他批判实证主义者对主观性的忽视。

在韦伯看来,社会学类似于历史学,而不同于自然科学。这种差别表现在:社会学是理解性的科学,它是历史性的科学,它所涉及的是人类文化。

韦伯的基本出发点是认为社会行动是有意义的,且意义是可以理解的,因而对社会行动的理解是可能的。他说,行动是就行动着的个体把主观意义附着在他的行为之上而言的,社会行动的本质是其蕴含的精神内涵和文化意义。

韦伯所说的理解,就是对行动意义的把握。具体说,有两方面的含义:一是对某一行动的主观意义的直接观察理解,即通过对社会行动或对象的直接观察就能理解其意义,例如对语言、具体行动、非理性的情绪反应,以及对数学和逻辑命题(如$2\times2=4$)的理解。二是解释性理解,即根据动机来把握行动者赋予行动的意义。解释性理解是对动机的合理理解,强调从行动者的主观意图和目的方面去理解社会行动。如果说通过直接观察理解仅仅可以知道社会行动"是什么"或"干什么",那么解释性理解就是要寻求社会行动的"为什么"。例如樵夫砍柴,直接观察理解仅能理解樵夫的行为是砍柴,而解释性理解则要寻求砍柴的动机。

韦伯指出,对意义的解释性理解把握包括下列三个方面:(1)历史方面的意义,即对具体行动者而言的实际目的性意义;(2)对社会学意义的大众现象而言的平均的或近似的实际目的性意义;(3)适合于共同现象的科学的纯粹形式(即理想类型)的意义。

在这里,韦伯特别强调"解释性",目的在于突出"理解"的清晰性和确定性,或者说寻找合理的一般性的因果关系。韦伯说:"对意义的全部解释,就像所有科学观察一样,都力求对洞见和理解具有清晰性和可证实的精确性。"[②]这种理解的确定性基础有两个:一是理性的基础(包括逻辑的和数学的),即对各种行动因素在其有意向的意义中获得完全清晰和理智的把握。理性的理解具有高度的确定性,如人们对"$2\times2=4$"的意义具有完全清晰明白的理解。二是重新体验的基础,如移情和艺术欣赏,或如狄尔泰所说的"理解就是在你中发现我"。这种理解是对别人心灵感觉的精神体验,是对别人的行动和动机的有效把握。这里,"经验的可再体验性"对理解的确定性非常重要,但并不是唯一的必要条件,正所谓"要理解恺撒,不必成为恺撒"。

韦伯还强调因果性说明,但他所说的因果性跟自然科学的因果性有所不同。他所说的因果性是一种客观上存在的概率性关系,反映的是社会历史事件之间的可能性关系,而非必然性关系。也就是说,韦伯在强调社会行动的主观性的基础上,也肯定了一定的客观关系的存在。他认识到,社会学研究仅靠理解方法是不够的,还需要因果分析方法。"我们把社会学寻求阐述类型概念和经验过程的普遍一致性视为理所当然的。"[③]所以在这方面,韦伯的理解方法与狄尔泰过于强调主观性的理解方法有所不同。这也反映出韦

① M. Weber. *Economy and Society*. New York: Bedminster Press. 1968. P. 4.

② [德]马克斯·韦伯:《社会科学方法论》,杨富斌译,华夏出版社1999年版,第37页。

③ [德]马克斯·韦伯:《社会科学方法论》,杨富斌译,华夏出版社1999年版,第53页。

伯试图调和实证主义与诠释学之间的关系。

韦伯对“价值中立”的说明也反映了其方法论观点的两面性。他提出，社会科学在研究方式上应做到“价值无涉”(value-free)，但研究者在研究问题的选择上是有价值关联的。他认为这两个方面属于不同的过程，可以区分开来。韦伯指出，研究问题的选择虽然受个人价值倾向的影响，但在研究过程中可以保持客观性，即研究者在研究中应做到价值中立，不应让个人的价值或利益左右其研究。

所以在这一点上，韦伯跟实证主义的主张是接近的，要求对事实判断和价值判断做出明确的区分，不能从对“事实的陈述”中得出“应该的陈述”。但实际上，在社会科学研究中，人们很难做到这一点。

后来，美国社会学家舒茨进一步从现象学的角度，强调了社会科学研究的独特性。现象学方法的提出者是德国哲学家胡塞尔(E. G. A. Husserl)。针对19世纪末和20世纪初自然科学的发展及实证主义，胡塞尔认为现代科学出现了“危机”，从而提出了其现象学观点。胡塞尔的代表著作有《逻辑研究》(1900—1901)、《哲学是严密的科学》(1910—1911)、《纯粹现象学与现象学哲学观念》(1913)、《欧洲科学的危机和超验现象学》(1936)等。

胡塞尔对实证主义科学观提出了激烈批判，认为实证主义是一种非常片面的“残缺不全的概念”，因为它只关注对纯客观事实的研究，忽视了主体价值问题。他主张科学研究的范围应既包括客观领域的对象，也包括主观领域的对象，如意义、价值等。因此，胡塞尔提出了现象学这一新的哲学方法，目的就是通过强调对生活世界“主体”的分析，树立一种新的更全面的科学观。

胡塞尔的“现象学运动”对哲学和社会科学都产生了广泛的影响，20世纪60年代之后，现象学社会学、常人方法论(ethnomethodology)等理论观点的出现就是突出表现。舒茨在综合韦伯和胡塞尔理论观点的基础上，提出了其现象学社会学观点。他在肯定了对意义、生活世界和常识世界研究的基础上，特别强调对常识世界的研究。即舒茨超越了胡塞尔的先验现象学，主张用经验方法去考察“主体间性”(intersubjectivity)这一重要社会实在。他通过“主体间性”的创造与维持概念，提出我们的生活世界是常识的潜在的典型化(typification)。他认为生活世界的典型化是建立在主观意义基础上的，分为初级建构(first-order construct)和次级建构(second-order construct)。

舒茨提出社会科学研究与自然科学研究是不同的。他说：“自然科学家所必须处理的这些事实、材料和事件，在他的观察范围内只不过是事实、材料和事件。但是，这个范围对于其中那些分子、原子和电子来说却不‘意味’任何东西。……在社会科学家面前，这些事实、事件和材料却具有完全不同的结构。从根本上说，他的观察范围——社会世界——并不是没有结构的。对于人类在其中的生活、思考和活动来说，它具有特殊的意义和特殊的关联结构。”①因此，舒茨认为，人们是通过一系列决定他们的行为、行动目的、行动方式的常识建构，事先限定和解释了社会生活世界。社会世界由生活于其中的成员

---

① [德]阿尔弗雷德·许茨：《社会实在问题》，霍桂桓、索昕译，华夏出版社2001年版，第31～32页。

运用一系列客体典型化的形式，把日常世界解释成了一个有机的意义系统。典型化使用常识形式来解释它形成的日常知识，包括行动者的个人经验，构成被认为是自然的理解世界的方式。这是其所谓的初级建构。他认为社会科学家首先应关注日常生活中人们的这类“自然态度”。同时，他又提出，社会科学家不能停留在初级建构上，从旁观者角度做研究，而应在行动者关于社会因果的建构基础上来建构，这就是所谓的次级建构或二度建构。社会科学家用其建构的结果代表实际行动者的模式。

舒茨提出，社会科学家进行次级建构的主要方法是“理解”，但他对理解法的说明与韦伯有所不同。韦伯只是一味强调对行动意义的理解，但舒茨关心的是为什么理解、理解为什么可能以及如何理解等。

总之，现象学和诠释学观点与实证主义方法论有根本的不同。第一，主张人文社会科学与自然科学之间有明显的不同，表现在研究对象和目的等方面，就是特别重视理解方法。第二，重视对社会行动及其意义的研究，重视价值问题，倡导特定的分析视角。第三，以个体主义方法论为特征。从韦伯到舒茨，他们都是唯名论者，关注对行为个体的研究。第四，倡导定性研究方法，而不是定量研究方法，如实地研究法、人类学的“深描法”等。

二、批判理论

批判理论是指以 1923 年在德国法兰克福成立的“社会研究所”为核心的一批研究马克思学说和现代工业社会的学者形成的理论流派，又称“法兰克福学派”（Frankfurt School）。主要代表人物有霍克海默（Max Horkheimer）、阿多诺（Theodor W. Adorno）、马尔库塞（Herbert Marcuse）、弗罗姆（Erich Fromm）、哈贝马斯（Jürgen Habermas）等。他们深受马克思主义思想的影响，故又属于新马克思主义学派。

从 20 世纪 30 年代起，法兰克福学派就把他们的研究称为“社会批判理论”。他们以历史唯物主义、黑格尔的辩证法以及马克思的批判和革命学说为基础，以分析现代资本主义社会为主要目标，坚持认为商品、交换关系和价值支配着人们的生产方式。在学术观点上，法兰克福学派既批判传统理论，又与实证主义势不两立。20 世纪 60 年代，西方学术界曾爆发了一场以阿多诺为代表的法兰克福学派与以波普尔为代表的实证主义的论战。他们批判纯经验性和数量化方法，拒绝“价值无涉”。他们坚信理论知识的时代性和政治性，倡导批判性的社会理论及其改造社会的作用。尽管这个学派后来出现了分化，但他们都保持了批判理论的基本取向，即认为科学研究的目的不是解决“是什么”（to be），而是解决“应该是什么”（should be）。

批判理论家关注的重点由对经济基础的批判转向了对上层建筑的批判，即对意识形态或社会文化的批判。尽管他们之间的观点有所不同，但作为一个学派，其理论与方法论具有如下主要特征：

第一，批判理论主要继承和发展了马克思的早期思想，即黑格尔式的马克思学说。最突出的一点就是辩证思想，这一思想包括否定和批判，故这一派学说又被称为否定哲学（negative philosophy）。它与肯定哲学或实证哲学是相对立的。

第二，批判理论所谓对社会的批判，并非全盘否定，而是具体的否定。批判理论认为，获取知识不是批判理论的最终目的，使人们获得解放才是其目的。因此，批判理论并不反对经验研究和社会法则，它反对的是实证主义社会学的认知目标或认知兴趣。

第三，批判理论重视实践问题。他们认为传统理论把理论与实践、主体与客体、价值与事实割裂开了，从而使理论研究成了脱离社会历史实践的独立王国，而批判理论重视理论与实践的统一。

第四，批判理论反对"唯科学主义"(scientism)观点，批判实证主义的工具性单向思维，主张科学技术也是"意识形态"，反对实证主义的客观性和价值中立性观点。

哈贝马斯是法兰克福学派第二代最多产、最有影响的人物。他继承和发展了批判理论，在当代哲学和社会理论诸方面都有突出的贡献。他所提出的沟通行动理论，典型地代表了一种新的综合性的理论取向。哈贝马斯著述颇丰。自20世纪60年代开始，他发表了一系列重要成果，提出了自己的理论观点。他主要的方法论著作有：《理论与实践》(1963)、《知识与人类旨趣》(1968)、《作为"意识形态"的技术与科学》(1968)、《社会科学的逻辑》(1970)、《事实与价值》(1992)等。

哈贝马斯对各家学说的接纳与综合力非常强，他研究的问题和观点也多种多样。其研究的主要特征是：第一，他作为法兰克福学派的第二代代表人物，摆脱了第一代的哲学研究路子，注重学科之间的结合，因而其理论更具综合性；第二，他所研究的问题更为具体和现实，其观点也不再有激进和教条的色彩，而具有改良和温和的特征；第三，他为批判理论确立了新的研究方向和理论基础，如他的观点还被称为"批判解释学"。

在《知识与人类旨趣》和《社会科学的逻辑》两部著作中，哈贝马斯提出了他的独特的认识论和方法论观点，其矛头主要是针对实证主义。哈贝马斯提出，知识与认知旨趣(interest)有密切关系。而在人类的旨趣结构中，有三种基本类型：(1)技术性的认知旨趣(technical cognitive interest)，即扩展人们技术性控制的力量；(2)实践性的认知旨趣(practical cognitive interest)，即使行动者之间的意见相一致；(3)解放性的认知旨趣(emancipatory cognitive interest)，即将意识从它对僵化的权力的依赖中解放出来。

他说，知识构成的旨趣是在工作、语言及权力的媒介中形成的。与这三类旨趣相对应，哈贝马斯提出了三种类型的知识：(1)经验性—分析性知识，(2)历史性—诠释性知识，(3)实践性—批判性知识。这三类知识又对应着三种不同的学科，即实证科学、诠释学和批判理论。由此，哈贝马斯确立了批判理论的任务，就是研究行动者之间的沟通过程。他认为，如果不了解人们是如何互动和沟通的，就不可能实现解放的目标。而要理解互动，就必须分析个体之间的语言和语言学过程。这些知识反过来会给批判理论以坚实的概念基础，以此确立对社会的批判和找到个人解放的道路。

哈贝马斯的目的在于通过这种划分，说明科学仅是诸类知识的一种，科学也具有意识形态性。具体来说，其目的有三个方面：第一，批判实证主义的价值中立主张，认为科学跟其他知识一样，也服从于人们的某种旨趣(或利益)，从而否定客观主义观点；第二，重新强调诠释学和批判理论这两类知识的重要性，重视语言和沟通问题；第三，把科学看作一种意识形态，并把社会科学看作经济利益和政治利益的工具，从而为自己的研究观点辩护，即发展其批判理论。

三、建构主义

传统的实证主义者赋予科学以特殊的地位。他们认为科学知识与其他知识形态（如宗教、意识形态等）有着本质的区别，认为后者明显地受社会历史和环境因素的影响，具有突出的相对性和局限性；而科学知识根本不受社会因素的影响，故具有客观性和普遍性。因此，传统的知识社会学家没有把科学知识列入其研究对象的范围之内。但20世纪70年代后，新的研究取向极大地改变了传统的实证主义科学观，主张科学知识跟其他知识形态并无本质的区别。他们认为科学知识是社会建构的产物，也受社会文化因素的影响。这种观点被称为“建构主义”（constructivism）。

建构主义作为一种新的方法论思潮，主张一切社会实在以及知识都是社会建构的产物。建构主义者所关心的核心问题，就是社会实在是如何被建构的。从这个意义上说，社会建构是人类认识事物和解释事物的一项重要活动。他们试图对社会现实或实在（reality）的属性和认识活动做出新的解释。按照其观点，社会现实以及人类知识都被看作社会建构的产物，甚至所谓的科学事实或规律也是社会建构的。他们主张，我们所获得的一切知识并不是对客观“实在”的反映，而是与社会和文化因素有关。研究并不是一种“发现”过程，而是“制造知识”的建构过程。他们特别关注知识构成的变化性、相对性、不确定性及意义的情境性。这种主张跟实在论形成了鲜明对立，后者强调社会现实的客观外在性，并将科学事实视为独立于人的意识和表征之外的客观存在。故建构主义在认识论上具有相对主义特征，在方法论上倡导以质性分析为主的建构论方法，关注对社会实践行动及其意义的分析，从而获得对事物新的认识。如社会建构论代表人物格根（Kenneth J. Gergen）指出，所谓的“事实”或“现实”，是人们从一定角度界定的。他说：“对建构论者来说，我们的行动并不为任何被传统接受为事实、理性和正义的事物所束缚。展现在我们面前的是无限多的可能性，引导我们无止境地创新。”①

关于社会建构问题，科学哲学家哈金（Ian Hacking）做了系统分析，他概括了社会建构观点的六个主题：（1）大多数被称为社会建构的东西，可以说是被社会建构的，如果它们的确是被建构的话。（2）存在着比人们通常知道的更为广泛的建构思想。（3）社会建构这个隐喻若只按其字面意义来说，指的是把各组成部分建立或组合起来。（4）多数建构分析的目的在于揭开某一观念或实践的面纱。（5）主要目的在于这种“揭露”的分析，区别于那些主要目的在于驳斥或怀疑的分析。（6）建构分析主要被运用于：①分析人们的观念、知识或者与人们的互动有关的实践，②分析关于无生命自然界的知识。它们的目的虽都是“揭露”，但类型②的分析从根本上不同于类型①的分析。类型②具有形而上的认知目的，而类型①具有社会政治目的。② 他同时指出，人们所讨论的各种社会建构物，更多的属于观念范畴，比如民族观、社会性别观、种族观、自我、情感等。建构论者主

---

① ［美］肯尼思·格根：《社会建构的邀请（第三版）》，杨莉萍译，上海教育出版社2020年版，第7页。

② I. Hacking. “On Being More Literal about Construction”, in I. Velody & R. Williams (eds.) . *The Politics of Constructionism*. London: Sage Publications. 1998. P. 49.

要强调一切事物的存在都跟人们的认识以及语言有关。或者说,我们所谓的事实、真理、实在和知识都是社会建构的。因为“事实、真理、实在和知识并不是存在于世界之中的对象……这些词语是用来说明关于世界的某些东西,或者关于我们所说的东西,或者关于我们所想的东西”①。

目前尽管关于建构主义观点的界定不尽一致,但按照美国社会学家科尔(Stephen Cole)的概括,建构主义具有如下三个基本特征:第一,建构主义者反对把科学仅仅看成理性活动这一传统的科学观;第二,建构主义者采取了相对主义认识论的立场,他们强调科学问题的解决方案是弱决定的,并且削弱甚至完全否定经验世界在限定科学知识发展方面的重要性;第三,建构主义者认为,自然科学的实际认识内容只能被看成社会发展过程的结果,并被看成是受社会变量影响的。②

其中,建构主义与科学知识社会学(SSK)研究的兴起密切相关,特别是与英国的“爱丁堡学派”(Edinburgh School)和受欧洲大陆传统影响的一些人,如拉图尔(Bruno Latour)、诺尔-塞蒂纳(K. Knorr-Cetina)等的工作有很大关系。爱丁堡学派的代表人物有巴恩斯(Barry Barnes)和布鲁尔(David Bloor),他们以对科学知识形成和增长的“强纲领”(strong programme)解释而著称。布鲁尔总结了其“强纲领”的四个基本“信条”(tenet):(1)应当从因果关系方面去分析那些形成信念的条件和知识形态,即因果性信条。(2)应当不偏不倚地对待真理和谬误、理性和非理性、成功和失败,即无偏性信条。(3)在解释类型上应当是对称的。也就是说,相同类型的缘由既可解释真实的信念,也可解释虚假的信念,即对称性信条。(4)原则上其解释模式应当可用于社会学自身,即反思性信条。③ 总之,“强纲领”的基本主张是,包括自然科学知识和社会科学知识在内的所有各种人类知识,都是处于一定的社会建构过程之中的信念;所有这些信念都是相对的,被社会因素决定的,是处于一定的社会情境之中的人们协商的结果。

具体来说,他们认为传统的科学观把经验事实当作判定一个思想是否正确的标准,把知识看作是客观的,都是不正确的。因为科学家在解释他们占有的材料时,会受社会因素的影响,甚至受他们的“利益”的直接影响。科学家所得出的发现事实上是社会协商的结果,因而普遍的科学方法只不过是一种理想。建构主义观点不但用于说明科学成果是社会建构起来的,而且强调一切社会知识与实在都是社会文化的产物。

目前,建构主义对社会科学的多个领域产生了广泛影响。它涉及不同学科,源于不同流派的各种社会研究,如科学知识社会学、常人方法论、科学修辞研究、符号人类学、女性主义理论、后结构主义和后现代主义理论等。

---

① I. Hacking. *The Social Construction of What?*. Cambridge, MA.: Harvard University Press. 1999. Pp.22-23.

② [美]史蒂芬·科尔:《科学的制造:在自然界与社会之间》,林建成、王毅译,上海人民出版社2001年版,第45页。

③ D. Bloor. *Knowledge and Social Imagery* (2nd ed.). Chicago & London: The University of Chicago Press. 1991. P.7.

第三节　社会科学与外部社会的冲突

社会科学与外部社会的冲突主要表现在两个方面，即社会科学研究者与外部非专业研究人员的冲突，以及社会科学研究者与外部专业研究人员的冲突。

一、社会科学研究者与外部非专业研究人员的冲突

所谓外部非专业研究人员，主要指的是行政管理者和社会普通公众。

（一）社会科学研究者与行政管理者的冲突

科学研究与社会控制之间的矛盾由来已久，可以说，科学研究自其产生之日起，就与社会控制开始了永无休止的冲突。早期的冲突是广泛甚至充满暴力的，随着自然科学社会地位的逐步确立和人类文明的发展，现在的冲突则主要存在于社会科学研究者和行政管理者之间，而且行政管理者对社会科学研究的控制也变得越来越文明。利用公共资源对社会研究选题的选择性资助和限制部分研究成果的公共传播是行政管理者现在最常用的控制手段。

1. 冲突的核心

社会科学研究者与行政管理者矛盾和冲突的核心是"事实—价值"问题。社会科学的终极追求是探索、描述、解释社会事实，社会科学研究者直接关注的问题是：社会是什么，为什么如此，将来会怎样。而行政管理者更关心的是社会应该是什么样，行政管理者总是试图规定社会研究者应该研究什么，什么样的研究结论应该告诉什么人等诸如此类的问题。

2. 冲突的成因

应该说，社会科学研究者与行政管理者的冲突首先缘于他们社会角色的不同，社会科学研究者的主导角色是进行客观研究，而行政管理者的角色主要是进行社会管理和社会控制。角色不同，利益不同，对社会研究的看法自然也不同。其次，社会研究的特殊性（与自然科学相比）也影响了行政管理者对社会研究的态度。与自然科学研究不同，在社会科学研究中，研究者和研究对象是同质的，双方往往存在一定的互动。许多学者已经认识到，自然现象的规律性是客观的并远离人们的意识而存在；而在人文现象中，观察者常以内心的关怀或内在的参与，直接或间接地促成其发展，即人文或社会现象为人群活动的产品，它的发展与人群（认识的主体）主观的想法和做法息息相关。所以，即使是或然性很强的初步结果也有可能成为强烈的社会暗示和社会期待，造成一定的社会控制问题。因此，行政管理者往往对社会科学采取特别严格的控制政策，从而造成社会科学研究者与行政管理者发生更多的冲突。另外，社会的民主水平、文明程度、宽容氛围的差异，也是影响不同国家社会科学研究者与行政管理者冲突强度的重要变量。

（二）社会科学研究者与社会普通公众的冲突

社会科学研究者与社会普通公众的互不信任和冲突也有着悠久的历史，只是与上一

种冲突相比，这种冲突显得比较和缓而已。社会科学研究者与社会普通公众冲突的关键问题是"事实—常识"问题。社会科学家尊重科学事实，而普通公众则更相信自己的"亲身"经验、"切身"体会和"世人皆知"的常识。

虽然这种冲突相对和缓，但它对社会研究的社会地位和"科学形象"的确立具有根本性的损害。我们常常可以接触到这样的情景：当一个普通公众听到某个社会调查结论时，他或者说"很对，和我想的一样"，或者说"不对，我觉得根本不是那么回事儿"。这种现象使社会科学研究处于相当尴尬的境地：社会公众根据自己的常识判断社会研究的正确与否，如果与常识不一致，他就认为结论不对，研究没有价值；如果与常识一致，他就认为结论对，研究有用。但是，总是与常识一致的社会结论真值得劳民伤财而进行研究后才得出吗？

造成这一现象的表面原因似乎是社会普通公众盲目地相信个人经验和社会常识，但根本的原因是社会研究的"科学性"不强，社会科学还没有在公众心目中真正确立起像自然科学一样的社会地位。所以，从积极的方面看，社会科学研究者与社会普通公众的冲突对社会科学的发展和进步也许是有所裨益的。

二、社会科学研究者与外部专业研究人员的冲突

所谓外部专业研究人员，主要指自然科学研究者。随着职业分化和教育专业化的发展，社会科学家和自然科学家之间也出现了越来越多的不理解、猜疑，甚至是对立和冲突。

(一)冲突的表现

按照英国著名学者斯诺(Charles Percy Snow)在《两种文化及再谈两种文化》讲演中的观点，社会科学研究者(以文学知识分子为代表)与自然科学家(以物理学家为代表)的冲突表现为人文文化和科学文化"两种文化"的冲突。他指出："文学知识分子在一极，而在另一极是科学家，其中最具代表性的是数学家和物理学家。在这两极之间是一条充满互不理解的鸿沟，有时(特别是在年轻人中)是敌意和不喜欢，但大多数是由于缺乏了解。他们互相对对方存有偏见。"①这两种文化之间存在着明显对立，彼此都有歪曲了的刻板印象："人文学者往往习惯于用克制压抑的语气讲话，他们对他们的前辈诚惶诚恐，自愧弗如；他们还特别看不惯科学家那种近乎狂妄的坦率，他们看到科学家们经常兴致勃勃地否定前人的结论和得意扬扬地宣传自己做出了什么新发现的样子总感到不舒服。在他们看来，科学家是些粗俗不堪浅薄狂妄的家伙，根本没有教养，意识不到人类的处境是多么的令人绝望和悲惨。而科学家又往往觉得人文学者软弱迂腐，无病呻吟，并且不关心同胞的实际生活。"②

科学不仅是技术，也不仅是方法，科学还是一种文化。属于这种文化的科学家——从物理学家到生理学家——可能性别、种族、阶级、政治观点、宗教信仰各不相同，但是总

---

① [英]C. P. 斯诺：《两种文化》，陈克艰、秦小虎译，上海科学技术出版社2003年版，第4页。

② [英]查·帕·斯诺：《对科学的傲慢与偏见——查·帕·斯诺演讲集》，陈恒六、刘兵译，四川人民出版社1987年版，《译者序》，第3~4页。

的来说，他们具有共同的科学价值标准和科学行为准则。人文社会科学家之间也有着自己的文化，尽管其结构比较松散，但相对于自然科学家来说，社会研究者内部的共同性更大。

（二）冲突的成因

斯诺认为，社会上智力最高的人群间的对立和冲突造成了重大的社会损失。他指出："文化的分裂会使受过高等教育的人再也无法在同一水平上共同就任何重大的社会问题开展认真的讨论。由于大多数知识分子都只了解一种文化，因而会使我们对现代社会做出错误的解释，对过去进行不适当的描述，对未来做出错误的估计。"①

关于造成"两种文化"冲突最主要的原因，斯诺认为，一是我们对专业化教育的过分推崇，二是我们要把我们的社会模式固定下来的倾向。我们认为，实际上，根本原因可能是社会分工越来越细，社会生活越来越分化和专业化。

▶本章小结

社会科学研究的方法论涉及多个层面的哲学认识问题，而且每一个学科也都有自己的方法论问题。本章只是概括地介绍了社会科学中的主要方法论观点，重点讨论了实证主义方法论和非实证主义方法论的不同。随着各学科的发展和人们认识的深入，新的方法论观点与问题还将不断地出现。

▶进一步阅读书目

1.［英］吉尔德·德兰逖：《社会科学——超越建构论和实在论》，张茂元译，吉林人民出版社2005年版。

2.［英］安东尼·吉登斯：《社会学方法的新规则——一种对解释社会学的建设性批判》，田佑中、刘江涛译，社会科学文献出版社2003年版。

3.［美］马茨·艾尔维森、卡伊·舍尔德贝里：《质性研究的理论视角：一种反身性的方法论》，陈仁仁译，重庆大学出版社2009年版。

4.［美］肯尼思·格根：《社会建构的邀请（第三版）》，杨莉萍译，上海教育出版社2020年版。

5.林聚任等：《西方社会建构论思潮研究》，社会科学文献出版社2016年版。

① ［英］查·帕·斯诺：《对科学的傲慢与偏见——查·帕·斯诺演讲集》，陈恒六、刘兵译，四川人民出版社1987年版，《译者序》，第5～6页。

第三章 社会科学研究的理论建构

社会科学研究的目的在于认识和理解社会世界。这种认识和理解的过程，首先是要对社会事物或现象进行准确的描述，即经验研究；然后对这种社会现象产生的原因给出解释，即理论建构。经验研究是理论建构的准备，理论建构是经验研究的发展。只有上升到理论层次，我们才可以提炼认识，积累知识，从而更好地解释我们周围的社会事物。本章将简要介绍关于理论建构的基本知识。本章共分三节，第一节介绍关于理论的基本知识，第二节论述理论的基本构成要素，第三节介绍理论建构的两种基本逻辑方法——归纳式理论建构和演绎式理论建构。

第一节 理论基本知识

社会科学研究通过理论去认识和解释社会现象，获得有关社会世界的基本知识。理论是构成一门学科的基础，它体现着学科的性质。在社会科学研究过程中，理论具有非常重要的作用。“没有理论，我们也无法进行研究工作。某种形式的理论阐述是我们自己的研究工作同其他分析家们——以前的、现在的和未来的分析家们——的研究工作相联系的唯一办法。”①要获得合理的理论建构和理论发展，我们首先需要对理论的本质属性有一个基本的了解。本节将简要介绍关于理论的内涵、层次以及理论研究与经验研究之间的关系等基本知识。

一、理论的内涵

“理论”这一术语已被广泛使用，因而也具有多重含义。不同的人在使用“理论”一词时，他们所理解或所指的可能根本不是同一种含义。它或者是指一种观点（perspective）、一种学说（doctrine），或者指一种角度（approach）、一种取向（orientation）。所以，我们这

① ［美］詹姆斯·B.鲁尔：《社会科学理论及其发展进步》，郝名玮、章士嵘译，辽宁教育出版社2004版，第255页。

里首先对理论这个概念加以说明。

就一般意义而言，理论是指逻辑上相关的概念或命题；它是指类似于规律性的、在逻辑上彼此相关的概括，是对一定事物或现象的解释。自然科学中的理论是相当严谨的，具有严格的表述形式和预测意义。著名科学家霍金（Stephen Hawking）指出：“一个好的理论必须满足以下两个要求：首先，这个理论必须能准确地描述大量的观测——这些观测是根据只包含少数任选的元素的模型所做出的；其次，这个理论能对未来观测的结果做出明确的预言。”①例如，牛顿的万有引力理论所解释的是两物体间通过这种力相互吸引，该力跟它们的质量成正比，而跟它们之间的距离的平方成反比。运用此理论可以准确地预测太阳、月亮和行星的运动。但相比而言，社会科学中的理论形式不够严格，它大多是一组假设或概念，或者是一种与经验研究或现实问题相区别的抽象学说。

默顿曾指出：“严格地说，确切意义上的理论是没有的——理论是一套逻辑上相关的假定，包括一系列能被经验研究证明或证伪的假设。实际上所谓的理论多是一般性的理论取向，通过某些社会学变量以试图解释（越轨）行为。（但）它们并不反映特定变量类别之间的精确的关系。”②他认为，在社会学理论中，所见到的更多的是各种概念而很少有一致性的理论，更多的是观点而很少有定理，更多的是策略而很少有结论。另一位美国方法论学家布莱洛克则指出，理论不只是一组概念体系或类型，还必须有能把两个以上的概念或变量结合起来的命题。显然，这是从更为经验和操作的意义上对理论做出的说明。

总之，理论是对事物及其关系的抽象概括，是关于事物和现象的基本知识。在实践中，人们又通过一定形式的理论去反映和解释现象，即理论的主要作用是解释和预测，判断一个理论的标准也就是其解释力和应用范围。

一般来说，理论具有以下几个基本特征：第一，理论必须是抽象的，即它们必须与所指涉的社会实践相分离。第二，理论必须是主题化的。一组陈述必须贯穿一个具有专门主题的论点，要求前后密切相关。第三，理论必须保持逻辑上的一致。各陈述相互没有矛盾，而且如果可能的话，应该能够相互演绎得出。第四，理论必须是说明性的。理论必须是有关社会现象的一项命题或论点，能够说明这些现象的形式、实质或者存在状态。第五，理论必须是概括性的。它们在原则上必须用于解释所要说明的现象的任何一种具体表现，并且能对其做出解释。第六，理论必须是独立的。它们绝不能化约为参与者自己就其行为提供的说明。第七，理论必须在实质上是有效的。它们必须与研究者所掌握的知识相符合。③

二、理论的层次

理论具有不同的层次，有些是非常抽象的，有些是非常具体的。例如，按理论所涵盖

---

① ［英］斯蒂芬·霍金：《时间简史——从大爆炸到黑洞（第三版）》，许明贤、吴忠超译，湖南科学技术出版社2004版，第10页。

② ［美］罗伯特·K. 默顿：《社会研究与社会政策》，林聚任等译，生活·读书·新知三联书店2001版，第91页。

③ ［澳大利亚］马尔科姆·沃特斯：《现代社会学理论（第2版）》，杨善华等译，华夏出版社2000年版，第3～4页。

的范围,通常将社会理论划分为三个层次:宏观理论(macro theorizing)、中观理论(meso theorizing)和微观理论(micro theorizing)。

宏观理论以整体性的社会现象为解释对象,是一种高度概括的解释框架。这种理论抽象程度最高,应用领域广泛。具有宏观分析取向的学者,主要关注的是社会结构层面的现象与问题。社会学中最典型的代表就是帕森斯的结构功能主义理论,他的理论又被称为"宏大理论"(grand theory)。帕森斯从系统观的角度论述了行动系统的结构与功能,强调对行动系统概念框架的分析。他当时提出的基本理论认为,具有理论兴趣的学者们追求建立统一理论而不是多个理论为共同目标的时机已经成熟。他说,至此,最重要的事实是,在我们这一领域中理论派系或不同个人之间的纷争已成过去,我们现在已就其些更广泛的基本问题达成了一致,即大多数人承认可以形成共同的假定。尽管各个人的兴趣和作用会有所不同或者相去甚远,但可以预见到,他们都将统一到一个主要的概念结构之中。

帕森斯所说的这个统一理论就是功能分析意义上的社会系统理论。这一理论包括如下基本假设:(1)系统化的理论本身对任何科学来说都是非常重要的;(2)作为社会学基础的理论体系必须比社会学自身的体系更广泛,它必须是社会系统的理论;(3)最重要的是,这个系统化的理论必须符合"结构—功能"分析模式,这一模式已体现在生物学理论特别是生理学之中;(4)这一理论的形成必须限于所谓的"行动"参考框架之内;(5)理论体系的建构必须尽可能地借助专有的操作性概念。

在这种理论主张下,帕森斯提出用一种"分析性的实在主义"(analytical realism)去建构社会学理论。具体地说,就是用一套抽象的概念体系反映现实世界,要求把这些概念组成能解释社会重要特征的分析框架,但又不被具体的经验细节所淹没。或者说,这种理论方法类似于韦伯的"理想类型"方法。帕森斯提出,社会学理论必须用有限的重要概念去"恰如其分地'抓住'外部客观事物的特征。……这些概念不是与具体现象相对应,而是与现象中的要素相对应,这些要素从分析的角度说可与其他要素相分离"①。因此,帕森斯特别强调理论中的中心概念的重要性,如他所用的"行动系统"等概念。

帕森斯的理论中关于社会的基本假设是:整个社会体现出系统性特征,这些特征必须用相应的抽象概念加以把握。故帕森斯提出,建立概念体系优先于建立抽象的命题体系。他认为理论中的概念不应过早地转变为命题,而应该首先组织成与现实的系统性同构的分析系统,发展"一般性的概念体系"。帕森斯的方法论属于实证主义或自然主义。他相信可以找到一种统一的理论,从而对社会世界做出准确的解释。因此,帕森斯研究的重要目的就在于找到"社会秩序"——类似于社会规律的东西。

与宏观理论相对的微观理论关注的则是行动个体之间互动层面的现象与问题。具有微观分析取向的学者普遍强调微观个体实在的重要性。社会学中最典型的代表就是符号互动论和常人方法论。如符号互动论代表人物之一的布鲁默提出,社会学应重视对人们的社会行动的意义性的研究。他认为行动者总是根据其所处的情境采取行动,并选

① T. Parsons. *The Structure of Social Action*. New York: The Free Press. 1968. P 730.

择、重组和改变其意义，即意义存在于人际互动之中。而常人方法论的提出者加芬克尔（H. Garfinkel）则认为，常人方法论是对人们所应用的方法的研究，是考察社会成员在建构和解释他们的社会世界并对其赋予意义时所使用的方法和步骤。例如，各个社会成员是如何根据他们对外部世界的常识性认识和假设去指导他们的行动的，行动者又是如何运用各种技巧去进行互动和沟通的。这些都需要从微观层面上进行观察和描述。

中观理论是介于宏观理论和微观理论之间的理论，其抽象层次和所解释的对象都介于二者之间。默顿所极力倡导建立的“中层理论”（theories of the middle range），可以说多属于中观理论。默顿所说的“中层理论”指介于日常研究中低层次的但又必需的研究假设与无所不包的系统化统一性理论之间的那类理论，统一性理论的目的在于解释社会行为、社会组织和社会变迁中一切可观察到的一致性。默顿指出，中层理论具有如下基本特征：第一，它主要用于指导经验性研究。中层理论虽具有一定的抽象性，但它更接近于构成可验证的命题的观察资料。第二，中层理论只涉及有限的社会现象，但它比纯粹的经验概括更高一层。第三，在有限的中层理论基础上可以形成普遍性的理论体系。第四，中层理论区别于微观社会学问题与宏观社会学问题。第五，通过中层理论可以继承发展经典的理论研究工作。第六，中层理论也可指出未来的研究方向。

默顿并非主张不去发展综合性的社会学理论体系，他只是认为，根据社会学研究目前所处的状况，只能首先发展中层理论，然后才能形成综合性的理论。他特别重视研究的阶段性和知识的积累性。而且，默顿指出，社会学中常见的也多是一些中层理论，如参考群体理论、社会流动理论、角色冲突理论等。

但是，近年来更多的人主张把这三个层次的理论结合起来，而不是截然区分开。如美国社会学理论家特纳指出，社会是由驱动着行动、互动和组织的普遍性的作用力所支配的，在这一过程中，它们使社会现实形成了自己的模式和结构。他认为这种作用力与牛顿用以解释行星运转的引力概念十分类似。同样地，社会学理论应该说明的是关于微观、中观和宏观的分析层次上的驱动社会现实属性的基本作用力，如图 3－1 所示[1]：

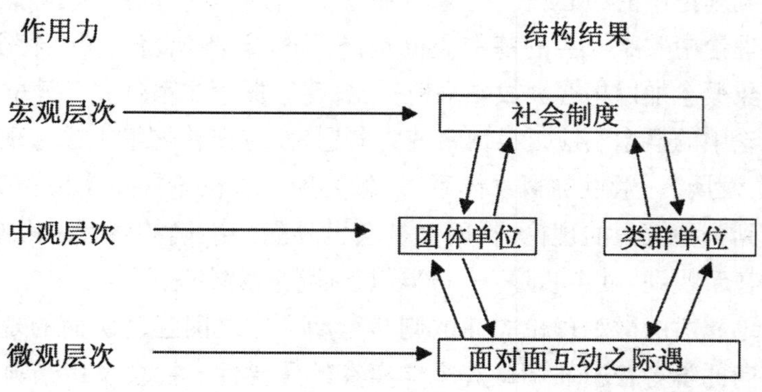

图 3－1　宏观、中观、微观层次社会作用力的镶嵌性

① J. Turner. “A Theory of Embedded Encounters”, *Advances in Group Processes*. Vol. 17. 2000. P. 287.

图中列出的是这种基本作用力所产生的结构结果。在宏观层次上,最根本的组织模式是社会制度,如经济制度、政治制度、亲属关系制度、宗教制度、法律制度、医学制度、教育制度等。在中观层次上,两个最根本的组织形式是团体单位和类群单位,团体单位是由追求某种目的且有劳动分工的人组成的(如复杂组织、群体、社区),而类群单位是由具备特定特征的子群体构成的(如社会阶级、年龄群体、民族群体、性别群体)。在微观层次上,最根本的结构就是际遇。根据戈夫曼(Erving Goffman)的理论,它是由专注性互动或非专注性互动构成的。根据图中箭头所指示的,形成这些结构的作用力是相互关联的。从宏观到中观的分析层次来看,社会制度制约着团体单位和类群单位的性质,而后者又直接构成了社会制度;从中观到微观的分析层次来看,个体间的面对面互动发生在团体单位和类群单位之中,而际遇中的反复互动又影响着团体单位和类群单位的性质。这样,由于际遇镶嵌于团体单位和类群单位之中,因而再生或改变着原有的社会制度结构;反过来,社会制度又通过构成它们的团体单位和类群单位来约束际遇中的面对面互动。

理论还可按照其他标准进行分类,如描述性理论与解释性理论(descriptive-explanatory theory)、意识形态性理论与科学性理论(ideological-scientific theory)、直觉性理论与客观性理论(intuitive-objective theory)、归纳性理论与演绎性理论(inductive-deductive theory)。而沃特斯从理论构成的角度把社会学理论分为如下四类:建构主义、功利主义(utilitarianism)、功能主义(functionalism)和批判结构主义(critical structuralism)。按方法论派别,可分为实证主义理论与人文主义理论等。

总之,理论的层次和形态是多种多样的,不同的研究其理论性要求也是不一样的,研究者应该根据自己的研究问题,应用或发展适用的理论。

三、理论研究与经验研究之间的关系

在社会科学研究中,理论研究与经验研究都具有十分重要的作用,我们应该正确地处理好二者之间的关系。

著名社会学家默顿对理论研究与经验研究之间的关系有着独到的见解。他明确提出,经验研究必须以理论为指导,而理论研究离不开经验证明。他认为经验研究与理论研究相互渗透,是任何社会学研究所必需的。他曾尖锐地指出:"我们不喜欢那样的社会学家,他们只空谈而不观察,或者只观察而不思考,或者只思考而不使他们的思想接受系统的经验研究的检验。"①

他说社会学研究中常常出现两种极端:一是有些社会学家热衷于高度概括,他们急于寻求建立社会学的定律。因此,这类人不重视具体的细节和小规模的观察,只追求宏大的总结概括。而另一极端的社会学家则不去关注他们的研究的意义,只是信奉他们报告的事实就是本来的一切。默顿指出,前一种极端的错误是无视与客观事实的联系,而后一种极端则忽视了事物之间的相互关系。后来的科学哲学观点表明,任何经验研究与观察,总是与一定的理论倾向相联系的。根本不存在没有理论取向的经验研究,也没有

① R. Merton. *On Theoretical Sociology*. New York: The Free Press. 1967. P. 68.

完全脱离经验基础的理论研究。

首先，从社会学理论方面来说，理论对经验研究的作用表现在：(1)适当的理论使原本孤立的变量在经验研究中确立起一致的相关性；(2)理论的进步会推动经验研究的发展；(3)理论对经验研究具有规范和指导作用；(4)理论可预测经验研究的结果。所以，经验研究离不开理论。

而关于经验研究在社会学理论发展中的作用，默顿也做了独到的阐述。他指出，经验研究已超出了证明和检验理论这一被动角色，即它不只是肯定或否定假设。经验研究可承担积极的角色，它在推动理论的发展上至少具有四种主要功能，即激发理论、重塑理论、修正理论和澄清理论。

那么，如何实现经验研究与理论研究的结合呢？默顿指出了两条基本途径，即明确导向(formal derivation)和梳理(codification)。

“明确导向”是指在经验研究的设计和研究过程中，必须制定一定的程序，即明确提出假设，以及在可能的情况下确立这些假设的理论基础(预设和公理)。通过这一途径，不仅可以明确研究的方向，围绕研究假设引进变量，收集资料，而且可以对互不相关的、杂乱无章的、支离破碎的解释加以控制。一句话，“明确导向”强调的是经验研究中要有一定的理论方向，在此理论的明确规定下展开研究。默顿所倡导的理论方向自然就是他的“中层理论”。因此，明确的理论方向便为连续性和积累性研究铺平了道路，从而避免了那种无目的的、零散的研究。

“梳理”的目的是从明显不同的行为研究领域中提出系统化的可能的经验概括或理论。梳理就是使研究程序和重要发现条理化、严密化。通过这一途径，可以把过去不同领域或方面的分散经验或发现联系起来，从而有利于扩展已有的理论，并做进一步的经验探讨。运用“梳理”程序，即使是简单的“梳理”程序，也能提出一些理论问题。而如果缺少这一程序，就难以发现互不相关的经验中的理论问题。所以，默顿说：“梳理，作为假设经验中的明确导向的一个互补程序，将有利于有生命力的社会学理论和切实的经验研究的共同发展。”①

默顿还通过引入“范式”概念，使“梳理”程序具体化或操作化。默顿所说的“范式”不同于科学哲学家库恩更广义的“范式”概念，而是指一套社会学(定性)分析的严格的研究程序。它通过明确清楚的假设、概念及命题，提供准确和规范化的语言。范式的主要目的是规范、引导研究。他指出，社会学家往往缺乏可接受的操作程序，没有一致的概念标准和效度标准，因而给社会学研究带来了混乱。通过确立有效的范式，可使研究正规化、科学化。

默顿的这些思想自提出至今已有半个世纪了。在这期间，社会学的发展的确像默顿所倡导的那样，理论家和经验研究者已学会了并肩工作，彼此交流。大部分社会学家已意识到理论与经验结合的重要性。经验研究与理论研究相结合的硕果也充分证明了默顿策略的有效性。如美国学者韦尔斯(Richard H. Wells)和皮考(J. Steven Picou)通过对

---

① R. Merton. “Sociological Theory”, *American Journal of Sociology*. Vol. 50. 1945. P. 473.

1936 年至 1978 年间发表在《美国社会学评论》(ASR)上的 2619 篇文章中的 707 篇所做的内容分析发现,越来越多的研究者在其研究中运用了理论。其中,1936 年至 1949 年间,只有 34% 的文章运用了理论,而 1965 年至 1978 年,这一比例增加到 66%。

但我们承认,经验研究与理论研究的结合在不同领域是不平衡的,其发展也不像人们所想象的那样易于操作。正如当代方法论学家布莱洛克所总结的那样,"当我重读 40 年前(默顿)所写的这几部论著时,我发现异议甚少,而且我感觉到至少在美国社会学家中,绝大多数的人原则上都同意默顿所试图传达的主要信息。但在实施(默顿思想)时,我们遇到了很大的困难,部分原因是方法论方面的障碍比当时所能预想的复杂得多。我们也未能有组织地和恰当地促使我们理论活动和经验活动之间的充分协调,以有效地走向默顿所预想的那种渐进的研究道路"①。

第二节 理论的基本构成要素

理论是由一组逻辑相关的符号要素构成的。这些基本要素包括概念、变量、命题、假设或陈述。了解理论的构成要素,有利于研究者在实际研究中运用理论和建构理论。

一、概念

概念是理论建构的基础。它是一种指称,是对事物或现象的抽象概括。概念由定义构成,而定义是对概念的解释和说明。概念作为对事物或现象的一种抽象,是一类事物的属性在人们主观上的反映。

例如,"笔"是一个很简单的概念。当说到笔时,不同的人头脑中会出现具有各种不同特征的笔,如钢笔、铅笔、圆珠笔、毛笔,颜色有黄色的、白色的、黑色的,材料有塑料的、合金的、竹子的……尽管这些笔不完全一样,但是它们具有某些共同的特征:能够用来书写、记录文字、图案等。这些共同特征可以说就是"笔"这一概念的内涵。"笔"的概念正是对这些具体的、各不相同的笔进行抽象的结果。概念在形式上常常是用字、词或词组来表示,因而有的学者把概念定义为"表达某种思想的字或者符号"。比如"纸张""学生""人口流动"等,就是现实生活中用来表示事物、现象及其特征的概念。类似的社会学概念有"群体""行动""角色""地位"等。

概念是对事物的一种指代。它既可以用来表示社会世界中各种有形事物或现象,如书本、笔墨、树木等,也可以用来表示社会世界中许多不能直接观察的事物或现象,如尊重、爱情、同情心等。世界上的事物是千差万别的,我们对它们的认识程度也不一样,所以概念的抽象程度有高有低。概念的抽象层次越高,就越难以进行直接的观察和描述。这是因为概念的抽象层次越高,其涵盖面就越大,特征也就越含糊。相反,一个概念的抽

---

① H. M. Blalock. "The Interplay of Social Theory and Empirical Researeh", in J. Clark et al. (eds.). *Robert K. Merton: Consensus and Controversy*. London: Falmer Press. 1990. P. 387.

象层次越低，其涵盖面也就越小，特征也越明确。如“社会地位”概念，其定义是“人们在一定的社会结构中所处的位置”，这是一种抽象概括，具体来说，它有不同层次的所指，如图3－2所示：

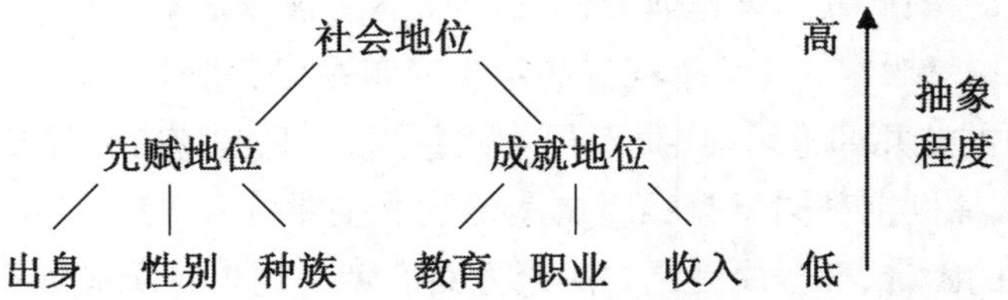

图3－2 “社会地位”概念的层次

概念是建构理论的基础，一切解释事物的理论都是建立在概念基础上的。因此，概念是理论建构必不可少的元素。各个学科都重视建立自己的概念体系。这一方面是因为概念是从经验到理论的必经之路，另一方面是因为概念体现着学科的特点和发展程度。另外，由于社会科学研究中所涉及的概念具有复杂性，其含义具有可变性和模糊性，在实际研究中往往存在一些概念使用不规范、不一致甚至矛盾的情况。所以，我们应特别重视概念的明晰性和应用的适当性。

二、变量

变量是指概念的具体表现形式。它通过对概念的限定，为概念设计一定的指标或使概念操作化。例如，“性别”作为一个变量，包括“男性”和“女性”两种不同的表现形式。对抽象的概念或事物的经验研究是以变量分析为基础的，通过对变量之间关系的分析可以说明事物之间的关系。

变量也可以说是概念的操作定义。通过操作定义，把一个抽象的概念变为可测量的具体化的变量形式。这一过程就是概念操作化的过程。操作化是指在社会调查研究中，将抽象化的概念或命题分解为可测量的指标和可被实际调查资料检验的命题的过程。对于简单的概念，可以用较少的指标来测量；对于复杂的概念，则需要运用多个指标来测量。选择指标的标准是，使指标能够最大限度地说明研究中所界定的“概念”的内涵。

变量有不同的分类。按照变量的测量层次，可分为定类变量、定序变量、定距变量和定比变量，它们的测量层次是依次递增的。详见本书第五章。

根据变量之间的关系，我们可以把变量分为自变量和因变量。我们把那种引起其他变量变化的变量叫作“自变量”，而把那种由于其他变量的变化而导致自身发生变化的变量叫作“因变量”。自变量与因变量之间所形成的是因果关系。自变量变化在先，因变量变化在后；前者是因，后者是果。比如，“受教育程度高低影响收入水平的高低”“科学技术的发展提高了社会生活水平”，这些陈述都是用一种因果关系把两个变量联系起来的。

在社会科学研究中，变量之间的关系除因果关系外，更多的是相关关系，即对两个变量而言，它们之间相互影响、相互作用，不能明确地区分哪个变量变化在先，哪个变化在后。如收入水平与声望地位之间，一般来说，高收入会带来高声望；同样，高声望的人也会有更高的收入。

三、命题与假设

所谓命题，指把两个以上的概念或变量关联起来的陈述，或者说是反映现象之间的关系的陈述。比如，“如果A增大，那么B随之增大”“群体的社会整合度影响自杀率的高低”“如果人们把情景当作是真实的，那么其结果将成为真实的”（托马斯定理），所表示的都是不同变量关系的陈述。命题具有不同的类型，比如公理、定律、假设、经验概括等。在社会科学研究中，最常用的命题形式是假设。

假设是一种有关变量间关系的尝试性陈述，或者说是一种可用经验事实检验的命题。假设是命题的特殊形式。假设就是尚待验证的命题，它是有关一定关系类型的尝试性解释。如“金钱会导致犯罪”可作为一个研究假设，这个假设是否正确，需要经验验证。

假设有不同的陈述形式，主要有三种：条件式陈述、差异式陈述和函数式陈述。条件式陈述的表达形式是“如果A，则B”或“只有A，才会有B”。例如，“如果天上的云量聚集得多了，就会下雨”“只有收入水平提高了，人们的生活水平才会改善”。差异式陈述的表达形式是“A不同，B也不同”或者“A与B在变量Y上有（无）明显差异”。例如，“年龄不同的人，生活方式也不同”“现代人在生活方式上没有明显差别”。函数式陈述的表达形式是“A是B的函数：A = f(B)”，但这种严格的函数关系主要存在于自然科学中，社会科学研究中很少有这种关系形式。

第三节　社会科学理论的建构

社会科学知识通过理论建构而得到发展。在这一过程中，理论与经验研究是相辅相成、密不可分的。一般来说，经验社会科学研究是从经验观察到理论（理论建构），又从理论到经验（理论检验）这样一个不断循环往复的过程。

一、科学研究的逻辑

在科学研究过程中，最基本的逻辑过程可用美国社会学家华莱士所总结的“科学研究循环”来表示，如图3-3。

可见，在这一过程中，从理论到经验观察再到理论是一个循环往复的过程。尽管对具体的一项研究而言是有始有终的，但从一般的研究程序来说，它永远是一个不断循环的过程。它主要是为了强调社会学研究中两个最基本的组成部分的重要性：收集资料和提出理论或解释。当然，在这两者之间有两个中间阶段：从理论过渡到研究的假设阶段，以及基于形成理论的具体资料而得出一般结论的概括阶段。因此，对这一研究的逻辑过程，我们也可以大致分为两个部分或阶段：第一阶段，研究者从经验观察开始，通过描述和分析他们所观察到的事实，形成经验概括并以一定的命题形式上升为理论。然后在此理论的基础上做出预测，再通过观察新的事实加以验证。第二阶段，研究者从理论出发，由理论推演出合理的假设，再在假设的引导下进行经验观察，通过观察对理论或假设进行验证，最后修改或者提出新的理论。

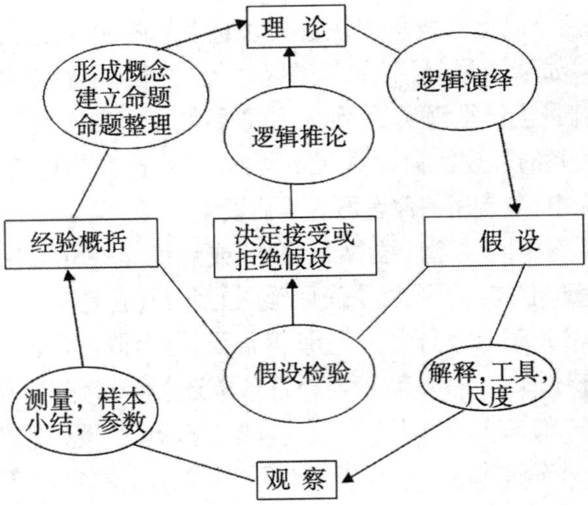

注：矩形表示信息成分，椭圆表示方法控制，箭头表示信息转换。

图 3－3　科学过程中的主要信息成分、方法控制和信息转换

这是科学研究的两种不同的逻辑过程，也可以说是理论建构的两种不同方式，即归纳推理法和演绎推理法。尽管社会科学研究的程序与自然科学有所不同，但从理论建构的方法来说，其逻辑过程是基本一致的。归纳与演绎是经验研究与理论建构相关联的两种基本的逻辑方法。归纳法是从具体的观察入手最后上升到理论的过程；而演绎法是从理论推演出结果或假设，再对这种假设进行经验验证的过程。研究就是归纳与演绎交替使用的过程。我们下面将侧重说明理论建构的这两种方式。

二、归纳式理论建构

归纳法是从个别事实中推演出一般原理的逻辑思维方法。社会科学研究的最终目的是揭示有关事物的一般属性和本质，找出具有普遍性和规律性的东西。但这通常需要从对个别事实的直接经验观察开始，即通过归纳法来完成。归纳法是人类认识世界、了解普遍规律的基础。归纳法的主要特点如下：

其一，归纳法是对记录的经验事实的加工和整理。

归纳过程并不仅仅是观察，而是通过收集经验事实进行整理和加工分析，从而使孤立的、无序的各种事实得以系统化、统一化的思维过程。在归纳过程中，研究者有时并不直接同在现实的空间、时间中客观存在的个别事实打交道，而是对保存与记录下来的经验事实进行分析。

其二，归纳法是根据客观事物概率统计的结果得出结论。

社会事物不同于自然界，自然界中存在的更多的是确定性和必然性的关系，但社会事物的必然性与规律性关系并不明显,社会事物更多的是以概率统计规律的形式存在。因此,运用归纳法时,必须遵循统计规律,如大数原则,通过较多的个体的行为去找出大致趋势。例如,统计结论就是从众多现象中归纳、概括出由它们所构成的整体的规律性结果。

其三,归纳法难以深刻揭示事物深层的本质规律。

归纳法有明显的局限性。因为归纳完全是以直观的感性经验为基础的,而人们的直观经验是有范围的,认识是有局限性的,所以它有时不能深刻揭示事物的本质。另外,归纳只能根据以往把握的部分经验事实的某些属性去得出结论,它无法穷尽同类事物的全部属性,因而得出的结论不是完全可靠的,带有很大的不确定性。比如通过归纳得出的"凡是天鹅都是白色的"的结论就是不可靠的。一开始人们所观察到的天鹅都是白色的,而且生物学家们设想所有的天鹅都是白色的,但是后来当人们发现也有黑天鹅时,这一概括就被事实证明是错误的。

归纳法有不同的分类。根据归纳的依据是否完全,归纳法可分为完全归纳法和不完全归纳法。在不完全归纳法中,又可根据是否运用了因果规律而区分为简单枚举归纳法和科学归纳法。

完全归纳法是从全部对象的一切情形中得出全部对象的普遍结论。具体地说,一类事物的每一个事物都具有某种属性,如 S_1、S_2、S_3、…S_n 是 S 类事物的全部对象,它们都有属性 P,则完全归纳法可用以下公式表示:

$$
\begin{array}{c}
S_1\text{——}P \\
S_2\text{——}P \\
S_3\text{——}P \\
\cdots\cdots \\
\underline{S_n\text{——}P} \\
S\text{——}P
\end{array}
$$

数学上的穷举法就是典型的完全归纳法。但实际上一类事物往往含有无限多个对象,根本不可能穷举,因而完全归纳法的应用范围是很有限的。

不完全归纳法是只根据一个或几个(不是全部)对象的情形进行考察,然后推导出结论的方法。它又分为简单枚举法和科学归纳法两种。简单枚举法是根据部分对象具有的某种属性,概括出一般结论的推理方法。

科学归纳法是根据对某一门类的部分对象的本质属性和因果关系的研究,揭示事物的必然联系,从而得出关于这一门类的全部对象的一般结论的推理方法,也可称为判断因果联系的归纳。科学归纳法在逻辑学中又称穆勒(John Stuart Mill)五法。科学归纳法的优点是,通过引入因果关系规律,且以观察和已知事实为基础,其结论较为可靠。但这种类型的归纳也有局限性,它只涉及线性的、简单的和确定性的因果关系,而这种简单因果关系在社会现象中并不多见。社会科学研究的问题是错综复杂的,具有多维性和随机性的因果关系。

归纳法是研究者经常运用的理论建构方法之一,它既可应用于定性分析,也可应用于定量分析。格拉泽（Barney Glaser）和斯特劳斯（Anselm L. Strauss）形象地提出的"扎根理论"（grounded theory），就是运用归纳推理进行定性的理论建构的方法。他们指出，生成扎根理论是一种获得适合该理论假定的方法，"是从系统获得的社会研究数据中生成理论"[①]。即"扎根理论"是在经验资料的基础上建构理论，主张研究者在研究开始之前一般没有理论假设，而是直接从原始资料中归纳出概念和命题，然后上升到理论。这是一种自下而上建立理论的方法，即在系统收集资料的基础上，寻找反映社会现象的本质概念，然后通过在这些概念之间建立起联系而形成理论。"扎根理论方法是一套系统而又灵活的方法，能够指导你搜集和分析质性数据，并根据数据本身来建构理论。研究者将据此建构'扎根'于他们数据的理论。扎根理论从归纳性数据开始，并使用在数据和分析之间往复迭进的策略，连续比较，让你和你的数据及生成的分析进行互动，并发生关联。"[②]扎根理论一定要有经验证据的支持，但是其主要特点不在于经验性，而在于它从经验事实中抽象出了新的概念和思想。因此，扎根理论被称为"定性革命"的先声。"扎根理论方法并不强调资料收集技术的细节，它的分析过程的每一步都朝向概念的形成、完善和相互关系。扎根理论方法包括：（1）同时收集与分析资料，（2）分两步的资料编码过程，（3）比较法，（4）为建构概念分析的记录写作，（5）为完善研究者的理论观点的抽样，（6）理论架构的整合。"[③]这种归纳式理论建构过程可简要概括为图 3－4：

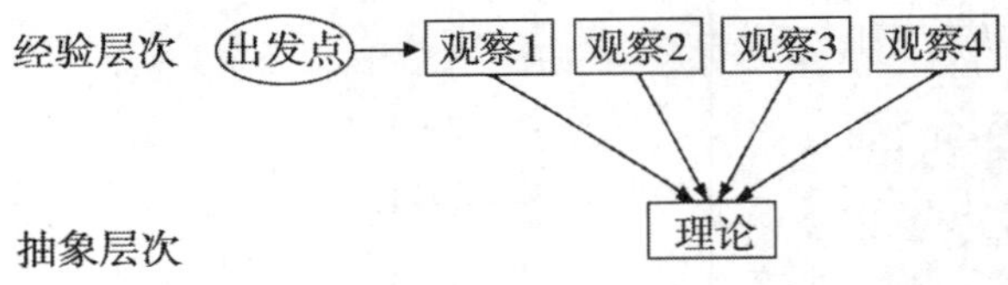

图 3－4　归纳式理论建构方式

归纳式理论建构的一般过程分如下步骤：

第一步是对经验现象进行观察。这种观察既可以是定量的，也可以是定性的。比如采用定量的方法，需要收集大量的资料，然后通过描述统计，概括出样本的特征和规律，并以此推断总体结构和特征。同样，研究者也可以采用定性研究的方法，具体地、深入地进行观察，并运用分类、综合等手段，抽取出现象的内涵，形成对各个具体现象的具体描述。无论哪种方式，研究者都要完成从具体的观察结果到对现象的经验概括这一提升过程。

第二步是经验概括。经验概括指的是对现象基本规律或特征的总结，或者是对变量之间存在的某种关系的说明。经验概括要借助一定的概念或命题完成，这是对事物进行

---

① ［美］巴尼·G. 格拉泽、安塞尔姆·L. 施特劳斯：《发现扎根理论：质性研究的策略》，谢娟译，华中科技大学出版社 2022 年版，第 2 页。

② ［英］凯西·卡麦兹：《建构扎根理论：质性分析实践指南（第 2 版）》，边国英译，重庆大学出版社 2022 年版，第 1 页。

③ ［美］诺曼·K. 邓津、伊冯娜·S. 林肯主编：《定性研究（第 2 卷）：策略与艺术》，风笑天等译，重庆大学出版社 2007 年版，第 545 页。

抽象总结分析、寻找一般模式的重要步骤。

第三步是建构理论。当研究者从大量个别具体的现象得出一般性的经验概括之后，就已舍弃了存在于每个特定现象或事物身上的特殊性，而集中到所存在的共性特征。这种共性的特征所展示的是现象的某种规律性特征。当我们试图对所观察的事物或现象做出某种解释时，我们就是在发展或建构理论。

归纳式理论建构可以分定性与定量两种方法。下面以杜波依斯（W. E. B. Du Bois）关于种族的研究①为例，来说明如何运用定性方法发展归纳式理论。

美国社会学家杜波依斯所做的美国种族问题研究主要是归纳性的，它来自田野研究。杜波依斯的《费城黑人：一项社会研究》(1899/1967)，是第一本关于美国城市黑人的社会学专著。在这本书中，杜波依斯使用参与方法对美国城市黑人的生活进行了描述，综合运用了定性资料和定量资料。他认为美国城市黑人的观念和行动受到他们的社会结构位置的影响。比如，他写道，犯罪“并不是单个的社会现象，相反，它不过是众多不良社会状况的体现”。杜波依斯认为，要想了解美国黑人的犯罪行为，社会学家必须研究影响犯罪率高低的社会环境，而不应仅仅将视野限于单个的犯罪案例。杜波依斯试图通过自己的不断努力，让人们更多地关注美国黑人这一长期被忽视的群体。同时，运用杜波依斯的洞见也有助于了解整个社会。

杜波依斯的研究方法具有更多的解释性特征，他鼓励社会学家去倾听自然情景下的被研究者的声音。这种研究主张，正是个人构建了他们自己的世界——个人用他们自己的方式去解释外部或理解世界，而社会学家的任务是探究人们是如何实现这一过程的。在研究过程中，社会学家应该亲自参与到研究对象的生活之中，通过参与的方式，与他们建立起一定的关系，而不应仅仅使用超然的态度观察。只有这样，才能更好地理解与解释他们的思想与行动。

在早期关于种族差异性意义的研究中，可能没有人比杜波依斯更著名了。杜波依斯非常关注非裔美国人的声音，他们处于美国社会的边缘，缺少权利与资源。杜依波斯出生于马萨诸塞州的大巴灵顿，他拥有田纳西州纳什维尔市费斯克大学和哈佛大学的双重学士学位。1896 年，他成为第一个获得哈佛大学博士学位的非裔美国人。杜波依斯的研究在很长一段时间里被主流所忽视。偏爱宏大理论的社会学家倡导寻求和分析社会普遍规律，与之相反，杜波依斯将注意力集中于以下几个方面：研究个人与群体互动的社会史，指出有关这类互动的各种解释的潜在矛盾，分析社会权力。

杜波依斯提出，非裔美国人的经历和视角与美国白人有很大的差别，这种差别使他们对美国社会有着更为深刻的认识，同时也提供了重要的启示。“我们，黑人，”他写道，“能够用与美国白人不同的方式去认识社会，因此，可以更好地审视当前国家的目标与观念是否让人满意。”通过认真回味他者的声音，我们可以更好地理解我们的世界，更好地评价我们自身。由于杜波依斯将目光集中于非裔美国人的生活，因此，更能够得到其他人，特别是白人的关注。

---

① J. Witt. *The Big Picture*: *A Sociology Primer*. Boston: McGraw-Hill. 2007. Pp. 44 – 45.

要想成功地对非裔美国人进行社会学研究，需要亲身体验他们的生活，仅用演绎性或理论验证性方法是不够的，因为此法太多地依赖研究者本人的先入之见。进一步说，研究者不能仅仅是杜波依斯所形容的“坐井观天式的社会学家”，不能奢望“茶余饭后就轻松地去揭开几个世纪的难题”。杜波依斯曾这样简要描述其变革性立场的社会学所要达到的目标：

> 直到今天，我们从未真诚地、仔细地关注美国黑人的生活状态。我们会轻易认为我们一切都明白了，或者我们头脑中早已有了看法，我们不愿因事实而有所改变。但实际上，我们对美国黑人的了解——他们的日常所做所想，他们的快乐与忧愁，他们生活的黑暗面，以及犯罪缘由——实在太少了。我们只有与他们亲密接触，才能了解这一切。①

三、演绎式理论的建构

演绎推理是从一般到个别，从逻辑或理论上预期的模式到经验观察，最后检验原来的理论模式的过程。与归纳法相反，演绎法是一种由一般结论推导出特殊或个别结论的方法。这种推理方法的主要特点是：

1. 演绎是按照严格的逻辑规律推导结论的思维过程。

演绎在形式上表现为一系列判断，是按照一定的逻辑原则组成的推论系统。最典型的演绎是三段论。它包括作为前提的判断，以及由该前提得出的结论判断，并且这些判断要严格按照一定的逻辑规则来排列，缺少其中任何一个因素，都不能形成正确的演绎推理。演绎法能否科学地展开，能否得出可靠的结论，关键在于是否严格遵守一定的逻辑规则。最具代表性的演绎法的例子就是三段论：“凡人皆会死，苏格拉底是人，所以苏格拉底也会死。”要证实理论，就要针对苏格拉底必死进行实证检验。

2. 公理是演绎的逻辑出发点。

所谓公理，就是少数不加证明的、不言而喻的初始原理。这种公理对演绎结构具有重要意义，即大前提必须是准确无误的。例如，平面几何中的定理、推理等一系列的规则、理论，都是由两点一线的公理推导出来的。

3. 演绎是从一般原理向实践转化的重要逻辑形式。

一般来说，作为演绎前提的一般原理是由归纳法建构的理论解释。有时这种理论只是一种假说。假说（假设）就是关于事物现象的因果性或规律性的假定性解释。它用来回答由事实提出的问题，并且必须得到经验事实的进一步检验。只有经过检验，这种假说或理论解释才能演绎出有意义的结论，并用来指导实践。若通过验证得到了证明，那么当初的假说或理论解释就是正确的；反之，就需要修正。所以，经验验证对演绎过程至关重要。

演绎法也有不同的类型，主要分为形式演绎和内容演绎。

---

① 转引自 Jon Witt. *The Big Picture: A Sociology Primer*. Boston: McGraw-Hill. 2007. P. 45.

1. 形式演绎

这种演绎过程的结论不是由前提内容得出的，而是由前提的形式及其组合得出的，其推理的基础是事物的种属关系。如果忽略了这一点，把研究对象在客观上所具有的发展过程的关系错误地当作种属关系，那么在运用演绎法时，就会产生种种谬误。例如，"所有的鸟类都有翅膀，鸽子是鸟类，鸽子也有翅膀"。这一论断中，鸟类与鸽子是种属关系，因而结论过程都是正确的。

2. 内容演绎

内容演绎所依据的是研究对象的发展过程的关系。演绎的结果并不是前提中一般原理的运用，而是全新的论断。例如，简单价值形态、扩大价值形态、一般价值形态、货币价值形态是历史上出现过的四种价值形态，它们之间的价值关系是个别与一般的关系，是依次递进、相继发展的过程关系，而不是种属关系。

运用演绎法进行理论建构，其基本原理是先提出某一理论假设，然后通过演绎推理，做出预言或预测，并通过对经验事物的观察来检验预言的正确性。这种推理方式可用图 3 –5 表示为：

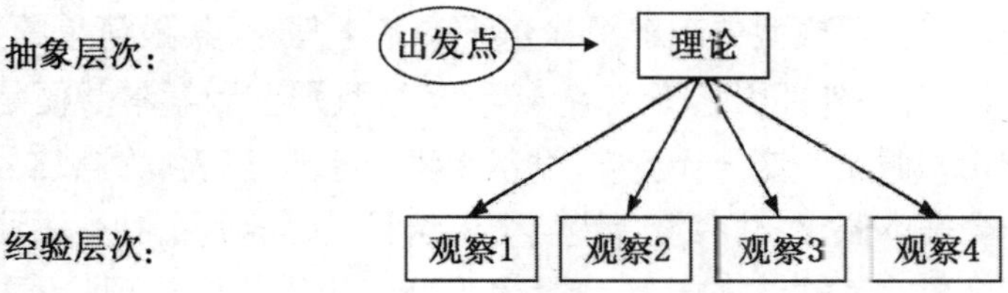

图 3 –5 理论检验方式

因此，演绎式理论建构的步骤包括：

第一步，从待检验的理论推演出一组概念化的命题，用可检验的命题形式即假设的形式重述概念化的命题。前者是从该理论推导出一组合理的推论，后者是将推论"操作化"为假设，即该理论中有关变量间关系的尝试性陈述，这些变量在经验上是可测量的。故理论检验的这一步包括操作化过程。

第二步，收集有关的证据加以验证。根据操作化以后的命题，采用调查、实验、观察或访问的方法，收集所需要的资料。然后对收集的有关资料进行分析，确定经验证据与需检验的命题之间是否相符。若证据能完全支持原来的假设，就可得到肯定；若不支持原来的假设，就应提出怀疑，进行必要的修正。

第三步，理论修正与发展。社会科学研究完全支持原始理论的情况很少，有时理论在某些方面会得到支持，而在另一些方面没有得到支持。在这种情况下，我们需要对原来的理论进行重新思考或修正，使理论假设得到发展。而要确定这种修正的理论是否正确，最终还是需要接受经验验证。

在这一过程中，重要的是假设的建立和验证。这一过程的方法又被称为经典方法

（classical approach），可用图 3－6 表示[①]：

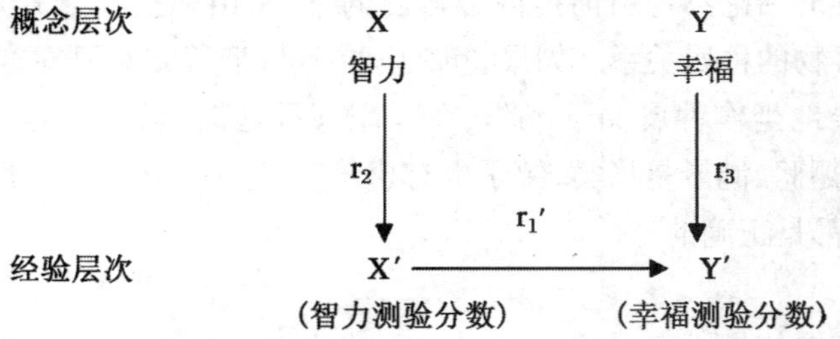

图 3－6　假设建立与验证的经典方法

下面通过涂尔干关于自杀的研究来说明演绎式的理论建构。

在自杀与社会整合（涂尔干的开创性研究）[②]的研究中，涂尔干试图证明，像自杀这样的极端行为受社会力量的影响，其他的日常选择行为也是如此。这是涂尔干将自杀作为研究对象的原因。证明了自杀具有社会根源，可以表明社会学能够做出独特的贡献，因而它应被看作一个独立学科。

我们用科学研究循环模型先来解释涂尔干的基本理论，其最简单的方式就是：社会塑造个人。他提出，各种外部因素影响着人类行动，且那些因素本身便是人类社会的组成部分。在从理论到假设的这一环节中，涂尔干将抽象概念转化为具体假设。他将自己的理论精炼为一个基本假设：社会整合影响个人选择，换句话说，社会关联度或融入社会的程度影响着社会机会对个人的开放或封闭程度。相比其原初理论，这个假设更为具体，但验证起来还是比较困难的。

下一步便是将假设可操作化。涂尔干将自杀作为测量个人选择的指标，其假设便成为：自杀与个人所处的社会群体的整合度成反向变化。换种说法是，个人所属社会群体的整合度越高，自杀率越低。虽然自杀非常容易测量，但是社会整合度的测量依然具有难度。社会整合度的操作化有很多方式，涂尔干在其研究中主要运用了成员的宗教归属这一指标。这样就提出了一个更具验证性的假设：了解了各宗教派别的归属程度，我们能够预测自杀的可能性。

以宗教归属作为社会整合度的指标，涂尔干比较了罗马天主教与新教派。他认为罗马天主教的社会整合度较新教高，因为在涂尔干看来，天主教坚持传统的信仰，具有严格的权威等级体系，且任何对教义的违背（如生育控制、堕胎、神父修女的婚配）都是无法容忍的。反观新教教义，它将《圣经》的解释权赋予个人：那些被选中的教义阐释者，他们会根据自己的理解去解释《圣经》。这使得新教分裂为许多不同的教派，如浸礼会、循道宗、改良派、圣公会、长老会以及其他一些教派或非教派。而天主教则不同，尽管不同教派的目的各不相同，它们却统一于罗马天主教派名义之下。因此，在涂尔干看来，天主教徒的

---

① K. D. Bailey. *Methods of Social Research*. New York: The Free Press. 1987. P. 53.

② J. Witt. *The Big Picture: A Sociology Primer*. Boston: McGraw-Hill. 2007. Pp. 39－41.

凝聚力更强(无论是观念还是行为),相比于新教徒,其社会整合度更高。因此,他预测新教徒的自杀率比天主教徒高。

科学研究循环的下一环节是资料收集,目的是验证假设。为了便于比较,涂尔干将资料收集区域进行区分,一部分是天主教控制的国家或地区,另一部分则是新教占主导地位的国家或地区。经过对所收集资料的分析,他发现新教区的自杀率确实高于天主教区。

收集到资料以后,下一步是概括。涂尔干首先要评价所用资料的有效性,即它们是否具有整个研究群体的代表性,而不仅仅符合所研究的情况。但是,涂尔干运用资料的类型引起了人们的质疑:他主要采用群体资料分析技术(国家或地区的自杀率)去对个体行动(自杀)下结论,这种分析不再被认为是有效的。尽管如此,此后基于个人层面的资料分析也支持了涂尔干的结论。基于自己的资料,涂尔干证明了其假设的正确性。因此,通过资料的概括过程,涂尔干可以将自己的观点上升到理论,即社会力量的确影响着个人行动。

涂尔干进一步完善了自己的理论。他提出,一个人跟他人的关联和融合越少,他们越不考虑其行动对他人的影响。在更加个人主义的社会背景下,社会力量的控制力较弱,其对个人行动的影响力(积极的或消极的)是有限的。涂尔干这样解释:

> 当一个社会高度整合时,它便将社会成员置于其控制之下,阻止他们按自己的意愿行事。因而,社会也不容许人们以死来逃避自己的责任。但是,如果社会成员拒绝接受社会控制的合法性,那么社会如何体现其优势呢?如果社会成员想逃脱掉,那么社会对保留他们的责任便不再拥有必要的权威;或当社会成员意识到社会的弱点时,社会会承认他们有权去自由地做以前不允许做的事。在这种情况下,社会成员便成为自己命运的主人,结束自己的生命也就成了自己的特权。①

较弱的社会整合度会导致个人主义的增长。涂尔干认为极端个人主义是对社会秩序的一种威胁。人类总是从与他人的关系中寻找自己的意义,单独的个人并不是其自身意义的充分来源。为了说明社会依存度对于个人的重要意义,涂尔干这样写道:"孤立的个人并不是其活动的充分目的,因为个人实在是太渺小了……因此,如果我们除了自己而无其他目标的话,不可避免地,我们的一切努力皆归于无意义……在这种情况下,人们会失去活着的勇气,也即丧失行动和拼搏的勇气。"②人类,从根本上说是社会动物,我们不能将个人意义与他在社会中的地位割裂开来。涂尔干希望社会学所做的,便是从社会角度来探求、阐述与解释个人行为的意义。

至此,涂尔干关于社会力量存在和影响的理论已经形成:社会是一个实体,它外在于个体的存在,并拥有无异于物质世界的力量。在谈到所运用的科学方法的重要性时,涂

---

① E. Durkheim. *Suicide*. New York: The Free Press. 1951. P. 209.

② Ibid. P. 210.

尔干指出："如果仅停留在个人层面，观察者便无法捕捉现象背后的原因，因为它是处于个人之外的。要想发现它，便需将视角超越单个的自杀现象，去探究背后的社会原因，亦即社会整合度。"①涂尔干总结说，他的理论预想是正确的：社会塑造个人行动。

总之，归纳法和演绎法都是连接理论与经验研究之间的桥梁，并且是一座双向的桥梁。观察与逻辑都是必不可少的，归纳法是从观察开始，演绎法是先推论后观察。在实际研究中，归纳与演绎都是理论建构的必经之路。因此，整个研究过程从逻辑上说是永无止境的演绎—归纳—演绎的交替过程。

▶本章小结

在社会科学研究中，理论建构是一个非常重要的内容。理论既是我们分析问题的起点，也是研究的目的。对具体问题的研究只有上升到理论层面，才能对它有全面深入的认识。理论建构的方法是不同的，归纳法和演绎法是理论建构的两种基本形式。

▶进一步阅读书目

1. ［美］罗伯特·K. 默顿：《社会研究与社会政策》，林聚任等译，生活·读书·新知三联书店 2001 年版。

2. ［美］科宾、施特劳斯：《质性研究的基础：形成扎根理论的程序与方法》，朱光明译，重庆大学出版社 2015 年版。

3. ［英］凯西·卡麦兹：《建构扎根理论：质性分析实践指南（第 2 版）》，边国英译，重庆大学出版社 2022 年版。

---

① E. Durkheim. *Suicide*. New York: The Free Press. 1951. P. 324.

第四章 研究设计

研究设计是社会科学研究过程中的一个重要环节,是实施社会科学研究的总体计划。如果说选择研究课题是解决“研究什么”的问题,那么研究设计就是解决“怎样去研究”的问题。社会科学研究是一个系统工程,涉及诸多方面的工作,要最终实现研究的目标,就必须在研究实施之前对调查研究进行科学、完整的设计。研究设计主要包括三个方面的内容:一是确定研究类型和研究方式;二是研究课题的具体化和操作化;三是制定研究的具体实施方案。

第一节 研究类型

社会科学研究要实现既定的目标,就要根据其研究类型采用相应的研究方法和研究途径。研究设计的前期工作就是在确定研究课题之后,选择针对本课题的合适的研究类型。只有明确了该项研究的类型,才能够选择出最佳的研究方式和分析手段。从研究设计的角度看,可以根据研究的性质、研究的目的、研究的时间和调查对象的范围几个方面来划分不同的研究类型。

一、理论性研究和应用性研究

根据不同的研究性质,社会科学研究可以区分为理论性研究和应用性研究。理论性研究是指以揭示某种社会现象的本质及规律为主要目的的研究,研究的本身是为了验证并丰富以往的理论成果。理论性研究属于基础研究,对任何学科来说都是必不可少的。其目的主要在于拓展人们的认识或知识。应用性研究是指为提出解决某种社会问题的具体方案而进行的调查研究,研究本身是为了应用。

理论性研究和应用性研究在研究目的上存在一定的区别:理论性研究是在以往有关理论的基础上进行的拓展和延伸,一般需要具有明确的研究假设,在研究的过程中检验假设,以此来发展理论;应用性研究则具有明确的指向性的应用目的,它不关注如何去发展并完善理论，而只是关注搜集必要的信息并以此得出解决问题的切实有效的措施和方案。两者之中，理论性研究是基础，应用性研究往往离不开理论的支持，而应用性研究可以在某些方面对发展新的理论做出贡献。因此，这两类研究都是必不可少的。

二、探索性研究、描述性研究、解释性研究和预测性研究

根据研究的不同目的，社会科学研究可以分为探索性研究、描述性研究、解释性研究和预测性研究。

探索性研究是针对未知的社会现象。社会科学的研究对象是社会现象和社会问题，而社会生活中总是会出现一个新的现象或者陌生的议题，针对这些现象和问题，由于没有先前的确定性的认知和研究积累，需要对此进行初步的探索，这也是社会科学研究中由浅入深的基本演变过程的体现。许多研究假设即来自探索性研究，经过这个调查研究过程，得出对研究问题初步的、猜测性的认识，进而形成理论假设，运用进一步的调查研究来予以验证。再者，探索性研究也适用于历时研究。社会调查获得的信息往往是当前的、即时性的信息，对于此前发生的历史性的信息缺少直接获得的渠道，而这些信息对于社会科学研究具有重要的意义，所以通过对历史发展过程进行必要的探索，以此发现事件的发生和演变过程，有利于对当下的社会现象有更为清晰和科学的认识。

描述性研究就是对社会现象的状况、过程和特征进行客观的说明，阐明我们所研究的对象是什么样的。描述性研究是一种说明性的研究，研究前一般没有明确的研究假设。但这并不是说描述性研究没有明确的理论指导。在进入描述性研究之前，必须有一些关于研究对象的初步的设想和基本的理论指导，以避免研究的盲目性。描述性研究是最简单的，也是最基本的研究，它的主要作用是认识研究对象的基本状况，收集一些基础的资料，描述研究对象的主要规律和特征。当需要对研究对象有一个大概的了解时，或者说在某个问题研究的初始阶段，往往采用描述性研究的方法。例如，要了解新出现的某一类社会问题或现象，可采用描述性的研究方法。在这类研究中，由于我们对研究对象缺乏前期的认识，因此必须首先了解它的大体状况，亦即它的一些主要的特征。所以，描述性研究主要采用的是归纳分析的逻辑。

解释性研究是对研究对象做出解释的一种研究方式。如果说描述性研究回答的是关于“是什么”的问题，那么解释性研究则是回答“为什么”的问题。解释性研究是在描述性研究基础上的进一步深化，它一般具有明确的研究假设，即在正式的研究之前，研究者通常先提出对于社会现象的原因的尝试性回答，研究的目的是利用收集的关于研究对象的信息来对研究假设进行证实或者证伪。由此可见，解释性研究的前提是研究者对研究对象的状况已经有了比较全面的了解，研究的目的是对形成这种状况的原因进行探索、分析。例如，在了解了乡镇企业职工对改制的满意度之后，开始探讨形成这种满意度的原因，就是一种解释性研究。解释性研究所采用的分析方法有很多种，如因果分析、功能分析、量化分析、历史分析等。

预测性研究是带有前瞻性质的社会科学研究，它的主要目的是说明研究对象将来的状态。预测性研究的基础是描述性研究和解释性研究，是在这两种研究基础上的进一步

深化。只有在对研究对象的现状、发展变化的规律及其因果链条有了比较明确的了解的基础上，才能对未来的状况进行科学的预测。例如，一个市场研究者需要分析未来一年某种产品的市场前景，据此安排当前的设计和生产，这个研究就属于预测性的研究。要想提高预测的客观性、准确性，就需要了解当前人们对这种产品的态度和接受能力，以及形成这种态度和接受能力的原因，在此基础上分析市场变化的规律和趋向，进而对未来这种产品的可行性进行客观的论证。孔德曾提出"预见来自知识，行动来自预见"，只有掌握了事物发展的规律特点，我们才能准确地做出预见。但由于社会事物与过程是非常复杂的，人类的社会行动不同于自然过程，具有很大的可塑性和应变性，因而社会科学的预测是非常困难的。

三、横剖研究和纵贯研究

根据研究的时间维度，社会科学研究可以分为横剖研究和纵贯研究。

（一）横剖研究

横剖研究是在某个特定的时间对研究对象进行横断面的研究，即以某一个时点为准，调查各种类型的研究对象在该时点上的状况。这种研究的目的之一是进行横向的比较，目的之二是对某一时点的状况进行说明。例如，要比较不同职业群体的投票意愿，就需要进行"共时性"的横剖研究。因为人们的态度是不断变化的，如果在不同的时间对不同职业群体进行研究，那么就会失去比较的前提。再如，全国性的人口普查需要掌握的是在某个时点全国的人口总量，就是一种横剖研究。如果调查的时间拖得太长，那么就难以对人口现状进行客观的说明，因为人口是不断变化的，离开了某个特定的时点，就会失去说明的依据。

（二）纵贯研究

纵贯研究是在不同的时点或较长的时间内对某种社会现象的观察和研究。这种研究侧重于探讨社会现象的发展变化过程，又可以分为趋势研究、同期群研究和跟踪研究等形式。

趋势研究是针对研究对象随着时间变化而发生的变化进行的研究，旨在探讨研究对象的发展变化趋势。例如，在广告效果的研究中，为了测量某种广告的效果，就需要对受众进行事前、事中和事后的研究，通过调查消费者对这种品牌商品认知程度的变化来评价广告的效果。这就是一种趋势研究。

同期群研究是对同一时期同一类型的群体随时间推移而发生变化的研究。最典型的同期群是年龄组群。例如，以 20 世纪 40 年代出生的"文革"时期的大学生作为一组研究对象，研究这一部分人在计划经济时代、改革开放初期和 20 世纪 90 年代对经济与社会发展所做出的贡献，就属于同期群研究。它不局限于固定的对象，只要是那个时代的大学生都可以，所以应当坚持在不同的时间随机地从同一特征的人群中抽取样本。例如，在 1967 年，从 20 岁左右的人中抽取；在 1987 年，从 40 岁左右的人中抽取；在 1997 年，从 50 岁左右的人中抽取。他们都可以代表同一个时代的人。

跟踪研究是对同一批研究对象随时间推移而发生的变化进行的研究。它与趋势研究类似，区别在于每次研究都用同一个样本。例如，调查同一批人在企业改制前和改制后工作积极性的变化，就需要坚持用同一个样本。这属于跟踪研究。

四、普查、抽样调查和个案调查

根据调查研究的对象范围，可以分为普查、抽样调查和个案调查。

（一）普查

普查是对调查范围内的每一个对象都进行调查的方法。它经常应用于全局性的统计工作中，如全国人口普查、工业普查、农业普查等。

普查一方面能够反映调查对象全面的情况，准确地了解所要调查的内容，避免抽样误差的干扰；另一方面，由于普查的调查对象太多，调查的内容往往比较有限，缺乏深度，因此只能反映调查对象一般的状况。而且，普查工作量大，耗费大量的时间、人力、物力和财力，除政府部门所做的比较重要的课题外，一般很少采用这种方法。

（二）抽样调查

抽样调查是从研究对象的总体中抽取某些个体作为样本（调查对象），并通过这些样本的状况来反映总体状况的研究方法。抽样调查是社会科学研究中最常采用的方法，同时也是最重要的一种调查方法。在大多数的研究中，由于受到客观条件的限制和研究目的的要求，往往无法或没有必要对每一个研究对象都进行调查。而且社会科学研究的主要对象是人和组织，而人与人之间以及组织与组织之间既具有同质性又具有异质性，抽样调查则既能反映同质性的要求，又能反映异质性的要求。例如，要了解山东省乡镇企业改制的情况，我们没有必要也不可能对全省的乡镇企业进行调查，就可以采用抽样调查的方法，首先选择沿海和内陆等具有代表性的地区，然后从这些地区中抽取要调查的对象。这样的调查基本上可以反映山东省整体的状况。

抽样调查被广泛采用源于其自身的优点。相对于普查来说，抽样调查的成本比较低。如果运用得当，可以得到比普查更好的效果或者更高的精确度。抽样调查可以利用统计技术进行假设检验与推论统计，以样本反映总体的状况。由于抽样调查可以利用较少的样本来反映总体，因此我们有条件设计比较复杂的问题，对调查对象进行比较深入的调查，可以获得内容丰富的资料。

（三）个案调查

个案调查是从所要调查的区域内选择一个或几个具有代表性的个体进行深入、细致的调查，用这些个体的状况来反映总体的某些状况。个案调查的基本原理是利用个体的代表性，实现"窥一斑而知全貌"的效果。它的优点是可以对调查对象进行更加深入细致的调查，缺点是调查本身往往不具有广泛的代表性。相对于普查和抽样调查，个案调查的主观性更强，所以是一种以主观的分析理解为主的调查方法。

在社会科学研究中，有许多研究不适合采用普查或抽样调查的方法，而只能采用个案调查。例如，要研究某个地区黑恶势力的活动情况，只能在条件允许的前提下对几个个案进行调查，或者对已经服法的黑恶势力分子进行调查，因为调查对象的总体本身是不明确的，所以无法采用抽样调查，更无法进行普查。

第二节 研究方式

确定研究方式是研究设计的一个重要组成部分。根据不同的研究课题和目的,可采用不同的研究方式。不同的研究方式有其不同的研究程序、要求和收集分析资料的方法。如收集资料的途径和方法有问卷法、观察法、访问法以及查阅资料的方法,分析资料的手段和技术有定量分析和定性分析两种。依据这些方面的不同,一般把社会科学研究主要分为调查研究、实验研究、实地研究以及文献研究等。

一、调查研究

调查研究指的是一种采用自填问卷或访谈调查等方法,通过对被调查者的观点、态度和行为等方面系统地收集信息与进行分析,来认识社会现象及其规律的社会科学研究方式。可见,调查研究所使用的资料是通过直接的调查得来的数据资料。获得资料的方法是利用设计好的表格、问卷或提纲等,所提出的问题和回答的方式是标准、统一的。收集的资料可以进行统计汇总和量化分析。

调查研究在实施以前就为所有的调查对象设置了一个统一的回答标准,反映出它的主要目的是从众多的样本中获得规律性的东西,以便对调查总体有一个宏观的把握,因此一般有明确的理论指导和研究假设。在进行调查之前,必须明确调查的目的是什么,以此设计调查问卷、表格和提纲等收集资料的工具。只有收集到有用的资料,才能够完成最后的统计分析。例如,在乡镇企业改制的研究中,我们需要统计的内容有职工收入的变化、对改制的评价以及改制后女职工社会地位的变化等。因此设计的问卷中包括多种变量:个人的特征变量,如性别、年龄、文化程度、职业等;对改制满意度的测量量表;同一个调查对象在改制前后的工资水平;专门针对女职工的问题等。通过收集的这些资料,我们就可以发现变量间的一些关系,从而阐明改制对以上方面的影响。

调查研究方式通过结构式方法收集资料,可以获得大量个案的信息,是社会科学研究最重要,也是最常被采用的方法。有资料显示,在社会科学研究中,采用统计调查方法呈不断增加的趋势,统计调查在对社会现象一般状态的描述方面具有独特的优势,而统计方法也大多应用在调查研究方式之中。

二、实验研究

实验研究是社会科学研究中另外一种实证性的研究方式。它所研究的资料是在实验过程中收集的资料。在实验过程中,采用记录和观察的方法收集资料,最后通过统计、计算或者理解对收集的资料进行分析。

实验研究的主要目的是阐述变量之间的因果关系。基本的步骤包括前测、实验刺激、后测。由于社会科学的实验与自然科学的实验相比存在自身的特殊性,因此社会科学研究的实验往往采用不同的实验设计来分析变量之间的关系,以便排除其他因素的干扰，增加测量的效度。实验设计分为简单实验设计和多组实验设计，其中又包括多种具体的实验设计类型，每一种类型都有自身的优点和缺点，研究者可以根据不同的实验加以灵活地运用。

在社会科学研究中，实验法主要运用于社会心理学和小群体的研究，主要原因是实验研究的范围较小，不可能像问卷调查那样对大量的样本进行调查，因此难以反映群体的一般情况，但是在研究个体的行为方式或者心理活动时具有独特的优势。社会科学实验的对象是人，而人是具有主观能动性的主体，在实验中，实验对象往往会因为意识到实验的存在而改变自己惯常的态度或行为方式，会因此导致实验结果的失真。因此，社会科学研究的实验有许多是在自然的环境中完成的，由观察员对现象进行分析记录。

三、实地研究

实地研究是人文主义的典型研究方法，它本身是一种以定性分析为主的社会科学研究，研究结果依赖于研究者对所研究问题的分析和理解，采用的具体调查方法有观察法（参与观察和非参与观察）、个案研究等形式。

实地研究的资料通常是文字资料，这里包括研究者当场记录的文字资料和他们根据事后的回忆总结的文字材料。这些文字资料无法进行统计分析，也没有必要进行统计分析，因为实地研究的对象往往是一个群体、组织或者个人，本身缺乏统计学上的意义。调查结果中渗透着研究者对实验对象的理解和判断。

实地研究的优点在于可以对研究对象进行真实、深入、细致的观察和理解，往往可以达到其他研究方法难以达到的调查深度；缺点是研究带有主观成分。实地研究对调查员的素质要求较高，调查获得的资料或得出的结论难以保证具有普遍的意义。由于难以在短期内对大量的现象进行深入、细致的观察，因此调查的实施需要一个较长期的过程。

广义的实地研究包括一切对社会生活的观察和理解，而并非局限于有组织、有计划、有特定目的的研究。社会科学研究者的创作成果很多来自这种对日常生活的观察和理解，而这些观察和理解是长期的生活实践积淀的结果。

四、文献研究等间接研究

文献研究是利用现存的文献资料进行社会科学研究的一种常用方法，它主要是根据第二手资料进行的间接研究。根据研究内容的不同，文献研究分为历史文献研究、统计资料文献研究和内容分析。

在任何研究的前期，都要进行必要的文献研究。因为科学研究是在前人研究的基础上进行继续探索，而前人的研究已经凝结为一定的文献资料，所以首先要了解以前的研究，查阅相关的文献。社会科学研究中的理论研究大多采用文献研究的方法。某些社会理论存在于各种文献之中，研究者往往需要用这些理论来解释和分析某些实际的问题，就必须查阅这些文献，进行必要的文献研究。

文献研究的特点是不用直接与调查对象接触，不会产生由于这种接触对研究对象的“干扰”，因而不会造成资料的“失真”。利用文献研究可以对社会问题进行历史的分析，研究的成本比较低，并且具有纵贯研究的功能。文献研究的缺点是容易脱离社会实际，造成为研究而研究。各种文献所反映的并不一定是社会现象的真实状况，所以会对研究带来一定的误导。

以上四种研究方式应用在不同性质、不同条件的社会科学研究之中。但是，这些研究方式并不是截然分开的，在很多具体的研究当中，往往采用多种研究方式，它们在研究当中可以起到相互补充的作用。随着人文主义和实证主义的日渐融合，研究方式交互使用的趋势越来越明显了。

第三节　分析单位和研究内容

在确定了研究类型和研究方式之后，研究者需要明确自己的研究对象（分析单位）和研究内容。分析单位是研究的基本单位，社会科学研究就是从这些基本的单位中收集信息，然后通过统计汇总来反映由它们构成的社会现象。研究内容是分析单位的属性或某一方面的特征，这些属性和特征正是研究者准备收集的资料。

一、分析单位

社会是由人组成的，但是社会又不能等同于个人的简单组合，社会科学研究的主要对象正是这些超越于具体的人之上的社会现象。这些社会现象的内容是丰富多彩的，它不会因某一个个体的变化而变化。社会科学研究的研究对象多种多样，除了个人，还包括群体、组织、社区和社会产品等。

（一）个人

个人是社会科学研究中最常使用的分析单位，绝大部分的社会科学研究都需要通过分析个人的特征来解释和说明各种社会现象。有一些研究的分析单位虽然不是个人，但是也必须通过个人收集调查资料。但社会科学研究不同于生理学、心理学等研究，它所分析的是不同文化背景下的社会现象，而不是人类共有的某些特征。这些社会现象不同于个人，它们具有特别的性质。这些现象不同于有机体的现象，后者是通过某些形态和动作表现而存在。它们也不同于心理现象，心理现象只存在于个人意识之中并通过个人意识表现出来。总而言之，这些现象具有一种新的性质，只有用“社会的”一词可以表明这种性质和它的含义。[①] 由此可以看出，社会科学研究一般不停留在个人的层次上，尽管个人是最常用的分析单位。

（二）群体

群体一般是指各类人群的联合体，从严格的社会学意义上的用法来讲，一个群体是由两个或两个以上的具有共同认同和团结感的人所组成的人的集合，群体内的成员相互

① ［法］埃米尔·迪尔凯姆：《社会学方法的规则》，胡伟译，华夏出版社 1999 年版，第 5 页。

作用和影响，共享着特定的目标和期望。[①] 对群体的研究侧重于内部的相互作用和外部的目标与期望。例如，社会学对弱势群体的研究，就是首先确定了具有某些相同特征的人群，将其界定为弱势群体，研究的对象或分析的单位是这个群体本身的特征、现状和发展趋势，而不是某个具体的残疾人。只有对这个群体进行深入细致的考察研究，才能够制定出针对这个群体的恰当的福利政策。虽然群体的特征是通过收集若干个体的信息获得的，但是群体和个体之间存在着本质的区别。在一个为了扶助弱势群体而进行的研究中，分析单位只能是群体，而不应当是个人。再比如，家庭是一类初级群体，其中包含一系列最基本的社会关系，如夫妻关系、代际关系等，这些都是社会学考察的重要方面。

（三）组织

组织是指那些具有确定的目标，其内部成员具有正式分工的群体。如果说群体是由相对松散的人员构成的话，组织则是带有控制力的一种正式的群体。组织在一定条件下可以称为“法人”，是具有独立行动能力的主体，因此其本身也是社会科学研究的对象之一。例如，我国城市社会独具特色的单位组织，就是社会学家研究的对象。人们经过研究发现，我国单位组织的独特之处在于单位处在国家和个人的中间环节，是连接国家和个人的桥梁，国家通过形形色色的单位组织完成对个人的统治，单位在更大的程度上履行着一种管理职能。这种研究的分析单位就是单位组织。组织的类型是多种多样的，每个人的生活都与组织密切相关。因为人类社会是一个有组织的社会，组织性已成为人类社会活动的重要特征，所以社会学历来非常重视对社会组织的研究。

（四）社区

与群体和组织不同，社区更侧重于区域性的生活。一般的定义是：“社区就是区域性的社会，换言之，社区就是人们凭感官能感觉到的具体化了的社会。”[②]社区本身就是一个区域性的小社会，将社区作为分析单位时，通常是描述社区居民的生活状况、交往活动、文化活动以及社区的历史发展等。随着市场经济的发展，我国城市社区逐渐表现出阶层化和规模化的趋势，社区开始分化并逐步塑造自身的文化特征，因此，对社区的研究越来越引起社会科学研究者的重视。在社会科学研究中，社区研究属于中观层次的研究，由社区研究可以扩展为对整个社会的研究，从而上升到宏观层次的研究。

（五）社会产品

社会科学研究的分析单位不仅仅是个人以及由个人组成的群体、组织和社区，还包括由人的活动所衍生的其他一些文化产品，或称为社会产品。这些社会产品是人们实践活动的产物，镶嵌着人类活动的印记，它们不仅能够体现出人的本性，还会反映出不同时期社会的构成状态和活动规律，因此应当成为社会科学研究的分析单位。例如涂尔干对自杀的研究，就是把自杀这种社会现象作为研究的对象或者说分析单位，通过研究来发现隐藏在自杀现象之后的社会根源。还有其他的社会产品，如流行歌曲、文化和服饰等，

---

① ［美］戴维·波普诺：《社会学》，李强等译，中国人民大学出版社 1999 年版，第 99 页。

② 黎熙元主编：《现代社区概论》，中山大学出版社 2007 年版，第 5 页。

也可以成为社会科学研究的分析单位。其他的如政治制度、经济制度、社会制度与家族制度等，更是社会科学研究经常涉猎的领域，它们作为社会科学研究的分析单位，对认识社会历史、预测社会未来、制定政策措施等都具有重要的价值。

以上是社会科学研究中经常使用的分析单位。实际上，在具体的社会科学研究中，这些分析单位往往是相互交织的。在许多情况下，一项研究可以采用多种分析单位。例如研究“离婚”问题，可以以个人、群体、家庭、组织等作为分析单位，也可以用“离婚”这个社会现象本身作为分析单位。在研究中，为了全面地说明问题，这些分析单位往往会发生交错。另外，在研究的过程中，如果利用某一个分析单位进行调查所收集的资料不能满足研究需要的话，就可以增加或改变分析单位。

二、研究内容

确定了分析单位以后，接下来的问题是研究分析单位的哪些内容。每一个分析单位都包含了多方面的属性和特征，涉及政治、经济、文化、态度和行为等多个方面。一般说来，一项具体的研究不可能分析所有的方面。社会科学研究中最常涉及的研究内容包括以下三大类：

（一）属性与状态

属性是指事物的基本性征，状态是事物的表现形态，这些都是分析对象基本状况的反映。它们一般反映的是事物静态的特征，例如个人的年龄、性别、身高、体重、收入、文化程度等，群体的范围、规模、社会层次等，组织的结构、人员规模、管理模式、社会作用等。分析对象的属性与状态除了作为研究的对象，在研究当中还经常被当作自变量来研究不同属性与状态下人们的态度、意向性和行为方式等。

（二）意向性

意向性是一种主观变量。分析单位的意向性代表的主要是这些单位的行为倾向，而非已经存在的事实，这些倾向对社会科学研究来说往往具有重要的价值。意向性包括态度、观念、信仰、个性、动机、偏好和倾向性等。不仅个人具有意向性，群体、组织、社区，甚至社会产品同样具有意向性。例如，在我国的城市社会，单位组织和非单位组织之间在行为的意向性上存在着本质的区别。单位组织是体制内的社会组织，处在国家的统治序列之中，并且是国家完成统治的中间环节，其关注的主要是自身的管理职能，创造经济效益的意向则较弱（尤其在计划经济时代）。而非单位组织则是纯粹的经济组织，获得可观的经济效益是这些组织主要的，也是唯一的目标。

社会科学研究的对象是社会现象，而社会现象不同于自然现象，所以必然具有包含主观意义的意向性。意向性是内隐的，难以直接观察，研究者常常通过设计特定的题目或者量表来测量人们的态度、动机、观念等带有意向性的东西，以此分析影响这些意向性的因素。

（三）社会行动

社会学非常重视对社会行动的研究，因为行动不完全等同于行为概念，社会行动是具有明确的目的性的一类行为。研究者通过直接的观察就可以获得关于社会行动的信息。相对于状态和意向性来说，社会行动是更高层次的变量，因为前者是后者的基础和前提，对后者起制约作用。所以，在一般的社会科学研究中，社会行动都是作为因变量出现的。社会行动可以分为个人间社会行动、群体社会行动、组织社会行动，它们是按照从微观到宏观的顺序排列的。个人间社会行动是一切社会行动的基本单元，当许多个体之间的社会行动被结合在一起时，就形成了群体社会行动。社会行动的研究在社会科学研究中占有相当大的比重，比如有关集合社会行动的研究、组织社会行动的研究等，对促进社会的良性运行和协调发展具有重要的意义。

社会行动从微观到宏观，从非正式到正式，存在一个相互转化、相互影响的机制。个人间社会行动在一定的条件下可以演变为群体社会行动，群体社会行动可能演变为具有高度结构化并且长期存在的社会群体行动。所以，社会行动作为一个研究内容，它本身是动态的，我们正是通过对这个动态过程的研究来把握社会变迁的过程。

三、与分析单位有关的两种错误

研究设计所完成的分析单位与研究内容以及研究结论之间存在对应关系，但是，在实际的调查研究过程中，研究者在通过分析单位得出结论的过程中会偏离二者的相互对应关系，进而使研究结论出现错误。确定分析单位与研究内容的过程中，容易犯两种错误：其一是区位谬误，其二是简化论。

（一）区位谬误

区位谬误又称作“生态谬误”（ecological fallacy）或“系统错误”，是指根据群体或整体分析单位所得出的结论应用到其个体时的错误。例如，在一个对家庭稳定性的研究中，发现有子女的家庭比没有子女的家庭更加稳定，但是我们并不能由此得出结论说“有子女的人比没有子女的人更倾向于稳定”。

类似的例子还有很多。假如研究发现下岗职工多的城市的犯罪率高，但是并不能因此得出下岗职工犯罪率高的结论。当然，假如我们研究发现下岗职工的犯罪率较高，同样也不能因此得出下岗职工多的城市犯罪率就高的结论。区位谬误专指那种从对群体的观察得出关于个体的结论的错误，而用关于个体的结论去说明总体，会导致“个体谬误”。

（二）简化论

另外一种错误是简化论（reductionism），这种错误在更大的程度上与研究内容的选择有关。它是指在研究人类社会行动或现象时，采用有限的概念或变量加以解释，只是反映分析单位的某一个方面的特征，或者只从一个方面分析这种特征。例如，在研究人的行为时，心理学家只考虑动机、性格等心理因素的影响，社会学家从社会结构的视角考虑社会对个人行为的塑造或影响，经济学家则倾向于从等价交换的原则出发来解释人们的行为特征。从对研究内容的讨论中我们知道，任何分析单位都具有多种属性和特征，社会科学研究要对这些属性或特征进行系统的分析和研究，如果仅仅偏重于其中某一类属性和特征的研究，就会犯简化论的错误。

另外，不同的带有简化论特征的专业研究在考察同一特征的时候往往采用不同层次的分析单位。例如,在研究当前人心浮躁的问题时,心理学家常以个人为分析单位,而社会学家则从社会制度或社会结构转型的角度来分析,因此常以组织或社会产品作为分析单位。

第四节 研究操作化

在确定了研究类型、研究方式、分析单位和研究内容之后,需要开始具体的社会研究。社会研究的目标就是运用适当的研究方式获得关于研究对象的经验材料。这个过程需要把抽象的理论观点与具体的经验事物联系起来,转化为经验上可度量的指标等,这就是研究的操作化过程。

一、概念的操作化与研究指标的确定

(一)概念的操作化

所谓操作化,就是通过对抽象概念的定义来选择或制定调查指标,从而将抽象概念转化为可以测量的变量,将抽象的研究假设转化为具体的、经验层次的研究假设。构成社会科学理论的概念大多是具有高度概括性和抽象化的概念,这些由抽象概念构成的理论命题和假设要得到经验事实的验证,就必须将这些抽象的和高度概括的概念操作化为可以直接测量的多种指标,然后将这些指标按照不同的权重进行综合,上升为对抽象概念的理解和把握。例如对"同情心"这个概念,我们可以通过看悲剧电影流眼泪的频次,是否给困难者提供帮助,对问路者的态度等进行说明。操作定义把一个抽象的概念改造成为一个处在人们实践层面的具体化的概念。这个具体化的概念就好像我们平常使用的例证,它不足以完全反映抽象概念的所有内涵,但是它自身所具备的形象性和可感知性正是抽象概念产生的前提。

操作化使概念转变为变量的形式,把问题的抽象关系转变为具体的关系。实证方法的社会科学研究采用结构化的方式,即通常的问卷调查,利用表格和结构化的提纲收集资料。社会科学研究都是从"人"那里收集资料,"人"对抽象问题的描述往往带有主观倾向,因此难以对其做出科学的测量。这本身也是同实证研究的方法论相对立的。所以,在实际研究中让人们回答或填答的问题只能是具体性的问题,或者说是可感知的问题,而不能运用抽象的问题。因此,需要把抽象的概念操作化为可以观测的具体变量。确定具体的研究指标是操作化的重要内容。

操作定义的重要性在于:(1)使抽象概念与经验现象联系起来,从而使经验研究成为可能;(2)有助于对现象进行精确、客观的描述和比较;(3)有助于对研究结论进行客观检验。操作定义说明了研究者是如何度量事物的,根据同一标准,人们可以检验研究者得出的结论是否真实、可信。[①]

---

① 袁方主编:《社会调查原理与方法》,高等教育出版社1990年版,第121页。

（二）设计研究指标

任何经验的社会科学研究都需要建立相应的指标体系，建立的依据是概念的操作化。指标体系具有系统的特征，它需要全面地反映概念的本质，只有这样，研究才具有科学性、完备性。不同的研究指标代表概念内涵中某一方面的内容，概念的操作化力求使研究指标完整地反映概念内涵。操作化是指在社会调查研究中，将抽象化概念和命题逐步分解为可测量的指标与可被实际研究资料检验的命题的过程。

例如，为了研究社会经济地位的状况，我们需要将“社会经济地位”这个抽象的概念操作化。只有这样，才能利用适当的调查方法进行测量。我们可以简单地把“社会经济地位”定义为“收入”和“教育程度”，在这个基础上，可以继续将“社会经济地位”具体化为职业状况、银行存款、不动产、生活方式、学历学位、受教育年限等。

在研究设计的过程中，设计研究指标往往不是一蹴而就的，需要根据概念的抽象程度一步步进行操作化，直到最后的具体指标与经验事实直接对应为止。最后的具体指标可以用于问卷等测量工具当中。应该注意的是，不同的研究者对抽象的概念有不同的理解深度和理解广度，因而在操作化的最后指标上不可能完全一致。但是，只要操作化过程依据概念的内涵进行科学界定和分解，操作化的指标指涉具体，没有模棱两可，那么，即使最后的具体指标各不相同，在解释研究结果方面也具备相似的效度。

不同研究课题所涉及的概念的抽象度和维度各不相同，对于简单的概念，可以用较少的指标来测量；对于复杂的概念，则需要运用多个指标来测量。选择指标的标准是：指标能够最大限度地说明研究中所界定的“概念”的内涵。

二、基于概念操作化的研究过程

社会科学研究的过程是一个假设被证实或证伪的过程。许多社会科学研究需要验证命题或研究假设，研究假设是对研究课题的尝试性回答，它是用抽象概念来陈述现象之间的关系。研究假设是研究者在进行正式研究前对此问题的一个基本的判断。为了验证这个判断，就必须在概念操作化的基础上把总的假设转换为具体的假设。由抽象假设到具体假设的过程就是假设的操作化过程。运用演绎的方法从抽象的概念推演到具体的指标，从研究假设推演出具体假设。

假设的操作化是基于研究需要做出的设计，就是把抽象的理论假设分解为更为具体的研究假设的过程。这个过程中必然伴随着概念的操作化，就这个意义来说，概念的操作化是假设操作化的基础。

例如，在对上述“社会经济地位”的一项研究中，一个总的假设是：在当前的社会条件下，社会成员的社会经济地位会在代际进行传递。这个总的假设囊括了社会经济地位各个方面的内容，无法直接对其进行调查和检验，因此必须对其进行操作化。操作化的过程也就是“社会经济地位”这个具体概念的操作化过程。根据“社会经济地位”所包括的各项指标，研究者可以建立具体的假设（研究细节），并对这些具体的假设进行检验。例如：父母收入高的子女受教育程度较高，父母是政府官员的子女的收入较高，等等。这些具体的假设都可以通过调查来予以验证。最后由这些具体的假设综合来验证总的假设。

这里需要注意的是，由具体假设上升到抽象假设的过程受到许多条件的限制。首先，研究中需要有足够多的样本。这是将对具体问题的认知归纳为抽象理论的必要条件。其次，单个具体假设的证实或者证伪，并不能完全说明研究假设的正确与否。这是因为抽象概念经过操作化以后的指标并不能完全反映概念的内涵，甚至有些指标会与概念的内涵不一致，所以，在将具体假设归纳为抽象假设的过程中，一定要坚持全面、系统的原则。

再者，并非所有的社会科学研究都要事先提出假设，例如许多描述性研究就没有必要提出假设，所以就不存在对假设进行操作化的问题。描述性研究是运用归纳的逻辑做出对于相关问题的判断，而非通过演绎的过程来对已经提出的理论假设进行检验。因此，在社会科学研究中，假设的操作化更多地运用在解释性的定量研究中，运用调查得到的数据判定理论假设是否可以被接受，在多大的置信度上被接受。

至于定性研究，大多以参与式的实地研究和个案研究的方式展现，往往缺少对于其假设操作化的关注，至少在形式上此类研究不提出明确的研究假设。但需要明确的是，没提出明确假设并非是没有假设。定性研究也有研究假设，但是其假设与定量研究的呈现方式不同。定性研究的操作化往往不是以“指标”的形式设计的，而是存在于研究者的头脑中，在头脑中将抽象的概念与具体的现象联系起来，一旦在实地发现类似的现象，会做出抽象的判断。有些情况下，操作化是和调查研究同步进行的。如许多实地研究主要是通过自己的观察和理解来获得信息，这时的操作化是调查者在自己的头脑中完成的。他在理论（研究目的）的指导下去观察理解，然后把观察到的具体的现象或者指标经过自己的归纳上升为理论。这种操作化的效率依赖于研究者的经验。其优点是对问题本质的把握往往更为准确，得出研究问题的结论更为深刻；缺点是研究结果受到人为因素的干扰较多。由于操作化的过程内化在研究过程中，因此对调查研究者的素质提出了更高的要求。

第五节 研究方案

以上分析了一个完整的研究设计应当包括的几个大的方面。除这些带有策略性的方面外，研究设计还应当包含一些相对具体的措施，即研究实施的许多细节问题和实施步骤，这就需要制定一个完整的研究方案。研究方案是行动纲领，它对调研工作的顺利进行具有重要的指导作用。如果没有一个详细的研究方案，那么研究工作就会陷于被动状态，社会科学研究的目标也难以实现。

一、研究方案的一般内容

一项完整的研究总是从研究的目的和题目出发，到得出结论或提交研究报告为止，总体上需要回答的问题是：为什么要研究这个课题，需要研究什么问题，怎样研究，使用何种方法，需要什么保证条件，等等。由此，一项完整的研究方案一般来说应当包含以下主要内容：

（一）说明研究课题及其目的和价值

在进行一项研究之前，首先应当说明为什么要进行这项研究，从事这项研究有什么理论或实践价值，即这项研究要解决什么问题，解决到什么程度，是为决策提供参考，还是要提出具体的建议，等等。说明研究课题的目的和价值是进行研究的先决条件，一项课题的规划、组织等一切工作都要围绕课题的目的和价值进行。而且，也只有说明课题的目的和价值，研究的赞助机构才会同意赞助此项研究。所以，研究的目的和价值是一项研究的出发点。要说明课题的目的和价值，研究者必须对自己选定的课题有详尽的理解，即这项课题对发展当前的理论或指导当前的实践有哪些方面的优势，以往有关该课题的研究已经进行到什么程度，哪些方面还有欠缺，本项课题能做哪些补充，在哪些方面可以实现创新。这就要求对已有的研究成果和文献有全面的了解或评述。只有对选择的课题有了明确的定位，才有可能在研究中实现突破，也才能保证实际研究操作过程的顺利进行。

（二）说明课题研究的内容

根据研究课题提出的问题或假设，对概念和命题进行分解和界定，确定研究的具体内容，即研究课题的操作化。具体来说，就是要设计具体的变量或方法来界定和说明课题的内容，使其成为可直接感知或度量的指标。依据这些指标或项目就可以制定具体的研究思路和方法。

（三）确定研究类型和方法

根据研究的目的和内容，确定该研究需要采用什么样的研究方式和方法，是预测性研究还是描述性研究或是解释性研究，是横剖研究还是纵贯研究。然后确定具体的研究方法是什么，是采用定性分析还是定量分析，是采用问卷调查还是采用实地观察访问。再确定资料的分析方法是什么。如果采用统计分析的方法，还要说明采用何种统计分析方法，是单变量分析还是多变量分析。

研究类型和方法是多种多样的，不同的课题需要采取不同的研究类型和方法，同一课题可以采用不同的研究类型和方法，同一类型和方法可以适用于不同的课题，一个课题也可以使用多种研究类型和方法。所有的安排都不能脱离研究的目的。

（四）确定研究的分析单位和抽样方案

课题的内容及目的确定之后，就要确定研究的分析单位以及抽样方案。分析单位是研究者所要描述的对象，是研究的基本单位。例如，要研究单位组织的性质和特征就需要确定以“单位组织”为分析单位，确定了分析单位之后，就要确定需要选择哪些分析单位，怎样选择分析单位，即确定研究的总体和抽样方法。研究总体就是研究的实施范围，需要在这个范围内选取样本。抽样的方案有多种，要根据研究的性质和要求来确定。一个完整的抽样方案一般包括三个部分的内容：（1）界定研究总体，（2）确定抽样方法，（3）确定样本规模和抽样精度。

一般来说，分析单位等同于抽样单位，但是也有例外。有时分析单位的分布状况并不明确，或者难以界定，为了研究的方便进行，就需要用包含分析单位的其他事物作为抽样单位。例如,要研究农村老年人的社会保障问题,分析单位是老年人,抽样单位应该定为“户”。

(五)说明资料的收集方法和分析方法

要进行研究,就必须收集资料。收集资料的方法有多种,并不仅仅限于问卷调查。收集资料的方法应当根据研究的目的和要求来确定。不同的研究类型,资料的分析方法也不一样。例如,描述性研究主要采用查阅文献、实地访问等定性研究的方法收集资料,或者采用基本的描述统计法;解释性研究主要运用统计分析的方法,以此阐明变量间的关系;预测性研究则需要更高级的分析资料的方法,例如运用多元回归分析的方法等。

(六)说明研究人员、组织情况以及进度计划

除个人单独进行的调研外,一般都存在调研人员的选择、培训和组织等问题。要使研究顺利进行,就必须组建一支良好的调研队伍。在组建调研队伍的过程中,除了考虑个人的综合素质,还必须考虑调研人员的整体结构,明确分工。一支调研队伍必须有一两个善于把握全局的领导者,要有一些具有实干精神的中坚力量,同时也要有若干水平较高的研究人员和写作人员。要讲究搭配和协调,既要有对调研工作比较娴熟的行家,又要有初出茅庐的新手,行家把握总体,新手没有框框,他们可以取长补短。调研队伍应该老中青结合,以中青年为主,这样的队伍往往效率较高。总之,做好调研队伍的组建工作,开展调研就获得了一个坚实的基础。

研究设计中需要对调研员的任务和工作进度做出安排,在什么时间进行,需要多长时间完成。不同的调研课题有不同的最佳时间和周期,应进行精心设计和选择。

(七)确定研究需要的物质手段、计划安排和研究经费

物质手段和研究经费是研究得以顺利进行的重要条件。每一项研究都要投入一定的人力、物力和财力。在研究设计中对这些因素进行规划和计划,可以保证研究的顺利实施,而不至于半途而废。研究需要的物质手段主要指调查工具、技术手段(录音录像设备、实验仪器等)、分析手段(计算机)和各种材料。研究的经费主要包括调研人员的差旅费、劳务费、送给调查对象的礼品费、资料费、其他印刷制作费用等。

研究经费与课题的重要性存在着正相关的关系,与课题的研究方法、调查手段等也是密切相关的。如何筹措和使用研究经费,如何用最少的花费获得最大的调研成果,也是调研方案应考虑的重要问题。

二、定性与定量研究设计

定性研究与定量研究是社会调查研究的两种基本方法,是根据研究内容和研究目标而做出的方法论的选择。由于定性研究和定量研究的理论逻辑所用的收集资料的方法有区别,因此定性研究与定量研究的研究设计也有各自的特点。

(一)定性研究设计

社会科学研究中的定性研究主要采用个案研究的方法进行,侧重于和依赖于对事物的含义、特征、隐喻、象征的描述和理解。定性研究的特征之一是,分析单位为个案,可能是一个人,也可能是一个社区、一个商业机构、一个组织或群体,甚至是一个事件。特征

之二是，定性研究主要是依靠观察、访谈和体悟等带有主观理解的研究方法。因此，在定性研究方案的设计中，所运用的方法应当体现以上两个特征。

从研究的目的看，定性研究具备理论检验和理论建构两种目标取向。理论检验是从单个理论或一组竞争性理论出发，研究某一特定现象。根据理论，我们预测在具备一系列的特征时，某个特定结果得以产生。理论检验被视为定性研究的核心。理论建构的目标是发展与完善命题，建立与调查个案相符合的理论。二者对应的研究路线不同，理论检验运用的是演绎法，而理论建构运用的是归纳法。演绎法中存在着研究假设，而后运用个案研究等定性研究的方法对假设予以验证。例如，对于某些农村地区存在的“啃老”现象，我们可以借鉴默顿的“失范”理论，形成如下假设：当下社会文化为农村青年确立的目标和社会结构所提供的致富手段之间存在着矛盾。从这个假设出发，我们可以选择一些农村青年作为调查个案，采用访谈的方法，从他们的回答以及研究者对他们行为的理解来判断前面的假设是否成立，在多大程度上成立。在这个验证假设的过程中还可以根据调查的材料丰富和发展这个假设。同样是这个问题，也可以采用理论建构的路径。从一般性的农村青年“啃老”问题出发，通过对一些农村青年的生活经历和心理状态的调查，归纳出“啃老”现象发生的真实原因，从而得出明确的结论。二者的不同之处在于，理论检验是由一组非常明确的命题开始，看其与现实生活情境是否符合；而理论建构则仅仅是以一个问题为开端，通过对真实个案的观察和测量，进而获得更为明确的理论或一系列命题。

（二）定量研究设计

不同于定性研究，定量研究侧重于对事物的测量和计算，研究的过程中不带有主观判断的成分，完全依据对客观数据的分析。因此，定量研究在方法的运用上主要采用问卷调查、实验研究、结构式访问等将问题客观化并量化的方法。定量研究需要反映的是宏观的现象，所以需要较大数量的调查样本，这些特点决定了定量研究的设计内容。

在研究目标方面，定量研究较多的是进行理论检验。一项规范的定量研究一般要有明确的研究假设，然后通过对调查内容的量化分析，运用统计学原理判断在特定显著性水平之下原假设是否可以被接受（是否成立）。在实际研究中，也有运用定量研究的方法进行理论建构的情形。例如，涂尔干在其名著《自杀论》中，通过对不同地区、不同时期自杀人口的统计，发现了社会整合度与自杀率之间紧密相关的规律。在这个研究中，他不是从明确的研究假设出发，而是从“自杀”这个社会问题的大框架出发，通过对现实社会中的一些统计资料的归纳以及对一些现象的观察理解，发展出“社会整合”这个概念，并得出“社会整合度高，自杀率则低；社会整合度低，自杀率则高”的结论。

从涂尔干的研究中，可以发现其研究过程融合了定性研究和定量研究。这种综合性的研究在实际的研究工作中很常见。在许多社会科学研究选题中，单纯运用定性研究方法和定量研究方法难以全面说明问题，因此需要将二者有机结合起来。这种结合的过程也伴随着理论建构和理论检验相互交错的过程，通过综合的研究挖掘事物或现象之间复杂的联系，得出一系列的理论观点。鉴于此，在相应的研究设计中，需要对研究目的、研究方法的采用、样本或个案的选择方法、调查的组织和安排等问题做出切实的说明。进言之,研究设计的一般内容只是作为一种模式的参考,实际的研究设计工作应当紧紧围绕研究目标,并考虑研究的效度以及现实可行性,研究对象的特殊性,在此过程中所采用的各种方法以及这些方法的具体实施细则。如此,研究设计才能真正服务于研究目标的实现。正如萨奇曼(Edward A. Suchman)对研究设计的论述:其一,并不存在一种唯一"正确的"设计,研究设计必须是可实践的;其二,研究设计并不是一种必须完全遵循、一点都不能走样的高度特别的计划,而是一系列使我们保持正确方向的路标。①

▶本章小结

本章主要介绍了一项完整的研究设计所涉及的各个方面。在选择和确定了研究课题之后,就需要考虑怎样去研究这个课题,这个工作就是研究设计。

研究设计的第一个内容就是确定研究类型,即根据课题的性质和目的,选择合适的研究类型。第二个内容是确定研究方式,是采用定量分析法还是定性分析法,是运用问卷法还是访问法等。第三个内容是确定分析单位与调查内容,是研究个人、组织、群体、社区还是社会产品,是研究社会现象的状态还是行为或意向性。对于这些问题的回答是非常必要的。第四个内容是确定调查指标和研究细节,这是问卷设计和假设检验的基础与依据。最后,从研究设计的一般内容出发,讨论了定性研究设计与定量研究设计的基本特征和内容,以及二者之间交互融合的普遍性,提出了一项研究设计应当参照一般内容,而不应拘泥于一般内容的设计理念。

就某个研究议题而言,往往在实践中难以非常清晰地界定为适合定量研究还是定性研究,对于问题的分析是综合性的,需要运用多种研究方式予以揭示。并且多种研究方法之间可以相互检验、互相印证。特别是定量研究与定性研究之间对于研究问题的把握各有侧重,前者有较为明确的研究假设,有规范化、公式化的检验程序。而定性研究则需要研究者的理解,较多的主观洞察的注入,两者很难区分优劣,只有针对具体的研究问题时才能做出判断。艾尔·巴比认为,在研究过程中,使用不同研究方法来检验同一研究结论被称为"三角测量",是一个很好的研究策略。其原因是每一种研究方法都有优缺点,而不同的研究方法获得或部分地获得不同的研究结果,因此在研究设计中使用一种以上的研究方法是具有合理性的②。混合研究方法可以是固定式也可以是生成式的。固定式方法设计是指在研究开始时就决定好如何使用定量和定性方法的混合研究方法,其程序也是完全按照计划执行。生成式混合方法设计则是根据研究进程中出现的议题决定混合方法用法的混合研究方法③。比较看来,前者侧重于静态研究,适合于对研究进程有明确把握的问题的研究设计;后者则侧重于动态研究,具有实践性特征,适合在研究过程中根据问题的延伸需要灵活把握针对具体问题的研究方法设计。相比于前者,后者对

---

① E. A. Suchman. "The Principles of Research Design", in J. T. Doby (ed). *An Introduction to Social Research*. New York: Starckpole. 1954.

② [美]艾尔·巴比:《社会研究方法(第13版)》,邱泽奇译,清华大学出版社2020年版,第106页。

③ [美]约翰·W.克雷斯维尔、薇姬·L.查克:《混合方法研究:设计与实施》,游宇、陈富平译,重庆大学出版社2017年版,第38页。

于研究者的经验和研究能力的要求更高。

►进一步阅读书目

1.［澳］戴维·德沃斯:《社会研究中的研究设计》,郝大海等译,中国人民大学出版社 2008 年版。

2.［美］加里·金、罗伯特·基欧汉、悉尼·维巴:《社会科学中的研究设计》,陈硕译,格致出版社、上海人民出版社 2014 年版。

3.［美］德尔伯特·C. 米勒、内尔·J. 萨尔金德:《研究设计与社会测量导引(第 6 版)》,风笑天译,重庆大学出版社 2004 年版。

4.［美］约翰·W. 克雷斯威尔:《研究设计与写作指导:定性、定量与混合研究的路径》,崔延强译,重庆大学出版社 2007 年版。

5.［美］约翰·W. 克雷斯维尔、薇姬·L. 查克:《混合方法研究:设计与实施》,游宇、陈富平译,重庆大学出版社 2017 年版。

第五章　社会测量

测量是进行科学研究不可或缺的重要手段，自然科学如此，社会科学也不例外。唯一不同的也许是测量的方法或技术、手段上的差异，自然科学中的测量更多的是借助仪器进行，而社会科学的测量则通常是借助问卷、访谈提纲、量表等手段进行。对社会现象的度量就是社会测量（social measurement）。社会测量过程是社会科学研究中不可分割的组成部分。社会测量的质量和效果与研究的质量息息相关，任何有价值的研究都必须以高质量的测量为依据。在本章中，我们力图通过对测量的概念与特征、测量的层次、测量的信度与效度以及社会测量的重要手段——量表的介绍，阐明如何对社会现象进行准确的度量。

第一节　社会测量的含义

一、什么是测量？

我们对测量并不陌生，随着科学技术的进步，越来越多的精密仪器应用于科学研究领域，甚至日常生活当中。比如，用天文望远镜观测星体之间的距离，用天平测量质量，用米尺测量身高，用温度计测量体温，等等。说到测量，我们联想到的通常是对自然物体的测量，其实，社会科学研究中同样存在测量，即社会测量。社会测量特指对社会事物、现象及其属性或特征的测量。例如，我们用问卷调查的方式测量农民工的生存状况，用民意测验的方式测量对候选人的支持率，等等。尽管自然科学领域的测量同社会测量在度量的对象、内容以及方式等方面存在着显著差异，但它们在本质上是一致的。

那么，究竟什么是测量？美国学者史蒂文斯（S. S. Stevens）认为，所谓测量，是指按照某种法则给研究对象或事物分派一定的数字或符号。这一定义至今仍为大多数社会科学研究人员所采用。为进一步准确地理解并把握测量的本质与特征，本书认为，所谓测量，就是根据一定的法则，将某种事物和现象所具有的属性或特征用数字或符号表示出来的过程。按照这一定义,任何一种测量都包含不可或缺的三个要素(要件),即测量内容、数字或符号以及测量的法则。

二、测量的三个要素

测量的三要素各有其特定含义。为了更好地理解测量的概念,有必要对测量的三个构成要素,即测量的内容、数字或符号以及测量的法则,进行专门的说明。

(一)测量内容

测量内容解决的是“测量什么”的问题。测量内容不同于测量对象,测量对象是客观世界中存在的事物或现象,是我们用数字或符号所要表达的对象。比如说,我们要测量当前农民工的生存状况,那么农民工就是我们所要测量的对象或者说测量客体;要测量当前中国的社会信任状况,那么中国人就成为测量的对象。在社会测量中,最常见的测量客体是人,单个的人以及由人组成的社会群体、社会组织、社区等。测量本身的目的就是说明测量的客体,即人、事物或事件、现象等。但是很明显,我们测量的不是测量对象本身,而是测量客体的属性或特征,是通过对事物、现象的属性或特征进行测量以说明测量对象。例如,我们研究的主要对象是农民工,这是测量对象,但我们主要感兴趣的或需要测量的并不是某个农民工,而是农民工整体的生存状况,包括他们的居住状态、收入支出状况、子女受教育状况等。研究中国当前的社会信任状况,中国人是测量对象,而中国人社会信任的性质、类型、程度等才是我们感兴趣的内容。也就是说,测量内容是测量对象的属性或特征,这才是我们真正感兴趣的东西,是测量的首要构成要素。

(二)数字或符号

数字或符号,是研究者在研究过程中,用以表示事物或事件的属性或特征的标记。例如,我们用 60 岁来表示“年龄”,用 1.8 米表示“身高”,用 1200 元来表示“收入”,用 4 人来表示“家庭人口数”,等等。除上面列举的用数字来表示的方法,我们也经常借助于其他符号来表示事物或现象的属性或特征。我们用文字表示事物及现象的属性或特征的就很多。例如,我们用未婚、离异、丧偶等来表示婚姻状况,用文盲、半文盲、小学、中学、大学来表示受教育的程度,用特殊信任与普遍信任来表示不同的信任类型,等等。尽管这些文字符号在统计分析时可以转换成数字符号,例如,我们经常用“0”来代表“男性”,用“1”来代表“女性”,用“1”代表“是”,用“2”代表“不是”,但很明显,这些数字只是文字符号的转换,与文字符号本身没有任何区别,不具有数字原有的数学特征,不可以用于算术的加减乘除四则运算。这在接下来的《社会测量层次》一节中还要谈到。数字和符号解决的是测量对象的属性或特征在测量过程以及测量之后“如何表示”的问题。

(三)测量法则

测量法则就是测量规则,是如何用数字或符号表示事物和现象的属性或特征的操作规则。在社会测量中,法则的确定是测量中较为困难的一个环节,一旦测量的数字和符号分派的法则确定了,整个测量的过程也就十分明朗了。例如,我们用工人每天的生产量来表示“生产效率”,用是否参与选举来表示“政治参与意识”,用受教育的年限或取得毕业证书的等级来表示“文化程度”,等等。确定法则,就是确定分派数字或符号的方案,说明依据什么对事物的属性或特征加以区别和度量,从而使测量变得可以操作。测量法则解决的是"如何测量"的问题。

综上所述,对社会现象的测量,就是依据特定的法则,用数字或符号表示事物和现象的属性或特征的操作方法。这一过程在本质上就是社会变量(概念)操作化的过程。在这一过程中,法则的确定是至关重要的,法则有好有坏,只有确定了恰当的测量法则,才会有准确、客观的测量。

三、社会测量的特点

我们知道,测量首先被应用于自然科学领域,而且在自然科学领域中的应用已经十分成熟。随着实证主义方法在社会科学研究领域中的应用与发展,社会测量被引入社会科学领域并得到了广泛应用。相比较而言,社会测量的兴起与应用都是较近的事情,同时,社会现象本身的复杂性,社会现象的主体——人的主观意志性,使得社会现象的测量不可能具有像对自然现象的测量那样高度的精确性。由于社会现象是建立在人以及人的活动基础之上的,因此,社会科学的测量与自然科学的测量有着明显的不同。

第一,社会科学的研究对象是人,社会测量的内容是人或者与人有关的社会现象的属性或特征。由于社会测量的对象是有血有肉、有思想、有感情、有自由意识的人,测量的内容又是社会中人的行为以及由人的行为构成的各种各样的社会现象,因此在社会测量过程中,测量对象极有可能会受到外界因素以及研究者的影响或者干扰。

第二,社会测量的主体或者说研究者也是有思想、有倾向性的人。不仅自然科学研究要求客观性,社会科学研究,尤其是实证性的研究也强调研究的"价值中立"。但在社会科学研究中,由于测量的主客体都是有主观意志的人,这样就难以保证在研究中做到绝对的"价值中立",从而出现研究者的倾向性问题,干扰测量的公正性与准确性。尽管社会测量,尤其是心理测量中有时采用双盲法,试图修正研究者与被研究者的倾向性带来的弊端,但由于社会测量主客体本身的原因,想要比自然科学做得更好显然是相当困难的。

第三,社会测量的可重复性远比自然科学低。由于自然科学测量的对象相对单一和稳定,在自然科学领域已经或正在建立一套完整而精确的测量方法和技术。例如,对长度的测量已经精确到纳米,对重量的测量精确到微克,对时间的测量精确到微秒。可以说,对自然现象的测量已经达到了相当高的程度。相比而言,社会测量还相当原始,对许多社会现象的测量尚没有(或者根本就不可能)建立起某种公认的、广泛适用的测量单位或者标准。其一,由于社会测量起步较晚,其发展完善当然需要时间和过程;其二,由于社会测量的对象过于复杂,而且社会测量要受到测量主客体双重的影响,因此测量的量化程度较低,可重复性较差。但随着社会科学的发展以及测量手段的不断进步,社会测量的量化程度和可重复性都会不断得到提高。

第二节　社会测量的层次

由于社会科学研究中所涉及的现象具有不同的性质或特征,因此,对不同的变量就需要使用不同的测量尺度。社会现象的特性决定了社会测量的尺度与变量类型的选择,社会测量尺度与变量类型反过来又影响了统计参数的选择与统计分析的层次。

史蒂文斯在 1951 年提出了被广泛采用的测量层次分类法,其中,他区分出了定类测量、定序测量、定距测量和定比测量四种类型。这四种测量尺度在目前的社会测量过程中仍然被广泛使用。

一、定类测量

定类测量(nominal measurement),又称作定名测量、名义测量或者类别测量。它是测量尺度中层次最低的一种,在本质上是一种分类体系,即将变量依自身的属性或特征进行分类,并标记为不同的名称或数字符号。例如,将性别变量标记为男、女,将民族变量标记为汉、蒙、回、壮、维、苗等,将种族变量标记为黄种人、白种人、黑种人,等等。这都是按照变量的属性进行分类的。社会学研究中的性别、民族、职业、宗教信仰、婚姻状况、家庭类型等,都是常用的定类变量。

尽管社会测量也是用数字或符号来表示现象的属性或特征,但这种测量不完全是数量化的,也可以是类别化的。定类测量在本质上是一个分类体系,所以应当注意所分类别的完整性,即分类变量的穷尽性,同时还要保证分类变量之间的互斥性。换句话说,分类的变量应该是包罗无遗和相互排斥的。包罗无遗,指我们所测量的每样东西都必须有一个适当的种类。相互排斥,指每样东西都仅仅符合一个种类。当我们所要测量的每一个变量都适合且只适合一个适当的种类时,这种分类才是适当的、切实可用的。我们以性别为例。性别是一种自然的二分法,因为经验上只出现这个变量的两个类别或种类——女性或男性。这一变量的种类显然是相互排斥和包罗无遗的,因为每个人都符合于且仅仅符合于其中一个种类。我们再以“党派”为例。通常情况下,我们把人们按党派分为:共产党员、群众和其他党派。这里特别注意有一个“其他”,因为党派包括许多种类别,有时我们没有必要一一列举,故可用“其他”来代表。这种情况在社会学研究中经常会遇到,需要引起足够的注意。最好的定性变项或类别变项是那些其种类明显不同、没有难以确定的两可情况的变项。

在各测量层次中,定类测量是最基本的,也是所有测量中层次最低的。定类变量在数学特征上表现为“等于”或“不等于”(= 或 ≠),或者说是“属于”或“不属于”,不能比较变量之间的大小,也不能进行变量之间的加减乘除四则运算。例如,“工人”就不是“农民”,就不等于“知识分子”。

这里需要特别指出的是,有时候类别也可以用数字来表示。例如,在社会统计分析过程中,我们通常用数字表示定类的变量,比如将男性标记为“0”,女性标记为“1”,等等。

很明显,种类数字只是一种类别标记,与门牌号、车牌号没有什么不同,不能用来进行加减乘除运算。

二、定序测量

定序测量(ordinal measurement),又称等级测量、顺序测量。定序测量同定类测量一样,由相互排斥和包罗无遗的种类组成。不过,不是所有种类都在同一层次上,也不是都在同一值上,而是可按它们属性的值对其依次排列出等级。比如,我们测量人们的文化程度时,可以将他们的文化程度分为:文盲、半文盲、小学、中学、大专、大学及以上学历。测量人们对生活的满意度,我们可以将他们的态度分为:非常不满意、比较不满意、一般、比较满意、非常满意等。这些都采用由低到高的排列顺序,都是定序尺度的测量。

定序测量不仅能够像定类测量那样,将事物的属性或特征以某种逻辑顺序划分为不同的类别,而且可以反映事物属性或特征在高低、大小、程度、强弱、等级序列方面的差异。定序测量的数学特征是"大于"或"小于"($>$或$<$),它比定类测量在数学特征上高一个层次,因而它能够获得比定类测量更多的有效信息。数字体系的属性之适用于定序测量较之应用于定类测量为多。具体来说,如果我们知道甲在属性 A 上的测量值为等级 α,乙在属性 A 上的测量值为等级 $\alpha+1$,且 $\alpha+1>\alpha$,那么,我们就可以知道甲与乙在属性 A 上的值不同,且乙的值高于甲的值。

这里需要特别指出的是,研究者出于统计分析的需要,通常情况下会将定序变量转换成大小不等的数字,用这些数字来表示事物属性在高低、大小、强弱、程度、等级方面的差异。比如,我们用"1"来表示"很不满意",用"2"来表示"比较不满意",用"3"来表示"一般",用"4"来表示"比较满意",用"5"来表示"很满意",等等。很显然,这些数字并非实际意义上的数字,这一点类似于定类测量的性别变量中用 0 表示男性,1 表示女性。其差别在于,性别变量中的"0"与"1"在数学特征上只表现为类别不同,即等于或者不等于;而用以表示定序的满意程度变量的 1、2、3、4、5,还可以表示出满意度之间的等级差异。这些数字同样不能进行数学运算,只是一种单纯表示强弱、大小的数字符号。当我们能够获得这些数字之间差异的精确的量化信息时,它就成为定距测量。

三、定距测量

定距测量(interval measurement),又称等距测量或尺度测量。定距测量不仅能够将事物或社会现象区分为不同的类别,划分为不同的等级,还可以测量它们相互之间差异的程度大小。如智商与温度都是定距测量的典型例子。以温度为例,某天济南的最低气温是零下 8 摄氏度,而北京的最低气温是零下 9 摄氏度,那么我们就可以说,当天济南的最低气温比北京的最低气温高 1 摄氏度。同样,甲的智商为 140,乙的智商为 110,我们就完全可以说,甲的智商比乙的智商高 30,或者是乙的智商比甲的智商低 30。另外,公元年代也是定距测量的典型例子。定距测量的数学特征是,定距变量通常情况下都是用数字表示的。这些数字不同于定类测量或定序测量中单纯的数字符号,数字之间完全可以进行算术的加减运算。例如，我们通过（－8）－（－9）＝1这个算术运算，知道了某天济南的最低气温比北京的最低气温高1摄氏度；通过140－110＝30这个算术运算，知道了甲的智商比乙的智商高30。正如前面所叙述的，我们认为定序测量和定距测量之间的区别在于以下事实：在定距测量中，我们不仅可以说明谁的测量等级较高，而且可以说明它的等级高多少（单位）。

需要注意的是，定距测量的值虽然可以为零，但定距测量中的零却不具备数学中我们熟悉的零的数学含义。因为，此时的零并非“完全没有”的意思。比如，今天济南的最低气温为摄氏零度，这完全不是说，今天济南的气温低到了完全没有温度的程度，因为我们知道气温还可以到零下十几摄氏度，甚至几十摄氏度。即使摄氏零度，用华氏度表示的时候也是32度。同样，智商为零并不表示完全没有智商。公元元年也并不是人类纪元的真正始点，因为我们知道还有公元前多少年，人类的纪元在公元元年以前就早已经开始了。

定距测量的数学特征是，测量对象在特定属性上能够比较值之间的大小，而且可以通过数字间的加减运算知道测量对象在具体属性上的差异量是多少。但定距测量不可以进行乘除运算。

四、定比测量

定比测量（ratio measurement），又称等比测量或者比例测量。定比测量除具有定距测量的所有属性外，还具有一个绝对意义的零点。即这个零点有实际意义，且要求是绝对的、固定的、非任意设定的。例如年龄，通常认为刚刚出生的婴儿的年龄为零，因为负的年龄是没有意义的。又如，甲公司某月的盈利为零，就是说，甲公司这个月没有赢利，既没有出现盈余也没有出现亏损，收支总体平衡。

定比测量的数学特征是，除适用于定距测量的加减数学运算外，还允许乘除运算。如年龄，在方法上超过定距测量的层次，因为它有个绝对的零点。这样一个非任意的零点的存在，是有零点的定比测量与没有零点的定距测量的唯一区别。体重也有一个非任意的零点，而无负值，因此是一个定比变量。一个人不会比零数（出生）更年轻，而一个人的体重至少为零数。如果一个测量有这样清楚的、非任意的零点做依据，而单位又始终是不变的，那么它就可以乘和除。例如，20岁是10岁的两倍，而15岁是30岁的一半。关于一个测量是否是定比的，就是说零点是否是绝对的，最好的检验是：零是否是测量性质上的“一无所有”。在许多情况下，这样的测量并无负值（如零的距离意为两个点相同，而负的距离不存在）。家庭的孩子数目、年龄、体重、身高等都属于这种情况。但在实际应用中，通常把定比测量和定距测量等同看待。

上述四种测量层次由低到高逐渐上升。高层次的测量具有低层次测量的所有功能，即它既可以测量低层次测量可以测量的内容，也可以测量低层次测量无法测量的内容。同时，高层次的测量还可以作为低层次测量来处理。例如，我们可以根据教育年限（定距变量）按一定的标准划分为无正式教育、初等教育、中等教育、高等教育，这样就将定距变量转换成了定序变量。而定序测量具有定类测量的分类功能，且可以作为定类变量使用。为了进一步说明这四种变量之间的差异,明确它们之间的关系,我们将它们各自的数学特征总结在表5-1中。

表5-1 四种测量层次的数学特征

测量层次	数学特征			
	异同(=、≠)	次序(>、<)	距离(+、-)	比例(×、÷)
定类测量	√			
定序测量	√	√		
定距测量	√	√	√	
定比测量	√	√	√	√

明确不同的测量层次所具有的数学特征,这一点十分重要。因为在社会科学研究资料的统计分析中,应根据不同的测量层次所具有的数学特性采用不同的统计方法。另外,在对社会现象进行测量时,有一个重要的原则:尽可能对它们进行高层次的测量处理。即凡是能够用定比测量或定距测量的,就尽量不要用定序测量或者定类测量。因为高层次的测量较低层次测量包含的信息更多,且高层次的测量结果很容易转换为低层次的测量结果;反之,则不然。

第三节 社会测量的信度和效度

社会科学研究中,任何一种精确的、系统的经验研究都离不开社会测量。对任何的测量而言,实际上都面临这样一些基本问题:研究所得的资料或者说是数据是不是我们感兴趣的资料或数据?它们能否准确地反映我们感兴趣的问题?在相同的研究条件下,不同的研究者能否得出相同的研究结论?所有这些问题都涉及测量手段或测量工具的信度与效度问题。

一、测量的信度

(一)信度的含义

信度(reliability)即可靠性,指对同一或相近的测量对象进行反复测量时,所得测量结果的一致性或稳定性,也就是测量工具能够稳定地测量所测的变量的程度。

例如,我们用同一台磅秤去称一个人的体重,结果今天测得的体重是80千克,明天仍然是80千克,称了好几次的结果都是相同的,那我们就可以说这台磅秤可信。若明天所称体重变成88千克,并且连称几次结果都各不同,那么,经验告诉我们,这台磅秤出问题了,测不准了,也就是这台磅秤缺乏信度。

这里要注意,信度只是一个评估测量是否具有稳定性与一致性的概念,只要是经反复测量结果一致,我们就认为该测量是可信的,而不管测量对象的真实情况是怎样的。

例如，经反复测量，称得某人的体重都是80千克，我们就可以说这台磅秤有信度，而不管这个人的真实体重是80千克还是88千克。也就是说，一种测量手段完全可能是可信而非有效的。换句话说，信度与效度的关系具有不对称性，因为有效度必然意味着有信度，一种有效度的测量在任何时候都是正确的，也必定是可信的；反之，则不成立。

另外，我们评估效度和信度的成功程度直接取决于测量所要求的精确度。比如说，如果今天测得某人的体重为80千克，明天测得为82千克，如果我们要求的精确度为正负不超过0.5千克，那么我们就可以得出这台磅秤不准、不可信的结论。而现在我们的测量要求是只要结果在正负5千克之内，那我们又完全可以说这台磅秤测量的信度还是很高的。

在社会科学研究中，我们通常以信度系数(r)来评估信度的大小。所谓信度系数，指用同一样本所得到的两组资料的相关系数，它经常被用作测量一致性的指标。信度系数高，就说明测量的一致性程度高，测量误差小。例如，当 $r=0.50$ 时，就是说测量中有50%的差异是来自测量对象本身的差异，同样有50%的差异来自测量对象之外，后者我们称之为测量误差。若出现这种结果，就说明测量不算成功。信度系数多大才能算高，才有信度呢？当 $r=1.00$ 时，表示无测量误差，所有的差异都来自测量对象本身，这当然是测量的理想状态；当 $r=0$ 时，表示测量游离于测量对象之外，测量结果与测量对象毫无关联，这一情况不应在研究中出现。一般来说，当 $r\geqslant 0.80$ 时，就可以说该测量达到了足够的信度。

（二）信度的类型

在实际研究中，人们往往从不同方面来检验和评估研究资料的信度，因而信度也就被分为不同类型。最基本、最常见的信度分类主要有三种：再测信度、复本信度和折半信度。

1. 再测信度

再测信度指用相同的方法对同一测量对象先后进行两次测量，并根据两次测量结果计算其相关系数。这是社会科学研究中最普通、最常用的信度评估方法，例如前面讲述的对体重的测量。应当注意的是，使用这一方法时，前后两次测量所应用的方法应该完全相同，测量的也应该是同一测量对象，它必须遵循严格的条件限制。再测信度的优点在于能够提供有关测量结果是否随时间而变异的资料。但同时，再测信度极易受时间因素的制约。在社会科学研究中，如果前后两次测量间隔时间过短，测量客体对前一次测量尚有记忆，那么回答者可能会凭记忆作答或者受其他心理因素的干扰，这样所得的信度系数本身的可信度是值得怀疑的。但如果时间隔得太久，即使我们前后两次测量都严格遵循了测量的要求，由于时间、事物自身变化等因素的影响，这时即使我们得出了相去甚远的结论，信度系数比较小，但我们仍然无法获得两次测量的信度的真实程度。

实践中，最适宜的相隔时间随测验的目的和性质而异，少则几天，多则半年，甚至一两年。

2. 复本信度

既然再测信度受时间限制，那么如果我们有两套效果相等的测量复本，则可交替使用，根据一个测量对象对两种复本测验所得的结果计算其相关系数，即可得复本信度。学校考试当中经常采用的A卷、B卷就是理想的复本模型。它是根据测量的目的制作两套等值的测量工具，对同一对象进行测量，然后根据两套测量工具所得的测量结果计算信度系数的方法。例如，在一次问卷调查中研究者同时应用A、B两套问卷，如果被试者在A、B两卷上的得分基本相同，就说明该问卷具有复本信度；如果两者差异很大，则缺乏复本信度。

应当注意，复本信度虽然可以避免再测信度过分受时间限制的缺点，但同时要保证使用的必须是真正的复本，两者在题目类型、数量、内容及难度等方面都要一致。

3. 折半信度

如果一种测量既没有复本又只能测量一次，研究者则通常采用折半法来估计测量的信度。所谓折半信度，是指研究者根据一次测量结果，将项目分成两组，并对两组项目的值计算得出其相关系数。通常的做法是将测量项目依据单双数划分成两组，并计算两组值的相关系数，即得折半信度。例如，要了解大学生对学校“混住制”的看法，研究者设计了20个测量项目，将这20个项目依据单双数一分为二，然后计算两组值的相关系数，即得到该测量的折半信度。

二、测量的效度

（一）效度的含义

效度（validity）又称测量的有效度、准确度，指测量工具或测量手段能够测出所要测量变量的准确程度。换言之，效度指的是测量的有效性，即测量工具能准确、真实、客观地度量事物特征或属性的程度。当测量能够准确地度量所测内容时，我们说这个测量有效度；反之，则无效度。

菲利普斯（D. Phillips）曾指出，从科学的含义上说，对一个特定现象（如由一个特定的概念所规定的现象）的测量若成功地测量了该现象，它就被视为一种有效的测量。[①] 显然，有效的测量应该包括两个部分：（1）测量手段实际上测量的正是所要测量的内容，（2）测量内容被测量手段准确地测量了。例如，想要知道学生实际的计算机操作水平，就应该给定题目，让学生上机实际操作，对操作的结果给予评定、比较，而不是出一些有关历史或者政治方面的题目，因为那样做就是文不对题，没有效度。但如果我们不是让学生上机实际操作，而是出几道有关计算机发展方面的题目，那么即使对每一个学生给出了分数，这个分数也不能反映学生的实际操作能力，该测量也没有效度。又如，若我们把针对美国人设计的某智力量表不加任何本土化处理就用于对中国人的智力测量，那么即使这个测量有效度，效度也是不高的。换句话说，如果我们想测量某一特征X，只有测验结果准确地测出了特征X时，测量才是真实有效的。

（二）效度的类型

效度的概念并不是一个简单的或无可争议的概念，有关效度的分类也是五花八门，但在学术界比较流行的分类是三分法，即表面效度、准则效度和构造效度，它们分别从不同的方面反映测量的准确程度。

---

① K. D. Bailey. *Methods of Social Research*. New York: The Free Press. 1987. P. 66.

1. 表面效度

表面效度又称为内容效度或逻辑效度，是指测量内容的适合性和符合性，也就是说，测量所选题目是否符合测量目的和要求。例如，要测量人们的语文知识，所出题目就必须是在语文知识范围之内；否则，测量结果将无效。

但是，表面效度可能是最易于理解，在实际研究中也是最难以有效实现的。塞尔蒂兹（Claire Selltiz）等人指出，表面效度归根结底“必须考虑两个主要问题：（1）测量工具所测量的是否正是研究人员所要测量的那种行为；（2）该工具是否对这种行为提供了适当的样本”[①]。因此，要知道一种测量工具是否有内容效度，我们首先需要了解所要测量的概念或定义，其次需要知道所搜集的信息是否和该概念密切相关。例如，假定被测量的概念是智力，而卷面上测量智力的项目却偏向于询问回答者的身体状况，这一测量显然就不具有一次智力测量那样的表面效度，因为身体状况并非智力定义的组成部分。

因此，表面效度的评估其实就是研究者对测量对象与测量内容进行分析，对所要研究的概念进行研究，借以判断所应用的测量手段是否适合测量这一概念。假如测量工具明显是测量其他概念而不是测量所要测量的概念的，显然就不具有表面效度。在下列情况下，表面效度就会出现一些问题：（1）对所测量的概念的定义没有达成共识；（2）概念是由几个亚概念组成的多向度概念；（3）测量过长而复杂。

2. 准则效度

准则效度又被塞尔蒂兹等人称作实用效度、共变效度、预测效度，是指使用不同于以往的测量方式对同一事物或变量进行测量时，将原有的一种测量方式或指标作为准则，用新测量方式或指标所得的测量结果与原有准则的测量结果相比较，如果新的测量方式与作为准则的测量方式所得结果相同或具有相同的效果，那么我们就说这种新的测量方式或指标具有准则效度。例如，若一种测量手段被人们公认为是一种有效的测量手段，那么回答者在新测量手段上的分数就可同它在原测量手段上的分数相比较，若两者分数相同或者接近，就可以说新的测量方法具有准则（实用）效度。

那么，如何知道后来的测量本身是有效度的呢？我们认为，作为参照标准的后来的测量工具，首先必须具有表面效度，就是说，该方法必须至少看起来是有效度的；其次，后来的测量方法必须是已经通过应用而且经证明了的。

准则效度如图 5－1 所示：

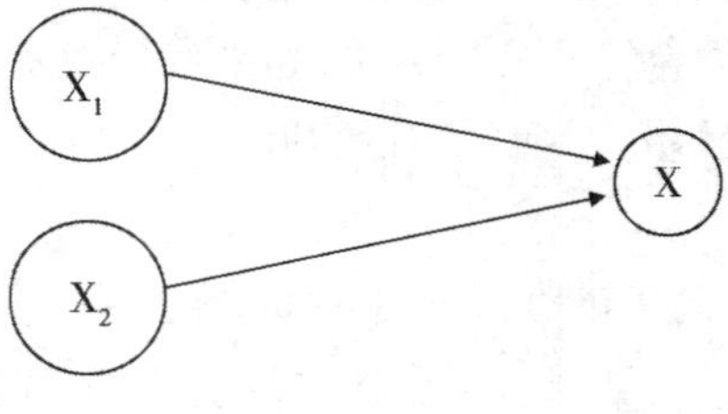

图 5－1　准则效度

① K. D. Bailey. *Methods of Social Research*. New York: The Free Press. 1987. Pp. 67－68.

如果我们已经知道 X_1 这种测量工具对变量 X 是有效的，X_1 与 X_2 之间有关系，那么我们现在用测量工具 X_2 来对变量 X 进行测量，并将测量结果与用测量工具 X_1 所得结果进行比较，若结果相同或相近，则测量工具 X_2 就具有准则效度。通俗地讲，作为有准则效度的测量工具，其实就是已有的、已经验证的测量工具的有效替代。例如，我们想要知道某人的性别，可以亲眼去看，也可以查验其身份证，如果查验身份证的结果与我们亲眼所见的结果一样，就可以说查验身份证与亲眼去看对辨别性别来说同样有效。亲眼观察这种测量方法就具有准则效度。

3. 构念效度

构念效度又被称作构造效度。"构念"本是心理学的一个概念，现在一般泛指研究者根据研究的需要而建构的一种特殊概念。构念效度是指通过对特定命题或理论假设的测量结果进行考察，以检验该测量对该理论假设的测量程度。换句话说，如果我们知道这样一个命题：变量 X 与变量 Y 之间存在因果关系，其中 X 为自变量，Y 为因变量。我们用 X 的指标 X_1 与变量 Y 的指标 Y_1 对 X 与 Y 之间的关系进行测量，因果关系成立，那么现在我们用 X 的指标 X_2 与 Y 的指标 Y_1 进行复测，若所得结果相同，则我们就称指标 X_2 具有构念效度。如图 5－2 所示：

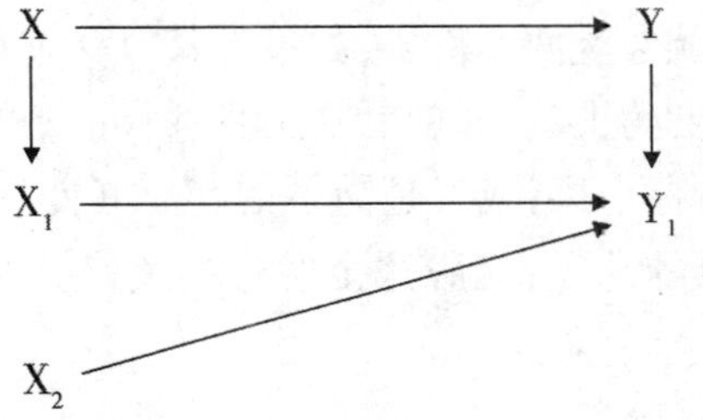

图 5－2 构念效度

效度评估的这三种类型，从内容效度到准则效度，再到构念效度，可视为一个累进或积累的过程。就如同由定类测量、定序测量到定距测量、定比测量一样，效度测定后面的每一类型都比前面的类型包含更多的信息，构念效度需要比准则效度更多的信息，而准则效度又需要比内容效度更多的信息。因此，构念效度通常被认为是最强有力的效度测定程序。因为表面效度只需要对单一概念的单一的测量工具，准则效度则需要对一个概念的两个以上的测量法，而构念效度则需要两个甚至两个以上的相关概念以及两种或两种以上的测量工具。如图 5－3 所示：

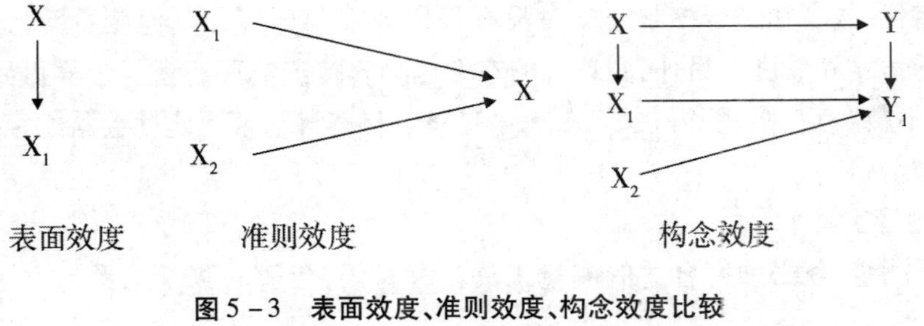

图 5－3 表面效度、准则效度、构念效度比较

三、信度和效度的关系

信度和效度是评价测量工具的两个主要方面。信度主要是针对测量结果的稳定性而言的，可信的测量工具，我们可以对使用它而得出的结果有着相对稳定的预期。这就像用一把尺子测量一张纸的长度，如果尺子是有信度的，我们可以预期，无论何时何地用它去测量这张纸，结果都应该是一致的。而效度本身包括两种不可或缺的内涵：首先，测量工具必须是可信的；其次，测量工具对测量对象而言必须是恰当的，如果不恰当，那么测量结果也不可能客观地反映出测量对象的属性。概括而言，效度就是使用可信的工具来恰当地测量对象。比如，如果用上面那把尺子来测量一片碎纸屑的长度，测量工具虽然是可信的，却不是有效的。因为尺子的刻度值太大，无法真实反映碎纸屑的长度。这就是测量工具对测量对象而言是不恰当的。而可信的游标卡尺就可能是有效的测量工具，游标卡尺必须可信是不能缺少的前提。从这些分析可以看出，效度和信度之间的关系是非对称的，即有信度不一定有效度，但有效度就一定有信度，信度是效度的必要条件，而非充分条件。效度与信度之间既相互关联又相互制约。

应当注意的是，虽然理论上有效的测量本身并不排斥测量的可信度，但在实践中，信度与效度时常发生冲突。就像上面的例子，如果你只有一把可信的尺子和不太可信的游标卡尺作为测量碎纸屑长度的工具，你就面临工具选择的艰难。研究者有时不得不为了效度而牺牲信度，即选择游标卡尺；或者是为了信度而牺牲效度，即选择尺子。对社会科学而言，这始终是一个两难的选择，克服这个两难的最好方法就是使用不同的方法作为相互的补充。

四、影响信度和效度的因素

社会测量的目的在于真实有效地再现测量对象的本来面目，准确地度量社会事物的属性或特征，这就要求社会测量必须有较高的信度与效度。因此，我们必须对信度与效度的影响因素有充分的了解。通常情况下，影响信度与效度的因素主要包括测量者、测量工具、测量对象以及环境等方面。

（一）测量者

测量的实施者是指整个测量的设计者与执行者，测量者自身的素质直接关系到研究的成败。研究者的工作能力、工作风格都关乎测量的信度与效度。例如，用抽样的方法做研究时，没有按照完全随机的方法进行抽样，或者在调查时没有找到所抽取的单位而随便找人替代，或者在进行控制实验时没有很好地控制环境和其他变量等，这些都会影响到测量的信度和效度。另外，测量者的态度也会直接影响回答者。怎样做到在研究中保持中立，不戴“有色眼镜”开展研究，无论是对于自然科学家还是社会科学家来说，都是应该注意的。

（二）测量工具

要进行测量，就必须有合适的测量工具。有时候，合适的测量工具与方法比优秀的测量者更重要，或者说，在某些情况下，如果不能够找到合适的测量工具和测量方法，我们就不能获得真实的资料。如果我们设计的问卷中问题的表述不严谨，甚至所列项目本身就有问题，让测量对象丈二和尚摸不着头脑，甚至感觉文不对题，就会导致回答者无法作答，而且即使他们认真做了回答，其研究价值也不高。另外，我们在问卷设计时还必须考虑问卷项目的多与少，问卷中哪些问题适合开放性的方式，哪些问题适合封闭性的方式，它们的恰当比例应是多少，排列的先后顺序又如何，以避免造成测量对象的疲劳感或厌倦、反感等情绪的产生，这些都会影响测量的信度和效度。

（三）测量对象

社会科学研究中的测量对象不管是单个的人，还是由人组成的群体、组织、社区等，其主观状态都会成为影响信度与效度的重要因素。我们知道，自然科学中尚存在"测不准原理"，那么，在社会科学研究中，测量本身对测量对象造成的影响就应该引起更多的关注，以尽量保证测量的效度与信度。例如，我们在运用客观观察法时，一定要注意不要让被观察者觉得自己正在被人观察、研究，否则的话，被观察者就可能会刻意表现出某些行为迎合你的观察，最终导致观察失败。又如，我们要调查人们的理想观念、态度、意见甚至对某些敏感问题的看法时，需要先声明调查的目的在于获取真实资料，调查是无记名的并对整个测量过程保密，切实打消被调查者思想上的顾虑；否则，测量的信度与效度就会受影响。

（四）环境因素及其他偶然因素

在测量过程中，还应注意测量实施的环境和其他因素，以避免测量受到干扰。在进行社会测量之前，测量者通常要对测量的环境进行观察、分析，以避免无谓的因素干扰。例如，研究者想知道村民委员会与乡镇基层政府之间的关系，就要找到有关的村两委成员进行访谈。如果有乡镇上的领导陪同，不难想象，在这种情况下，研究者无法获得比官方资料更多的信息，即使它们两者之间确实存在着某些不协调、不一致的现象。因为此时无论怎样强调调查的客观性、研究的科学性、资料的保密性，都无法消除环境（领导在场）带来的负面影响。研究者的问卷调查通常在相对自然的环境中进行，就是为了避免被调查者受环境因素的干扰。另外，在对调查资料的整理分析过程中，例如在资料的编码、录入的过程中，都可能会出现疏忽或差错，从而降低数据资料的信度或效度。

第四节 量表

在社会科学研究中，用来收集数据资料的测量工具很多，而量表是其中应用非常广泛的一种测量工具。社会现象的复杂性使得用单一的指标很难对其进行有效测量，量表把对内涵复杂的概念进行量化并集中呈现，以实现其集约考察的目标。

一、量表的含义

量表是一种测量工具，常被用来测量调查对象如何感觉或思考某事物，研究者借助它来测量某个建构物的强度、方向和层次。一般而言，研究者通过构建和使用量表，让人们在一个极点与另一个极点之间，指出符合自己态度的适当的一点。它以一个连续体的方式来排列回答值或观察值，然后对其结果加以分析。量表的构建旨在创造顺序、等距、比率形式测量变项的数字分数，而数字的指派有助于人们进行量化思考。

量表是建立在测量变项强度或效能的观念之上的。它能针对各个指标项目之间的结构，提供更有保证的顺序排列。欲测量的变量中，几个被列入复合测量的项目可能会有不同的强度。一份量表可以使用同一个指标，也可以使用数个指标。大多数量表是对研究对象的定序量度。量表不仅有助于概念的操作化过程，而且量表产生量化测量，可以和其他变量一起被用来检验假设。

量表主要是从心理学发展和应用起来的。许多心理学量表只有取得了一定的认可才能被广泛使用。因此，在使用量表时，要懂得该量表的制定和使用规范，以免犯错。比如，曾经有学者没有经过指导就使用一些心理测量量表对某城市中小学教师的心理健康进行测量，结果得出一半以上的中小学教师心理不健康的结论。

二、量表与指标的异同

量表与指标是既有联系又有区别的两个概念。在此所用的量表和指标都是对变项的复合测量，是对变项所做的典型的定序测量，如根据疏离性、社会经济地位、偏见或是思想上的成熟程度等变量，来分析排列人们在态度方面的次序关系。但是，二者还是有区别的。

首先，二者的计分方式不同。指标是由个人属性计分的累计所决定的；量表由受试者对不同模式的回答所得到的计分而来，其回答还会因为各个项目所代表程度强弱的不同而有所区别。量表包括变量属性强弱程度结构。

其次，二者建立的逻辑方式不同。指标各个项目所代表的变量的属性在程度上是一样的，而量表各个项目所代表的变量的属性在程度上是有差异的。

最后，二者在研究过程中处于不同的地位。指标是社会科学研究操作化阶段的必要手段，而量表则是收集资料阶段的一种重要工具。

一般而言，量表的应用范围比指标要广泛得多，因为量表能考虑到测量变项的强弱程度。量表的设计、模式较指标更为复杂，因此，方法论上的探讨也较指标法更丰富。

三、常用量表简介

（一）鲍格达斯社会距离量表（Bogardus social distance scale）

一个人与某一个群体之间存在不同程度的相互关系。鲍格达斯社会距离量表定量地测量人们相互间交往的程度、相互关系的程度或者对某一群体所持的态度及所保持的距离。在使用此量表时，调查对象会被询问是否愿意接受与某些人产生相互关系。而各种回答则可以适当地以一些单一的计分表示出来，也代表了能接受的最为亲近的关系程度是什么，因为能接受距离给定关系最近的人，一定也能接受距离给定关系最远的关系。

比如，你想研究调查对象对日本人的态度，那么你就可以用鲍格达斯社会距离量表

来测量。可以考虑的问题选项如下:

1. 你愿意让你的子女与日本人结婚吗?
2. 你愿意让日本人成为你的朋友吗?
3. 你愿意让日本人成为你的邻居吗?
4. 你愿意让日本人成为你的同事吗?
5. 你愿意让日本人成为中国公民吗?
6. 你愿意让日本人以游客的身份来中国旅游吗?

从上面的问题选项中,可以看出问题的强度越来越弱,关系的密切程度越来越低。我们可以从调查对象的回答中清楚地了解他(她)能接受的与日本人关系的密切程度。例如,如果调查对象在第一个问题上的态度是同意,即愿意让其子女与日本人结婚,那么我们基本上可以推定他(她)也会接受其他几种关系。可见,在这样的一组问题中,每个问题选项之间有着很强的逻辑结构。这种量表有两个限制:第一,研究者需要针对某个外团体与社会背景制作专门的回答选项,即必须根据研究的不同需要以及外团体性质的不同,设计不同的量表问题选项;第二,对研究者而言,比较对数个不同团体的感觉的回答不是件容易的事情,除非回答者在相同时间内完成对所有团体的社会距离量表。对此,有一种处理方式,就是将要测量的团体并列放在同一个量表(如表5-1)中,通过这样的处理,我们就可以看出调查对象对日本人和美国人的态度有什么差异。

表5-1 鲍格达斯社会距离量表举例

序号	关系类型	日本人	美国人
1	愿意让你的子女与其结婚		
2	愿意让其成为你的朋友		
3	愿意让其成为你的邻居		
4	愿意让其成为你的同事		
5	愿意让其成为中国公民		
6	愿意让其以游客的身份来中国旅游		

注:请在你同意的关系类型里打"√"

最后,在使用这种量表收集资料时,一定要提醒调查对象,根据自己对这个团体或群体的整体感受做出选择,而不能根据自己认识的或了解的这个团体或群体中的某个人的印象做出判断。

鲍格达斯社会距离量表有一个重要局限,即要找到逻辑上密切相关的多个陈述并不是件容易的事情,而且即使找到了,这种逻辑结构可能也会随着时间的流逝而不再适用。

(二)瑟斯东量表(Thurstone scale)

正如前面提到过的,鲍格达斯社会距离量表的结构有时并不适用于所要测量的变项。事实上,有时量表中的陈述之间的逻辑结构并不明显。瑟斯东量表就是针对这个局限设计出来的。其目的是建立一个格式(format),以产生一些要测量的变量的指标陈述,并使这些指标陈述间至少隐含一个结构。

瑟斯东量表是心理学家瑟斯东（L. L. Thurstone）根据比较判断法则（law of comparative judgment）所创的。此法则所涉及的是，当每个人都做出独立判断时，如何测量或比较态度的这个议题。换句话说，它是在每个人做出主观判断之后，指出或固定某个人的态度相对于其他人的位置。

这个量表所采用的技巧在于创造出变项指数间的强度结构，并且是由一群裁判来决定不同指标的相对强度。由于不是所有要测量的变量都能找到像鲍格达斯量表那样具有逻辑结构的项目，因此，使用瑟斯东量表就是希望能通过裁判对一些项目的判定找出经验上有关系的项目来。

由于瑟斯东量表同鲍格达斯量表一样，其不同项目具有不同的强度，因此，我们同样可以知道被调查者态度的分数所代表的其对某事物或现象能接受的程度。表 5－2 就是经选择判定后准备用来测量人们对艾滋病的认识以及对艾滋病患者的态度的瑟斯东量表。

表 5－2　瑟斯东量表举例

题号	问项	同意	不同意
1	因为艾滋病可以预防，所以我们应该注重预防而不是治疗（5）		
2	艾滋病患者是罪有应得（1）		
3	艾滋病会影响我们每一个人（10）		
4	对艾滋病患者应该像对其他正常人一样看待（11）		
5	艾滋病永远不会发生在我身上（3）		
6	艾滋病是容易感染的（5）		
7	每个人感染艾滋病的机会是一样的（9）		
8	艾滋病是一种如果不小心就会被感染上的疾病（9）		
9	如果你感染上艾滋病，你仍能过正常的生活（8）		
10	艾滋病是有益的，因为它有助于控制人口（2）		
11	只要我遵循一夫一妻制，我就不会感染艾滋病（4）		

注：如果你同意该问项，请在“同意”的栏内打“√”；如果不同意，请在“不同意”的栏内打“√”

在这个量表中，每个问项后面的数字就是这个问项的量表值，是裁判对陈述打分后统计得到的中位数，它说明了指标指示的态度的积极程度，其值小者表示正面的态度，其值大者表示负面的态度。一般而言，如果调查对象同意量表值高的陈述，就会同意其他量表值低的陈述。例如，同意第 8 条陈述，就会同意第 6 条陈述。这同鲍格达斯社会距离量表是相似的，只是这些陈述的强度是裁判根据经验赋予的，而不是逻辑上的。

应用该量表时，量表值可以不显示出来，以免被调查者在表达“赞成”或“不赞成”意见时，受到量表值的暗示。同时，题目在量表的排列上不要按照问项的积极或消极方向进行顺序排列，要打乱顺序，以免产生测量误差。待被调查者填答后，计算其“赞成”的题目之量表值,并以这些题目量表值的平均值作为被调查者的态度分数。

在今天的社会科学研究中,瑟斯东量表的应用并不广泛,主要是因为:(1)量表的设计成本高,需要花费大量的时间和精力。比如,裁判的人数一般要有 10～15 个,而且应该对研究的议题比较有经验,这使得确定裁判的人选很困难。另外,项目的选择和最后判定所需时间也很长。(2)量表不具有长时效应,即量表项目的含义会随着时间的变化而改变,因此必须隔一段时间就进行更新,否则,其测量效果就很难保证。(3)量表的记分方式有时也会出问题。由于调查对象的得分是其勾选的陈述量表值之和或中位数之均数,可能有不同的态度反应模式,量表得分却是相同的情况。例如,歧视的程度一样、得分相同,但是歧视的性质却不一样。

(三)李克特量表(Likert scale)

李克特量表就是大家熟悉的评定量表,由社会心理学家李克特(R. A. Likert)于 1932 年所创。这种量表由一组对某事物的态度或看法的陈述组成,一般将这些陈述分成"非常同意、同意、不知道、不同意、非常不同意"五类定序划分及其变形,俗称五分量表。根据每个调查对象回答的积极程度分别赋予 5、4、3、2、1 分,将其所得的分数累加得到一个总分,这个总分就反映出调查对象对某个议题的态度。由于调查对象的分数为各项目得分的加总,故又称此为总加量表(summative scale)。

实际上,李克特量表现在很少被用到。不过,李克特量表设计题目的格式却常常在当今的问卷设计中被使用,多半被用来建立一些简单的指标。可以这样说,现在应用的许多量表只是具有李克特量表的形式,其编制过程不是非常严格。

表 5－3 就是李克特量表的一个标准形式(要注意的是,这只是直观地提供李克特量表的形式)。

表 5－3 李克特量表举例

题号	问项	完全相信(5)	部分相信(4)	谈不上相信不相信(3)	视情况而定(2)	完全不相信(1)
1	请问您对陌生人的话持什么态度					
2	在就医方面,如果陌生人向您提供过这方面信息,您的态度是					

注:请根据自己对每个问项的赞成程度在相应的栏内打"√"。

李克特量表的突出优点是备选答案多样、细致,结果更能反映出调查对象态度或看法的细微差别。

李克特量表的缺点如下:

(1)定序变量不一定适合定距尺度。是否可由各项目得分相加以求算总分尚有待商榷。

(2)调查对象之间不一定存在可比性。因此,相同的分数所代表的意义不一定相同。

(3)调查对象自己也不一定存在可比性。所以,一调查对象所谓的“常常”看电影与“常常”打篮球,所表示的实际频率可能不同。

(4)可能有误差。因为调查对象通常不愿选择太极端的值,或因顺从社会规范而不诚实作答,所以测量值会有误差。

最后,还要指出的是,该量表的项目不可太少(否则易歪曲),太多又会令调查对象感到厌倦。在编制这种量表时,要反复调查,去掉不适用的项目,使量表的项目最少但又能保持可信度。一般而言,李克特量表的上限是50题,超过50题可信性已经饱和。对抽象程度高、被调查者完全不了解的问题,或心理测验、学业成就评估,一般不要少于30题;但如果问题很具体,已有相关资料,而且别人研究掌握了相关证据,则题目可减少。

(四)语义差异量表(semantic differential scale)

语义差异量表是奥斯古德(C. E. Osgood)等人发展的测量技术,旨在区分特定概念的意义,也可以用来测量态度,是用于测量人们如何感觉某个概念、物体或其他人的一种间接测量工具。这个量表利用形容词来测量调查对象对某些事物的主观感受。应用这个方法时,将两极化的(bipolar)形容词或副词作为题目,让调查对象根据自己的想法与感受,在两极之间标定位置,借以表达对特定概念的看法。在社会调查研究里,许多时候我们用意义相反的陈述来考察调查对象的态度。它要求调查对象在两个极端之间做一个选择,它和李克特量表都具有比其他形式的问卷更为严格的结构。

语义差异能够掌握与调查对象相结合的含义,因此也提供了对这个含义的间接测量。比如,在下面的量表中,我们要研究调查对象对“教师”这个概念的感受和看法。调查的结果不仅表明了调查对象自己对这个概念的看法,同时也能让我们对“教师”这个词应有的含义有更深入的了解。

表5-4　语义差异量表举例

教师

快　乐…… …… …×… …… …… …… ……悲哀

不公平…… …… …… …… …… …×… ……公平

和　平…… …×… …… …… …… …… ……凶猛

在表5-4中,“教师”是受评的概念,而每一对两极化的形容词为题目,每一题目分为七个间隔,代表趋向两极的不同程度;间隔上的“×”就是要调查对象标记的符号。计分的方法依题目的积极性的增加从1分至7分(也可记为-3,-2,-1,0,1,2,3)计量。计算每一个调查对象的总分数,即可知其中积极与消极之间的偏向。从上面的这个量表可以看出,并不是所有的正向或积极的形容词都在量表的左侧,有的是在右侧的,这主要是为了避免产生系统反应误差,影响测量的准确性。因此在设计语义差异量表时,要把看上去接近或具有一致性的陈述或形容词有意打乱。

在应用语义差异量表时,尽量选用评价性形容词作为题目。至于填答的方式与评分方法,则与上述一般语义差异量表相同。根据调查对象填答的结果,可以了解个别调查对象对特定概念的态度倾向,也可以比较调查对象对不同概念的态度差异,同时,还可以在团体之间做比较，或比较同一团体对不同概念的态度。总之，语义差异量表编题简易，实施方便，还能做统计分析。但要注意的是，由于如何填答可能会引起调查对象的困惑，因此要在指导语中指出如何填答，可以举一个具体的例子写明或者在收集资料时向调查对象讲解清楚。

语义差异量表的应用范围很广泛：在市场研究中，它能提供消费者对某种商品的感受的信息，国情和政策研究部门可以用它来分析民众对某项政策或某个议题的看法，精神治疗则可用它来判断病人是如何理解他自己的。

（五）哥特曼量表（Guttman scale）

与前面那些量表不同，哥特曼量表可用来判断一组指标或测量问项之间是否有关联存在，它运用单一向度或累积强度的多重指标来测量人们对某个事物或概念的态度，也是研究者在收集资料后用来评价资料的方法。这个量表在当今社会科学研究领域内处于最受欢迎的地位。

哥特曼量表的问题项目之间的逻辑关系是有层级的，如果调查对象同意高层级问项的陈述，一般也会同意低层级问项的陈述，低层级问项是高层级问项存在的必要条件。所以，如果一组问项存在一种层级模式，则这些就是可量化的问项，具有形成哥特曼量表的基础。

选定一组项目作为量表的问项是因为判定者认为这些项目间有逻辑关系存在。使用项目为 3 到 20 个，经常要求调查对象以简单的是否、有或没有的方式回答。调查对象的答案模式分为两类：符合这种逻辑关系的和不符合这种逻辑关系的。其重点“在于比较实际所得到的反应模式与理想反应模式间的差距”。如果问项的确存在层级关系，则大多数人的答案都是可以量表化的。问项可量表化的程度通过运用统计方法——复制系数（CR，coefficient of reproducibility）的计算予以测量，这是利用调查对象是否可以依据某层级模式加以复制的统计方式。一般而言，这个复制系数达到 0.9 或 0.9 以上，我们才能放心地使用根据这个量表收集到的资料；否则，就要考虑删掉该项目。

现在我们分析一下下面这几个对待女性参加战争态度的陈述：

（1）如果我是女性，我会参加战争。

（2）如果我有女儿，我会赞成她参加战争。

（3）女性应该参加战争。

由于这几个问项在程度上有一种趋强的态势，调查对象的回答如果符合陈述的逻辑关系，那么其回答模式就会是这样的：全部赞成、赞成 1 和 2、赞成 1 和全部反对。如果这是个完美的哥特曼量表，所有调查对象的回答都可以归到上面几种回答模式中的一种。

进而，如果规定赞成陈述者得 1 分，反之得 0 分，对应这四种回答模式所得的分数就是 3 分、2 分、1 分和 0 分。而一旦知道了调查对象的总分，我们就可以知道他（她）赞成和反对哪些问项，从而很明确地知道其态度。如一个调查对象得了 1 分，我们就知道他（她）赞成第一个问项。这样一个数字就代表了调查对象对事物的具体态度，研究者可以很方便地对所获得的资料进行分析和评价。这是哥特曼量表最大的优点。此外，哥特曼量表作为一种累加量表，易于设计和完成，而且同其他量表相比，能够辨析出每个调查对象在态度上的细微变化。

但是，哥特曼量表也不是完美的：首先，人们对事物的态度通常是多维的，所以一组问项所存在的单维向度（趋强或趋弱）很难反映出态度的复杂性。其次，即使一组问项真的具有单维性特征，并且适用于某个群体，但是在其他群体里这组陈述可能就不再适用了。再次，哥特曼量表需要区别调查对象不同的回答模式进行记分，这个过程是比较复杂的，很容易出错。还要注意的是，复制系数很高时，也不一定能保证这个量表能测量你要研究的概念，因为问项很少时，复制系数可能也会很高。而要找到具有层级关系的多个陈述无疑是比较困难的。总之，在建构哥特曼量表时，要尽量选取比较多的陈述。在使用时，注意适用对象和时间。对象不同、时间不同，量表可能都要做相应调整。

▶本章小结

这一章主要介绍了社会测量的含义、测量的层次、测量信度和效度以及测量的一种工具——量表。测量就是根据一定的法则，将某种事物和现象所具有的属性或特征用数字或符号表示出来的过程。测量对象具有不同的属性和特征，因此，对不同的变量必须使用不同的测量尺度。定类测量、定序测量、定距测量和定比测量是在目前社会测量过程中仍然被广泛使用的四种尺度。衡量测量质量的指标主要有两个：信度和效度。影响测量信度和效度的因素主要有测量者、测量工具、测量对象以及测量时的环境等方面的因素，我们要从这四个方面提高测量的信度和效度。

量表是目前社会科学研究中被广泛使用的一种测量工具。本章重点介绍了鲍格达斯社会距离量表、瑟斯东量表、李克特量表、语义差异量表和哥特曼量表这几种比较常见的量表形式。

▶进一步阅读书目

1. [美]德尔伯特 · C. 米勒、内尔 · J. 萨尔金德：《研究设计与社会测量导引（第6版）》，风笑天译，重庆大学出版社2004年版。

2. 叶宝娟：《经典测验信度的现代估计方法》，中国社会科学出版社2014年版。

3. [美]罗伯特 · F. 德维利斯：《量表编制：理论与应用（第2版）——校订新译本》，魏勇刚、席仲恩、龙长权译，重庆大学出版社2010年版。

4. [美]埃拉扎尔 · J. 佩达泽、丽奥拉 · 佩达泽 · 施梅尔金：《定量研究基础：测量篇》，夏传玲译，重庆大学出版社2013年版。

第六章　抽样理论与方法

抽样是指在研究中选取部分研究对象的方法与程序，它在社会科学研究，特别是抽样调查研究中有着广泛的应用。本章将介绍抽样的基本概念、类型和样本容量的确定。

第一节　抽样基本概念

一、抽样的意义

抽样（sampling）就是从研究总体中选取一部分代表性样本的方法。例如，我们要研究某城市居民的生活方式问题，那么整个城市居民都是我们的研究对象。但限于研究条件等原因，我们难以对每一个居民进行调查研究，而只能采用一定的方法选取其中的部分居民作为调查研究的对象。这种选择调查研究对象的过程就是抽样。采用抽样法进行的调查就称为抽样调查。抽样调查是最常用的调查研究方法之一，它已被广泛应用到社会调查、市场调查和舆论调查等多个领域。

20 世纪以来，抽样方法由于在民意测验中的广泛应用而得到了很大发展，特别是在美国，运用抽样法可较为准确地预测总统选举。例如，1916 年，美国《文学文摘》（*Literary Digest*）杂志向 6 个州的选民邮寄了明信片，询问他们在即将来临的总统大选中，会投票给威尔逊（Woodrow Wilson）还是休斯（Charles Evens Hughes）。被选作民意测验的人名（样本）从电话簿和车牌登记名单中选出。根据反馈回的明信片，《文学文摘》正确地预测了威尔逊为获胜者。在这之后的 1920 年、1924 年、1928 年和 1932 年的大选中，《文学文摘》扩大了其调查的样本数量，也都做出了准确的预测。①

但也有例外，《文学文摘》在 1936 年进行的总统选举的民意测验中，预测阿尔夫·兰登将会获胜，但实际上是富兰克林·罗斯福获得连任。这次调查失败的原因，一方面是

① 相关资料参见［美］艾尔·巴比：《社会研究方法（第十四版）》，邱泽奇译，清华大学出版社 2022 年版，第 169 页。

调查问卷的回收率低，只有22%；另一方面是所采用的抽样框有问题，即调查者通过电话用户和汽车拥有者选择的样本，包含了不成比例的富人样本，而穷人的样本比例较小。在当时美国最严重的经济萧条后期，恰恰是穷人支持罗斯福的新经济政策。

对1936年的这次总统大选，乔治·盖洛普（George Gallup）却采用配额抽样（quota sampling）的方法准确地预测了罗斯福获胜。而且盖洛普和美国民意测验中心（American lnstitute of Public Opinion）利用配额抽样方法在1936年、1940年与1944年也成功地预测了当年的总统当选人。但在1948年的总统大选预测中，盖洛普与其他许多大选民意调查者一样，错误地预测杜威能击败当时在位的哈利·杜鲁门而当选总统。他们失败的原因是多方面的，但从方法上说，盖洛普的失败在于他选取的样本不具代表性，因为配额抽样是一种非概率抽样，有明显的局限性。

现在，随着抽样方法的改进，民意测验的结果越来越准确了。如对1996年的美国总统大选，多家民意调查机构都预测到了克林顿的胜利，详见表6-1：

表6-1 1996年美国总统大选预测的民意调查结果

主办机构	候选人百分比			
	克林顿	多尔	佩罗特	其他
热线（Hotline）/ 争论天地（Battleground）	49	40	9	2
CBS（哥伦比亚广播公司）/《纽约时报》	54	35	9	2
Pew研究中心	52	38	8	2
路透社/Zogby	49	41	8	2
Harris民意测验	51	39	9	1
ABC（美国广播公司）	52	39	7	2
NBC（国家广播公司）/《华尔街日报》	51	38	9	2
盖洛普/CNN（有线电视新闻网）/《今日美国报》	51	38	9	2
选举结果	49	41	9	2

以上例子表明，抽样对调查研究来说至关重要。社会科学研究的对象通常是非常复杂的，涉及社会生活的方方面面，既包括个体行动者，也包括群体，甚至整个社区或社会。但在大多数情况下，我们难以对全部的对象做研究，而只能研究其中的一部分。对这部分研究对象的选择就要依靠抽样来完成，因为这样可以节省研究的成本和时间。但我们的研究又不是停留在所选取的样本本身，而是通过对有代表性的样本的分析来研究总体。故抽样的目的，就是从研究对象总体中抽选一部分作为代表进行调查分析，并根据这一部分样本去推论总体情况。

二、抽样基本术语

抽样已发展出了自己的一套专门术语，主要包括如下一些：

（一）抽样单位或抽样元素（sampling unit/element）

抽样单位或抽样元素是指收集信息的基本单位和进行分析的元素。在社会科学研究中，常用的抽样单位是个体的人，也可以是一定类型的群体或组织，如家庭、公司、居委会、社区等。抽样单位与抽样元素有时是一致的，有时是不一致的。如在简单抽样中，它们是一致的，但在整群或多阶段抽样中，抽样单位是群体，而每个群体单位中又包含许多抽样元素。

（二）总体或抽样总体（population）

总体是指研究元素的集合。例如，我们要研究某地青少年的犯罪状况，那么从理论上说，这一地区符合一定条件的所有的青少年就组成了我们的抽样总体。但实际上调查研究的总体不等于理论上设定的总体，通常所说的抽样总体是指实际调查的总体。

（三）抽样框（sampling frame）

抽样框是指所有抽样单位的名单。花名册、电话号码簿、户口登记册等都可以作为选取样本的抽样框。由于抽样单位有不同的层次，故在实际操作中，抽样框是不同的。如进行复杂的多阶段抽样调查，在不同阶段使用不同的抽样框。从大的抽样单位开始，逐级选择，直到最基本的抽样单位。

（四）样本（sample）

样本与总体相对应，是指用来代表总体的单位。故样本实际上是总体中某些单位的子集。样本不是总体，但它应代表总体。所以，抽样的标准就是让所选择的样本最大限度地代表总体。

（五）参数值与统计值（parameter and statistic）

参数值是指反映总体中某变量的特征值。例如，某地所有职工的平均收入水平和总体收入等都是参数值。但参数值多是理论值，难以具体确定。通常是根据样本的统计值来推论总体的参数值。统计值就是对样本中某变量特征的描述，它通常是实际统计分析的数值。例如，根据某一样本资料可计算其平均收入水平、构成比例等。用样本统计值去推论参数值时，二者是一一对应的。表6－2列出了一些常见的特征值。

表6－2　参数值与统计值的一些特征值

	参数值	统计值
定义	反映总体特征的指标	反映样本特征的指标
特征值	N（总体数） μ（总体均值） σ（总体标准差） P（总体成数）	n（样本数） $\bar{x}$（样本均值） s（样本标准差） p（样本成数）

（六）抽样误差（sampling error）

样本统计值与所要推论的总体参数值之间的平均差值称为抽样误差。这是由抽样本身产生的误差，它反映的是样本对总体的代表性程度，故又称代表性误差。我们在第三节将结合样本数的确定做具体讨论。

（七）置信水平与置信区间（confidence level and interval）

置信水平和置信区间是与抽样误差密切相关的两个概念。置信水平，又称置信度，是指总体参数值落在某一区间内的概率。置信区间是指在某一置信水平下，用样本统计值推论总体参数值的范围。置信区间大小与误差密切相关，置信区间越大，误差也越大。

三、抽样设计与程序

在社会科学研究过程中，抽样是必不可少的重要环节。这就要求必须做好抽样设计，使所选择的样本具有代表性。抽样设计就是确定抽样的原理与形式、程序和方法等。其基本原则是：第一，目的性，即根据研究目的进行抽样设计；第二，可度量性，即根据样本统计值能做出有效的估计；第三，可行性，即在实际操作中能按预定的设计完成任务；第四，经济性，即以最小的代价去实现抽样的目的。

（一）抽样原理和形式

抽样通常分为概率抽样（或随机抽样）和非概率抽样（或非随机抽样）两大类，但以概率抽样为主。概率抽样的基本原理首先是概率论的随机原理。所谓随机原理，是指抽取样本时必须严格遵循一定的方法和规则，使得总体中每一个对象都有相同的机会被选入样本。这又称为等概率抽样。因为只有按照随机原则进行抽样，所抽出的样本才有充分的代表性，也才可以对抽样误差做出准确的计算，以估计它的可信度。

概率抽样的理论基础就是概率论。我们通常把因果关系分为两种：一种是必然性的因果关系，即若 A，则必然 B；另一种是随机性的因果关系，即若 A，则可能 B。大量的社会现象是随机现象。研究随机现象的数学分支学科是概率论。概率是事物发生的可能性大小的量度。在概率论中，把不可能发生的事件的概率称为最小概率，定为 0；而把必然发生的事件的概率称为最大概率，定为 1。那么，事件 A 出现的概率 P(A) 在 0 与 1 之间，即随机事件发生的可能性在 0 到 1 之间，是个非负数。

（二）抽样的基本程序

按照一定的原则进行抽样时，大致包括如下几个步骤：

第一，界定总体，包括明确总体的范围、内容和时间。实际调查的总体与理论上设定的总体会有所不同，总体越复杂，二者的差别越大。例如，要研究某地大学生的消费状况，理论上的总体是这一地区符合一定条件的所有大学生，但实际上我们能够抽样的总体并不能全部包括，也就是说只能根据我们所能够掌握的这一地区符合一定条件的大学生进行抽样。因此，抽样总体有时不等于理论上的研究总体，样本所代表的也只是明确界定的抽样总体。此外，由于调查研究内容的不同，对总体的限定也会有所不同。

第二，确定抽样框，即根据研究目的和内容确定抽样总体的范围与单位。抽样框来自抽样总体，也就是采用一定的方法把总体中的每一单位组合成一种可供选择的形式，如名单、代码、符号等。抽样框的形式受总体类型的影响:简单的总体可直接根据其组成名单形成抽样框,但对于构成复杂的总体,常常根据调查研究的需要,制定不同的抽样框,分级选择样本。例如,进行全国人口抽样调查,先以全国的省市为抽样框选部分省、市为调查单位,然后再以这些省、市中的各县、区为抽样框选部分县、区为调查单位,这样依次到村或居委会。

在概率抽样中,抽样框的确定非常重要,它会直接影响到样本的代表性。因此,抽样框要力争全面、准确。

第三,样本设计,包括确定样本规模和选择抽样的具体方式。抽样的目的是用样本来代表总体,自然样本数越大,其代表性越高。但样本数越大,调查研究的成本也越高。因此,确定合适的样本规模和抽样方式是抽样设计中一项重要内容。我们在第三节中将详细讨论这一问题。

第四,对样本做出评估,即通过对样本统计值的分析,说明其代表性或误差大小。对样本代表性进行评估的主要标准是准确性和精确性。准确性是指样本的偏差,偏差越小,其准确性越高;精确性是指抽样误差,误差越小,其精确性或代表性越高。

第二节 抽样类型

根据概率论原理,常用的抽样形式主要有随机抽样和非随机抽样两大类。二者的区别在于:前者按照随机原则来抽取样本,而后者不按随机原则抽取样本。每一类抽样又包括一些不同的抽样方法,下面分别加以介绍。

一、随机抽样

随机抽样又称概率抽样,指严格按照随机原则来抽取样本,要求总体中每个单位都有被抽取的同等机会。由随机抽样所抽取的样本称为随机样本,这类样本具有较高的代表性。随机抽样法又分为下列一些不同的抽样方法:

(一)简单随机抽样

简单随机抽样,也称纯随机抽样,是指按照随机原则从总体单位中直接抽取若干单位组成样本。它是最基本的概率抽样形式,也是其他几种随机抽样方法的基础。简单随机抽样通常有下列几种不同的具体抽样方法:

1. 直接抽选法

直接抽选法即从调查对象的总体中直接随机抽取若干样本。如从某校一个年级的学生中直接随机抽选若干名学生作为样本,调查其学习等情况。这种方法在总体数目较少时比较适用。我们常用的抓阄法即属此类,即首先将总体的所有单位分别编号,然后从中任意抽选,被抽中的号码所代表的单位就是一个样本,如此反复进行,直到抽够预先规定的样本数为止。

2. 随机数表法

随机数表法是将总体的所有单位进行编码，然后从随机数字表的任一起点开始抽取，直到选够所需的样本数为止。

随机数字表是由 0 ~ 9 这 10 个数字完全按随机原则排列而成的，一般是以 2 个或 5 个数字为一组，五组为一列。表 6 – 3 是部分随机数字表。

表 6 – 3　随机数字表（部分）

04 49 35 24 94	75 24 63 38 24	45 86 25 10 25	61 96 27 93 35	65 33 71 24 72
00 54 99 76 54	04 05 18 81 59	96 11 96 38 96	54 69 28 23 91	23 28 72 95 29
35 96 31 53 07	26 89 80 93 54	33 35 13 54 62	77 97 45 00 24	90 10 33 93 33
59 80 80 83 91	45 42 72 68 42	83 60 94 97 00	13 02 12 48 92	78 56 52 01 06
46 05 88 52 36	01 39 09 22 86	77 28 14 40 77	93 91 08 36 47	70 61 64 29 41
32 17 90 05 97	87 37 92 52 41	05 56 70 70 07	86 74 31 71 57	85 39 41 18 38
69 23 46 14 06	20 11 74 52 04	15 95 66 00 00	18 74 39 24 23	97 11 89 63 38
19 56 54 14 30	01 75 87 53 79	40 41 92 15 85	66 67 43 68 06	84 96 28 52 07
45 15 51 49 38	19 47 60 72 46	43 66 79 45 43	59 04 79 00 33	20 82 66 95 41
94 86 43 19 94	36 16 81 08 51	34 88 88 15 53	01 54 03 54 56	05 01 45 11 76
35 96 31 53 07	26 89 80 93 54	33 35 13 54 62	77 97 45 00 24	90 10 33 93 33
45 15 51 49 38	19 47 60 72 46	43 66 79 45 43	59 04 79 00 33	20 82 66 95 41
69 23 46 14 06	20 11 74 52 04	15 95 66 00 00	18 74 39 24 23	97 11 89 63 38
59 80 80 83 91	45 42 72 68 42	83 60 94 97 00	13 02 12 48 92	78 56 52 01 06
19 56 54 14 30	01 75 87 53 79	40 41 92 15 85	66 67 43 68 06	84 96 28 52 07

随机数字表的使用，具体有如下两点要求：

第一，将总体所有的单位编号排列，然后利用随机数字表抽取样本。总体数 N 有几位数，在随机数字表中就从几位数字中抽取，凡大于的数字都不予选取。重复抽样时，遇到已选取的数字仍然选用；不重复抽样时，凡已选过的数字就不再选用。按此法直到抽足需要的样本数目。例如，某单位有职工 1000 人，准备抽出 100 人作为调查样本。具体做法是，先把全部职工编号为 0001 至 1000，然后从随机数字表的任何一点按四位数开始抽选。我们假设是从第一列的第一组开始，自上而下连续抽取，第一个数为 0449，编号在 1000 之内，故选取；第二个是 0054，选取；第三个是 3596，因超过总体单位总数，故不选；第四个是 5980，也不选。然后再往下选，直至选出 100 个样本。

第二，无论从随机数字表中哪一行或列开始，都应是随机的。即可以从右往左查找，也可以从上往下查找。每一次确定样本数时，抽取数字的起点不要相同。如果总体数的位数大于或小于随机数字表中成组数字的位数，那么既可以利用前面的位数，也可以利用后面的位数，还可以改用分位数较大的随机数字表（书后附有随机数字表）。

简单随机抽样现在也可以借助于计算机来完成。这种方法的优点是可完全按随机原则操作，简单易行，也可排除抽样中主观因素的影响。但简单随机抽样也有其局限性。它只适用于那种调查总体单位或元素数目不多的情况，若调查总体单位或元素规模较大，抽样框难以确定，将会给实际抽样工作带来一定的困难。此外，在抽样时，要保证总体中的每个单位有同等的被抽选的机会也有一定困难。

（二）等距随机抽样

等距随机抽样也称机械随机抽样或系统随机抽样，是指按照一定的间隔，从根据一定的顺序排列起来的总体单位中抽取样本的一种方法。具体做法是：首先将总体各单位按照一定的顺序排列起来，编上序号；然后用总体单位数除以样本单位数得出抽样间隔；最后采取简单随机抽样的方式，在第一个抽样间隔内随机抽取一个单位作为第一个样本，再依次按抽样间隔作等距抽样，直到抽取最后一个样本为止。

例如，从1000名学生中抽取100人为调查样本，即抽样间隔为10（1000/100）。做法是：先将1000名学生依次编号，然后在1～10号之间随机抽选一个号作为第一个样本，之后每隔10个号抽取一个，直到抽足100人为止。假设随机选出的第一个样本的号码是5，那么后面的样本的号码分别是15、25、35、…、985、995。

等距随机抽样是简单随机抽样的一种变化形式，它的优点在于比较简单易行，也省去了查随机数表、编制号码标签等烦琐手续。只要按随机原则确定了第一个样本单位，整个样本也就容易确定了。同时，这种等距随机抽样能够使样本比较均匀地分布在总体中，因而具有较好的代表性，抽样误差也要小于简单随机抽样。

但是在使用等距随机抽样方法时，要特别注意调查对象总体中有没有周期性的元素存在。例如，在军队中每个连队班组的人数是相同的，若抽样框中排在第一位的是连（排、班）长，在以相同的间隔抽样时，就会抽选到太多的同类别的人。如果有此现象的话，应尽量避免抽样间隔与总体中的这种周期性重复现象重合，否则，将会产生系统性的误差，从而影响样本的代表性和调查结论的准确性。

（三）分层随机抽样

分层随机抽样，也称类型随机抽样，是指首先将调查对象的总体单位按照一定的标准分成各种不同的类别（或组），然后根据各类别（或组）的单位数与总体单位数的比例确定从各类别（或组）中抽取样本的数量，最后按照随机原则从各类别（或组）中抽取样本。

例如，我们要了解某个单位男女职工生活态度的情况，并决定采取分层随机抽样的方法，从该单位500名职工中抽取100名职工作为样本来了解他们对生活的看法。那么，我们首先可以将500名职工按性别分为男、女两大组，假定男职工为350名，女职工为150名。然后，根据各类职工在职工总体中的比重，确定从这两组职工中抽取样本的数量。其中，男职工占职工总体的70%，按各类相同的抽样比例应抽取男职工70名作为样本；按同样方法计算，应抽取女职工30名作为样本。最后按简单随机抽样或等距随机抽样方法，从各类职工中抽取上述数量的样本单位进行调查。

分层抽样的主要目的是把总体按其构成特征分为几个同质的子集，然后从这些子集中随机抽选一定的样本。所以，进行分层随机抽样时，首先要使分类标准做到科学和符合实际，其基本原则是要将性质相近的单位分在同一类之中。分类的结果必须是每一个单位都归属于某一类，而不能有相互交叉的情况，也不能有所遗漏，各类单位的数量之和必须等于总体单位的数量。

此外，各类抽样的比例可以相同，也可以不同，即可把它分为定比分层抽样和异比分层抽样两类：前者是指按相同比例在各层中抽样，而后者是指按不同的比例在各层中抽样。这一做法考虑到了某些差别较大的类群。例如，一个单位1万名职工中，男性9500人，而女性500人。若以相同的抽样比例选200人为调查样本，显然样本中女性（10人）所占比重太小，会影响其代表性。在这种情况下，可采用异比分层抽样法。

分层随机抽样的优点是：它比较适用于总体数量较多，且内部差异较大的调查对象。同时，由于它在进行分类的时候利用了已知的总体性质，克服了简单随机抽样和等距随机抽样的缺陷，因此，在样本数量相同时，它比简单随机抽样和等距随机抽样的抽样误差要小，或者说在抽样误差要求相同时，它比简单随机抽样和等距随机抽样所需要的样本数量要少。

但分层随机抽样在分类时要求对总体各单位的情况有较全面的了解，否则，就无法做出科学的分类，这也是它的不足之处。

（四）整群随机抽样

整群随机抽样，又称聚类抽样，是先把总体分为若干个子群，然后一群一群地抽取作为样本单位。它通常比简单随机抽样和分层随机抽样更实用。像后者那样，它也需要将总体分成类群，所不同的是，这些分类标准往往是特殊的。具体做法是：先将各子群体编码，随机抽取分群数码，然后对所抽样本群或组实施调查。因此，整群抽样的单位不是单个的分子，而是成群成组的。凡是被抽到的群或组，其中所有的成员都是被调查的对象。这些群或组可以是一个家庭、一个班级，也可以是一个街道、一个村庄。

例如，我们要调查一个城市居民户的生活情况，决定采取整群随机抽样的方法。我们可以在全市范围内以居委会为单位，按随机原则从全市所有的居委会中抽取所需要的样本数，最后对作为样本的居委会内的所有居民户都进行调查。

整群随机抽样与分层随机抽样虽然都要进行分组划类，但二者是有区别的。前者的分组是希望组内所有单位之间的差异大一些，以便能够更好地代表总体，同时抽取样本的方法是随机的，被抽中的那些群内的所有单位将全部成为样本。而后者的划类则是希望减少各类内部所有单位之间的差异，同时每类都要按比例随机地抽取一定数量的单位作为样本来进行调查。

整群随机抽样的原则是：尽可能多地选取群（组），而减少每个群中元素的数量。在样本数目一定的情况下，只有扩大群的数量，才能提高其代表性。

整群随机抽样的优点是：便于组织，容易抽取样本，费用较少。它适用于调查包含若干个相互之间差异不大而内部差异较大的群（组）的总体，或不能进行单个个案调查的总体。一般说来，整群随机抽样的样本不太均匀，其代表性和精确性都低于简单随机抽样，因此，它常常结合其他抽样方法应用。例如，我国1982年9月进行的"全国千分之一人口生育率抽样调查"，就是采用分层抽样、等距抽样和整群抽样相结合的抽样法。

下面介绍一下PPS抽样。

在整群随机抽样中,子群的规模有两种不同的情况:等规模和不等规模。前一种情况即各子群所包含的元素数目相同或相近,而后一种情况则是各子群包含的元素数目不等。这是抽样中常常遇到的情况,如对不同区域或部门的人员的抽样。当进一步做子抽样,即从初次选出的子群中再选择其中的部分更小的群或元素时,若是等规模的子群则容易处理;对不等规模的子群,为了保证样本符合等概率性,通常需要控制样本规模的变动。PPS 抽样就是常采用的办法。

PPS 抽样,即概率与规模成比抽样(sampling with probability proportionate to size,缩写为 PPS)。由于它使来自大小不等的初级抽样子群的样本元素概率大致相等,控制了样本规模的变动,因而 PPS 抽样符合概率抽样的要求。其具体做法是,对规模大小不等的子群采用不等概率抽样,大子群中样本抽选的概率小,而小子群中样本抽选的概率大。例如,在初级抽选的两个子群中,一个是 100 人,而另一个只有 10 人。若再从这两个子群中选出 5 人,按通常的做法不能保证两个子群的样本有相等的概率。在这种情况下,可根据子群规模的不同,采用不等的抽样概率选取样本,从而保证各个子群的每个元素有相等的被选中的概率。

(五)分段随机抽样

分段随机抽样,也称多段随机抽样或阶段随机抽样,是一种分阶段从调查对象总体中抽取样本进行调查的方法。它首先要将总体单位按照一定的标准划分为若干群体,作为抽样的第一级单位;再将第一级单位分为若干小的群体,作为抽样的第二级单位;以此类推,可根据需要分为第三级或第四级单位。然后,按照随机原则,从第一级单位中随机抽取若干单位作为第一级单位样本,再从第一级单位样本中随机抽取若干单位作为第二级单位样本,以此类推,直至获得所需要的样本。

可以看出,这种分段随机抽样的方法可以将以上几种抽样方法综合起来加以使用,如在第一阶段可采用简单随机抽样的方法,而在第二、第三等阶段则可采用整群随机抽样或分层随机抽样的方法。故分段随机抽样既可节省人力、物力和财力,又能使样本具有较强的代表性,从而获得最佳的抽样效果。这种方法特别适用于对那种总体单位较多、分布范围较广的对象进行的调查。

例如,在 2000 年进行的第二期中国妇女社会地位调查中,在各省、市采用的是统一的分层、多阶段和等距随机抽样的方法。对调查总体的界定是:在调查标准时点(2000 年 12 月 1 日)全国除港澳台以外的所有 31 个省、直辖市、自治区范围内常住户家庭中的 18 ~ 64岁的全体中国公民。具体抽样按如下四个步骤进行:

第一,将总体分为城市和农村两个研究域(层),抽样是对两个域分别独立进行的。

第二,每个域的抽样分阶段进行。第一阶段抽样以全国地级以上城市的区以及县(包括县级市)为抽样单元;第二阶段抽样是在每个被抽中的区、县中按不等概率系统抽样方法抽取街道、乡或镇;第三阶段抽样是在每个被抽中的街道、乡、镇中也按不等概率系统抽样方法抽取居民委员会或村民委员会。

第三,在居民委员会或村民委员会样本中,采用等距抽样法抽选家庭户作为基本的调查单位。

第四，在每个家庭户随机抽选被调查者。

（六）地图法随机抽样

近年来，地图法抽样得到了越来越广泛的应用，特别是当难以确定研究总体的抽样框，且调查对象以住户（household）为单位时，地图抽样法较为有效。“采用地图法抽样的最终目的是保证每一个抽样单元（村/居委会）里的所有家庭都能进入调查的抽样框。这是因为每个家庭必然住在某个住宅里，而住宅必然是一个建筑物或隶属于某个建筑物，每个建筑物又一定位于某个村（居委会）。”①具体来说，进行地图法抽样的主要步骤是：首先，按照随机原则抽选出基本抽样单元（如村/居委会或居民小区）；然后在抽样单元绘制住户调查地图，其中包括准确界定每一个抽样单元的行政边界获取基图，再绘制调查地图（如图6－1）；接下来是登记所有或者所抽选的部分住宅建筑物编号，制作住户清单列表，列出所有的住宅和住户信息，制作抽样清单；最后按照样本设计需要抽取调查样本。

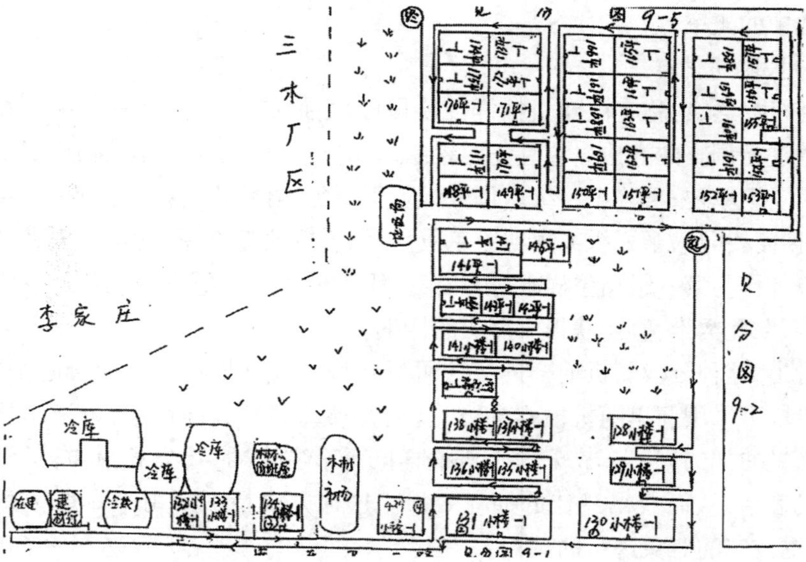

图6－1　手绘调查地图

二、非随机抽样

在实际的调查过程中，还有一类抽样方法，即非随机抽样，它不是严格按照随机原则抽取样本，而是根据调查者的主观经验和主观判断选择样本的。

与随机抽样相比，虽然这类非随机抽样的代表性差，提供的资料信息较零散，难以从样本调查的结论对总体做出准确的推断，但是，由于它非常简便易行，并能通过对样本的调查大致了解总体的某些情况，对调查研究工作很有启发性。因此，它适用于那种调查

① 王卫东、唐丽娜：《中国综合社会调查（CGSS）实地抽样绘图手册》，中国社会出版社2012年版，第6页。

对象的总体难以具体界定，以及不需要准确推断总体情况的调查。常用的非随机抽样方法主要有以下几种：

（一）偶遇抽样

偶遇抽样，也称方便抽样，是指调查者将自己在特定场合下偶然遇到的对象作为样本的一种方法。如在商店门口、街头路口、车站码头、公园广场等公共场所，随便选取某些顾客、行人、旅客、观众等作为样本进行调查研究。这种方法比较简单方便，适用于探索性研究，但样本的代表性较差，具有很大的偶然性。

（二）立意抽样

立意抽样，也称主观抽样，它是调查者根据自己的主观印象、以往的经验和对调查对象的了解来选取样本的一种方法。这种抽样适用于那些总体范围较小、总体单位之间差异较大的调查。这种主观抽样所抽取的样本是否具有代表性、所得出的结论是否准确，完全取决于调查者本人的判断能力以及对调查对象的了解程度。因此，这种方法具有很大的主观随意性。但是，当对总体状况较为熟悉时，用这一抽样法所选择的样本也有较高的代表性。例如，当我们对某一群体进行调查时，就可以根据我们所了解的群体情况选取某些样本做研究。

（三）配额抽样

配额抽样，也称定额抽样，即调查者首先确定所要抽取样本的数量，再按照一定的标准和比例分配样本，然后从符合标准的对象中任意地抽取样本。其方法类似于分层随机抽样，但它不是按照随机原则抽取样本。例如，我们可以根据研究目的，把总体按性别、民族等变量进行分组，然后分配相应的样本数选取样本。

这种配额抽样比前两种方法所抽取的样本更有代表性，而且简便易行，在民意调查中经常使用。但这种方法也具有很大的主观随意性和局限性。如盖洛普采用此抽样法曾几次成功地预测了美国的总统大选，但在1948年总统选举的民意调查中却失败了。现在，人们有时把这一方法与随机抽样法结合起来使用，其效果要更好些。

（四）滚雪球抽样

滚雪球抽样，即以少量样本为基础，逐渐扩大样本的规模，直至找出足够的样本。此法适用于对调查总体不甚清楚的情况，常用于探索性的实地研究，特别适用于对小群体关系的研究。例如，我们要了解某个人经常交往的社会圈子，就可以通过这个人提供的线索找到更多与他有关联的人。具体做法是：先找到一个或几个符合研究目的的对象，然后再根据这些对象所提供的线索找另外相关的对象，依次进行，直至达到研究目的。但滚雪球抽样法所选择的样本有时会有很大的随意性和特殊性，因而代表性不高。

第三节　抽样误差与样本大小

一、抽样分布与抽样误差

本节主要讨论随机抽样的抽样分布和抽样误差问题。样本统计量的分布被称为抽样分布。这是根据概率原理形成的理论分布，表明在同一总体中反复抽取不同样本时，样本统计量的分布情况。以平均值而言，均值的抽样分布具有如下特征：第一，当样本数足够大时（样本数大于30的大样本），抽样分布接近于正态分布；第二，当样本数足够大时，样本统计值接近于总体参数值。因此，采用随机抽样法，就可以用样本统计值去推断总体状况。

当用样本去代表总体时总存在误差。这些误差通常分为两类：非抽样误差和抽样误差。非抽样误差是指在抽样中由于种种人为的原因而产生的偏差。非抽样误差从理论上说可以通过各种努力来缩小甚至消除，但其大小是无法计算的。产生非抽样误差的原因主要有：一是调查方案的设计有缺陷或错误，或者抽样设计违背了随机原则；二是调查过程中工作上出现差错，如记录、整理、计算资料时出现错误等；三是被调查者理解和回答问题时出现错误，或者出于某些顾虑隐瞒真实情况等。

抽样误差是抽样过程自身所产生的误差，指样本统计值与总体参数值之间的平均差值。抽样误差也被称为代表性误差，反映了样本对总体的代表性程度。抽样误差越小，样本对总体的代表性越高；反之，样本对总体的代表性越低。

最常见到的抽样误差有两种：平均数抽样误差和成数抽样误差。在简单随机抽样中，平均数抽样误差等于总体方差除以抽样单位数的平方根，又称标准误差（standard error），用下式表示：

$$\sigma_{\bar{x}} = \frac{\sigma}{\sqrt{n}} \text{或}\ \sigma_{\bar{x}} = \frac{s}{\sqrt{n}}$$

式中，σ 指总体标准差，s 指样本标准差，n 是样本数。

而成数的抽样误差公式为：

$$\sigma_p = \sqrt{\frac{P(1-P)}{n}}$$

式中，P 指总体成数，n 是样本数。

由上式可以看出，影响抽样误差的因素主要是总体构成状况和样本规模，即与总体方差成正比，与样本数目成反比。此外，不同抽样方式的误差亦有所不同。例如，抽样还可分为重复抽样和非重复抽样：前者是总体的单位数不变，各单位有相同的被选机会；在非重复抽样中，被选单位一经抽出，不再参加下一次抽选，因而各单位被抽选的机会不等。所以，在实际应用时，应考虑抽样误差的存在，选择适合的抽样方式。

二、允许误差

在用样本统计值去代表总体参数时，抽样调查误差是难免的，因而，在进行抽样时必须考虑误差的大小问题。我们把样本指标与总体指标的相差范围称为抽样误差范围，也叫允许误差。由下列式子表示：

$\Delta x = |\bar{x} - \mu|$，式中，$\bar{x}$ 为样本均值，μ 为总体均值。

$\Delta p = |p - P|$，式中，p 为样本成数，P 为总体成数。

可见，总体平均数和成数处在 $\bar{x} \pm \Delta x$ 和 $p \pm \Delta p$ 的范围之内，即：

$$\bar{x}-\Delta x\leqslant\mu\leqslant\bar{x}+\Delta x$$

$$p-\Delta p\leqslant P\leqslant p+\Delta p$$

允许误差与抽样误差的关系是:

$$\Delta x=Z_{(1-\alpha)}\cdot\sigma_{\bar{x}}=Z_{(1-\alpha)}\cdot\frac{\sigma}{\sqrt{n}}\text{或}Z_{(1-\alpha)}\cdot\frac{s}{\sqrt{n}}$$

$$\Delta p=Z_{(1-\alpha)}\cdot\sigma_{p}=Z_{(1-\alpha)}\cdot\sqrt{\frac{P(1-P)}{n}}$$

式中,$Z_{(1-\alpha)}$称为某一置信度或置信水平下标准正态分布的 Z 值。

由上式可知,允许误差与抽样误差是不同的。抽样误差反映的是误差的平均值,是衡量误差大小的尺度;允许误差则是用一定的置信度保证抽样误差不超过某一允许范围,即抽样指标与总体指标之间误差的最大可能范围。置信度实际上表明抽样误差落在允许误差范围内的可能性程度,故置信度大小和误差范围有密切关系,允许误差范围越大,相应的置信度也大。常用的置信度是90%、95%和99%,对应的 Z 值分别是:1. 65、1. 96和 2. 58。

在实际抽样过程中,置信度与精确度是相互矛盾的。抽样的精确度提高了,可信程度却会下降。由于不可信,所谓精确也是虚假的。因此在用样本统计量推论总体参数时,对推论的精确性要求和可靠性要求必须适中。如果对二者的要求都较高,那只有增加样本容量。

三、样本大小的确定

在抽样设计中,样本大小的确定是一个重要问题。按照抽样原理,抽取的样本数越大,越能代表所研究的总体。但是抽取的样本数越大,所用经费、人力等成本也越高,因此在抽样时应确定合理的样本容量。

从理论上说,样本数是在给出的允许误差范围内确定的,即由允许误差公式:

$$\Delta x=Z_{(1-\alpha)}\cdot\frac{\sigma}{\sqrt{n}}$$

可得出:$n=\dfrac{Z^2\sigma^2}{\Delta x^2}$或$n=\dfrac{Z^2P(1-P)}{\Delta p^2}$

由此可见,影响样本大小的主要因素有如下几个:

(1)总体中各单位之间的差异程度,即 σ 或 $P(1-P)$ 越大,要求的样本数 n 越大;

(2)允许误差 Δx,Δx 越小,要求的样本数 n 越大;

(3)置信度$(1-\alpha)$,置信度越高,要求的样本数 n 越大;

(4)抽样方式等。

[例]拟了解某城区居民家庭空调拥有率,进行一次抽样调查。若抽样的允许误差为2%,标准差是0. 1,那么在置信度95. 45%($Z=2$)时,进行随机重复抽样的样本数是多少?

解:已知 $\sigma=0.1$,$Z=2$,$\Delta x=2\%$

那么，$n=\frac{Z^2\sigma^2}{\Delta x^2}=\frac{2^2\times 0.1^2}{0.02^2}=100$

即进行这一抽样调查的样本数是100户。

其实，样本大小的确定既是一个理论问题，也是一个经验问题。在实际的许多抽样调查中，样本数可根据不同情况确定，可根据调查研究的目的和任务、统计分析的要求、对研究总体的了解程度，以及时间、人力、财力等具体条件确定较为理想的样本数。具体的数目很难一概而论，但至少要大于30，最好不要少于50；否则，所得出的结论可能会有较大的偏差或错误。因为样本数小于30的为小样本，它与大样本有不同的抽样分布规律。

此外，一般来说样本数是随着总体规模的增加而增加的，但当总体规模足够大时，如10000以上，所需的样本数变化就不大了。故样本数不是无限增加的。表6－4给出了经验上确定样本容量的大致范围，可供参考。

表6－4　经验确定样本数的范围

总体规模	100人以下	100～1000人	1000～5000人	5000～1万人	1万～10万人	10万人以上
样本占总体比重	50%以上	50%～20%	30%～10%	15%～3%	5%～1%	1%以下

资料来源于袁方主编：《社会研究方法教程》，北京大学出版社1997年版，第228页

▶本章小结

抽样是为了选取某些能代表研究总体的单位，这是社会研究过程中的重要环节。抽样的方式有多种，但主要分为随机抽样和非随机抽样两大类。随机抽样更符合抽样的科学原理，应用较为普遍。非随机抽样的样本难以推论总体，具有一定的局限性。抽样设计时还要考虑抽样误差和样本容量问题。在本书后面的推论统计分析中，将进一步讨论相关问题。

▶进一步阅读书目

1.［美］罗纳德·扎加、约翰尼·布莱尔：《抽样调查设计导论》，沈崇麟译，重庆大学出版社2007年版。

2. 王卫东、唐丽娜：《中国综合社会调查（CGSS）实地抽样绘图手册》，中国社会出版社2012年版。

第二编

研究与分析方法

第七章　文献研究法

社会科学研究的方法有很多种，如调查法、实验法和观察法等，这几种方法的共同特点是直接接触和面对研究对象。但是，有的时候我们不能直接接触和面对研究对象，比如我们所要研究的对象已经不复存在（如研究自杀问题）或不方便直接接触到，这时就需要运用一种间接研究方法——文献研究法。

第一节　文献研究法基本概念

一、文献和文献研究的基本含义

在介绍文献研究法之前，我们有必要弄明白文献的含义。什么是文献呢？文献是指包含我们要加以研究的对象的信息的各种载体。从最早的各种历史典籍到今天充斥互联网的各种信息，都是文献的一种形式。文献对研究者而言至关重要。例如，法国后现代主义思想家米歇尔·福柯在他的名著《规训与惩罚——监狱的诞生》一书中通过对历史文献的广征博引和精细分析向我们展示了法国刑罚制度的演变，分析了微观权力对人这个主体进行规训的发生机制。如果没有这些文献，福柯诸多伟大的思想就失去了有力的支撑。

对研究者而言，文献资料是间接的第二手资料，它在研究中是不可缺少的。研究者除了可以通过查阅公开出版物、有关组织或个人的档案等传统途径来获取文献资料，还可以利用计算机网络来获得。

而利用文献资料间接考察历史事件和社会现象的研究方式就称为文献研究法，又称间接研究。它包括历史文献的考据，比如历史学所使用的考据法；社会历史发展过程的比较，比如德国社会学家马克斯·韦伯通过对有关犹太教、印度教以及中国宗教有关文献的研究，分析了资本主义为什么没有能在这些国家发生；统计资料文献的整理与分析，比如法国社会学家埃米尔·涂尔干对自杀问题的研究；理论文献的阐释以及对文字资料中的信息内容进行数量化分析，第三节内容分析法对此进行了详细解释。文献研究是史学、哲学和早期社会科学最常使用的方法，现在仍然是人文社会科学研究的重要方法和必要过程。

二、文献的类别和来源

在人文社会科学研究中，我们必须考察不同类型和来源的文献的形式特征。因为不同的文献形式有着不同的长处和短处，我们只有从自己研究的需要出发，了解不同类别文献的各种特征，才能正确和高效地使用文献研究法。

根据不同的标准，可以将文献分成不同的类别。常见的分类方法主要有以下几种：

根据文献产生的根源，可以分为第一手文献（primary document）和第二手文献（secondary document）。第一手文献，即由经历过特别事件或行为的人撰写的资料文献，它常常是个人或机构基于某种意图记录下来而形成的文字材料，包括日记、信件、自传等私人文件，机构的会议记录、文件、档案、各种统计资料以及调查报告和总结材料。第二手文献是由那些不在现场的人所编写的。他们通过访问目击者或阅读第一手文献，获得了编制文献所必需的信息而制成第二手资料，如图书、报刊、文章等。

根据承载文献的载体形式和记录技术的不同，可以分为印刷型文献（也称书面文献）、视听文献和网络文献等。

印刷文献是指将知识内容印刷记载在一定的物质载体（主要是纸张）上的文献。这类文献可以直接阅读，也符合人们传统的阅读习惯，只要具备一定的知识水平，就可以阅读和研究这些文献。但是这类文献比较笨重，所占的空间大，而且成本较高。大量查阅和使用这类文献，常常要耗费很大的人力、物力和财力。

视听文献是指脱离文字形式，直接记录声音和图像信息的文献，例如唱片、录像带、磁带、电影、幻灯片和相片等。这类文献通过声音和图像反映信息，具有形象性特征，使用这类文献常常可以使研究更有说服力。但是这类文献的获得、保存和使用都需要特殊的器材和方法，因此同印刷文献相比，其数量要少，使用也受到较大限制。

网络文献是现代高科技迅速发展的产物，它通过编码程序，把载有知识内容的文字和图像转换成二进制数字代码，记录在磁带、磁盘、磁鼓和光盘等载体上，阅读时，再通过电子计算机将它转换成文字或图像，供人们使用。这种文献同其他两类文献相比，具有存储量大、存取速度快、处理效率高、便于各种形式文献的转换等优点。

从某种程度上讲，网络文献是印刷文献和视听文献的另一种表现形式，但是这种文献的使用需要特定的设备——计算机，同时要求掌握计算机操作的方法，这些都限制着这种方法的广泛使用。尽管如此，随着计算机科学技术的发展，网络文献的使用日益普及。所以，在下一节中会专门对使用网络文献过程中出现的一些问题进行分析。

另外一种很重要的分类方法是根据研究内容的不同，将文献研究分为历史文献研究、统计资料文献研究和内容分析。本章将在第三节对内容分析进行详细讲述，这里只重点介绍前两种方法。

历史文献研究，根据其资料的性质和来源，可分为个人文献研究和非个人文献研究。

个人文献研究类似于参与观察法和个案研究，它利用个人的信件、日记、家史和传记等材料，对个人生活史和家庭史进行深入、细致的分析。托马斯和兹纳涅茨基合著的《身处欧美的波兰农民》一书，就是主要利用个人信件进行研究的成果，是社会学个人文献研究的典范。许多中国本土学者也利用这种方法进行研究。非个人文献研究是一种历史/比较研究方法。许多社会学家曾使用这种方法对社会历史的演变进行宏观考察。例如，韦伯的《新教伦理与资本主义精神》就是利用理论文献、历史资料、报纸、杂志和官方文件对新教与资本主义伦理之间的关系进行了深入分析。历史文献研究多采用分类法、比较法和定性分析。

统计资料文献研究，一般是利用官方和半官方的统计资料所做的研究。这是社会学研究的一种重要方法，是定量分析。涂尔干的《自杀论》(1897 年)通过查阅和分析欧洲几个国家大量有关自杀率的统计资料文献，对不同国家和地区自杀率差异之间的关系进行了因果分析，发现社会整合和社会规范的样态是导致自杀率不同的原因，论证了社会力量对人行动的影响和作用。

三、文献研究法的特点

文献研究法同其他研究方法相比，具有自己独特的特点。同抽样调查、观察法、访谈法以及实验法的直接面对研究对象相比，文献研究不与研究对象直接接触，它通过非直接的途径对研究对象进行研究，具有间接性特征。这是文献研究同其他研究方法最大的区别。文献研究法的优点和缺点都源于文献自身的特点。

(一)文献研究法的优点

文献研究法的优点主要体现在以下几个方面：

1. 可研究无法直接接触的对象。文献研究法的基本优点是，可以超越时空的限制，使研究者对不能亲自接近，从而不能以其他方法进行研究的对象做研究。比如，要了解早就不在人世的人群的一些情况，通过文献研究法之外的其他任何一种研究方法都是无法实现的。例如，在 1968 年，美国社会学家兰兹等人打算研究工业革命前美国人的婚姻和家庭。可是，生活在那个时期(1700 年前后)的人们没有一个是活着的，他们无法采用调查或访问的方法去收集资料，于是他们采用了文献研究的方法，对美国独立前的 13 个州当时的杂志进行分析。尽管他们所用的资料存在某些问题，但这却是达到其研究目的的唯一可行的途径。再比如，如果不使用文献研究法，涂尔干的名著《自杀论》也许就无法面世。

2. 无反应性。在直接接触性的研究方法中，因为研究者和研究对象的接触以及调查情境的不同，研究对象的反应常常是这些因素交互作用的结果，从而使收集到的资料不够客观。霍桑效应(也称被试效应)就指出了研究对象对研究者研究的感知对其行动和态度所带来的影响。而文献研究法由于不直接接触研究对象，它接触的仅仅是有关研究对象的文献，因此不会产生研究的这种“干扰效应”，即在研究过程中，不会使研究对象有意识或无意识地改变原有的状态而导致收集到的资料出现失真的情况。当然，这种方法在收集资料的过程中有可能受到研究者主观偏见的影响，但收集资料的方法本身却不会使正在收集的资料性质发生变化。

3. 研究费用低。文献研究所需要的费用因研究文献的类型、文献分散的程度以及获得文献距离的远近而有很大不同，但是与其他研究方法（如进行一项大规模调查、一项严格的实验或一项深入的实地研究）相比，其所需要的费用要少得多。文献往往集中在图书馆或报社资料室等地点，而且资料档案馆也越来越多，其中不少是极易获得的计算机化的信息，只要得到相关负责人的允许，一般只要支付车费和资料使用费就可以了。因此，这种方法可能是最经济的研究方法。

4. 保险系数较大。假如研究者进行一项调查或进行一项实验，由于设计不周密或准备不充分，可能会导致结果不理想。如果研究者重做一遍，则要花双倍的时间和经费。而如果一项实地研究没成功，要重做一遍也许根本就不可能，因为研究者所研究的事件和环境已经改变或不存在了。但在文献研究中，弥补过失就相对容易一些，研究者只需要对所用的资料重新进行编码或统计处理，而不用一切从头开始。

（二）文献研究法的缺点

文献研究法不可避免地也具有一些缺点，主要表现为：

1. 倾向性。许多文献，其撰写的目的同研究人员的目的是不一样的。因此从某种意义上讲，研究人员利用文献对研究对象进行研究是一种二次研究活动，他们是根据自己的研究目的对收集到的文献进行再次分析，得出自己的结论。但是最初文献撰写者的兴趣、立场、目的和意图会使文献带有各种各样的倾向性，这种倾向性常常会使文献部分偏离其描述和反映的事实，从而严重影响研究者对研究对象的考察。

2. 选择性。从前面所讲的文献的分类中，可以知道文献的保存需要一定的条件、方法和技术，因此并不是所有的文献都能保存下来。通常来讲，只有那些有关重要人物和事件的文献能够得以很好的保存，而普通人所写的文献通常要么随着时间的流逝被损坏，要么已经不知放在何处，难以找到。这种文献保存的有选择性常常使得研究对象的范围具有很大的局限性。

3. 信息的有限性。这是指由于研究者缺乏相关体验、知识，许多文献反映出来的信息对研究者来讲是有限的和不充分的，私人文献，如日记和信件就是如此。日记常常是个人心灵和生活历程的自我袒露，其读者就是写日记的人自己，其中所包含的信息对他是充分的，但对研究者而言，如果不能对写日记的人的情况了如指掌（在通常情况下是不可能了如指掌的），那么日记所包含的信息就很有限了。信件相对来说反映的信息要多一些，但由于通信双方的信件内容通常以大量的共识为基础，因此其反映的信息也是不完整的。如：

“你还记得我们上次去游玩的那个地方吗？那里发生了很大的变化。”

对这样一句话，通信双方都知道它要表达的意思，但对研究者来讲，它传达的信息却是非常有限的。对于现在广泛使用的沟通媒介网络来说也是如此。随着网络的快速发展，逐渐形成了一些网络沟通特有的语言和符号，比如“886”或者“88”代表再见，如果对这些语言的含义不了解，就根本无法利用这些网络信息进行研究。

4. 有些资料难以获得。由于许多文献不是公开的或无法随意取得，因此对某些特定的社会研究来说,往往很难得到足够的文献资料。比如说,个人的日记、私人的信件往往属于个人的隐秘,一般不会公布于众。此外,某些政府机构、社会组织内部的保密性文件、决议、记录、统计数字等文献资料,研究人员通常也很难得到。在中国目前的现实生活中,许多社会科学研究者和社会调查机构产生的大量原始调查数据被长期闲置,不仅其他研究者得不到,就连初始研究者自己也很少再去理会它们,造成极大的资源浪费。

5. 许多文献资料难于编录和分析。研究者有自己的研究目的,但搜集到的文献资料往往并非为研究者的特定研究需要而编制的,所以文献资料有时无法按照研究者的需要进行标准化处理,从而给资料的编录和分析带来困难。

研究方式是与一定的资料搜集方法和分析方法相联系的。由于不同的资料搜集方法和分析方法各有利弊,因此一项研究中常综合运用多种研究方式和方法。同样,文献研究法同其他研究方法的区别并不意味着它们之间是相互割裂、相互排斥的。社会现象非常复杂,而且处于不断的变迁之中,单一的某种研究方法无法对其做出准确的描述、解释和预测。虽然文献研究法可以单独使用,但是在一项研究中,文献研究法常常和其他方法结合在一起使用,通过研究方式的整合达到更好地进行研究的目的。

四、文献研究的适用范围

文献研究法是一种非常重要的研究方法,它既可以作为一种独立的研究方法来使用,同时也是任何社会科学研究不可或缺的研究方法或必要阶段,尽管这时它可能只是作为一种辅助的研究方法来使用。它主要适用于以下几个方面的研究:

第一,纵贯分析或历史研究。这是指作为一种完全独立的、完整的、非辅助性的研究方法,文献研究可以应用在认识社会历史发展趋势的研究中。其他研究方法,如调查、实验、观察等方法所研究的都是现时的情况,因而往往难以用来进行纵贯分析或趋势研究。文献研究法尤其适于做长时段的研究,研究的对象往往是一种趋势。随着时间的流逝,各个不同历史时期的社会现象和社会生活,或多或少总会以各种不同的文献形式被记录下来。因此,如果我们要研究不同历史时期(比如20世纪50年代到90年代)中国人婚姻观念的特点和发展趋势,最好的方法就是利用这50年来的各种有关婚姻观念的文献资料进行分析和研究。这种研究方法常用于理论研究和社会变迁研究。

第二,有关再现或分析历史现象的研究。知古明今,研究历史上的某些社会现象对于理解和分析今天的社会现实问题具有重要的意义。在众多研究方法中,只有文献研究法可以让研究者有机会再现或分析当时的社会现象。例如,今天关于母职与父职的研究已经不局限于对当代相关问题的分析,而是尝试回到中国历史上的某个特殊历史时期(比如清朝)去审视该问题,借此与今天的现实问题建立连接,寻求性别平等的方法。

第三,有关不可能重演的某个社会某些事件的研究。要研究那些已经发生过的社会重大事件(比如研究2019年到2022年新冠肺炎疫情下的中国经历),实验法、观察法、实地研究法毫无疑问都是不可行的,除非研究者能够穿越到事件发生的那个时候。而文献研究法则可以通过系统、科学地分析搜集到当时记录和流传下来的文献资料,对这些事件的发生机制进行深入分析,寻找其特点和规律性。

五、关于文献研究法的一些争议

有的学者认为文献研究法是一种重要的研究方法,比如学者风笑天在《社会研究方法》一书中就明确地提出文献研究与调查研究、实验研究以及实地研究是研究的四种重要方式。也有的学者持反对意见,反对把文献综述与文献研究法混为一谈的做法。

在本书中,我们承认文献综述在社会科学研究中的地位,它是学术研究论文非常重要的有机组成部分,但同时认为文献综述同文献研究法存在一定的差别。二者之间的一个重要的差别是文献研究法同文献综述所面对的文献类别不同。文献综述所使用的文献通常不是第一手文献,而是对与特定研究主题有关的文章和著作进行系统搜集、整理和分析,这些文章和著作基本上至少是第二手文献了。文献综述是一种对已取得的研究成果或研究文献进行的"再研究",属于"研究之研究"的范畴。① 而文献研究通常是直接利用文献资料,通过逻辑、统计学工具处理这些文献,以期望能对某种历史现象或社会事件进行分析和解读,而最终的成果有可能会成为他人研究文献综述部分要使用的文献。

文献综述适合做探索性研究。我们知道,在正式对课题进行研究之前,一般要进行探索性研究或前期研究。文献综述的工作可以有效地帮助研究者了解有关问题和研究对象的历史和现状,形成对有关问题和研究对象的一般的整体印象;帮助研究者确定研究课题,提出研究假设,避免重复性的无效劳动;帮助研究者了解研究对象的来龙去脉,获得现实研究的比较资料。在这种研究中,文献综述是保证研究具有创新性的有效方法。

在社会研究方法体系中,"文献研究"作为独立的研究方式主要是利用二手资料进行分析,文献研究的具体研究方法主要有内容分析法、二次分析法(元分析法)、统计资料分析方法等。② 所以,文献研究法之所以能成为一种研究方式,关键是在于其符合研究方法所应具备的科学、系统、实证并使用相应的研究工具来完成。

第二节　文献研究法过程

一、文献研究法的一般过程

就文献研究法而言,无论对哪一种文献进行研究,其研究的过程都是相似的,都要遵循一定的程序和准则。一般而言,文献研究的过程包括以下几个阶段:

1. 确定研究目的和问题。研究目的和问题不同,文献收集、描述的范围必然不同,文献分析的重点也必然不同。所以,文献研究法的首要工作是确定自己研究的目的和问

---

① 李枭鹰:《文献综述:学术创新的基石》,《学位与研究生教育》2011 年第 9 期。

② 仇立平:《社会研究方法(第 2 版)》,重庆大学出版社 2008 年版,第 119 页。

题。同时还要明确文献研究法在这项研究中是被当作辅助性的研究方法,还是作为一种独立的研究方法来使用,这会直接影响文献收集、整理、解读及分析的侧重点和方法。

2. 文献收集。首先,要确定文献收集和描述的范围。这里的文献范围是指文献的内容范围、时间范围和文献的类别。其次,做好收集文献和描述文献的准备工作。包括取得与掌握有关文献的单位或个人的联系,设计文献的收集和描述大纲。最后,根据已拟定的研究方案和目的,进行文献收集。文献收集的途径主要有两条:一条是向拥有这些文献的个人索取,另外一条是到特别的收藏地或档案馆取得。无论使用哪种方法,在收集文献时都要注意鉴别文献的真伪,深入考察文献的来源和可靠程度;同时要注意记录文献的来源,以便保证引用文献的规范性,避免侵犯他人知识产权的情况出现;还要在时间和经费允许的情况下,适当扩大文献收集的范围,以保证能够收集到较为完整和系统的文献。

3. 文献的整理。刚刚收集到的文献资料非常庞杂,必须经过整理才能很好地为我们所要进行的研究服务。资料整理就是为了使搜集到的大量粗糙、杂乱的原始资料系统化,从而揭示事物或现象的本质及内在规律。在社会科学研究中,资料整理首先是对所获资料进行检查、核实,并对错误和遗漏加以修正、补充,然后将其分类编码,再进一步综合简化。文献的整理要掌握以下原则:一是条理化,即整理文献和整理后的文献要有一定的时序,整理后的文献不能是散乱和无规律可循的;二是系统化,即文献整理要有一定的逻辑,整理后的文献之间要有一定的相关关系,成为一个有机整体;三是简明化,即要保证整理后的文献是最能够体现出研究主旨的,而不能“眉毛胡子一把抓”,使整理后的文献仍很庞杂。

4. 文献的解读。文献的解读一般包括两个阶段:第一个阶段是浏览,就是争取在较短的时间内能够简单地了解整理好的文献的基本内容和特点,不需要掌握、理解和记忆其具体内容。浏览的目的,一方面是了解具有阅读价值文献的全貌,确定这些文献对研究的价值和意义;另一方面是分辨出文献哪些部分的研究价值和意义最大,为以后的精读做好准备。因此,浏览的速度要快。可以通过阅读内容摘要、文献的开头和结尾部分以及每段的主题句等方法来提高阅读的速度。第二个阶段是精读,即理解性阅读。通过精读,要深入理解和掌握文献中对研究有价值和意义的内容,同时要做出正确而客观的评价。这个阶段既是理解的过程,也是概括和再次升华的过程。在这个阶段,既要把文献内容同自己的研究课题结合起来,同时还要有效鉴别文献的真伪和内容的可靠程度。

5. 文献分析。文献分析包括统计分析与理论分析。前者主要是定量分析,采用的主要方法是统计方法、数理方法和模拟法;后者则是定性分析,包括逻辑分析、历史分析、比较分析、系统分析等,主要采用的一般方法是比较法和构造类型法。所谓构造类型,是指依据经验或思辨从资料中抽象出理论概念,然后利用这种概念将所研究的社会现象划分为各种类型,如权威类型、角色类型等。社会科学研究还使用各种特殊的定性分析方法,如结构分析、功能分析、社区分析、阶级分析、角色分析等。任何研究都离不开定性分析,但具体采用哪些分析方法是由研究目的和理论假设决定的。

上述过程并不是一种直线式的过程,根据研究的需要常常重复其中的某个过程。比如，在分析阶段觉得收集的文献不够充分时，就需要重新收集文献、整理文献和阅读文献。在这样一个不断重复的过程中，不断概括和明晰自己研究的问题，最终形成研究报告。

必须指出的是，在整个文献研究方法使用的过程中，必须对所采用的任何资料持有一种科学的质疑精神和批判态度，这是保证文献资料准确性的前提。通过以下几个方面对文献进行考察和分析是非常有帮助的：

1. 考究文献的作者情况：文献的最初作者是谁？他的研究目的是什么？同自己的研究目的有何异同？文献的作者是通过何种方法和途径获得这些文献中的信息的？为什么这些文献得以保存这么长的时间？文献的作者是否希望公开文献的内容？

2. 对文献的研究立场分析：文献写作的具体历史背景是怎样的？文献是否努力做到了价值中立？如果存在偏见，应该怎样去发现和修正？

3. 对文献的逻辑性验证：文献的主题是什么？文献的作者是通过何种概念和范畴传达信息的？通过文献中所使用的资料能概括和推论出文献所给出的结论吗？文献作者是通过何种方法进行研究的？这种研究方式对研究的主题而言是否恰当？

4. 对文献真实性的复证：思索从哪里可以找到相关资料以便对文献提供的信息进行证实或证伪。

5. 考察文献载体的质量：评估记录文献的发表媒介、期刊论文、出版社的品质。一般来说，文献载体质量越高、越权威，文献质量就越有保障。

二、历史文献研究和统计资料文献研究的过程及应注意的问题

（一）历史文献研究

尽管历史文献研究方法与内容分析和统计资料分析方法在一定程度上有些重叠，但是它们之间有着本质的不同。在文献的类别和来源部分中，我们曾提到历史文献包括个人文献和非个人文献，因此，相应的研究也分为对个人文献的研究和对非个人文献的研究，后者也称为历史/比较研究。

我们先来分析一下个人文献研究的特点。通过前面的介绍我们知道，个人文献研究类似于观察法和个案研究。它不是事先建立某个假设，然后通过一次调查中收集的资料来验证这个假设，而是研究人员就某个感兴趣的议题做某种概括，然后从个人文献中摘录材料进行说明。个人文献的分析一般是根据一定的标准对与研究议题相关的个人文献进行分类，然后对这些类型进行分析和讨论，而个人文献的一些特定例子可被选择用以说明分类中所包含的不同类型或说明某些观点。比如托马斯和兹纳涅茨基合著的《身处欧美的波兰农民》一书主要是利用个人信件所做的个人文献研究。他们通过对在美国的波兰移民和他们在波兰的亲属写的大量个人信件进行研究，指出所有农民的信件都是一种基本类型即问候性的变异，托马斯和兹纳涅茨基重印了这些信件，对其做资料分析，每一封信都可能说明了一种观点。

尽管许多社会学家认为这一方法为开展关于生活的各个方面，尤其是人们的内心精神生活的彻底研究提供了一个极好的机会，但是许多从事定量的和统计分析的社会学家

仍批评这种方法是十分主观的,尤其是研究人员可能对人们的生活史做选择,以达到自己的目的。这种争议提醒我们,个人文献研究在很大程度上是一种深入的描述性的质性研究,其目的也不是想得出更抽象的理论结论,其研究结论的适用性是有限的,绝不能将这些结论无限延展。

非个人文献研究方法,是一种以质为本的研究方法,此研究以发现不同文化中的历史模式为目的,通常要从对所研究议题的大量详细描述中发现模式,即韦伯所称的"理想类型",其本质含义是指由社会现象的本质特征所组成的概念模型。在进行研究时,要求研究者必须设身处地地思考被研究者的环境、观点和感受,以便适当地解释他们的行动。这种研究的层次是更为宏观的,结论也更具概括性和抽象性。韦伯的《新教伦理与资本主义精神》就是这方面研究的典范。他研究了早期新教徒教会的官方文件,研读了加尔文以及其他教会领导者的讲道,并且解读了其他相关的历史文件,得出结论:虽然经济因素能够而且的确影响社会其他方面,但经济决定论并不能解释所有的事情;经济形式可能来自非经济的理念;宗教制度是社会行为的来源,而不是经济状况的反映。不仅如此,通过对犹太教以及中国和印度宗教的详细历史分析,他说明了资本主义为什么没有在中国、印度以及以色列等古国中发展起来:在这三种宗教中,他没有发现任何支持资本积累及再投资的教义。这也巩固了他关于新教在资本主义发展中的角色的结论。

通常非个人文献研究方法属于一个特别的理论范式。比如,可以通过对特定历史状况的分析来确定是否可用某种理论来对这段历史加以研究。有时历史/比较研究试图在新的情境中复证前人的研究,如贝拉在韦伯的宗教与经济关系的脉络中对德川宗教的研究。

尽管非个人文献研究取得了许多令人瞩目的成果,但并不意味着这种方法是无懈可击的。这种研究建立在这样一个假设之上:所有的历史记录都具有真实性。但是我们知道,这个假设本身可能就存在问题。因此,在对非个人文献进行研究时,必须保持一种对所用的历史记录的警醒。

(二)统计资料文献研究

统计资料文献研究,一般是指利用官方和半官方的统计资料所做的研究。在一定程度上,这些统计资料是原始的、未被引用和分析的数据。对统计资料的分析与对二手资料的分析是不同的。二手资料分析是引用他人的研究成果,根据他人获得的资料进行自己的分析。也就是说,二手资料分析运用的统计数据是已经被别人分析过并得出研究结论的。而统计资料文献研究的研究者只是利用这些数据做自己的分析和研究。

利用统计资料文献进行分析最著名的例子是法国著名社会学家涂尔干在100多年前对自杀现象所做的研究。涂尔干想找出人们自杀的社会原因,采用实验研究、调查研究乃至实地研究等方法均是无法做到的。在现实生活中,有关自杀的统计资料却较易获得,因此他选择了对这些统计资料进行分析的研究方式。

在涂尔干所处的时代,多是从个体自身来寻找自杀的原因,但涂尔干认为仅仅从个人心理方面来解释是不够的,他希望发现环境,特别是社会条件对自杀的影响。他通过反复查阅各种大量的相关记录,不断地概括、验证、排除或肯定自杀的各种社会条件因素。首先引起他注意的是自杀率的稳定性。他发现夏季的自杀率比其他季节的自杀率高得多，这似乎显示出也许温度与自杀率有关，但后来查阅的资料排除了这种假设。接着他又探索了年龄、性别以及许多其他因素对自杀的影响。后来他发现：尽管自杀率具有相对稳定性，但政治动乱时期自杀率会突然增高。比如，1848 年前后的欧洲国家就是如此。由此他获得这样的假设：社会是否稳定与自杀率的高低有着密切的关系：社会的失衡会导致自杀率增高；反之，社会稳定似乎可以防止自杀。他继续探索，通过对一系列不同数据进行分析，使这个一般性的假设更加明确、具体。比如，他还分析了宗教信仰对自杀的影响。从各种类似于宗教与自杀间关系的其他具体表现中，涂尔干抽象出“社会整合程度”的概念，说明自杀现象是社会整合程度的一种反映。最后他得出结论：社会整合程度越高，自杀率越低；反之，社会整合程度越低，自杀率就越高。

从上面的例子不难看出，统计资料文献的研究过程具有文献研究一般过程的特点，但是它还具有自己独有的特点。

首先，从效度方面看，这种基于对现有资料进行分析的研究，明显地受到既有资料的限制。通常既有资料并不能准确地包括研究者所感兴趣的事物，而所进行的测量也无法全面有效地代表变量或研究者想要用其得出结论的概念。解决这个问题有两种方法：逻辑推理和复证。前者是指在对统计资料进行研究时，要从现有的统计资料出发，依据逻辑推理原则，严格地、一步步地验证自己的结论，而不能事先在研究前做出任何假设或带有任何倾向性。总之，要谨记，在这种研究中，结论是从现有统计资料中得出的，而不是用这些资料来验证研究者想要的结论。后者就是指要运用多个指标对变量进行测量。比如，中国共产党第十八次全国代表大会确定了全面建成小康社会的奋斗目标。要衡量中国目前的发展状况离这个目标还有多远，不能根据一个指标（如国民生产总值）的资料得出结论，而应通过多个指标（如国民受教育水平、国民医疗水平以及其他一些指标）的资料进行综合分析和比较，然后得出结论。

其次，从信度方面看，现有统计资料本身的质量必须引起高度重视。统计资料本身的质量受到多种因素的影响，其真实性必须加以质疑。通常来讲，逻辑推理和复证可以比较有效地解决这个问题。同时，还有一些具体的方法可以处理这个问题。第一，在研究时，要随时牢记统计资料的信度问题是可能存在的。只有在思想上高度重视，才能在具体的研究中随时对这个问题加以反思。第二，要严格考察统计资料的相关背景知识，也就是说，要十分清楚地把握统计资料形成的历史背景、编写人员的情况、形成这些统计资料最初的目的等。离开了这些背景知识，盲目地对统计资料进行分析和利用是很容易出问题的。第三，要对统计资料的范围和层次有十分清晰的认识。比如，就对犯罪记录的统计而言，不同的地区和国家对犯罪的定义是不同的，因此，不能随意地使用这些数据。而且，并不是所有的犯罪记录都会统计在案，所以，有关的统计数据很可能是不完整的。第四，对那些经过专家或者研究者证明比较可靠的统计资料的出处（如图书、杂志等出版物）要注意收集和保存，因为来源于这些地方的统计资料通常是比较权威和可信的。第五，要注意统计资料的保存过程，因为这个过程也常常会影响已经保存和报告过的记录。比如，当前很多单位已实现计算机自动化管理，它原有的许多统计资料的记录在改变的过程中肯定会产生某种偏离,所以在使用网络上的一些统计资料时尤其要小心。

总之,利用统计资料进行分析和研究时,不要轻易相信看到的数据,要通过多种途径对这些数据进行比较和核实,同时通过逻辑推理和复证不断考察这些数据,才能保证其效度和信度,从而保证研究的准确性和有效性。

三、网络文献及其利用

2022 年 11 月 30 日发布的 ChatGPT(Chat Generative Pre - trained Transformer)再次引起人们对网络科技以及人工智能领域的兴趣。[①] 网络日益成为文献的重要载体,因此,熟练利用网络获取文献、大大提高研究效率成为现在文献研究关注的一个问题。网络不仅可以作为文献的载体,还可以作为收集资料的工具。这种通过网络在网上收集资料的调查方法称为网上调查。[②]

网上调查的主要方式有:电子邮件调查、web 站点法(又称主动浏览访问法)、网络会议(Netmeeting)法、IP 呼叫法、弹出问卷法和其他方式。其他方式如通过微信、QQ、聊天室、BBS(电子公告板)、IRC(互联网中继聊天)进行实时交谈等。由于网络具有匿名性特征,因此把网络作为媒介,在收集敏感性和私密性文献方面具有一定的优势。比如,要了解同性恋人群的社会认同,可以通过 BBS 或者在相关网站发布研究信息,并通过网络与愿意接受调查的人联系来获取资料。通过直接面谈或者电话访谈搜集该类资料的难度就会非常大。

下面重点阐述以网络为载体的文献(我们称之为“网络文献”)的特点及分类。

(一)网络文献的特点

1. 网络文献信息量大,内容丰富。网络信息的增长正逐年加快。网络作为一种全新的信息控制手段,不但信息量大,传输方便,而且不受时空的限制,具有共享性。

2. 网络文献相对处于无控制状态。网络是一个自由空间,言论自由,加上先进的信息传播方式,使得网络信息越来越多。因为难以有一个权威机构来管理,所以不能像图书馆那样提供经过筛选的、有序的、系统的信息,使用者应根据自己的需要来进行选择。

3. 网络文献具有动态性。网络文献信息的载体摆脱了传统文献的固态形式,使得信息得以以非线型结构的方式组织起来,即它可以通过超文本、超媒体技术实现文献信息的瞬间快速链接,各种信息可适时地按照使用者的需要任意组合,从而实现文字、图形、图像声音、动画、动态视频,甚至是计算机程序的动态组合。

4. 网络文献的时效性更强。网络文献的内容更新非常及时,其更新速度远远超过传统文献,因而具有更强的时效性。

---

① ChatGPT 是人工智能技术驱动的自然语言处理工具,它能够通过理解和学习人类的语言来进行对话,还能根据聊天的上下文进行互动,真正像人类一样来聊天交流,甚至能完成撰写邮件、视频脚本、文案、翻译、代码、写论文等任务。参见 https://baike.baidu.com/item/ChatGPT/62446358?fr = aladdin#reference - [2] - 36819410 - wrap。

② 有关网上调查的讨论,可以参看董海军、风笑天:《试析网上调查》,《社会》2003 年第 8 期。

（二）网络文献的分类

1. 电子报刊。随着互联网的普及和发展，出现了越来越多的电子报刊，这也是当今世界报刊业的发展趋势。电子报刊有两种：一种是一些单位或个人专门在互联网上创办的报刊；一种是原来的印刷型报刊在互联网上发行的电子版，这些电子报刊在内容上与原版报刊一样，但早于纸质报刊数小时出版。互联网上的电子报刊因其快速、易于查检的特点而受到人们的欢迎。

2. 电子图书。互联网上的图书主要来源于下列几个方面：一是一些作者将自己的作品或其他没有版权的作品发表到网上。这些作品有的有印刷版，有的只有网络版。二是一些出版单位在网上发行印刷型图书的电子版，或同时出版印刷版和网络版。三是单位或个人建立网上图书馆，方便读者利用。如作为国家“863”计划中国数字图书馆示范工程推广单位的超星数字图书馆（www. ssreader. com），就是这样一种很有使用价值的网络资源。

3. 大型数据库。互联网上有大量大型数据库供读者使用，方便读者查找相关资料。如美国 CARL 公司（Colorado Alliance of Research Libraries）的 UnCover 数据库是世界上规模最大、内容更新最快的期刊数据库之一，可以通过互联网为用户提供联机检索服务。UnCover 数据库建于 1988 年，该库收录的期刊已有数万种，拥有期刊文章索引（或文摘）数百万篇，并且在以每天 5000 篇的速度不断扩充。该数据库广泛覆盖了多种学科的主题，在该库收录的期刊中，大约有 51% 属于科学技术、医学和农林，40% 属于社会科学、政法、商业，剩余的 9% 为艺术和人文科学。所有网络用户可免费使用 UnCover 数据库，但用户需负担国际流量费。目前，UnCover 数据库已被 Ingenta 公司购并，检索网址改为 http://www. ingenta. com（用户机器需能够浏览国外网站）。

国内也开始挖掘和建立自己的数据库。如中国社会状况综合调查（Chinese Social Survey，缩写为 CSS）（http://css. cssn. cn/css_sy/）、中国国家调查数据库（Chinese National Survey Data Archive，缩写为 CNSDA）（http://www. cnsda. org/）、国家自然科学基金－北京大学管理科学数据中心（Data Center of Management Science，缩写为 NSFC－PKU）（https://dcms. pku. edu. cn/sjgx/sjzy/index. htm）、复旦大学社会科学数据平台（http://dvn. fudan. edu. cn/dvn/）、中国台湾调查研究与数据档案库（http://srda. sinica. edu. tw/）、中国研究服务中心（Databank for China Studies）（http://www. usc. cuhk. edu. hk/Eng/AboutDCS. aspx）等。

4. 其他信息。除了上述电子报刊、电子图书、大型数据库，互联网上还有大量其他文献信息供用户使用。如一些单位设立的出版网站，定期发布出版消息，有助于读者了解出版动态。再如，政府机构的网站经常发布政府机构的报告、动态，有利于人们了解政府部门的新政策。一些科研机构、大学的网站及时提供最新动态，有利于推动学术研究和科研合作的发展。一些电子商务网站发布的各种信息，也有助于满足人们的某种需要。这些信息涉及学习、生活等各个方面，跨越了国别和使用时间的限制，且传输速度快、费用低廉。此外，互联网上的微博、短视频网站（如快手、哔哩哔哩、小红书）、电子公告板（BBS）、电子论坛（electronic forum）及新闻组（Usenet）同样包含大量信息，并经常发布一些热点问题供人们讨论，一些问题的讨论参与的人多，影响大，从中可了解人们对一些事情或动态的看法。

（三）一些有用的搜索工具

国内中文网上搜索工具正处于建设和发展阶段。科研工作人员以及学生可利用自己单位或学校购买的数据库资源，比如高校学生可通过图书馆的电子资源导航，根据自己的学科特点选择合适的数据库。一些搜索引擎和数据库对我们的学习和研究是非常有益的，要注意利用。

1. 比较常用的搜索引擎有百度（http://www.baidu.com）和Google（http://www.google.com.hk）。

百度于2000年1月创立于北京中关村，是全球最大的中文搜索引擎。Google搜索引擎在搜索技术上的完善使它后来居上。它采用引文分析方法对因特网的超级链接进行分析，从而确定网页内容的"专指度"，应用于对查询结果的排列，效果比较好。

2. 研究常用的数据库有中国期刊全文数据库（CJFD）和万方数据资源系统。

中国期刊全文数据库是目前世界上最大的连续动态更新的中国期刊全文数据库，收录国内10252种重要期刊，积累全文文献总量6000多万篇。内容覆盖理工A（数理科学）、理工B（化学化工能源与材料）、理工C（工业技术）、农业、医药卫生、文史哲、经济政治与法律、教育与社会科学、电子技术与信息科学。分10个专辑、160个专题文献数据库，网上数据每日更新。这个系统在很多高校图书馆的电子图书资源中都可以找到。万方数据资源系统（网址：http://new.wanfangdata.com.cn）提供期刊、成果、学术会议、学位论文、标准等多种文献类型数据库。它是目前收录文献类型最全的二次文献检索系统，比"国家科技图书文献中心的网络服务系统"多了科技成果、标准和企业产品等类型库。该系统中的数字化期刊子系统是全文电子期刊系统，所收录的均是国内科技类的重要期刊，可直接浏览、检索、打印及下载。但该系统采用部分字段检索免费，全字段检索收费这一管理制度。

3. Academic Press电子期刊。

这是美国学术出版社（Academic Press）出版的医学、生物、计算机、经济、法律、物理、数学、心理学、化学、历史、社会学、环境科学、哲学、语言学、地理等学科的刊物网络版，其中被《科学引文索引》（SCI）收录的核心期刊有100多种。①

4. 其他一些可使用的网络资源。

现在，网络资源的共享已受到广泛重视，人们可通过许多途径来获取这些资源。如艾尔·巴比在其所著的《社会研究方法》一书中，提供了一些获取统计数据和社会科学研究的网站，例如美国人口普查局网站（http://www.census.gov）、美国劳工统计局网站（http://www.bls.gov）、美国教育部网站（http://www.ed.gov）、美国交通统计局网站（http://www.bts.gov）、美国联邦调查局网站（http://www.fbi.gov）、美国中央情报局网站

① 周凤飞、谢春林：《网络文献及网络文献建设的分析与研究》，《情报科学》2002年第7期。

（http://www. cia. gov）、世界银行网站（http://www. worldbank. org）等。[1] 利用这部分网址的统计资料，结合中国的相关统计资料，可以进行一些比较研究。还有一些著名大学社会学系的网站也对资料的收集很有帮助。例如，哈佛大学社会学系（http://sociology. fas. harvard. edu）、芝加哥大学社会学系（http://sociology. uchicago. edu）、美国加州大学伯克利分校社会学系（http://sociology. berkeley. edu）、美国普林斯顿大学社会学系（http://sociology. princeton. edu）等。

就国内资源而言，有许多网站可以了解很多社会学相关知识。如进入北京大学中国社会与发展研究中心网站（http://www. disa. pku. edu. cn）后，通过里面的相关链接可以获得很多有用的信息。另外，以下这些网站也是很有益的：中国社会科学院网站（http://www. cass. cssn. cn）、制度分析与公共政策学术网站（http://www. wiapp. org）、公法评论网（http://www. gongfa. com）、中国现代化网（http://www. modernization. com. cn）、中国社会学网（http://www. sociology2010. cass. cn）、中国社会学会网（http://csa. cass. cn）、社会学视野网（http://www. sociologyol. org）以及社会学吧（http://www. socibar. com）等。

此外，国内越来越重视原始数据的搜集和积累，很多调查获得的大量数据可以成为研究的统计资料来源。比较有影响力和代表性的是中国人民大学组织的中国综合社会调查（CGSS）、中国教育追踪调查（CEPS）、中国老年社会追踪调查（CLASS）、首都大学生成长追踪调查（BCSPS）、北京大学组织的中国家庭追踪调查（CFPS）、西南财经大学组织的中国家庭金融调查（CHFS）、西安交通大学的社会网络和职业经历调查（JSNET）等。中国人民大学中国调查与数据中心网站（http://nsrc. ruc. edu. cn）倡议并积极创建数据共享平台，通过这个平台可以找到中国同行发布的一些规模较小的调查数据。

另外，随着微信的普及，一些与社会学相关的公众号成为了解社会学专业知识和发展动态的平台，手机端的操作形式也更方便阅读。“社会学吧”（微信号：sociologybar）推送较频繁，质量值得信赖；“定量群学”（微信号：sociologynju）则专注于推送定量研究方法领域的相关文章；“社会学研究杂志”（微信号：shxyjcass）和“社会杂志”（微信号：CJS_of_Shangda）两个微信公众号则致力于推送这两本杂志发表的期刊文章；“社会学了没”（微信号：socialor）推送的多是具有社会学特色的通俗性话题和文章，回应新近发生的社会事件，也获得了很多读者的关注。

在实际的文献检索过程中，要根据具体文献需求和自己所处的环境，选择合适的获取文献的渠道。另外，具体的文献检索技巧和筛选方法也要视情况而定。文献检索要根据学科来选择不同的数据库，不同的学科有不同的数据库可选，比如说人文社会学科中文常用的期刊库就有知网和万方数据库等。从文献检索、文献筛选、原文获取到文献利用，其中有很多方法和技巧，在校学生可以通过自己学校图书馆开设的相关课程进行学习。在利用这些搜索引擎和网站进行搜索时，要注意检索的方法，尤其是对一些检索语言要有所了解；如果专指性不够，查找出来的网站数量就会相当多，费时费力。另外，在使用各种资料时，一定要注意对资料的真实性、时效性进行细致甄别。

---

① ［美］艾尔·巴比：《社会研究方法（第 13 版）》，邱泽奇译，清华大学出版社 2020 年版，第 276 页。

(四)常用的文献管理软件

对经常要进行搜索和阅读文献的高校学生和科研工作者来说,面对大量文献,如何有效整理和处理跟研究有关的数量浩繁的文献成为越来越有挑战性的工作。随着互联网技术的发展,许多文献管理软件应运而生以解决这个问题。现介绍几种较为常见的文献管理软件。

1. Mendeley 软件

Mendeley 是一款免费的文献管理软件,也被称为学术社交网络平台。最早是由德国的三位博士开发,后被爱思唯尔(Elsevier) 收购。在撰写论文的时候,参考文献的插入和更改会很麻烦且浪费时间,运用 Mendeley 软件,能成功实现论文参考文献的插入和自动更新。

2. EndNote web 软件

EndNote Web 是目前最流行的参考文献管理软件之一,是一款基于网络的文献管理和科研论文写作工具。EndNote 是 SCI(Thomson Scientific 公司)的官方软件。支持多种国际期刊的参考文献格式,涵盖各个领域的杂志,可以使用 EndNote Web 组织和格式化论文和研究中引用的文献。EndNote 面世比较早,加上其优秀的文献管理功能,所以 EndNote 可以说是市场上使用人数最多,占比最高的文献管理软件。

3. CNKI E - Study 软件

CNKI E - Study 集文献检索、下载、管理、笔记、写作、投稿于一体,是比较好的参考文献管理软件之一,为学习和研究提供全过程支持。它支持 PC 和 Mac 平台。

4. Zotero 软件

作为一款开源的软件,Zotero 最大的优势就是免费,本身的扩展性强,相对于其他的文献管理软件,它更像是一个知识管理软件,不仅仅限于对文献的管理,还可以实现对知识的整合。

5. NoteExpress 软件

NoteExpress(缩写为 NE)是一款国产的文献管理软件,可以进行文献管理、写作投稿等工作,功能强大,上手容易。它对中文文献的支持远远强于 EndNote、Mendeley 等国外的软件。有些高校已经购买该软件的使用权。

(五)进行网络文献研究过程中要注意的问题

网络文献自身的特点要求我们在利用网络文献进行研究时要注意以下几点:

1. 平时留心,注意积累。网络文献的更新速度很快,增加、删除、更换地址时时都在进行。因此,一定要根据自己的研究需要和兴趣,在上网浏览时,对相关内容多加留意,不断将相关信息和内容下载下来,及时保存,以便研究时使用。

2. 详加甄别,去粗取精。网络文献是无序、分散的,而且利用价值的差异较大,既有有用的文献,也有无用的、重复的文献,并且混杂在一起。表面上看来,各类信息资源异常丰富,实质上是鱼龙混杂,使用者常常很难从网络上筛选出符合自己需要的内容。因此,必须对网络上的文献详加甄别,去粗取精,以免出现面对过量信息无所适从的情况。

3. 充分利用网络上的免费文献信息资源。目前,许多网站提供的文献的最新目次和绝大部分文摘均可免费查阅，也有个别网站能免费提供全文。有些出版社对已订阅印刷型出版物的单位和个人免费提供网上电子版文献。又如，可为读者解答知识条目的参考工具书，在国内外不少高校的图书馆网站上均能免费查阅到。对这类免费网站，我们应该充分利用。

4. 全面收藏与本单位学科有关的数据库。数据库包含的文献信息是读者查找原始文献线索的工具，是每个文献信息服务单位必备的一种检索文献。网络版文献数据库具有检索方便、更新及时、时间跨度大等优点，应积极利用。查阅特定期刊的最新目次等可利用有关的免费网站。如果要查阅某一学科或某一主题的文献，就必须利用相关的大型文献数据库，它们能提供较全面、完整、系统的文献线索。

5. 多与他人交流，充分共享网络文献资源。每个人在上网查阅网络文献时，都可能会遇到比较好的网站或网页，通过交流，可以实现这些资源的共享，大大节约用户单独寻找这些网络文献的时间和精力。

6. 限制访问的网络文献的处理。发表在电子期刊上的论文有相当大的一部分因为版权和订阅问题不能查阅和下载，互联网上有许多大型数据库也是限制访问的，这对网络文献的使用者来说是一种遗憾。要解决这个问题，在检索时可以采用由点到面的检索方法，即充分利用可访问电子期刊的参考文献或引文的链接查找原文和参考书目，这不失为一种节约时间和费用的检索方法。同时，对那些因为版权和订阅问题不能查阅和下载的网络文献，可以通过寻找论文作者的个人主页来解决。有时也可以直接给论文作者发信（最快捷的就是电子邮件）请求帮助，很多学者非常愿意与他人分享自己的研究成果。尤其是对外文文献，这种方法值得一试。

7. 网络文献的版权问题。在中国，由于缺少健全的知识产权法规和运作机制，还没有完善、明确的法律法规来保障网络文献的版权。众多网络文献的使用者因习惯性地认为“网上一切皆 free（免费的、自由的）”而无所顾忌地剪切、复制和粘贴的时候，也许一场侵权官司正等着他们。因此，在使用网络文献时，一定要考虑使用这类文献的合法性和规范性。无论是引用网络文献还是参考网络文献，一定要将文献作者、刊物名称、期号（如果是著作还要将出版社、出版时间）以及网站、网页地址等标注清楚。

第三节　内容分析法

一、内容分析法的定义

内容分析最早起源于新闻传播领域。二战期间，美国学者拉斯韦尔（H. D. Lasswell）等人通过对德国公开出版的报纸信息进行整理、分析，出乎意料地获取了德军的许多重要军事情报。此项名为“战时通讯研究”工作的成功，为战后内容分析法的快速发展奠定了基础，推动了图书馆学、传播学等领域的专家学者对内容分析法进行多学科综合研究，取得了丰富成果，逐步建立起比较系统的内容分析法方法体系，其研究性质、研究对象和研究内容等也得到普遍确认和明确定义。①

内容分析法是指对文献内容做客观的、系统的、量化的描述和分析，它用于考察社会人为事实。这里的文献主要指成文文件，包括书本、杂志、报纸、诗、歌曲、绘画、演讲稿、信件、法律条文和宪章以及其他任何类似的成分或集合。这种方法最适用于传播媒介方面的研究。同其他文献研究方式相比，内容分析法是一种高度结构式的方法，其基本目的在于把一种用言语表示而非用数量表示的文献转换成用数量表示的资料。其结果一般可采用与调查资料相同的方式，以包括频数或百分数的图表加以描述。例如，要比较20世纪50年代和80年代社会所关注的问题，就可以采用对这两个时期的报刊文章进行定量分析的方法来进行研究。

内容分析法的实质在于对文献内容所含信息量及其变化的深入分析，即由表征信息的有意义的词句推断出准确意义的过程。内容分析的过程就是层层推理的过程，故推理方法是内容分析法的方法论基础。②

有很多学者还将内容分析法分为量化内容分析法（quantitative content analysis）和质性内容分析法（qualitative content analysis），这两种方法存在一定的差异。首先，这两种方法起源和发展的领域不同。量化内容分析法广泛应用于大众传播学领域，用来计量外显的文本要素。质性内容分析法主要从文化人类学、质性社会学以及心理学领域发展起来，主要用来探析物理（physical）信息背后的意义。其次，量化内容分析的逻辑是演绎逻辑，旨在验证假设或者论述从理论或以往研究中延伸出的论题；质性内容分析主要是归纳逻辑，在对论题和主题进行详细分析的基础上进行推论，有时，甚至尝试从中归纳出某种理论。第三，两种方法所需要的抽样技术不同。量化内容分析法通过随机抽样或者其他概率方法抽取样本并搜集数据；质性内容分析法通常是通过有目的性地选择能说明和阐释既定研究主题的文本来搜集信息。第四，二者产出成果的形式不同。量化内容分析法的最终成果常常是通过各种统计方法计算获得的数字；而质性内容分析法的成果常常体现为描述（description）和类型（typology），一般会伴有来自反映人们如何看待世界的主题的各种词语。也就是说，质性内容分析法关注解释现象意涵范围的独特的各种线索，而不是像量化内容分析法那样关注特定文本或概念出现频率的统计学意义。在实际研究中，这两种方法并不是相互排斥的，可以整合起来运用。最佳的内容分析法研究应该能使用量化内容分析法和质性内容分析法两种操作模式。

二、内容分析法过程

同其他文献研究的具体方法相比，量化内容分析的主要特点就是，它有助于使用正式的假设，科学地抽取大型样本，并可用计算机和现代统计技术对数量化的资料进行分析。它通常事先确立研究假设，然后通过研究的具体化和操作化，对收集的资料进行整理和分析，以达到验证假设的目的。为清晰地呈现内容分析的过程，我们将通过一个研

① 朱亮、孟宪学：《文献计量法与内容分析法比较研究》，《图书馆工作与研究》2003年第6期，第64页。

② 陈维军：《文献计量法与内容分析法的比较研究》，《情报科学》2001年第8期。

究实例系统阐述如何进行内容分析。该实例是陶布（Diane E. Taub）和范福林克（Patricia L. Fanflik）合作的一项研究①，主要分析社会学概论教材中如何呈现有关残障及残障人士的内容。

（一）确定研究问题或假设

确定一个合适的研究课题是很关键的，因为研究假设是根据研究课题来确定的。确定研究课题通常要考虑到必要性、创新性、可行性和适当性。但是，正如前面所提到的，保留下来的文献具有倾向性、选择性和传达信息的有限性等特点，所以，确定研究课题时要充分考虑到文献的这些特点，保证能够找到充足、客观和真实的文献资料来研究所确定的课题。

在本实例中，陶布和范福林克将视角聚焦在社会学教材的内容呈现上。他们指出，美国是一个文化多样性极为突出的国家，社会学的重要使命就是要促进有关个体、群体多样性的知识及敏感度的发展。作为专业入门的课程，社会学概论是学生接触最早、感受最持久的课程。因此了解社会学概论一类的教材是否以及如何呈现出社会文化的多样性具有重要的意义。通过对既有文献的梳理，两位学者发现当时有关社会学概论的教材如何呈现残障人士群体方面还属于未知领域。残障人士群体是美国规模巨大的少数群体之一，面临着各种生活困境。社会学视域正日益关注这个群体。毫无疑问，这种关注具有重要的意义。由此，两位学者将研究问题锁定在社会学概论的教材以何种方式以及在何种程度上来呈现残障人士群体。

（二）研究的操作化

根据研究课题就可以确定研究假设了。研究假设是对研究课题的一种尝试性回答，并需要根据收集到的材料进行验证。在本实例中，陶布和范福林克进而提出自己的假设是，社会学概论教材也没有对身心障碍人士群体进行充分的呈现。那么，可以通过哪些具体的指标验证这一假设呢？两位学者认为可以把以下几个方面作为考察的指标：社会学概论的教材中与残障人士群体有关的文本信息内容和数量、有残障人士的图片所描述的残障人士的特点以及活动情况。

（三）研究的具体化

研究要考察的指标确立了，可是如何找到承载这些研究指标特征的具体的研究对象呢？内容分析法寻找这些具体的研究对象的方法同前面章节介绍的调查方法是类似的。

首先需要确定研究的总体。只有明确了研究的总体，才能找到所需要的样本。具体到这个研究，两位学者为保障研究的时效性，将其研究总体界定为1996年至1998年印刷出版的通用社会学概论教材。

其次是抽取样本。同以人为研究对象的研究一样，以文献为研究对象的研究中常常不能直接研究全部对象。所以可以通过抽取一定规模的具有代表性的样本进行研究。在前面章节中介绍的各种抽样方法，都可以在内容分析中加以运用，特别是分层随机抽

---

① 文章详细内容见 D. E. Taub & P. L. Fanflik. “The Inclusion of Disability in Introductory Sociology Textbooks”, *Teaching Sociology*. Vol. 28. No. 1. Pp. 12－23. [2016－05－29]. http://www.jstor.org/stable/1319418。

样、多阶段随机抽样的方法运用得更为普遍。利用内容分析法进行的研究常常从杂志、报纸、电视节目、广告或其他类似文献的标题或期号中进行抽样,也有一些研究则是在图书、章节、段落、句子、短语、词汇等层次上进行。近年来,随着网络技术的发展,借助网站、贴吧、博客等网络媒介上的信息进行抽样的研究也开始出现。

抽样通常分为三个主要的阶段,它涉及三个不同性质的总体。在每一总体中所采用的抽样方式也常常是不同的。首先是名称抽样。在进行名称抽样时,经常采用分层抽样的方法。而常用的分层标准有:(1)地域分布,(2)受众类型,(3)编辑方向,(4)重要性或规模,(5)播发时间。当然,有时名称抽样采用的是立意抽样,而非随机抽样。其次是期号抽样,即从期刊或报纸的所有期号中抽取若干期号,或从电视台所有时段中抽取不同的时段,或是从所有栏目中抽取不同的栏目等。最后是内容的抽样,即从所抽中的期号、时段或栏目中抽取所分析的内容。

在本研究实例中,1996 年至 1998 年出版的社会学概论教材卷帙浩繁,若两位学者要对所有的教材加以考察,不仅费时费力,而且很难做到。因此,陶布和范福林克通过抽取有代表性的样本的方法,来达到研究全部对象的目的。值得注意的是,这两位学者的研究并没有采取随机抽样的方法,而是采用了非随机的抽样方法——方便抽样,因为很难通过什么途径确定包括所有样本的社会学概论教材名称的抽样框。他们从在美国一个学生规模为 22300 人的中西部大学从事社会学概论教学工作的教师和研究生那里搜集他们所使用的社会学概论教材。由于这所大学选修社会学概论课程的学生甚众,因此该校是出版该类教材的出版商的必争之地。从这个意义上讲,他们所搜集到的应该是评价最高、最畅销以及读者最多的社会学概论教材,因此具有一定的代表性。两位学者认为,尽管这种做法不能穷尽所有的社会学概论教材,但的确能反映出畅销的主流社会学概论教材。用这种方法,陶布和范福林克共找到 25 本教材。

现在我们假设可以找到所有刊物的花名册,那么也可以采取随机抽样的方法进行样本的抽取。一种方法是将所有刊物中所有有关社会学经验研究的文章进行排列,利用等距抽样的方法抽取样本。要注意的是,因为某种刊物发表的相关文章数量是不一致的,所以要避免让这种刊物的文章出现集中排列的情况,以免导致样本偏差。这种方法费时费力。我们可以采取另外一种方法,那就是按照某一个时间段将各种刊物分类,比如按月份分类,然后随机抽取一定数量的刊物,接着从这些刊物中抽取相关文章,每种刊物抽取的文章样本量要根据这种刊物中所包括的相关文章的数量来定。这种方法相对来说省时省力。其实在内容分析中,样本抽取要根据研究目的、研究所允许的最小误差、研究经费、人员以及总体的实际情况来确定。

(四)编码

内容分析的基本做法是对样本中的信息进行编码,即根据特定的概念框架,对信息——无论是口头的、文字的、画面的还是其他形式的——做分类记录。与编码工作有关的问题有两个:一是选择编码单位;二是制定一份编码单。

选择编码单位,即选择具体的观察和点算单位。词是最简单的编码单位,主题是最常用的编码单位,内容特性也可以作为编码单位。要注意区分编码单位和研究的分析单位。分析单位是研究所描述和解释的对象，它可以是内容分析中的编码单位，也可以不是。例如，我们想了解电视广告对男女角色的刻画是否有所不同。在这一研究中，单个的广告既是编码单位，又是分析单位。在陶布和范福林克的研究实例中，二者是不一致的，分析的单位是每一本被选中的教材，但编码单位是研究者单位、研究方式、调查对象的抽样类型、资料收集方法、资料分析方法、研究程序分类、主体分类和研究目的分类等几个方面。

选择好编码单位后就要制定一份编码单。编码单是对文献材料进行观察和记录的工具。在某种程度上，它与结构式观察所用的记录单十分相似。它的形成和结构依赖编码单位的选择。比如，在陶布和范福林克的研究实例中，编码的单位是教材题目、教材编号、教材作者、教材出版社以及教材所含残障人士群体相关研究信息统计指标等几个方面。要为上述每一个方面准备一份编码单。以陶布和范福林克的研究为例，编码单的基本形式如下表：

表 7－1　社会学概论教材所含残障人士群体相关研究信息编码单

教材题目：	教材编号：
教材作者：	教材出版社：
教材所含残障人士群体相关研究信息统计指标： 1. 教材总章数； 2. 教材包含残障人士群体相关研究文本的总章数； 3. 教材总页数（不含附录）； 4. 教材所含残障人士群体相关研究文本信息的页数； 5. 教材所含残障人士群体研究文字信息页数占教材总页数百分比； 6. 教材所含残障人士群体图片数量； 7. 其他。	

一旦选定编码单位，研究者就要为它们制定和赋予数值。分类的基本要求是坚持穷尽性和互斥性原则。穷尽性是指样本中出现的所有情况必须都可以归到某一类中去。比如，对文章的资料收集方法而言，要保证每篇文章的收集方法能够归到参与观察、无结构式访谈、结构式访谈、问卷调查、文献收集和实验等类别中去。如果无法归到所列的种类中，一个办法是增加一个种类，另外一个办法就是如前表显示的那样，增加一个“其他”的类别。在本研究案例中，如果你认为还有其他的统计指标应该纳入研究范围，那么可以增加一个类别，或者纳入“其他”。

许多社会学研究者的研究实践表明，在对文献的内容进行阅读以便编码时，阅读者，即编码者，常常会因为阅读顺序的影响而在评价标准上形成某种定式或者惯性，进而影响到所分析文献评价上的统一性和客观性。尤其是在对一些主观性非常强的内容进行阅读时更是这样。为了避免这种情况的发生，可以打乱文献原有的顺序，随机确定这种顺序。同时,尽量做到完整地阅读完文献后再进行编码。

(五)量化资料

一旦选定编码单位,研究者就要为它们制定或赋予数值,也就是解决如何使资料以数量表示的问题。在内容分析中,有四种使资料数量化的方法:1.简单的二元编码,用来指出文献中是否出现某种类别;2.计算在文献中出现类别的频数;3.给类别派定的空间百分比;4.考察类别所反映的力量或强度。在实际研究中,采取哪种方法要根据研究实际情况而定。第一种方法,准确地讲,是定性的资料分析,而不是定量的资料分析,经常用于简单的比较。例如,要比较两份杂志是否关心时事政治,看看相同的时间段内两份杂志是否出现关于当时发生的重大事件的报道就可以了。如果有,可以说这份杂志关心时事政治;反之,则不是。可以看出,这种单纯只注意类别是否存在的方法,仅仅是类别程度分类而已,提供的信息量较少。第二种方法则是提供信息较多、数量化程度更高的方法。还以上面的例子为例。假如两份刊物在相同的时间段内都出现了关于对当时发生的重大事件的报道,那怎么比较哪一个更关心时事政治呢?我们可以比较二者对时事报道的频率是怎样的,频率高者说明其可能更关心时事政治。可见,知道一个类别出现的准确频数,要比仅知道该类别是否出现有价值得多。出现频数的多寡有时也不能完全说明问题。在上面的例子中,如果某种杂志出现时事政治报道的频数比另外一种多,但是其报道所用的篇幅要远远小于另外一种,这时我们就不能说这种杂志比另外一种更关心时事政治。这时,应采用第三种方法,即考察和量化类别的空间数额,而不是仅仅注意文献中是否出现一个类别。所谓的空间数额,是指出现的类别所占的空间的大小。但值得注意的是,有时内容的长短也不能完全说明问题,还必须考察对分析对象所做陈述的力量或强度。从一定意义上讲,只有对陈述的力量或强度的测量才能真正提供我们所感兴趣的信息。这时使用的方法就是第四种方法。通过这种方法建立点算体系,实质上是通过一个强度测量的量表来分析和比较。上述几种方法比较常用的是第二种,但是只有从上述几个方面来综合考察我们分析和研究的对象,才能得出比较可靠的结论。

在本研究中,两位研究者主要使用了第二种和第四种方法。他们不仅关注教材中出现残障人士群体相关研究内容的篇幅大小(即多少页),还分析了这些内容占整个教材的比例等。

(六)统计分析和撰写报告

在做好编码和量化资料的工作后,就需要将资料输入电脑,利用统计软件进行相关分析,验证假设,并撰写研究报告。这些内容在相关章节会详细介绍,此处不再赘述。读者也可以通过阅读陶布和范福林克的文章来了解内容分析法的基本程序、写作和表述格式等内容。

前述关于内容分析过程的分析,是对可量化的文献内容的分析,这也是占主流地位的内容分析的一种方式,相当于前文提到的量化内容分析。有时,我们也会见到偏质性的内容分析法,即我们仅仅是对文献内容做一种主观的、定性的分析。这种形式的内容分析主要由研究者通过阅读、收听或观看的方式,然后依靠主观的感受、理解、体会和分析,来解读、判断和挖掘信息中所蕴含的本质内容。这种分析方法与文学中的"文艺批评”“文学评论”等所采用的方法相似。“阅读—感受—分析—理解”就是这种内容分析的一般模式。主观分析在这种方式中占据着重要地位。在陶布和范福林克的研究中，不仅统计了教材中残障人士群体研究的篇幅、占教材的比例等量化信息，还分析了教材中相关研究内容的性质。比如他们发现，在所统计的教材中，相关文本的主题主要偏重于两个方面：作为个体社会特征的残障概念和作为少数群体成员资格基础的残障概念。就前者而言，社会学概论教材的相关章节主要关注残障人士如何通过避免社会互动和掩盖自己的失能来应对自身的污名化以及对残障人士相关的社会刻板印象两类问题。就后者而言，两位学者所选择的社会学概论教材总体上认为社会环境都是按照身心功能正常的人士来设计的，与此相对应的公共政策使得残障人士在社会中处于弱势地位。探讨各类公共政策上的不平等以及社会区隔、残障人士的维权运动成为社会学概论教材的又一主线。

需要指出的是，无论哪种分析方式，都要注意记录单位所处的语境。这是因为每个记录单位常常不是独立的，只有在一个语境中，它才具有这种或那种意义，离开了语境，它的含义常常会变化。所以，使用内容分析法时，一定要特别注意记录单位的语境。另外，量化内容分析法和质性分析法结合使用更能对所研究的问题形成深入的认识。

三、内容分析法的优缺点

内容分析法是文献研究方法的一种，所以它也具有其他文献研究方式具有的优缺点。同时，它还具有自己独有的一些优缺点。

（一）优点

1. 内容分析法是定量分析和定性分析并重的研究方法。内容分析法是将研究对象用标准化的、数量化的方式进行记录、统计和分析，这种方法的标准化和客观化程度较高，所以结果更客观。它是文献研究方式中最具量化分析特征的方法。但内容分析法并不是一种纯粹的定量分析，它还要通过对传播信息内容的量的变化分析来推论其质的变化。

2. 利用内容分析得出的结论可进行对比分析。无论是对历史文献的分析还是对统计资料的分析，都主要是根据原有的文献内容，利用理性的力量进行主观的分析和概括，其结论常常是仁者见仁、智者见智，很难进行对比。但是内容分析标准化和客观化的特征，使得研究者可以根据一定的标准将自己的研究结论同别人的结论进行对比。

3. 内容分析可以适用于总体很大的文献研究。内容分析不仅结合了抽样的调查方法，还利用统计软件进行资料分析，这使得对总体很大的文献的研究成为可能。同时，它符合成本效益原则，可以节约一些人力和物力。

（二）缺点

内容分析也具有一些局限。有些局限同文献研究方法的局限相一致，这里不再赘述。它最大的缺点就是，这种量化的方法可能会在资料量化的过程中割裂研究对象本身的意义，也就是将研究对象简单化。在内容分析过程中，要注意考虑记录单位的语境问题，实际上就是为了克服这种方法潜在的问题。使用这种方法，必须充分考量和把握研究对象意义本身存在的语境。

▶本章小结

这一章主要分析了文献研究法的含义、特点、分类、研究过程以及内容分析等相关知识。文献研究法是指利用文献资料间接考察历史事件和社会现象的研究方式。它既是任何一项研究不可或缺的阶段,同时也可以作为一种单独的研究方法使用。根据不同的分类标准,文献可以分为不同的类别。文献研究法的过程大体上是相似的。但是对不同的文献,在研究过程中要注意的细节是不同的。本章重点分析了研究历史文献、统计资料文献和网络文献时要注意的一些细节。内容分析法是文献研究法中结构化程度最高的,本章对如何使用内容分析方法也进行了较为详尽的介绍。

▶进一步阅读书目

1. 邱均平、王曰芬等:《文献计量内容分析法》,北京图书馆出版社 2008 年版。

2. [美]丹尼尔·里夫、斯蒂文·赖斯、弗雷德里克·G. 菲克:《内容分析法:媒介信息量化研究技巧》,嵇美云译,清华大学出版社 2010 年版。

3. 周翔:《传播学内容分析研究与应用》,重庆大学出版社 2014 年版。

第八章 | 比较研究法

二十世纪七八十年代以来,比较研究法迅速兴起。比较研究法不只是一种具体的分析方法,更是一种思维方式,因此,一系列与此思维方式相关的学科纷纷出现,如比较社会学、比较人类学、比较经济学、比较教育学、比较政治学、比较法学、比较哲学、比较文学、比较史学、比较文化学等。这些新兴学科的出现,表明比较研究法是一种重要的研究分析方法,已在社会科学研究中有广泛的应用。本章将在介绍比较法基本知识的基础上,侧重于介绍历史比较法。

第一节 比较研究法概述

一、比较研究法的意义

比较研究方法,又称类比分析法,是指对两个或两个以上的事物或现象进行对比,以找出它们之间的相似性与差异性的一种分析方法。它是人们认识事物的一种基本方法。

其实,在社会科学研究中,比较分析的思想可以追溯到古代思想家那里,只是那时的比较分析是朴素的和有限的。例如把人类社会类比宇宙,或者把人类与动物界做比较等。到了近代,随着人类活动视野的扩大,比较分析的思想才开始成熟。18 世纪和 19 世纪的许多西方思想家,如伏尔泰(Voltaire)、莱布尼茨(G. W. Leibniz)等,都开始关注东方人的思想,并做了比较分析。

第一个称得上系统应用比较分析法的人是法国著名思想家托克维尔(Alexis de Tocqueville)。托克维尔以研究美国监狱制度的名义于 1831 年至 1832 年在美国访问研究,之后写成了著名的《美国的民主》一书,从而名声大噪。在此书中,托克维尔把美国的民主政权与法国的集中化国家制度做了比较。他特别推崇美国的自由结社和大量的志愿团体,认为这些对维护民主和自由具有重要意义。

从方法论来说,托克维尔使用的是比较分析模型。美国社会学家斯梅尔塞(N. J.

Smelser)曾指出,尽管托克维尔并没有提出任何一种像“理想类型”那样的方法论,但是他在整个著作中,明确地对两类不同的社会形式——贵族社会与民主社会——做了概括和比较分析。“他的大部分比较论述都集中于这两个国家之间的差别上,而不是类似之处。而且,在进行这些论述的过程中,托克维尔使用了一系列相互有关,但又有所区别的战略。”①这些战略包括:既进行国家之间的比较,也进行国家内部的比较;既进行横向的比较,也进行纵向的比较;既关注其共性,也关注其个性。

托克维尔作为一位历史学家,也特别强调比较分析。例如,在他研究法国大革命的重要著作《旧制度与大革命》中,也贯穿了比较分析的思想。书中指出:“为了帮助理解下文,有必要对法国以外情况作此概述;因为,我敢说,谁要是只研究和考察法国,谁就永远无法理解法国革命。”②所以,他经常把法国历史与美国、英国、德国的历史进行比较,特别指出它们之间的区别:美国没有封建制度这个强大的敌人;英国贵族并未因革命丧失权力,他们与资产阶级实行联合统治;德国(除莱茵地区外)的农奴制长期存在,德国农民不像法国农民那样早已拥有土地。

经典社会学家涂尔干和韦伯也都非常重视比较研究,他们都把比较方法作为社会科学研究的重要方法之一。涂尔干甚至提出,比较方法是社会学研究唯一适当的方法,“比较社会学是社会学本身”。他说:“人们要研究任何复杂的社会事实,必须从一切社会类型中去考察它的全部发展过程。比较社会学不是社会学的特别分支,而是社会学本身,它不只停留在对事实的纯粹描述上,而是要对事实做出解释。”③

涂尔干从实证主义观点出发,指出社会学的解释主要是建立社会现象的因果关系。但他认为我们不能从社会现象中直接观察到它们的因果关系,而只能通过比较的方法才能加以研究。所以,他主张,比较方法必须坚持因果关系的原则。他指出,使用科学的比较方法,根据因果关系的原理去考察社会事实时,必须以下列命题作为比较的基础:一种相同的结果总是相对应于一种同样的原因。

对因果关系的分析,英国哲学家穆勒从逻辑推理的角度提出了五种方法,简称“穆勒五法”:求同法、求异法、求同求异法、剩余法和共变法。如下图所示:

事例	因素	现象
1	ABEF	abs
2	ACD	acd
3	ABCE	afg
∴	A ——→	a

图 8-1　求同法

① [美]尼尔·J.斯梅尔塞:《社会科学的比较方法》,王宏周、张平平译,社会科学文献出版社1992年版,第24页。

② [法]托克维尔:《旧制度与大革命》,冯棠译,商务印书馆1992年版,第58页。

③ E. Durkheim. *The Rule of Sociological Method*. New York: The Free Press. 1956. P. 139.

事例	因素	现象
1	ABC	a
2	BC	—
∴	A ⟶ a	

图 8－2　求异法

事例	因素	现象
1	ABC	a
2	ADE	a
3	FG	—
4	HI	—
∴	A ⟶ a	

图 8－3　求同求异法

事例	因素	现象
1	ABC	abc
2	B	b
3	C	c
∴	A ⟶ a	

图 8－4　剩余法

事例	因素	现象
1	A_1BC	a_1
2	A_2BC	a_2
3	A_3BC	a_3
∴	A ⟶ a	

图 8－5　共变法

在这五种因果分析法中，穆勒认为求异法是最重要的方法。但涂尔干认为共变法是比较方法中最能适用于社会学研究的方法，因为这种方法不必把所有不同的因素都一一排除之后再进行比较，而只需把两类性质虽然不同，但在某一时期有共变性的现象找出来，就可以作为这两类现象之间存在一种关系的证据。而且和其他方法的另一不同之处是，共变法不是从事物的表面而是从其内部关系上去发现它们之间的因果关系。

涂尔干在他的一系列研究中都系统应用了比较分析的方法。如在其重要著作《社会分工论》中，涂尔干采用二分法对两种不同的社会团结形式和社会形式做了比较分析。他主张根据社会各部分之间结合的方式和紧密程度来划分社会。由此他提出了机械团结的社会和有机团结的社会这种两分法。他把出现在不发达的和古代社会中的那种团结称为机械团结。这种团结是建立在个人相似性和社会同质性基础上的,由于分工不发达,社会各部分的相互依赖程度低。而与机械团结占主导地位的传统社会不同,现代发达社会就像一个具有各种器官的有机体一样,其中每个人都按照社会分工承担某种专门的职能,涂尔干把这种社会中所出现的新的团结形式称为有机团结。有机团结是建立在社会分工和个人异质性基础上的一种社会联系方式。

为了更清晰地说明涂尔干对这两类团结形式的社会的比较分析,我们可做如下总结:

机械团结	有机团结
低度分工	高度分工
较强的集体意识	较弱的集体意识
低度的个性	高度的个性
低度的相互依赖	高度的相互依赖
原始或乡村社会	现代或工业社会

图 8-6 涂尔干对两种团结形式的比较分析

涂尔干的《自杀论》是实证研究的典范,此书突出地体现了他的方法论原则。同样,他在此书以及其他著作中也都应用了比较分析方法。

韦伯在社会研究方法方面也有杰出的贡献。他不但确立了理解社会学的传统,而且提出了“理想类型”的概念方法。这种方法也为比较分析提供了基础。尽管和涂尔干一样,韦伯也强调社会学的解释旨在发现因果关系,但韦伯关于因果关系的分析法是不同于涂尔干的。韦伯认识到,没有一种科学体系能够包罗全部的具体现实,也没有任何一个概念能够完全说明无限多样的具体现象,任何科学都需要抽象,都有所取舍。换言之,科学不能停留在对个别现象的描述上。这就需要运用从“个别”上升到“一般”的概念工具,或者使用“概念的纯粹类型”法,即“理想类型”。

韦伯的理论前提是认为社会行动是理性的,且存在着一定的因果关系。但他把社会现象的因果性与自然界的因果性以及历史的因果性做了区分,认为自然界的因果关系是一种完全的确定关系,即“A 决定 B”,但社会现象的因果关系多是部分的确定关系或者说是可能性关系(或然性)。韦伯指出,社会因果性与历史因果性虽有共同之处,即都反映的是可能性,但二者也有明显的不同。历史的因果关系要说明的是一个事件所发生的特殊环境,但社会因果性更侧重一般性关系的分析。

所以,韦伯提出,理想类型是适用于社会科学研究的关于社会现象的一般属性的概念分析工具。理想类型“是一种概念结构,这种概念结构既非历史现实,亦非‘真实的’现实。……它只具有纯理想的有限概念的意义,真正的现实或行为可以与之相比较,并为解释其那些有意义的成分而对之作观察。这种概念是一些构造物,我们可以借助于这些构造物,通过运用客观可能性范畴,对关系做出系统阐述”①。

① [德]马克斯·韦伯:《社会科学方法论》,杨富斌译,华夏出版社 1999 年版,第 189 页。

根据抽象性程度的不同，韦伯主要使用了三类“理想类型”：一类来自特定的社会历史背景的概括，如“新教伦理”“资本主义”；另一类来自社会现实的抽象物，如“科层制”，这一类存在于多种社会文化背景之中；最后一类是对所谓的具体行动的合理设想，如“经济人”概念。

根据韦伯的观点，理想类型是社会学中理论构建的一种方法，它的建立必须有逻辑上的一致性，不能违反经验的因果关系。韦伯在其一系列研究中都运用了这一思想，而最能体现韦伯的比较方法的是他关于世界宗教的研究。他不但研究了西方的新教，还系统研究过印度教、中国的各种宗教以及犹太教等其他一些宗教，并对它们进行了比较分析，提出了许多有影响的观点。他对世界各大宗教的比较研究，旨在强调西方基督教文明的特殊性与合理性。如他通过比较分析说明了资本主义在西欧的兴起与新教伦理有密切关系，但在其他宗教社会中难以促使资本主义的形成。他认为中国之所以没能成功地发展出像西方那样的理性的资本主义，主要原因就在于中国缺乏一种像新教伦理那样的推动力量。

斯梅尔塞指出：“按照韦伯的方法，比较研究者不应该寻找宗教变项之间，或宗教与其他变项之间的相互关系（相伴变化），因为，根据韦伯的基本的方法论观点，这些相互关系必然是有节制的。相反，他要求研究各种变量的不同结合形式，以便解释宗教体系间重要的比较差异。”①而且，韦伯的全部比较研究都是以类比为基础的，总是把具体的历史事件或现实事物归属于某一“类型”。

在涂尔干和韦伯之后，由于社会科学研究中占主导的方法论观点是实证主义，这种观点更加重视寻找一致性和普遍性的规律，因此，注重差异性和个别性分析的比较方法在一定程度上被社会学家们忽视了。但值得注意的是，比较方法在人类学等学科中一直受到重视。如美国著名人类学家博厄斯（F. Boas）明确提出人类学研究有两种不同的方法：一种是历史方法；另一种就是比较方法，通过这种方法可以认识一个具体社会的具体特征。

英国著名社会人类学家拉德克利夫－布朗（A. R. Radcliffe-Brown）是倡导比较研究法的代表。他在很大程度上受涂尔干的影响，主张社会人类学是社会学的一部分。他把自己视为“理论社会学家”或“比较社会学家”。在谈到比较方法时，拉德克利夫－布朗说：“比较方法就是这样一种方法，通过它我们从具体走向一般，从一般走向更广泛的一般，以此为目的并沿着这条道路，我们就可以获得普遍性，获得以各种形式存在于所有人类社会中的共同特征。”②

拉德克利夫－布朗指出，作为研究原始社会的人类学，既包括历史的（人种学的和民族学的）研究，也包括众所周知的社会人类学的通则化研究，而社会人类学是比较社会学的一个特殊分支。他的这一观点对后来人类学等研究有很大的影响。

二十世纪七八十年代以来，随着人们对跨学科研究和综合研究的重视，比较研究法

---

① ［美］尼尔·J. 斯梅尔塞：《社会科学的比较方法》，王宏周、张平平译，社会科学文献出版社 1992 年版，第 160 页。

② ［英］A. R. 拉德克利夫－布朗：《社会人类学方法》，夏建中译，山东人民出版社 1988 年版，第 107 页。

也得到了更广泛的应用。其原因主要有如下几个方面：

第一，第二次世界大战之后，世界社会政治格局发生了明显的改变，一大批新兴的发展中国家纷纷建立和发展起来。这些国家的历史和社会发展经历与问题引起了更多的西方学者的关注，他们开始从事对西方以外的国家和社会的研究。当然，从殖民主义时代开始，西方的人类学家等学者就开始了对非西方的土著人的研究。

第二，由于马克思主义等观点的影响，传统的欧洲中心主义观点受到了批判。例如，早期的西方学者基于发达国家的经验，为落后国家的发展提出了现代化的道路，认为广大的发展中国家只要借鉴西方发达国家的模式就会发展起来。但实践证明，西方的发展模式并不能普遍适用于其他国家。相反，有的学者提出，落后国家的“不发达状况”（underdevelopment）恰恰是由于发达国家的殖民主义控制的结果，因此主张发展中国家应摆脱西方的控制，走自己的发展道路，也就是主张多元化的发展道路或多元现代性。事实上，亚洲“四小龙”等国家和地区成功的发展范例，也证明了非西方的发展道路是可行的。这就促使更多的人去关注不同国家的文化、历史和发展道路。

第三，现代科学技术的发展也为人们进行较大范围的比较研究提供了便利条件。现在的交通和通信条件已非常发达，整个世界的联系加强了，各个国家与社会都成了“世界体系”的一部分。在“全球化”趋势加强的同时，人们并没有忽视“地方化”问题，人们也更加尊重不同的文化与传统。这就要求人们应具有比较的视角。因此，各种跨文化研究、跨社会研究纷纷出现。

二、比较研究法的原则

尽管比较研究法是我们从事社会科学研究所必需的方法，但也不是在任何情况下都可以应用比较法，其运用要符合一定的原则。

（一）可比性原则

首先，进行比较研究时应注意社会单位的可比性。我们通常进行比较的单位是两个或两个以上的社会或国家，主要做宏观层面的对比分析。涂尔干曾列出了进行比较的三种情况：一是将一个单独的社会中发生的事实作为比较的材料；二是比较相同的社会类型中各个社会所发生的事实作为比较的材料；三是把不同社会类型中各个社会所发生的事实作为比较的材料。现代化的比较研究家布莱克（Cyril E. Black）提出：“对人类进行概括，比较单位的问题是关键性的。它必须大到足以得出普遍重要的结论，因为人们不会期望从比较市政管理体制中获得对人类整体的有关知识。此外，它们又必须足够具体而能有效地比较。”①

进行具体比较分析时，比较的要素是有层次的，它们之间必须具有可比性，要求针对不同的对象，选择可比的方面和统一的标准进行比较。例如，比较两个不同地区的经济发展水平，就要通过一系列可以衡量其经济发展水平的指标，如人均 GDP、人均收入水平

① ［美］C. E. 布莱克：《现代化的动力——一个比较史的研究》，景跃进、张静译，浙江人民出版社 1989 年版，第 35 页。

等进行对比。而要比较两个不同地区的社会发达程度，可用受教育程度、预期寿命等指标进行对比。

斯梅尔塞从方法论的角度提出了选择比较分析单位的五条标准[①]：

第一，分析单位必须适合研究者所提出的那种理论问题。例如布劳（Peter M. Blau）指出，如果研究者希望研究不同环境对规范组织的影响，用于比较的分析单位就是组织本身，而不是它们的组成部分的作用和内部关系，因为理论问题的重点在前者。

第二，分析单位应该与被研究的现象有贴切的因果关系。库兹涅茨曾在一系列不同场合指出，民族国家是分析经济发展的恰当单位。他认为，国家对经济生活的命运产生了一系列重要的影响。民族国家确立了“经济活动赖以展开的制度条件，市场赖以发挥作用的界限，以及人力资源相对自由处理的范围和索取物质财富的范围”。而且，主权政府是一种“占压倒优势的权力，它能够解决经济发展产生的冲突，能够就制度的革新方案进行选择，认可那些据信是根本性方案，否定其他方案”。

第三，考虑到对分析单位进行分类的标准——它们的“社会性”或“文化性”，从经验上看，这些单位实际上应该是不变的，以免掩盖变化的主要根源。

第四，分析单位的选择应该反映与这个单位有关的资料的可利用程度。例如，从总的方面研究经济史，分析者实际上不能不选择国家作为分析单位，因为统计资料和其他各种证据，通常都是以国家的名义收集的。大部分资料涉及作为分析单位的国家，因为国家就是产生这些资料的因果过程的重要部分。

第五，只要可能，选择分析单位并对其进行分类，应该以标准化的和可以重复的程序为基础，因为这些程序本身不会成为导致错误的重要根源。

（二）横向比较与纵向比较相结合的原则

横向比较是指对同一时期的不同对象进行对比分析，也可以在同类事物内部的不同部分之间进行对比。纵向比较是指对同一对象在不同时期的状况进行对比分析。这主要着眼于其历史发展，比如研究某一个国家现代化发展的不同阶段的特征，或者研究中国农村在改革前与改革后的社会生活状况等。纵向比较侧重分析事物的发展与变化，主要属于历史比较研究。我们在下一节中将详细说明这一比较研究法。

研究不同国家或地区的社会发展水平，既可以进行横向比较，也可以进行纵向比较。如以布莱克为代表的一批美国学者做了大量的关于各国现代化问题的比较研究，其代表成果是1975年发表的《日本和俄国的现代化——一份进行比较的研究报告》[②]。此书从国际环境、政治结构、经济增长、社会结构以及知识和教育等几个方面对日俄两国的现代化过程做了比较。日本和俄国在社会文化传统和制度等方面是极不相同的，日本是亚洲的资本主义国家，而俄国是欧洲国家且后来建立了社会主义。它们有不同的宗教、经济和政治制度，但到了20世纪70年代，它们都成为现代化的国家。因此，布莱克等人提出

---

① ［美］尼尔·J. 斯梅尔塞：《社会科学的比较方法》，王宏周、张平平译，社会科学文献出版社1992年版，第190～191页。

② ［美］西里尔·E. 布莱克等：《日本和俄国的现代化——一份进行比较的研究报告》，周师铭、胡国成、沈伯根等译，商务印书馆1984年版。

这是很值得研究的问题。那么,如何对它们进行比较研究呢?他们指出,既可以根据它们发展现代化的不同时间进行比较,也可以根据在政治稳定、经济发展和社会动员等方面取得的成就的大小进行比较。此外,还可以把一个社会的某一制度单独拿出来同其他社会的制度进行比较。也就是说,他们不但对这两个国家从不同方面做了横向比较,还把它们与其他国家做了横向比较。他们当然也进行了纵向比较。通过这些比较分析,他们试图探讨进入现代化国家行列较晚的国家的现代化模式。

横向比较与纵向比较都是不可缺少的,只是不同研究的侧重方面会有所不同。例如,布莱克等人撰写的《中国的现代化》一书,就是以纵向比较为主、横向比较为辅的。"以中国为一方,日本、俄国为另一方的比较,突出了中国相当迟缓的现代化。通过这个研究,我们寻求把中国同另外两个国家区别开来的悬殊条件。但是,当日本和俄国生机勃勃地向前推进的时候,很难提出理由是什么促使中国不能脱离缓慢现代化的轨道。我们还试图去解释中国1949年以后发展较迅速的现代化,并从日本和俄国找出使中国向现代化迈进的早期相似之处。进行比较是全书的中心所在。"①

(三)相同性比较与相异性比较相结合的原则

许多事物之间既有相同或相似性,也有差异性。进行比较分析的一个重要原则和目的,就是找出事物之间的共同点和不同点,从而加深对它们的认识,进行区别对待。对事物的共同点的比较,目的在于把具有相同或相似性质的对象归入同类进行分析,这样有助于概括事物的本质特征。而对事物差异的比较,有助于区分和鉴别事物的不同类型,分析各种类型的不同特点。

从这一方面来说,在做比较前,应先对要比较的对象进行分类整理。因为"分类是减少,因此是控制此后被研究现象的社会背景变化的根源的一种途径,分类通过确定各种现象本质上属于同一背景,从而使它们可以相互比较;因此,分类是一种有可能转化操作性变量为参量常数的工作"②。因此,分类与比较是密切相关的,分类是比较的基础,比较是为了更深入地认识事物。

例如,按照现代化理论,把大多数相对落后的国家归结为"农业社会",而把现代相对发达的国家归结为"工业社会"。同时他们总结出了这两类社会具有一系列截然不同的特征,见表8-1。

---

① [美]吉尔伯特·罗兹曼主编:《中国的现代化》,上海人民出版社1989年版,第19~20页。

② [美]尼尔·J.斯梅尔塞:《社会科学的比较方法》,王宏周、张平平译,社会科学文献出版社1992年版,第186页。

表 8－1　农业社会与工业社会的比较

农业社会	工业社会
1. 以归属性、维护自身利益和泛功能性为主； 2. 稳定的地方群体和有限空间的流动； 3. 比较简单和稳定的"职业"分化； 4. 泛功能作用的"低差异"的分层。	1. 以全体性、专门化和以成就决定地位的准则为主； 2. 高度的社会流动； 3. 发展完善的职业体制，与其他社会结构无关； 4. 以职业成就的一般化模式为基础的"平等的"阶级体制； 5. 具有特殊功能的、独立的结构，即"协会"的盛行。

资料来源：[美]西里尔·E. 布莱克编：《比较现代化》，杨豫、陈祖洲译，上海译文出版社 1996 年，第 42 页。

三、比较研究法的类型

比较法有不同的类型。例如，美国学者科恩（M. L. Kohn）把比较研究分为四种类型：个案比较研究、文化背景比较研究、各国比较研究和超国家比较研究。

社会科学研究中常用的比较法主要分为类型比较法和历史比较法两类。前者多属于横向比较，后者属于纵向比较。下面我们首先介绍类型比较法，第二节将重点介绍历史比较法。

类型比较法是指对各种不同类型的事物进行比较的方法。如前所述，要进行类型比较，首先就要对各种事物进行分类整理。

经典社会学家最擅长类型比较法。如斯宾塞把社会跟有机体做类比，从社会进化的角度把人类社会分为两种类型——军事社会和工业社会，这两类社会具有一系列不同的特征，如表 8－2 所示：

表 8－2　军事社会与工业社会的比较特征

特　征	军事社会	工业社会
1. 主要功能或活动	为保卫和扩张而进行的共同防御和进攻活动	彼此提供和平的个人服务
2. 社会协调原则	强制合作，靠命令形成的严密组织，对活动正面和反面的两种管理	自愿合作，靠契约和正义原则管理，对活动只有反面的管理
3. 国家和个人之间的关系	个人为国家的利益而存在，对自由、财产和流动的限制	国家为个人的利益而存在，对自由、财产和流动极少限制
4. 国家结构	中央集权制	权力分散
5. 社会分层结构	等级和职业固定不变，地位继承	等级、职业和住地可变、开放，地位之间流动

与韦伯同时代的德国社会学家滕尼斯(F. Tonnies)从人类社会总结出了"共同体"(community)和"社会"(society)两种基本生活形式,认为这两类形式代表着两种不同的社会联系或两种不同的社会群体。其根本区别在于内部的结合方式,具体表现为表8-3所示的特征:

表8-3 共同体与社会的比较

特征	共同体	社会
1. 意志类型	本质意志	选择意志
2. 意志动机	自然情感	合理目的
3. 意志取向	集体意志	个人意志
4. 行动方式	传统行动	合理行动
5. 互动表现	本地网络、密集型	超本地网络、复合型
6. 生活范围	家庭、乡村、城镇	都市、国家、世界
7. 维护手段	情感、伦理、宗教	契约、法律、舆论
8. 结合性质	有机的	机械的

韦伯提出的"理想类型"法也是一种类型比较法,如前文所述,他在研究中广泛应用了这一方法。韦伯认为"理想类型"这种概念工具是一种基本的普遍化的研究方法,适用于对各种社会行动和现象的研究。

在社会科学研究中发展起来的文化比较、制度比较等方法,也都属于类型比较法。这些方法就是把文化、制度等分为不同的类型,如东方文化与西方文化、基督教文化与佛教文化、社会主义制度与资本主义制度、商品经济与计划经济等,然后通过一系列特征性的方面来比较各种类型的异同。

分类是科学研究的基础工作,分类可以使千差万别的现象条理化、系统化。对事物的分类可以通过归纳法来进行,在归纳过程中,对大量现象进行辨别和区分,找出其共同点和不同点,然后加以概括,再从具体事物的各种属性和关系中抽出某一本质特征,确定其类别关系。故类型比较法的作用之一就是由个别到一般,逐步地建立类型,由此上升到对整体的一般性认识。类型比较法的另一个作用是抽象出事物的本质特征,以便比较和认识表面上千差万别的各类社会现象。

第二节 历史比较法

一、历史比较法的含义

历史比较法是指按照时间顺序解释同一社会内部或不同社会中的社会现象或事物的相似性和差异性的一种研究方法。它是一种纵向比较法。

社会科学家对历史比较法的重视，体现了历史学与社会学之间新的融合和发展——历史社会学的兴起。研究社会发展或变迁离不开比较史的角度。这一方法要求把发展问题置于整个人类社会发展的历史之中加以考察，把时间维度作为一个基本变量，注重对一个社会不同时期或同一时期不同社会形态的比较研究。

社会学家对历史学方法的认识与应用经历了一个反复的过程。早期的社会学家非常重视历史分析，他们既研究社会静态方面的问题，也研究社会动态方面的问题。如孔德、马克思、韦伯等都有很强的历史意识，都试图对近代工业革命和法国大革命以来欧洲社会所出现的巨大社会变迁做出解释。

早期社会学家对社会变迁与发展的研究主要有如下两个特点：第一，所研究的课题与资本主义生产方式建立以来所出现的工业化、城市化、阶级分析等一些宏观的社会变迁问题有关；第二，带有明显的进化论色彩，即主张人类社会是由低级阶段向高级阶段不断进步的，就像生物界由低级向高级的演进一样。

但到了20世纪中叶，随着孔德和涂尔干所倡导的实证主义社会学的主流化，社会学家开始追求社会研究的一般性和形式化，结果社会学研究常常脱离具体的历史背景的分析，即缺乏历时分析（diachronic analysis），而过分强调对社会的共时分析（synchronic analysis）。历时分析是按时间顺序进行研究的方法，而共时分析是指在某一静止的时点上进行研究的方法。例如，以帕森斯为代表的功能主义理论者侧重于对社会系统的抽象分析。他们强调系统的整合和均衡，而不重视具体社会的变迁问题。他们即使谈到变迁，也只是指社会系统自身的调整变化。结构主义者也反对历史主义，强调共时分析。他们主张用自然科学的研究模式去寻找稳定的关系，而认为“历史”是偶然性的和反复多变的，因而不会有稳定的模式。

此外，有些社会学家虽然不同于帕森斯，他们放弃了建立宏观大理论的奢望，不再关注对宏观的社会变迁的具体分析，而是转向了微观分析，但是他们同样缺乏历史的分析视角。例如，符号互动论和本土方法论等微观学派只重视互动现象的分析，没有关注到宏观社会历史对人们行为的限定。

然而，20世纪70年代之后，社会科学研究出现了明显的“历史学转向”或朝历史化方向发展。美国社会学家查尔斯·蒂利（Charles Tilly）指出：“所谓历史化指的是，将重大社会转型的研究时期向过去延伸，寻找出可以与现代变迁相类似的历史，然后再借助它们在历史上所留下的文献资料，来考察现代社会变迁的横扫过程及其结果，并检视通则概念是否无误。”①他还提出这种历史学转向主要有四种类型：(1)后设史学式的：企图在所有的人类经验中找出时间模式。(2)世界体系式的：追溯出世界体系的延续性，以及人类互动的最大关联。(3)宏观史学式的：考察世界体系内的大型结构与过程。(4)微观史学式的：探讨在大型结构和进程的限制组内个人和团体的经验。这种发展也被称作“宏观历史社会学黄金时代”的到来。

---

① ［美］S. 肯德里克、P. 斯特劳、D. 麦克龙等编：《解释过去，了解现在——历史社会学》，王辛慧、江政宽、唐缘端等译，上海人民出版社1999年版，第15页。

历史社会学的兴起和历史比较法的广泛应用,主要有两个方面的原因。第一是对实证主义和功能主义的批判。新的社会科学家对功能主义的非历史主义倾向持有明显的批判态度。因此,华勒斯坦等在谈到历史社会学的兴起时说:“他们所做的工作不太具有‘科学主义’的性质,而更多地偏于‘历史主义’的方向。他们严肃地对待各种特殊的历史背景,将社会变迁放在他们所讲述的故事的核心位置上。他们所从事的研究工作的主旨并不是要检验、修正和制订普遍规律(如现代化的规律),而是要利用一般规则去解释各种不断变化的复杂现象,或从这些一般模式出发对它们加以说明。”①

第二是受到了马克思主义和法国年鉴学派的影响。20 世纪 60 年代以后,马克思主义观点在西方重新引起了人们的关注,各种新马克思主义观点纷纷出现。许多社会科学家开始关注国家的性质、战争与冲突、资本主义的发展等重要问题。历史唯物主义也产生了更广泛的影响。此外,以法国著名史学家布劳代尔(Fernand Braudel)为代表的法国年鉴学派重新把历史方法引入他们的研究之中,社会学家的历史意识又加强了。如蒂利、华勒斯坦、斯考克波尔(Theda Skocpol)等,都在这方面做出了突出贡献。自 70 年代后,一大批有影响的历史社会学研究成果问世,如华勒斯坦从 1974 开始发表的三卷本的《现代世界体系》,斯考克波尔的《国家与社会革命:对法国、俄国和中国的比较分析》(1979),本迪克斯(Reinhard Bendix)的《国王还是人民》(1978)和《权力、命运与自由:论历史社会学》(1984),蒂利的《从动员到革命》(1978)、《社会学与历史学的交会》(1981)和《大结构、大过程、大比较》(1985)等。

由于这些社会科学家的研究针对以往的现代化理论,人们逐渐得出关于社会发展与变迁的一些共识:

第一,所谓的“不发达”状况实际是那些特别富裕的国家的殖民主义、帝国主义和其他控制的结果。这种看法自然促使人们去重新考察贫穷国家所走过的道路,而这种重新考察是历史的考察。

第二,反对这些发展模式的一个理由是,那些试图用来预测和指导第三世界发展的模式,都是基于“发达”国家的历史经验提出来的,它们并不适用于贫穷国家的实际状况。

第三,随着西方学者对他们的政治和学术角色的忧虑,以及本土学者和政治家开始反对学术上的“殖民主义”,贫困国家对大的社会变迁的研究越来越缺少兴趣。②

因此,人们主张现代性不是唯一的,而是有不同的现代性。社会科学家应重视不同国家的历史与现实,应具体考察不同的社会变迁与发展,并不存在统一的社会发展模式。因此,主张反对“西方中心论”,旨在倡导多元的、比较性的分析思维。

二、历史比较法的类型和应用

(一)历史比较法的类型

按照斯考克波尔和萨默斯(Margaret Somers)的总结,常用的历史比较法主要有三种

① [美]华勒斯坦等:《开放社会科学》,刘锋译,生活·读书·新知三联书店 1997 年版,第 47 页。

② C. Tilly. “Historical Sociology”, *Perspective in Social Theory*. Vol. 1. 1980.

类型：以理论论证为主的历史比较法、以说明特定事物过程为主的历史比较法、以宏观因果分析为主的历史比较法。①

1. 以理论论证为主的历史比较法

用这种比较方法进行研究，主要是为了进行理论证明，即通过对处于不同社会历史环境中的不同实例的说明，来证明一种理论或观点的普遍性。

艾森斯塔得（S. N. Eisenstadt）在其名著《帝国的政治体系》中即应用了这一方法。他所验证的是历史上中央集权官僚帝国的兴起、持续和衰落的结构/功能主义理论。他在书中列举了许多不同的历史片断：古埃及帝国、巴比伦、印度帝国、中华帝国、波斯帝国、罗马和希腊帝国、拜占庭帝国以及各欧洲国家。他提出："这部书的目的，在于运用社会学的概念，通过对一种特殊类型的政治体系的比较分析，来对历史社会进行解析。这种分析的目的，不是历史学式的分析或描述，也就是说，不是对一个特定社会或政权在时间上展开描述，也不是运用社会学的工具去分析单一具体社会的历史。它的主要目的，是对可以在不同社会之中发现的一种共同类型的政治体系进行比较分析，试图揭示这种政治体系的结构与发展的某些模式或规律。"②

由于艾森斯塔得也是一位深受帕森斯功能主义影响的社会学家，尽管他具有突出的历史分析意识，但他着重从理论上探讨现代化或社会发展的模式问题。因此，艾森斯塔得不是像历史学家那样具体考察历史上存在的不同的国家与政权，而是对具有概括性的政治体系进行比较分析。一种政治体系可包含具有某些共同特征的国家。如他主要研究的帝国政治体系就包括各种古代的帝国、中华帝国（从汉代到清代）、罗马帝国等，这些都是中央集权的历史官僚帝国或国家。其整个研究的基本出发点是：政治体系构成社会的一个特定子系统和层面，这一层面必然依赖于其他的社会子系统，为了能够发挥功能，政治体系需要各种各样的东西。

因此，这种平行的历史比较法，主要关心的是理论的阐述和证明。并列的历史实例，只是在说明理论适用于具体情况和证明该理论包括了实例所反映的情况时，才是有用的。

2. 以说明特定事物过程为主的历史比较法

这种方法是把两个或多个事物放在一起，对比说明它们与某一主题或特定理论之间的关系。故它强调历史事物的特殊性，分析这些独特性如何导致了特定的结果。这方面的研究成果如本迪克斯的《国家的建立与公民身份》《国王还是人民》等。

比较分析一方面寻找事物间的相似性，另一方面寻找其差异性。这种对照性的比较方法，主要是为了说明差异性，也就是通过一种结构与其他结构相对照而增强其"显著度"。正如本迪克斯在《国王还是人民》中所说的，"通过比较分析，我打算尽我所能地保持历史特色的意义，同时又比较了不同的国家。我提出同样的或至少类似的而材料又各异的问题，同时也为各自不同答案留下余地，而不是要为笼统地概括而失去历史特色的

---

① T. Skocpol & M. Somers. "The Uses of Comparative History in Macrosocial Inquiry", *Comparative Study of Society and History*. Vol. 2. 1980. Pp. 174 – 197.

② ［美］S. N. 艾森斯塔得：《帝国的政治体系》，阎步克译，贵州人民出版社 1992 年版，《序言》，第 1 ~ 2 页。

意义”。他还指出,比较社会学研究通过一种结构与其他的结构相对照而增加了它的“明显度”。例如,通过与日本封建主义进行比较,欧洲封建主义可以得到更明确的界定;通过与那些教会组织不发达的其他文明相对比,教会在西方文明中的重要性显得更突出了。总之,这种历史比较法主要在于关注某些历史过程的特殊性,而不去做一般性概括。

3. 以宏观因果分析为主的历史比较法

宏观的历史比较法,主要是通过对某些重大历史过程的比较分析,为社会发展与变迁提供因果性解释。这方面的代表例子如摩尔(Barrington Moore)的《民主与专制的社会起源》、斯考克波尔的《国家与社会革命:对法国、俄国和中国的比较分析》等。

关于这种比较分析的作用,摩尔指出:“在致力于国别史的探讨时,比较研究会有助于人们提出很有价值的,有时甚至是意义全新的问题。更重要的是,比较考察可为公认的历史解释提供初步的否证,比较研究还可以引出新的历史概述;在实践中,这些特点贯穿于整个思维过程之中,使得这样一种研究既区别于也优越于有趣实例的堆砌。”①如他在其书中通过比较不同的政治制度,总结出了供现代世界选择的三条政治发展途径:第一,通过“资产阶级革命”走向自由民主政体;第二,通过“自上而下”的革命走向法西斯主义;第三,通过“农民革命”走向共产主义。

布莱克等人对现代化所作的比较研究也属于此类。他在所编的《比较现代化》一书的《导言》中明确指出:“对社会发展中一些范围狭小的方面往往可以从各个国家的经历中进行最好的研究。但是,对于各个社会之间在现代化进程中表现出来的共性与差异等比较广泛的问题,只能用比较的方法加以考查。现代化比较研究就是谋求了解知识的进步——科学和技术革命——如何对社会发展产生作用有所帮助。这样的解释自然涉及各个国家在政策的制定中应当加以考虑的内在机会和危险。”②

布莱克还提出,比较研究在系统概括人类经验方面具有重要作用,这主要表现在两个方面:第一是对复杂素材的组织和分类,即概括;第二是对社会变迁及其动力做出解释。前者关注既成事件,后者关注的是变迁和历史的动力。但他指出,无论是哪种方法,在进行有效比较时所遇到的问题是相同的。这些问题有四类:(1)时间关系问题,(2)比较实体的界定,(3)证据的运用,(4)理论概括的形成。③

关于这种比较方法,斯考克波尔和萨默斯指出,从逻辑上讲,宏观分析者是根据两个基本分析单位中的一个做说明,或者是把它们结合起来分析。一方面,宏观分析者可以确立几个需要解释的有共同现象的案例,这是穆勒所说的“求同法”;另一方面,宏观分析通过对这些案例的对比,使它们得到具体的说明,这是穆勒所说的“求异法”。

斯考克波尔和萨默斯最后指出,这三种不同的历史比较法各有优缺点,在实际运用时可根据不同的研究把它们结合起来使用。它们之间实际上也是相互关联的。

---

① [美]巴林顿·摩尔:《民主与专制的社会起源》,拓夫、张东东等译,华夏出版社1987年版,《前言》,第3页。

② [美]西里尔·E.布莱克编:《比较现代化》,杨豫、陈祖洲译,上海译文出版社1996年版,第8页。此书中的作者从政治、经济、教育和文化等不同方面对各国的现代化做了比较分析。

③ C. E. Black. *The Dynamics of Modernization: A Study in Comparative History*. New York: Harper and Row, Publishers. 1966. P. 39.

（二）历史比较法的特点

历史比较法作为一种重要的社会科学研究方法，具有两个主要特点：

第一，历史比较是一种纵向比较法，即以时间为基础分析社会事物或现象的异同点，以说明社会发展的过程和趋势。因此，它适用于解释事物的变迁过程。

第二，历史比较主要是一种定性分析。它强调的是社会结构和过程的本质属性、具体性或者个别性，而非一般性或共同性。历史比较属于宏观层次的社会科学研究，故比较分析的对象多是不同国家或社会中发生的长时段的社会变迁与问题，如工业化、现代化、社会革命、阶级结构变化等。

▶本章小结

本章重点介绍了比较法的意义、应用原则和类型，尤其对历史比较法的含义和类型做了系统介绍。比较研究法作为一种以定性分析为主的方法，在社会科学研究中有广泛的应用。这种方法以宏观分析为特征，研究对象以国家或宏观的社会结构为主，故这类研究又被称为跨社会研究、跨文化研究等。

▶进一步阅读书目

1. [法]马太·杜甘：《比较社会学：马太·杜甘文选》，李洁等译，社会科学文献出版社 2006 年版。

2. [美]尼尔·J. 斯梅尔塞：《社会科学的比较方法》，王宏周、张平平译，社会科学文献出版社 1992 年版。

第九章 实地研究法

实地研究法是社会科学研究中常见的方法之一，以其直接、生动和深入的特点，在政治学、社会学、心理学、教育学、文化人类学等学科领域中都有广泛的应用，也出现了数量众多的经典案例。实地研究法不仅仅是收集资料的途径，更是一种可以指导社会研究全过程的研究方式。对这种方法，应该按照研究的程序，进行分步骤的介绍，以反映实地研究法的全貌。正因为如此，本章称之为实地研究法，而不是实地调查方法。

第一节 实地研究法概述

一、实地研究法的概念

实地研究(field study)，又称"田野研究"，是指不带有理论假设而直接深入到社会生活中，采用观察、访问等方法去收集基本信息或原始资料，然后依靠研究者本人的理解和抽象概括，从第一手资料中得出基本结论的方法。风笑天把实地研究界定为："一种深入到研究现象的生活背景中，以参与观察和非结构访谈的方式收集资料，并通过对这些资料的定性分析来理解和解释现象的社会研究方式。"①

实地研究法是处于方法论和具体的方法技术之间的一种基本研究方式，它规定了资料的类型，既包括收集资料的途径和方法，又包括分析资料的手段和技术。实地研究法收集的资料通常是定性资料，采取的收集资料的方法主要是参与观察、无结构式访问，分析资料的方法使用的是定性分析的方法。在社会学中，又有定量研究和定性研究的区分，分别体现了实证主义和人文主义的方法论传统。实地研究属于定性研究的知识探求方法，这种方法注重对少数个案的深入理解，有时也被指责为主观想象色彩较浓。

早期的实地研究多用于文化人类学领域，被称为田野工作或实地参与观察法，是文

① 风笑天：《社会研究方法(第4版)》，中国人民大学出版社2013年版，第228页。

化人类学最具特色的研究法。它与“民族志研究”或“民族志”（ethnography）一起构成人类学家收集资料的有效方式。文化人类学家提出的具有一定程度可能性的理论都来自将观察与假设结合在一起的归纳过程，而这种归纳过程，只能由社会人类学家在田野中来完成。研究者必须做好准备，到他将要研究的人们或民族中生活几年，与这些人建立尽可能密切的关系。[①] 英国人类学家马林诺夫斯基（B. K. Malinowski）曾于1914年至1921年在西太平洋的新几内亚及特罗布里安群岛（Trobriands），运用参与观察法调查该岛的土著文化。他前后调查了3次，长达6年之久。他的名著《西太平洋的航海者》一书中详细描写了他如何参与到土著社会的情况。

无论是社会学还是文化人类学的研究，实地研究的方法都旨在进行描述分析和建构理论，而非检验理论。其基本的逻辑结构是：研究者在确定了要研究的问题或现象后，不带任何假设进入现象或对象所生活的背景中，通过参与观察，收集各种资料，在对资料进行初步的分析和归纳后，又开始进一步的观察和进一步的归纳。通过多次循环，逐步达到对现象和过程的理论概括和解释。[②]

二、实地研究法的特点

实地研究法作为一种以定性为特征的研究方法，与统计调查等以实证主义方法论为基础的研究方法不同。它具有以下特点：

首先，实地研究法假设特定人群共享着一种知识，对事物有一种认识，研究者的目的就是加入这个人群，并分享他们的知识。研究者要关注这些人是怎么认识的，而不去解答这种知识的真实性问题。因此，研究者进入现场时，通常不带有理论假设，更不是去证实或证伪某种理论假设，而是从经验材料中归纳出理论观点。也就是说，实地研究法获得结论的途径是归纳推理，而非演绎推理。

其次，实地研究法强调互为主体性（intersubjectivity）或主观互动的关系。研究者不是作为一个纯局外的主体，而是要设法成为要研究的人群中的一员，融入其中，尽量地去共享他们的知识，直到与他们达成共识。研究者的身份在研究对象中间有时是模糊的，甚至他们完全不知道研究者的身份。但即使被研究者知晓研究者的身份，研究者也不干涉他们的日常生活，而是让他们尽可能以“原汁原味”的状态活动。因为研究者的加入可能会对他们的生活方式形成干扰，研究对象会以“正确”的行为方式加以回应，从而使收集的资料失真，尤其是敏感的人群或现象更是如此。

再次，实地研究法所考察的对象较为具体和有限，强调对个案的深入观察，收集详尽的资料。因此，这不同于强调广泛代表性的统计调查。

最后，研究者通过实地研究所获得的资料以定性资料为主，主要进行深度描述分析，以达到对具体对象的理解和认识。这虽然以具体分析为主，但实地研究的目的还包括从具体分析中抽象出一般模式。

---

① ［英］拉德克利夫－布朗：《社会人类学方法》，夏建中译，华夏出版社2002年版，第31～32页。

② 风笑天：《社会研究方法（第4版）》，中国人民大学出版社2013年版，第228～229页。

三、实地研究法的适用范围

虽然方法无好坏,但直到今天,主流的社会学研究仍强调实证研究。然而很多接触社会学这门学科的人认为,社会学是一门沉闷而缺乏深度的科目。他们讥讽社会调查的结果通常只是反映了一些"常识"层次的事实。吉登斯亦接受这一事实,他认为造成这种情况的主要原因是不少社会学学者亦步亦趋地跟随着自然科学的程序和目标。[①] 如果我们以实地研究法来做社会研究,社会科学或许会呈现出另一种面貌。

实地研究法由于需要依靠研究者本人对现象本质和行动意义的"深层描述",最适用于对少数有代表性的、独特的个案或社会事件进行详细、深入的考察,特别是那些只有在现场——自然情境——中才能更好解释的群体事件、社会过程和态度、行为。

美国洛夫兰夫妇(Loflands)在《社会情境分析》一书中指出,适合做实地研究的课题有下列几类:意义、行为、事件、相遇、角色、关系、组织与社区。

1. 意义

意义,指参与者对其行为的定义和解释,通常用语言、文字、行为来传递一定的意义和信息。在很多情况下,根据现场情境的不同,同样的语言和行为传递的信息和意义也可能不同。这种微妙的信息传递和意义诠释很难通过实验或问卷调查来研究,而实地研究在这方面就具有优势。

2. 行为

行为,指语言行为和非语言行为,特别是人们的异常行为。一般而言,大多数的异常行为不是公开行为,而且,很少有人愿意与他人公开讨论自己本身的异常行为,这就给我们研究异常行为带来了难度。我们不可能设计一个实验,要求参加实验者展示他们的异常行为;我们也不可能设计一个大规模的问卷调查,要求被调查者回答各种极为敏感的问题。而采用实地研究的话,我们就能够在自然的场合下密切观察异常行为的开始、经过与结束,从而获得对异常行为研究的第一手资料。

3. 事件

这里的事件,指发生持续时间不长的事件,可能是几秒钟、几分钟或几小时的事件。当然,很多事件可以通过问卷调查来研究,但是有些事件要通过实地研究的方法来进行,如离校庆典、运动会等,这些事件就很不适合问卷调查。另外,对教师或学生在某种仪器操作或计算机操作中的失误造成仪器损毁或计算机死机,面对网络遇到病毒的入侵等突发事件,也很难用问卷调查来研究。一般情况下,我们便通过实地研究的方法来获取观察资料。

4. 相遇

相遇,指的是两个人或两个以上的人互相交往的过程。在某种交流活动中人们初次相识的过程,人们互相介绍的情景,以及利用 QQ、MSN 交往的过程都可能是实地研究的对象。人们的交往过程一般不容易用变量来概括或代表,但是可以通过文字与图片来描

---

① 阮新邦:《批判诠释与知识重建——哈伯玛斯视野下的社会研究》,社会科学文献出版社 1999 年版,第 137 页。

述。

5. 角色

根据洛夫兰的定义，角色并不是指观察者所扮演的角色，而是指实地研究的对象所扮演的角色。比如，在一项关于课堂教学模式的研究中，我们关注教师为主导、学生为主体的角色体现，教师花多少时间、用什么方式进行学习指导，学生用多少时间、用什么方式主动参与学习活动，等等。对角色的研究也可以通过问卷调查来实现，但是，问卷调查侧重于发现模式与普遍情况，而实地研究则侧重于背景、状况与原因。实地研究不但可以描述教师、学生作为角色扮演的时间长短，还可以描述他们在教与学活动时的情绪，如快活、闷闷不乐、焦虑等。

6. 关系

由于角色不可能孤立地存在，因此，实地研究也同时研究关系。社会生活中充满了各种各样的关系，父子关系、母子关系、师生关系、买主卖主关系等。这些关系千变万化，很难用定量方法做透彻的研究。比如，父子关系、母子关系、师生关系就很难用一个变量来概括，仅仅把父子关系、母子关系、师生关系归纳入"好""一般"与"差"的范畴，就很明显地漏掉了这种关系中存在的许多细微层次。如果我们的研究重点正是在于这种关系的细微之处，那么实地研究就是合适的方法。

7. 组织与社区

组织与社区指研究的基本单元不再是个人，而是小组、组织或社区这类个案。由于这些个案中包括了角色之间的关系、人与人之间的交往、各种各样的行为和事件以及它们所传递的意义与信息，对小组、组织与社区的实地研究往往是综合性的个案研究。

总之，实地研究的长处是能够细腻、透彻地描述角色之间的关系，人与人之间的交往与行为事件所传递的意义和信息。当变量不能较好地概括或代表我们所研究的对象，而文字与图片却能发挥作用的时候，我们就可选择实地研究法。

第二节　实地研究法的程序

实地研究法的程序可以简单地分为以下六个步骤：第一，选择"实地"；第二，进入现场；第三，抽样；第四，收集资料；第五，分析资料；第六，撰写报告。每个步骤的实现都需要特定的技术和技巧。收集资料的具体方法（观察法、访谈法等）将在随后的章节中专门论述，我们在此集中讨论其余五个步骤。

一、选择"实地"

选择"实地"包括确定课题、选择方法和确定实地三个方面。

研究课题的重要性是怎么强调也不过分的，良好的开端是成功的一半。研究课题的确定受到研究者自身和客观条件两个主要方面的限制。一方面，从研究者的角度讲，研究者的研究能力、学术兴趣、学术素养和前瞻性对研究课题的确定有着决定性的影响。

课题的理论价值和实践意义随着课题的确定也就基本确定了。另一方面,客观条件的制约也是影响研究课题确定的重要因素。这些客观条件包括文献资料、研究经费、社会意识形态和政治等因素。由于实地研究需要研究者投入大量的时间和费用,能否争取到科研经费业已成为确定研究课题的重要客观限制。

如前文所述,实地研究法特别适用于研究自然情境下的态度、行为和跨越时间的社会过程等社会研究课题。采用实地研究法的经典案例有美国著名社会学家怀特(William F. Whyte)的《街角社会》(*Street Corner Society*)、美国著名社会学家罗伯特·林德夫妇(Robert Lynd & Hellen Lynd)的《中镇》(*Middletown*)、我国社会学家费孝通先生所做的"江村研究"等。在实际研究中,为了得到更全面的信息,有时是多种研究方法并用,既做大规模问卷调查或文献研究,又在少数个案上深度访谈。

在进行完上面两个步骤之后,就要选择"实地"了。实地选择要符合两个原则:一是相关性,二是方便性。所谓相关性,是指要尽量选择与研究课题密切相关的现场。所谓方便性,是指在符合相关性的前提下,现场要易于进入和观察。笔者在进行山东农村养老保障的实地研究时,选择了山东的两个村庄进行了深度访谈。在研究地点的选择上参考了经济发展水平的差异,是否参加了农村养老保险以及地理位置等因素,在确定了大致的范围后,出于方便性的考虑,分别联系了单位同事的家乡作为实地研究的现场。

但在实际操作过程中,实地的选择往往与研究者的社会资源息息相关。例如,中国社会学家孙立平教授在做口述史研究时,做得比较好的案例是他的学生挂职任副县长的县,搜集到的材料包括几千页的资料,上级的电话、批文、批示以及对许多参与者的访谈。[①] 再比如曹锦清教授在做中国乡土社会研究时,选择实地也是沿着私人的亲情朋友关系网络进入调查现场,利用了这一颇具中国特色的社会科学研究方法。[②]

二、进入现场

顺利进入现场是实地研究取得成功的关键步骤。研究对象本身的特点不同,进入现场的方式也有差别。

有些课题(如边缘群体研究)可能需要研究者以成员的方式完全参与其中,不能表明研究者的身份。进入现场时,需要得到"局内人"(insider)的认可,通常采取以某种程序或仪式进入、"局内人"推荐、"关键人物"帮助等方式。类似的社会研究多见于国外,如美国教会历史学家阿尔弗雷德(Randy Alfred)进行的魔鬼教徒研究:"我……以外来者的身份接触这个群体,并很快地表明了加入的兴趣。我伪装投身魔鬼教派却没有被怀疑而获得接纳,并依据我在仪式上的地位,被指派行政责任和'做法'角色,我在这个群体中取得了快速的进展。"[③]

国内采取完全参与方式进行的学术研究比较罕见,有些记者的采访报道反而使用了

---

① 孙立平:《"过程—事件分析"与当代中国国家—农民关系的实践形态》,《清华社会学评论》2000 年特辑,鹭江出版社 2000 年版,第 1 ~ 19 页。

② 曹锦清:《黄河边的中国——一个学者对乡村社会的观察与思考》,上海文艺出版社 2000 年版,第 4 页。

③ [美]艾尔·巴比:《社会研究方法(第 8 版)》(上),邱泽奇译,华夏出版社 2000 年版,第 380 页。

完全参与观察的方法。《卧底当代丐帮》一书，在收集资料时即采用了完全参与观察的方法。作者之一占才强进入现场的方式是通过局内人的推荐——他有一位乞丐朋友"小曹"，通过"小曹"，他的"乞丐"身份才得到其他乞丐的认同，乞丐也对他失去了警惕性，并以可能是犯罪的生活方式继续原有的生活状态。①

有的课题适用于更正式的接触且表明研究者的身份。进入现场的方式就需要通过正式的组织途径，或与其领导，或者通过研究对象所生活社区的"熟人"这样非正式的渠道进行接洽，征得研究对象的同意，以研究者的身份进行直接而正式的观察和访谈。如果是到有关单位或社区做调查，首先应向单位或社区的管理部门出示证明文件，说明研究的目的和意义，征得他们的同意。到了观察现场后，要设法消除当地群众的戒备心理，也可通过当地政府或社会组织的领导以及群众中有威望的人物做些必要的解释和说明，得到被观察者的支持和帮助。②

王春光在巴黎做的实地研究采用了非正式的途径进入现场："他们由于居住和工作比较集中，形成了一个熟悉的社会圈子和社区。这为我们的参与观察、个案访谈和网络跟踪提供了很好的基础，只要找到一个突破口或切入点，就能较好地了解他们的情况，在一定程度上弥补了不能按严格的抽样规则进行调查的不足。在此次调查过程中，我们中的一人借住在一个温州人家里（用温州人的话说，是在一家温州人那里搭铺），与他们同吃同住。周围的邻里大部分是温州人，共有11家，其中5家是工厂兼住户。另外，我们根据温州人的生产经营和社会活动范围，分别在庙街、Rue Beaubourg、十区和美丽城4个地方建立了5个观察点，它们分别是点心店、皮包制作和生产工厂、旅游纪念品销售店、华侨俱乐部和进出口公司。每周我们至少要去一次，每次都要待上三四个小时。有的观察点我们每周去三四次，对他们的生产经营、交往行为和社会关系网络进行观察，由此渐渐地认识了越来越多的温州人，对他们中的一些人进行家访和观察。"③

曹锦清教授在做中国乡土社会研究时，首先设计的两种进入现场的方式虽然没有最后实行，但却反映了正式接触的必要性。他认为对于乡村的社会调查来说，第一大问题就是如何进场，第二大问题是如何保存"现场"。在中国逐级划分的行政区域面前，官吏的防范与村民的顾虑足以使陌生的研究者裹足不前。曹教授曾考虑过两种进入现场的方法。第一种是获得一份通行全国的记者证，凭记者身份进入现场。但几经努力，无法取得记者证。第二种是与中央或省的有关党政部门取得联系，争取他们的理解和支持，而后自上而下地进入调查现场，最终也没有成功。④

三、抽样

在进入现场后，为了使选择的研究对象具有代表性，有时还需要进行抽样。因为事实上研究者不可能观察到一切现象、访问到所有对象，只能从现场所有的研究对象中抽

---

① 占才强、高汉明、李宇新：《卧底当代丐帮》，北京出版社2003年版，第21~23页。

② 范伟达编著：《现代社会研究方法》，复旦大学出版社2001年版，第155页。

③ 王春光：《温州人在巴黎——一种独特的社会融入方式》，《中国社会科学》1999年第6期。

④ 曹锦清：《黄河边的中国——一个学者对乡村社会的观察与思考》，上海文艺出版社2000年版，第3~4页。

出一个样本进行观察或访谈。例如,研究者要观察球迷骚乱,观察到的行为只能是其中的某些样本。麦考和塞蒙提出了三种适用于实地研究的抽样方法:定额抽样、滚雪球抽样和特异个案。①

首先,如果被研究的组织和过程的成员已有明确的合理分类,可以运用定额抽样的方法,选择不同类型的成员。如研究一个组织,可以分别访问领导人和一般成员;研究学生政治团体,可以分别访问激进派成员和稳健派成员,或分别访问男人和女人、年轻人和老年人等。

其次,滚雪球抽样。假如研究者想了解一个宗教团体如何招收新教徒,可以向近期进入教派的信徒询问他们的介绍人的情况,然后再去追寻介绍人的介绍人。于是,样本就像雪球一样越滚越大。

最后,特异个案的重要性也不容忽视。对脱离正常模式的个案的研究,可以加深对人们态度及行为的正常模式的理解。例如,想了解某学校在一个誓师大会上表现出来的校风,去访问不愿参加誓师大会的学生可以得到重要的信息。

四、资料分析

(一)资料的审查

原始资料在记录过程中,可能出现虚假、遗漏、自相矛盾等问题。资料审查的目的是消除原始资料的这些问题,保证资料的信度和效度。

信度审查就是看资料是否真实可靠地反映了研究对象的客观情况。进行信度审查通常采用以下几种方法:(1)根据已有的经验和常识进行判断,如果与经验、常识相违背,就要对资料进行核实;(2)让两个以上的人分别记录,对记录相互印证;(3)根据资料的内在逻辑进行核查,如果发现资料前后矛盾或违背事物发展的逻辑,就要找出问题所在,重新进行调查;(4)利用资料间的比较进行审查,如果资料是用多种方法收集的,如既使用了观察法,又使用了访问法,可将对同一事件的记录进行比较以判断资料的可靠程度。

效度审查也就是准确性审查。一方面是审查收集到的资料符合原设计要求及对分析所研究问题有效用的程度,那些偏离主题太远的资料要清除;另一方面是审查资料对事实的描述是否准确,特别是有关的事件、人物、时间、地点、数字要准确无误。②

在实地研究过程中,资料的搜集和审查必须同时持续地进行,直到研究方案将近完成。因此,搜集资料不是机械式地记录资料,而是必须同时分析和解释资料,并且必须立即知道这些资料是否互相矛盾,是否需要进一步搜集更多的资料。当资料中的主题已显然可见,研究者才能准备结束资料的搜集工作,专注于资料的综合分析和解释。反之,若一直等到搜集资料结束后,研究者才开始对资料进行审查,在研究途中可能迷失于未经分析组织的大量资料中,而很难知道自己何时已经搜集关于某一主题的资料。若在最后分析资料时才发现问题,就很可能难以回到现场重新搜集资料。

---

① [美]艾尔·巴比:《社会研究方法》,李银河编译,四川人民出版社 1987 年版,第 208 页。

② 范伟达:《现代社会研究方法》,复旦大学出版社 2001 年版,第 295 页。

（二）资料的编码

资料的编码是分析资料的核心工作。只有经过资料的分类编码，繁杂的资料才能得以条理化和系统化。编码是以一个或多个关键词与文本片段形成关联，以便随后对一种观点加以确认。编码过程就是一种分析，它利用有意义的标签来描述所搜集到的描述性或推理性资料。实地研究资料以访谈记录、札记、观察笔记等定性资料为主，编码常采用开放式编码、轴心式编码、选择式编码三级编码形式。

开放式编码是指研究者在阅读资料时，将所有的资料按其本身所呈现的状态来设置概念或主题，并分配编码标签。它是研究者对初次收集到的资料进行整理分析时完成的。研究者在阅读资料的过程中，可以寻找或提炼出关键词、关键事件或主题，并给予初步的代码或标签，从而把大量零散的、混杂的资料转变成不同的类别。

轴心式编码也称主线编码、关联式编码，即研究者先形成一组初步的主题或概念，然后以这些主题或概念为轴心去看待资料和阅读资料。轴心式编码着重于发现和建立类别或主题之间的各种联系，包括因果关系、包含关系、时间关系等。相对于开放式编码，它对一类现象给出了解释性或推理性标签。在轴心式编码中，研究者可以经常提出的问题是：可以将现有概念分为不同的维度或不同的子类别吗？能否将几个密切相关的概念结合成更为抽象的概念？能否将资料中的这些类别按某种时间顺序、空间位置或者按他们与研究主题相关的程度进行组织？比如，将“家庭生活”划分为夫妻关系、家务分工、子女教育、休闲娱乐等维度，当这些维度在资料中不同的地方重复出现时，进行比较，并可以产生“性别角色”这样新的主题。

选择式编码即在阅读资料和进行开放式编码工作的基础上，有选择地寻找那些能够说明问题的个案，并对资料进行比较和对照。在主题中可以找到一个可以统领其他一些相关主题的核心主题，将所有的研究结果统一到这个核心主题的范围内。

编码的建立有两种常用的方法。一种是类似于归纳的方法。具体步骤如下：搜集初步资料；写成札记；一行行读札记；在段落旁或下方，写上想到的类目或标签；渐渐累积成代码清单；形成更为抽象的类目；把示例写在类目索引卡上面。① 开始建立代码时，可以先找条件、行动者间的互动、策略和技术、结果。如为了找到条件，可以去找“因为”或“既然”；为了找到结果，可以去找“结果是……”“所以是……”。第二种建立编码的方式介于预订式和归纳式之间。这种方法是为编码的建立提出一个基本的范围，研究者可以在此范围内归纳式地建立编码。

此外，博格登（R. C. Bogdan）和毕克兰（S. K. Biklen）列举出了编码类别的十种情况。② 这十种情况只是为研究者在分析资料、发展编码类别时提供参考：

1. 场所编码：研究发生的具体的现场。

2. 情境定义编码：研究对象如何定义场所或特定主题，即研究对象对研究场所或研

---

① ［美］Matthew B. Miles、A. Michael Huberman：《质性资料的分析：方法与实践》，张芬芬译，重庆大学出版社2008年版，第83页。

② ［美］Matthew B. Miles、A. Michael Huberman：《质性资料的分析：方法与实践》，张芬芬译，重庆大学出版社2008年版，第86～87页。

究主题的一般整体观点和看法。

3. 研究对象所持的观点:研究对象对场所特定方面的思考方式。

4. 研究对象对人们和物体的思考方式:研究对象对周围的人们和物体的分类方式。

5. 过程编码:事件随时间改变的顺序,或是从一种状态到另一种状态的变化。

6. 活动编码:经常发生的行为种类。

7. 事件编码:发生在研究场所或研究对象生活中的特定活动,这些活动并不常发生或只发生过一次。

8. 策略编码:人们完成各种事情的方法、方式和技巧,如教师运用策略进行教学等。

9. 关系和社会结构编码:人们之间通常呈现的行为类型或一个场所内各种关系的社会结构。

10. 方法编码:研究的程序、问题、喜悦、困境等。

以上所列举的编码类别,研究者在分析资料时可参考使用,研究可能着重于其中的一种或几种编码,这要视不同的研究取向或主题而定。编码资料的主要原则是使编码适合资料,而不是使资料适合编码。因此,应该在仔细阅读并检查了观察记录、访谈记录和其他所有资料记录的每一个句子、每一段话后,形成资料编码类别。对资料进行编码后,还需仔细审阅这些资料,检视原来的编码类别是否适合资料。进行合并、扩展、调整后,再次对资料进行编码,测试这些新的编码类别是否更适合资料,是否还需修改,最终使编码类别趋于合理、稳定。

(三)资料的分类整理

资料的分类整理是将已经按照每个类别编码的资料单位组合在一起,建立分类整理资料的档案系统。档案系统的基本要求是:(1)完整性和系统化,做到资料类别有序、层次分明,能全面系统地反映研究对象的特征;(2)主题明确,即对所收集的资料要力争用简明的语言突出问题,集中说明研究对象的客观实际情况。

国外的社会科学研究在分析实地收集来的资料时,已经发展出专门做定性研究的电脑软件,如 Ethnograph、Nudist、SALT、NVivo 等,但国内学术界对此类软件的应用还不够多。据巴比介绍,像 Ethnograph 这样的软件,可以让实地笔记进入标准化的文字处理程序。在使用 Word 等文字处理系统为笔记建立档案之后,就可以利用这个软件计算该档案的所有行数。在有页码标示的笔记备份上,还可以把研究者感兴趣的不同变量的编码记录写在边缘空白处。研究者可以把每一个包含统计特征的描述标示出来,或是标示那些观察到的情绪化陈述,还可以标示所有关于群体领袖、社会行动或是性别歧视的部分。①

近几年,NVivo 在定性资料分析方面得到了广泛的使用,这是由澳大利亚 QSR 公司开发的用于定性资料分析的软件包。NVivo 可对通过访谈、开放式问卷调查收集到的材料,以及来自社交媒体和网络的文本材料进行再编辑,对视频和图片进行标记处理、脚本处理。通过资料编码,可以进行数据挖掘和分析。该软件主要功能包括:查询功能,对文字信息出现的频率、来源进行查找和汇总;群组功能,对分析进行再归类;模型功能,对分

① [美]艾尔·巴比:《社会研究方法(第8版)》(上),邱泽奇译,华夏出版社2000年版,第377页。

析主题图像化;图表功能,生成图表;最后形成汇总报告。

五、撰写报告

研究方法的特性决定了实地研究报告的撰写应该特别注意详尽介绍研究的方法和策略:研究场所;与研究对象的关系;资料的搜集——在现场花了多少时间,整个研究进行了多少时间,搜集资料的主要方式和辅助方式,如何进行观察和访谈记录,如何检查观察记录和访谈记录等;研究者的心境——在研究的不同阶段,研究者个人对现场和被研究者有何感受,是否体验到情绪上的压力,这些主观的想法和情绪可能如何影响到研究;资料的分析——如何整理和分类所搜集的资料,使用哪一种归档和分析方式等。

一般而言,实地研究报告由六个部分组成:

第一部分为导言,介绍研究的缘起、研究涉及的基本概念和报告的架构。

第二部分为研究背景,在此部分中,应对以往的研究文献进行综述,分析现有研究的漏洞,明确此次研究在该领域的位置。

第三部分为研究的方法和策略,应该详尽描述。

第四部分为描述和分析研究结果,被研究者持有或运用着哪些内在观点,被研究者如何建构他们的行为等。

第五部分为结论,描述整个研究和过程发现了什么,归纳出哪些理论。

第六部分为讨论,对本次研究的信度、效度和伦理道德等进行讨论。

第三节　实地观察法

观察法和访谈法是常见的定性研究收集资料的方法。本章只涉及观察法,访谈法在另外章节中有专门论述。英国社会学家莫塞(Moser)说:“观察可称为科学探究的第一等的方法。”[①]所谓观察法(observational method),指研究者在实地研究中,有明确目的地以感觉器官或科学仪器去记录人们的态度或行为。

实地研究中的观察包括对社会场景中的事件、行为和人造物(也就是物品)进行系统的关注与记录。它与人们日常生活中的观察不同,作为系统的观察必须符合以下的要求:(1)有明确的研究目的;(2)预先有一定的理论准备和比较系统的观察计划;(3)用经过一定专业训练的观察者自己的感官及辅助工具,去直接地、有针对性地了解正在发生、发展和变化的现象;(4)观察记录是系统的;(5)要求观察者对所观察到的事实有实质性、规律性的解释。

一、实地观察法类型

研究者为了获得合适的资料,可以根据研究目的的要求,采取不同类型的观察方法。

---

① 转引自宋林飞:《社会调查研究方法》,上海人民出版社1990年版,第271页。

作为收集资料的方法,观察法可以按照不同的标准划分为不同的类型。其中主要的分类有:完全参与观察、半参与观察与非参与观察,结构式观察与无结构式观察,直接观察与间接观察,以及“火星人”与“皈依者”。

(一)完全参与观察、半参与观察与非参与观察

按照研究者是否隐匿身份和参与研究对象活动的程度,观察法可以分为完全参与观察、半参与观察和非参与观察三种类型。

完全参与观察(complete-participant observation),指观察者隐匿研究者的身份,深入到研究对象中间,以成员的身份参与研究对象的活动。半参与观察(semi-participant observation),指观察者并不掩饰研究者的身份,在得到研究对象的许可后进行的深入观察活动。非参与观察(non-participant observation),也称为局外观察,指观察者以旁观者的身份观察特定的行为,而研究对象完全不知道自己正在被研究。例如观察交通违规现象、球迷骚乱等,并不需要观察者参与其中。采用非参与观察,一般有两种方法。其一为近距冷淡法,即观察者在距离被观察者很近的地方观察,但对被观察者及其行动不表示任何兴趣,只是听和看,例如在候车室观察人们的言行。其二为远距仪器法,即借助望远镜、摄像机等设备在距离较远的地方进行观察,例如观察游行队伍。①

完全参与观察的优点是观察者生活在研究对象的环境中,观察者和被观察者的行为都是真实而自然的,资料更具信度和效度。但这种方法遇到的首要问题是伦理道德问题。研究者毕竟没有权利为了研究的目的而欺骗研究对象。其次,观察者的“成员”身份可能也会影响到所观察的社会过程。巴比形象地描述了这种影响:假设观察者被问及这个群体下一步该怎么做,无论观察者说什么,在某些方面观察者都将影响这个过程。如果群体采纳观察者的建议,则观察者对这个过程的影响是明显的;如果群体决定不采纳观察者的建议,这个拒绝的过程也可能对以后所发生的事产生重大影响;如果观察者表示不知道该怎么办,观察者就为这个群体带来了不确定性以及不果断的整体感受。② 最后,完全参与观察者还有被同化的危险,可能全盘接受研究对象的观点,从而不能客观地分析所观察到的现象。

半参与观察和非参与观察虽然没有上述问题,但观察难以深入,不能对研究对象做出全面的了解,其观察也就比较简略和空泛。

前文所述的《街角社会》被认为是使用参与观察方法进行研究的经典案例。作者美国社会学家怀特在1936年获得了一笔奖学金,可以用3年的时间做一项研究。怀特选择了一个位于波士顿名叫科纳威尔(Cornerville)的意大利贫民区进行研究。为了进入这个地区,怀特尝试了多种方法。最后,在一位社会工作者的安排下,怀特认识了当地青年帮派中的一个叫多克的头目。多克同意做怀特的保证人,即“多克的朋友”,去观察和研究社区中的各种活动和人们之间的联系。怀特在科纳威尔生活了三年,和帮派的青年人聚在一起,参与他们的各种活动。其中有一年半的时间是同一个意大利家庭住在一起。在长期的观察中,怀

---

① 王雪梅主编:《社会调查研究原理与方法》,华文出版社1998年版,第143页。

② [美]艾尔·巴比:《社会研究方法(第8版)》(上),邱泽奇译,华夏出版社2000年版,第363页。

特收集了丰富生动的资料，得出了有关群体结构与个体表现之间关系的一系列结论。

（二）结构式观察与无结构式观察

根据观察方式的结构程度，观察法可以分为结构式观察和无结构式观察。

结构式观察（constructed observation）是事先对要观察的内容进行分类并加以标准化，规定要观察的内容和记录方法，它所获得的资料大多可以进行定量处理和分析。它一般只适用于小群体研究和行为科学研究。非结构式观察（non-constructed observation）没有事先规定要观察的内容，并不要求专注于某些特定的行为与现象，而是对该场景下的所有行为和现象都进行观察，所获资料也多是从定性角度描述所观察的对象。一般的参与观察都是无结构的。

结构式观察与非结构式观察的不同主要有两点：（1）结构式观察所获得的资料大多可以进行定量处理和分析，而非结构式观察所获得的资料则大多是从定性角度描述所观察的对象。（2）非结构式观察没有明确的研究假设和观察内容，观察内容和观察角度也多在观察过程中随环境和条件变化而做一定的调整，有时这种调整是相当大的。

（三）直接观察与间接观察

根据观察对象的不同，可将观察法分为直接观察和间接观察。直接观察（direct observation）是对那些正在发生的社会行为和社会现象进行观察。间接观察（indirect observation）是对人们行动以后、事件发生以后所遗留下的痕迹这一中介物进行观察。

间接观察包括痕迹观察和行为标志观察两种类型。痕迹观察是对人们活动以后所遗留下的迹象进行观察，它有两种形式。一种是磨损测量，它观察人们在活动时有选择地使用某物造成的磨损程度。这种间接观察获得的资料的真实性往往高于访谈法和问卷法所获得的资料。例如，通过图书馆中图书的封面、里页的磨损程度，如书中记号的多少，或通过检查其流通记录来判断各类图书的普及程度，由此反映一定时期内人们的兴趣、爱好或社会时尚。另一种是累积测量，它观察人们遗留下的物质。在学生宿舍、教室上随便涂写的内容就是一种可度量的“累积物”。同样，从食堂的剩饭桶、垃圾桶、公园里的野餐包装纸等物品也可分析出人们的某些行为倾向。行为标志观察是通过一些表面的或无意识的现象来推测人们的行为方式和价值观。有社会学家通过在采访中给起居室打分的方法来度量社会阶级。起居室内有窗帘、硬木地板、多边桌、报纸和杂志则加分，如起居室内摆放床、闹钟或煤气炉等物则减分。根据草坪、房屋的外观（可维修状况和大小），也可估计出一个社区的社会地位状况。①

一般而言，间接观察所收集资料的有效性和普遍性很难判断，它通常作为一种辅助手段，提供某些线索，对其他方法进行补充和检验。

（四）“火星人”与“皈依者”

按照观察者扮演的角色不同，戴维斯将观察者分为“火星人”（Martian）和“皈依者”（Idolater）。“火星人”指观察者想象自己被送到火星上去观察新生命体的行为，形容观察

① ［美］贝蒂·H. 齐斯克：《政治学研究方法举隅》，沈明明、贺和风、杨明译，中国社会科学出版社1985年版，第286～287页。

者完全的旁观者的立场,难以真正理解被研究对象的思想和行为。“皈依者”指观察者越来越陷入研究情境而不能自拔,不能客观评价观察对象的行为。

二、实地观察法的记录

做好观察记录是实地观察收集资料的重要环节。做好观察记录需明确观察的内容、记录的方式及记录的累积和保存等问题。

(一)记录内容

观察记录内容应根据调查的目的来确定,一般包括四个方面:一是被观察者活动的舞台及其背景;二是被观察者的工作、学习、娱乐、行为习惯等;三是被观察群体人际、群际关系的状态,如有没有非正式群体,谁最活跃,谁最孤立等;四是被观察者的某种行为的目的和动机。

在每日的观察中,研究者可根据谁(who)、什么(what)、何时(when)、何地(where)、为什么(why)、如何(how)勾画出自己的观察工作概要。①

1. 谁:包括谁在场?有什么特征?他们扮演了什么角色?他们如何变成成员?变成了什么样的成员?谁在负责这个团体?

2. 什么:包括发生了什么?他或她做了什么?说了什么?如何表现?这些互动和行动是怎样开始的?哪些是日常生活的通则?参与者用什么语调说话?有哪些肢体语言?

3. 何时:包括这个行动什么时候发生?行动和事件的关系如何?行动持续了多长时间?行动什么时候发生较为有利或不利?

4. 何地:包括在哪儿发生?为什么在这个地点发生?这个地点的特征是什么?是否发生在其他地方?参与者是否可以辨别不同的空间?

5. 为什么:包括为什么发生?促使事件互动的原因是什么?对于发生的事件有何不同的看法和观点?

6. 如何:包括这个事件如何发生?发生要素之间的相关性如何?有什么明显的规范或规则?这个事件是否不同于发生在其他环境中的事件?

(二)记录的方式

可采用直接观察笔记、私人性笔记、方法笔记、推论和分析性笔记等方式分别记录观察者看到或听到的事实性内容、观察时的感受和想法、所用方法及作用,以及对观察资料进行的初步理论分析。

直接观察笔记通常是研究者按照日期、时间,以及每次观察整理出的先后顺序,将其在观察现场所见所闻用具体特定的字眼做的详细描述。私人性笔记类似于个人日记,记录了研究者个人的感觉与情绪反应,也是研究资料的一部分,这些个人感受可以检视和补充研究者在观察中的所见所闻或推论,例如研究者观察时的心情,会影响研究者的观察所见等。推论和分析性笔记主要记录研究者对观察所见的初步推论和分析,如研究者可以将其所见所闻进行比较,并用自己的解释来推断或揣测这些话语或行为的意义;也

① 范明林、吴军编著:《质性研究》,格致出版社2009年版,第132~133页。

可以通过建立想法与想法间的关联、创造假设、提出猜测及发展新概念等方式，仔细记录思考笔记内容，如图 9－1。

直接观察	推论	分析	个人日志
10月4日，周日。凯的咖啡店，下午3点。45岁左右的高大白人男性，超重，走进来。他穿着棕色短裤。他是一个人来的。坐在了卡座上。凯经过他身边，问道：“你想要什么？”男人回答：“黑咖啡，现在上。”她离开了，男人点了一支烟开始读菜单。下午3点15分，凯打开了收音机。	凯今天看起来很友好，在哼着歌。她变得严肃和谨慎。我认为当她紧张时她就会打开收音机。	女人由于之前的抢劫案而害怕那个独自走进来的男人。	下雨了。我和凯相处得很舒适，但今天很无聊。

图 9－1　观察笔记示例

资料来源：[美]劳伦斯·纽曼：《社会研究方法——定性和定量的取向（第 7 版）》，郝大海等译，中国人民大学出版社 2021 年版，第 397 页。

为了更直观、更具体地再现观察对象的行为、权力等关系特征，可通过绘制图表来记录。图形记录是对某些运动性的行为或者人际互动行为，运用符号、线条、箭头等绘出的行为图。这种图表直观、具体，有助于了解观察资料的位置和对资料的初步分析。有三种类型的图形可以借鉴：空间地图（spatial map）、社交地图（social map）、时间地图（temporal map）。空间地图依据物体所在的地理空间，了解人物、设备和其他事物的位置。社交地图显示在场的人数与类型，以及他们之间的权力、友谊和分工等的关系。时间地图显示人、物品、服务和沟通的动向或流程，如图 9－2、9－3、9－4①。

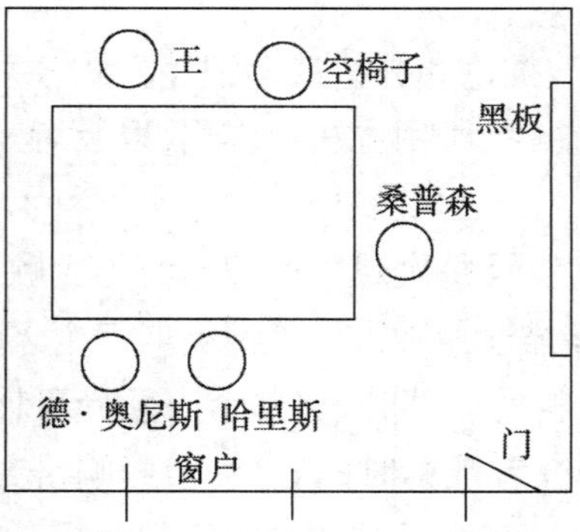

图 9－2　空间地图

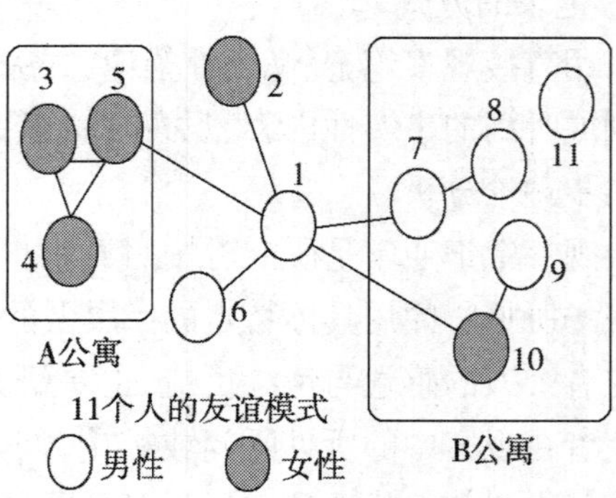

图 9－3　社交地图

① [美]劳伦斯·纽曼：《社会研究方法——定性和定量的取向（第 7 版）》，郝大海等译，中国人民大学出版社 2021 年版，第 400 页。

Buzz 酒吧的一周

	周一	周二	周三	周四	周五	周六
10:00开门 17:00	老酒鬼	老酒鬼	老酒鬼	老酒鬼	旷工或早退	钓鱼
17:00 1:00关门	看足球的人	领导和打桥牌的人	垒球队（男人之夜）	年轻人	大声音乐，混杂人群	单身或无约会者

图 9－4　时间地图

结构式观察有标准的记录格式，记录工作比较简单。如下表：

表 9－1　结构式观察的记录格式

观察卡片

（学生自习时间的利用状况——非参与观察）

班级：____人数：____（实际观察人数）

观察日期：________

时间：__________

观察内容：______________________________

估计人数：________

项目	无	约 1/4	约 1/2	约 3/4	全部	具体人数
1. 读课本	——					
2. 做作业	——					
3. 看小说	——					
4. 打瞌睡	——					
5. 闲聊	——					
6. 做其他事	——					

对于无结构式观察，在记录时需要注意以下几点：

首先，随着时代的发展，可使用的记录工具越来越多。现代化的观察工具，如数码相机、数码录音机、摄像机等，可以弥补观察笔记的不足，增强观察法的效度。

其次，记录的时机以同步记录（或称为现场记录）最为理想，以避免事后追记的不完整。现场记录应做到：在现场要专心地观看和聆听，集中研究的焦点，寻找人们谈话的主要用词，注意人们每次交谈中最先和最后说的话。

但是，很多观察的同步记录难以实现，原因在于当场公开的记录容易引起观察对象的不自然，甚至反感，从而使言语行为背离常规。其他诸如突发事件的观察更不适合现场记录。分阶段记录是解决问题的很好的方法，即在现场做简略记录，在离开现场之后，立即将记录详细地重写。

再次，记录的原则是“能记尽记”，把所有知道的细节完完全全地记下来。因为当你在记录时，并不知道哪些信息是真正重要的。到了分析资料阶段，你可能会发现原以为重要的信息并不重要，而原本看起来并不重要的信息却变得很重要。这也是实地研究的显著特点。有时看起来琐碎的细节能使人记起很多重要的事情。

最后，记录的内容应包括观察到的事实和对观察的解释，也就是是“知道”的和“认为”的社会过程。“知道”的事实是对现象的客观描述，观察时的思考即“认为”的社会事实同样重要，因为当时的思考源自灵感，是对即时感官刺激的直接反映，对后期的资料分析至关重要。如果在撰写报告阶段再回顾当时的所思所想，彼时的记忆可能就会不够完整。

三、观察法的评价

观察法是社会科学研究中很有特色的一种收集资料的方法。研究者通过观察研究对象的活动，记录有价值的信息，来归纳出理论模式。这种方法因为“观察”而有许多显著的优点，同时也有许多难以克服的局限性。

观察法最大的优点是观察者置身于研究对象中间，实地看到了社会过程的来龙去脉，感受到当时当地的特殊环境和气氛。同时，研究对象有时不知道观察者的存在，其行为表现自然而生动，具有真实性和直接性的特点。而事后进行的访谈法、问卷法等得到的资料，由于记忆和事后叙述的偏差，往往缺乏深度。

有些社会科学研究只能使用观察法。例如，婴幼儿、少数民族、语言障碍者等特殊社会群体不能直接表达他们的感想体会；再比如，调查对象因为各种原因拒绝访谈，在这种情况下，也只能采用观察法来弥补此类缺陷。

同时，观察法也具有一定的局限性和缺点：

1. 由于观察的直接性和自然性，它难以控制环境变量和时间变量，只能消极、被动地等待所要观察事件的发生。观察法无法预知突发性的事件，无法观察尚未发生的现象或已经发生的现象。此外，这种方法对公开进行的社会活动比较有效，而对隐蔽的社会活动的观察则往往无能为力。

2. 受观察者的思想方法、经验、知识水平的影响。观察者对观察对象的感受、理解，受到其自身价值观念的影响，不免带有个人感情色彩。对同样的社会现象，不同性别、年龄、爱好、受教育程度、职业的观察者，各自的观察重点、细节、深度及对其意义的理解都会有所差异。同时，观察者参与程度越深，越易失去客观的立场，加重个人的感情色彩，使观察结果掺进主观成分。

3. 观察法收集的资料是定性描述，资料琐碎而且凌乱，不易分类和编码。资料分析需要观察者具有极大的耐心，具备深厚的理论素养和高超的综合分析能力，即对研究者素质的要求较高。另外，观察法一般需要持续较长时间，工作量很大，它也需要较多的研究费用。

第四节　实地研究法讨论

实地研究特别适用于研究人们言行的细微差别和随时间发展的社会过程。这种使用观察和访谈收集资料的方法的长处在于可以使研究具有相当的深度,而许多其他研究方法都容易流于表面化。灵活性是实地研究的另一长处。研究设计在实施过程中可以随研究对象的变化而随时改变,而问卷法一旦实施起来就难以更改。但实地研究法在信度、效度方面有一定的风险,实施起来应该注意规避。

一、实地研究法的信度

实地研究法不能保证通过相同的观察,不同的研究者能够得出同样的结论。也就是说,实地研究在信度方面存在一些潜在的问题。问题的来源是:其一,研究者的观察和总结是高度个人化的,过于强调研究者的主观理解与研究者的人生观、政治派别、个人情感以及过去的生活经历密切相关。其二,一些事件的发生是可遇而不可求的,研究者只能消极、被动地等待研究现象的发生,很难对原先研究的现象或对象进行重复观察或访谈。

增加实地研究信度的方式,一种是通过在不同时间的重复观察或访谈,并增加记录者的人数。另外,在观察前要做充分的资料准备和研究设计工作,对研究背景有充分的了解。另一种是在对不同时间的行为进行观察时,要注意观察情境的变化,以及同一个人在不同时期行为方式的变化。

二、实地研究法的效度

实地研究法的效度是指这种方法能否正确地描述研究对象的社会行为。与大范围使用的问卷调查相比较而言,实地研究法可提供更具体实际的资料。

但是,在研究过程中仍有很多因素影响到效度。比如,在收集资料阶段,研究对象的"反应"会影响到效度。研究对象如果发现有人在观察他们,其行为方式就会出现扭曲,改变日常的行为习惯。再如,研究者本人的知识结构和期望也会影响到效度。研究者可能有意无意地引导研究对象的回答,向着研究者期望的方向发展。在分析资料阶段,研究者可能会根据个人的偏好来决定资料的取舍,来构造自己喜好的理论,这也会影响到实地研究的效度。

规避效度上的风险,需要研究者个人的自觉意识。研究者应该在实地研究的各个阶段都注意消除干扰因素的影响。比如,注意措辞,尽量减少对研究对象的引导等。

三、实地研究法的概括性

实地研究法的样本较小,概括性较差,在做任何推论的时侯都应该谨慎。有的研究仅仅是具有"存在这样一种事实"的意义,不具备对更广大人群和很大范围内的现象的代表性。[①] 实地研究法概括性低与其分析的深入性特点有关。实地研究中研究者对研究对象了解得既充分又深刻,从而可以做出非同一般的全面理解。然而,正因为它无所不包的性质,实地研究反而比定量研究缺少概括力。

实地研究法虽然也有抽样,但这种抽样多是非随机的。当研究者观察某个对象的行

① 李银河:《中国女性的感情与性》,今日中国出版社1998年版,第5页。

为或与其交谈时，研究者自己并不清楚他的情况是否典型，是否具有对其研究对象的代表性，而这种风险是很难规避的。

▶本章小结

实地研究法是指直接深入社会生活，采用观察、访问等方法收集资料，然后依靠研究者的理解得出一般性结论。这一方法特点突出，但适用范围有限。严格来讲，实地研究法的程序可以分为六个步骤，本章逐一做了介绍。最后，在使用该方法时，我们还应注意效度、信度、概括性和伦理道德等可能出现的问题。

▶进一步阅读书目

1. 范明林、吴军编著:《质性研究》，格致出版社 2009 年版。

2. 陈向明:《质的研究方法与社会科学研究》，教育科学出版社 2000 年版。

3. [美]诺曼 · K. 邓津、伊冯娜 · S. 林肯主编:《定性研究(第 3 卷):经验资料收集与分析的方法》，风笑天等译，重庆大学出版社 2007 年版。

4. [美]Matthew B. Miles、A. Michael Huberman:《质性资料的分析:方法与实践》，张芬芬译，重庆大学出版社 2008 年版。

5. [美]丹尼 · L. 乔金森:《参与观察法》，龙筱红、张小山译，重庆大学出版社 2009 年版。

6. [美]罗伯特 · K. 殷:《案例研究:设计与方法》，周海涛、李永贤、李虔译，重庆大学出版社 2010 年版。

7. [美]约翰 · W. 克雷斯威尔:《质性研究技能三十项》，王锡苓译，格致出版社、上海人民出版社 2018 年版。

第十章 | 访问研究法

访问研究法是社会科学研究常用的一种资料收集的基本方法。在实地社会研究中，访问法常与观察法一起使用。本章将侧重介绍访问研究法的基本概念、程序和方式等内容。

第一节 访问研究法的概念与分类

一、访问研究法的概念与特点

访问研究法，或称访谈法，就是访问者通过口头交谈等方式向被访问者了解社会事实情况的方法。访问的过程实际上是访问者与被访问者面对面的社会互动过程，这个过程决定了这一方法的主要特点，即互动性和灵活性。

互动性是访问法最大的特点。由于整个访问过程不是单向传导过程，而是双向传导过程，即访问者与被访问者通过提问和回答等方式互相作用的过程，这就使得调查质量的好坏在较大程度上取决于互动过程中人际交往的质量。在访问过程中，访问者是主动者，应积极影响被访问者，努力掌握访问过程的主导权，尽可能使被访问者按照预订计划回答问题，以取得研究所需要的资料。

访问调查是面对面的直接调查，它可以根据访问对象和访问过程的具体情况，灵活多样地选择问题、提问的顺序、提问的形式和措辞，有针对性地进行访问。

访问研究法的上述两个特点决定了这一方法的优点和局限性。其优点表现为：调查内容的广泛性、深入性，调查范围的适用性，调查工作的高成功率和可靠性。其局限性表现为：非匿名性；花费人力、财力、时间多；培训高素质访问员投入大；所取得资料是口头信息，需要进一步查证和核实等。

二、访问研究法的分类

按照不同的分类标准，可把访问研究法分为如下类别：

（一）结构式访问与无结构式访问

这是根据访问形式的自由程度来划分的。结构式访问，也称标准化访问，就是按照统一设计的、有一定结构的问卷所进行的访问。这种访问的特点是：选择访问对象的标准和方法、访问中提出的问题、提问的方式和顺序以及对访问者回答的记录方式等都是统一设计的，甚至连访问的时间、地点、周围环境等外部条件也力求与事先的设计保持基本一致。结构式访问的优点是，便于对访问结果进行统计和定量研究，便于对不同的回答进行对比分析。但是，这种访问法缺乏弹性，针对性不强，难以对问题做比较深入细致的探讨，同时也不利于充分发挥访问双方的积极性和创造性。

无结构式访问，也称非标准化访问，就是按照一个粗线条的访问提纲所进行的访问。这种访问方法，对访问对象的选择和访问中所要询问的问题有一个基本的要求，但可根据访问时的实际情况做必要的调整，有些问题是在访问过程中边谈边形成，随时提出的。因此，在此类访问中，无论是问题本身和提问的方式，还是被调查者的回答方式等，都是不统一的。

（二）个体访问与集体访问

这是根据访问对象的构成来划分的。个体访问是指一对一的访问，即由访问员向访问对象个别提问以收集资料的一种访问方法。个体访问的优点在于：适用于了解在公众场合不宜询问的问题；能选择在访问对象方便的时间和地点进行，容易取得他们的配合，访问成功率高；由于个体访问是个别进行的交谈，访问双方又没有稳定的社会关系，如果能充分保证匿名性，就可以使访问对象畅所欲言，收集到丰富的信息。

集体访问是指对若干人的访问，即访问员邀请若干被访问者，通过集体座谈的方式了解社会情况或研究社会问题的方法。集体访问法，实质上是个体访问的一种扩展形式。集体访问不是通过与个别访问对象的个别交谈来获取信息，而是通过与若干被访问者的集体座谈来获取信息。因此，集体访问过程，不仅是访问员与被访问者之间互相影响、互相作用的过程，而且是若干被访问者之间互相影响、互相作用的过程。要取得集体访问的成功，访问员不仅要有熟练的访问技巧，而且要有驾驭调查会的能力。这也说明，集体访问是比个体访问高一个层次的调查方法，也是一种更复杂、更难掌握的方法。集体访问法的优点在于：访问对象之间能就讨论内容相互启发、相互补充、相互修正，访问员集思广益，能在较短时间内获取大量的信息。与个体访问相比，集体访问的最大缺点是，无法完全排除被访问者之间社会心理因素的影响，特别是那些职位较高、权力较大、能说会道的人往往垄断会场，他们的意见有时会左右访问现场的倾向，影响调查的结论。集体访问的另一个缺点是，有些问题不宜在会上调查。例如，某些敏感问题、隐私问题、有威胁的问题均不宜在集体访问的现场询问。

（三）直接访问与间接访问

这是根据访问双方是否直接见面来划分的。直接访问就是访问者与被访问者面对面地交谈。这种访问可以问一些比较复杂的、回答起来费时较多的问题，可以根据访问对象的情况和访问环境，灵活掌握访问方式和进度，因此质量较高。但走访被访问者比较费时，花费也大。间接访问主要指通过电话等手段进行的访问。其优点是时间短，费用省,保密性强,但只能询问比较简单的问题,且对没有电话的人无法使用。

(四)一般访问与特殊访问

这是根据访问对象的特征来划分的。一般访问,是指对工人、农民、知识分子、干部等一般对象所进行的访问。特殊访问,是指对那些知名度高的人、突发事件当事人、儿童或聋哑人等特殊对象所进行的访问。对这些特殊对象的访问,应该注意一些特殊问题。例如,对知名度高的人进行访问,应特别注意访问时机的选择和访问问题的提炼;对突发事件当事人进行访问,应简单、明了、快速、敏捷,善于抓住问题的症结;对儿童进行访问,应充分考虑儿童的心理特征,以及儿童注意力短暂、理解能力和语言能力有限等特点;对聋哑人进行访问,必须提前掌握聋哑人的语言和心理状态等。

第二节 访问法程序

访问的一般过程,大体上可以分为访问前的准备、访问中提出问题和听取回答、访问后的资料整理与查证事实和再次访问等几个环节。要取得访问的成功,访问者必须在访问过程的各个环节上熟练掌握和运用各种访问技巧。

一、访问前的准备

访问前要做充分的准备工作。首先,要准备好详细的访问提纲或粗线条的问题,学习与调查内容有关的各种知识。进行结构式访问,必须设计好标准化的访问问卷;进行非结构式访问,应把粗线条的访问提纲具体化为各种访问问题。不论进行哪一类访问,都应努力学习与调查内容有关的各种知识。在访问过程中,被访问者有时会与访问员讨论有关调查内容的种种问题。如果访问员知识丰富,能做深入交谈,被访问者回答问题的积极性就会越来越高;反之,被访问者就会失去与访问员交谈的兴趣,甚至随便应付访问员。

其次,选准访问对象,并尽可能充分地了解被访问者。访问对象的选择要服从访问内容的需要,要找那些最了解情况的人来回答最适合的问题。选准访问对象后,要在可能的条件下对被访问者的性别、年龄、职业、文化程度、专长、经历、性格、习惯、兴趣、爱好,特别是当前的思想情况和精神状态等基本情况,做尽可能多的了解,这对于正确选择访问方法和灵活运用访问技巧具有重要意义。如果访问前对被访问者的情况一无所知,全靠访问时临时应对,很难做得恰如其分、周到细致。

第三,要选好访问的具体时间、地点和场合。访问时间的选择应因人而异。一般来说,最佳访问时间是被访问者工作、家务不太繁忙,而且心情比较舒畅的时候。如果在被访问者最繁忙、最不愉快的时候进行访问,那是很难取得好的效果的。

第四,做好其他必要的准备工作,如准备访问所需要的仪器设备、文具等,也要做好联系服务工作。

二、访问

访问是整个过程的主要阶段，包括以下几个方面：

（一）接近访问对象

接近访问对象有几种可供选择的方式：

1. 正面接近，即开门见山，先做自我介绍，直接说明调查的目的、意义和内容，然后再进行正式访问。这种方式，可以节省时间，提高效率。因此，在对方没有什么顾虑的情况下，一般可以采用这种方式。

2. 自然接近，即在某种共同活动过程中接近对方。例如，在与被访问者一起工作、开会、学习、乘车、就餐、跳舞等活动中与对方攀谈，逐步了解对方，待初步建立起感情之后再说明来意，进行正式访问。这种方式，有利于消除对方的疑虑，在对方不知不觉中了解到许多情况。但是，在公开说明来意之前，很难进行深入、系统的访问。

3. 求同接近，即在寻求与被访问者的共同语言中接近对方。例如，同乡、同学、同行，共同的经历、兴趣、爱好等，都可以成为最初交谈的话题。另外，还可从对方最熟悉的事情、最关心的社会问题，或当时最受关注的新闻谈起。

4. 友好接近，即从关怀、帮助被访问者入手来联络感情、建立信任。如果条件允许，可以采取一些具体行动来帮助对方解决实际困难，这就更有利于建立信任和感情。

5. 隐蔽接近，即以某种伪装的身份、伪装的目的接近对方，并在对方没有觉察的情况下调查了解情况。一般来说，只有在特殊情况下对特殊对象才采取这种方式。如果滥用这种方式，就有可能引起不良的社会后果。

（二）提问

提问是访问调查的主要手段和环节，它在访问过程中占有重要地位。访问技巧首先是提问的技巧。

1. 问题的种类

访问过程中提出的问题，可分为两大类，即实质性问题和功能性问题。实质性问题，是指为了掌握访问调查所要了解的实际内容而提出的问题，可分为以下四类。一是事实方面的问题，如属于个人特征和属性的问题，姓名、性别、年龄、职业、学历、婚姻状况等。二是行为方面的问题，如“你去过西安吗？”“你暑假打了一份什么工？”“你最近在读什么书？”。三是观念方面的问题，如“你怎样看待毕业生就业难？”“你觉得健康的生活方式是什么样的？”“你日常生活的消费比较高档吗？”。四是感情、态度方面的问题，如“你喜欢网购吗？”“你向往都市生活吗？”“你欣赏老师的着装吗？”。

功能性问题，是指在访问过程中为了对访问对象施加某种影响的问题，可分为四类。一是接触性问题，如“你近来工作忙吗？”“身体好吗？”“企业效益好吧？”。提出这些问题，不是为了了解这些问题本身，而是为了接触被访问者。二是试探性问题，如“你今天要出门吗？”“你经常到基层吧？”“你分工做什么？”。提出这些问题是为了试探一下，访问对象和时间的选择是否恰当，以便决定访问是否进行和如何进行。三是过渡性问题，例如：“你的工作很忙，回到家可以轻松一下吧？”这就自然地从工作问题转向了生活问题。再如："你一年前还在日本，现在已经在家乡上海了，感觉上海变化大吗?"这就自然地把询问在日本时的问题转向回上海后的话题了。有了过渡性问题，访问过程就会显得比较连贯和自然。四是检验性问题，如先问："你对你现在的工作岗位感到满意吗?"经过一段谈话后，再问："你希望调换工作岗位吗?"这样两个问题的回答可以互为检验，验证回答的真实性和可靠性。

一般来说，访问者对实质性问题比较重视，而对功能性问题往往比较忽略，或者不善于运用。然而，提问的技巧恰恰表现在功能性问题上。一个熟练的访问者，不仅要善于用恰当的方式提出各种实质性问题，而且要善于灵活运用各种功能性问题，促进访问过程的顺利进行。

2. 提问的方式

提问的方式多种多样，如开门见山、直来直去，投石问路、先做试探，顺水推舟、逐波前进，逆水行舟、溯源而上，顺藤摸瓜、逐步前进，借题发挥、跳跃前进，竹笋剥皮、层层深入，枯井打水、一竿到底，耐心开导、循循善诱，点穴拿筋、旁敲侧击等。究竟采取哪种方式提出问题，应该考虑以下三个方面的因素。一是考虑问题本身的性质和特点。一般来说，比较尖锐、复杂、敏感和有威胁性的问题，应采取谨慎、迂回的方式提出；反之，则可大胆、正面地提出。二是考虑被访问者的具体情况。一般来说，对思想上顾虑重重，性格孤僻、多疑，或对情况不太熟悉、理解能力较差的被访问者，应采取循循善诱、逐步前进的方式提出问题；反之，则可单刀直入地连续提出问题。三是考虑访问者与被访问者之间的关系。一般来说，在访问者与被访问者互不熟悉、尚未建立基本信任和初步感情的情况下，应采取耐心、慎重的方式提出问题；反之，则可直率、简洁地提出问题。总之，提问方式没有一成不变的模式，只有从上述三个方面的实际情况出发，选择最恰当的方式提出问题，才能取得良好的访问效果。

3. 提问的语言要求

提问的语言要力争做到"一短三化"。就是提问的话语尽量简短，并做到通俗化、口语化和地方化。一个成功的访问过程，应该是用简短的提问换取充分的回答，而不应该用冗长的提问换取简短的回答，并且不应过多地使用术语、书面语言和种种"官话"。此外，问话语速应适中。语速太快，听话的人可能听不清楚；语速过慢，听话的人容易走神，听不明白。

(三)听取回答

听取回答，是提出问题的直接目的，是访问过程的另一重要环节。访问技巧，首先是提出问题的技巧，同时也包括听取回答的技巧。"善问"和"会听"，是一个熟练访问者不可缺少的两个方面。

访问过程中的听，应该是有效地听，即专心、积极地听。访问者不仅要察言观色，而且应积极开动脑筋，理解讲话者的观点和言外之意，并予以记忆和考虑如何做出反应。这实质上是一个复杂的信息运动过程。这个过程大体包括三个步骤：接受和捕捉信息，理解和处理信息，记忆或做出反应。实践证明，要有效地听，应做到以下三个方面：

一是排除各种听的障碍。例如，偏见性障碍，由于不喜欢被访问者，不能认真地听；

判断性障碍，由于对被访问者或对其回答已做出主观判断，不能客观地听；心理性障碍，由于访问者听取回答的需求不旺、兴趣不浓、情绪不好，不能积极地听；生理性障碍，访问者由于疲劳过度或昏昏欲睡，不能集中精力听；习惯性障碍，访问者习惯于打断对方讲话，急于发表自己的意见，不能耐心地听；理解性障碍，访问双方对同一概念、同一说法的理解不同，不能正确地听。此外，访问者思想开小差，被访问者口音不好懂，周围环境干扰大等因素都会成为听的障碍。彻底排除这些听的障碍，是有效地听的基础或前提。

二是要有正确的态度。首先，要认真地听。就是要聚精会神，一丝不苟，边问、边听、边记。其次，要虚心地听。对被访问者的回答，懂就说懂，不懂就请教，决不可不懂装懂。如果被访问者回答错了，应采取适当方式进行解释、引导和询问，而不能无礼地打断对方，甚至摆出不屑一顾的样子。再次，要有感情地听。要理解被访问者的感情，并做出感情移入式的反应。如被访问者谈到成绩时为其高兴，谈到困难时替他着急，谈到不平事为之义愤，谈到挫折时为其惋惜。总之，访问过程不仅是语言信息交流过程，而且应该是感情交流过程，应该做到喜怒哀乐皆共鸣。

三是善于对被访问者的回答做出恰当的反应。这种反应可分为两类：一是无反射反应，即对被访问者的回答不插话、不表态、不干扰，保持沉默，专心地听。一般而言，在被访问者认真回答问题而且答题对路时，或为了回答问题而努力记忆、积极思考时，或在几种可能性中做出选择的时候，最好采取无反射反应。二是有反射反应，即不时用“对”“是”等语言信息，或者用点头、肯定的目光和手势等非语言信息鼓励对方继续谈下去。在涉及人名、地名、时间、各种数据和重要观点时，可采取复述一遍的办法做出反应；在回答过长或过于零散时，访问者做简要归纳并请被访问者认可，也是一种很好的反应方法。对被访问者的回答做出恰当反应，是保证访问过程正常进行的必要条件，也是有效地听的必要条件。

（四）引导和追询

1. 引导

引导不是提出新问题，而是帮助被访问者正确理解和正确回答已经提出的问题。因此，引导实质上是提问的延伸和补充，是访问过程中一个不可缺少的环节和手段。当访问遇到障碍不能顺利进行或偏离原订计划的时候，就应及时引导。如当被访问者答非所问、文不对题时，当被访问者顾虑重重、欲言又止时，当被访问者口若悬河、漫无边际时，当访问过程被迫中断又重新开始时，要及时引导。只要排除了干扰和障碍，使访问过程得以按预订计划发展下去，就是引导。如果是被访问者对问题理解不对，就要用对方听得懂的语言对问题做出解释和说明；如果被访问者思想有顾虑，就要摸清其顾虑所在，消除顾虑；如果被访问者的回答离题太远，就要采取适当的方式，有礼貌地把话题引上正轨；如果是中断的访问重新开始，就应该简略回顾前面的情况，复述尚未回答的问题。这样，就能够达到引导的目的。

2. 追询

追询不是提出新问题，也不是排除回答中的障碍，而是为了促使被访问者更真实、具体、准确、完整地回答问题。从帮助被访问者正确回答问题来看，追询与提问、引导也有密切的联系，是更深入的提问，是更具体、更完整的引导。当被访问者的回答没有按照调查要求完整说明问题的时候，就要适当地追询。如当被访问者的回答明显是说谎时，当被访问者的回答前后矛盾时，当被访问者的回答含混不清时，当被访问者的回答不够完整时，遇到这些情况时就要进一步追询。追询有多种方法，如正面追询、侧面追询、系统追询、补充追询、重复追询和反感追询。正面追询，即直接指出回答不真实、不具体、不准确、不完整的地方，请对方补充回答；侧面追询，即变换一种提法来追问相同的问题；系统追询，即何时、何地、何人、何事、何因、何果……系统地追问下去；补充追询，即只追问那些没有搞清的、需要补充回答的问题；重复追询，即对前面已经回答过的问题，到后面再追问一次，以检验前后回答是否真实和一致；反感追询，即"激将"追询，看看在引起对方反感的情形下，对方有何表现、做何反应。应当指出，追询一定要适当，即遵循适时与适度的原则。因为追询是一种比较尖锐的访问形式，使用不好就会妨碍整个访问过程的顺利进行。所谓适时，是说追询一般应放在访问的后期进行。所谓适度，就是说，追询应以不伤害被访问者的感情为原则。

（五）重视访问中的非语言信息

访问技巧，首先是语言技巧。但是，在人际交往中，不仅语言可以传递信息，而且人的外貌、行为姿态、面部表情以及周围的环境等非语言信息也能传达一定的信息。因此，在访问过程中，既要重视语言信息交流的技巧，又要重视非语言信息交流的技巧。譬如，一个成熟的访问者，既要善于控制自己的面部表情，又要善于观察被访问者的面部表情，并恰当地运用面部表情来传达信息，调节和控制访问的进程。

（六）结束访问

访问的最后一个环节，即结束访问。一般来说，结束访问应当注意两个问题：适可而止与善始善终。

适可而止，主要是掌握两点：一是时间不宜过长，一般以一两个小时为宜；二是访问活动必须在良好的气氛中进行，良好的气氛万一被破坏，应马上结束访问。

善始善终，主要是做好两件事：一要表示感谢和友谊；二要为以后的调查做好铺垫。

从接近被访问者开始，经过提问、听取回答、引导和追询，到结束访问，就是一次访问活动的大体过程。访问过程的每一个阶段或环节，都有许多技巧问题。应该注意的是，熟练掌握各种访问技巧，对提高访问的质量具有重要意义，但是不可以滥用技巧。

三、访问后的工作

访问后的主要工作包括两个方面：资料的整理与核实和考虑必要的补充访问。

（一）资料的整理与核实

资料的整理与核实包括：

1. 及时整理访问记录。主要是看记录是否完整、准确，调查的情况是否真实、可靠。

2. 进一步查证事实。主要是对一些关键事实和重要数据进一步查证核实。

3. 做必要的补充调查。凡是访问中遗漏的问题、弄错的事实，都要进行补充调查。

（二）考虑必要的补充访问

有时访问不能一次完成，需进行第二次、第三次访问。这大体上可分为三类情况：

1. 补充性再次访问，就是原定调查任务由于种种原因在第一次访问中没有完成，或访问后发现了遗漏或错误之处，然后再去做补充调查。

2. 深入性再次访问，就是原来就计划进行二次或多次访问。第一次只是了解一般情况，熟悉被访问者，以后再做深入访问。

3. 追踪性再次访问，就是第一次访问后间隔一段时间，仍按照第一次访问的基本内容对原调查对象进行再次访问。

第三节　访问员的选择与训练

访问过程尽管是访问员与被访问者双方面对面的互动过程，但访问员终究是访问中的主导人物，访问的质量在很大程度上取决于访问员的个人素质和控制访问的能力。因此，访问员的挑选和训练至关重要。

一、访问员的选择

访问员应当具备的条件分为两类：一类是任何研究的访问员都应具备的条件，即一般条件；另一类是由研究主题的性质、社区类型及调查对象的特点所决定的条件，即特殊条件。

（一）一般条件

要求访问员应当具备的一般条件主要有以下几个方面：

第一，客观与公正。主要指访问员的个人品格和立场，要求访问员遵守工作细则，客观反映访问事实，公正地说明实际问题。

第二，热忱与能力。主要指访问员的参与意识和各种能力，要求访问员对工作抱有浓厚兴趣，并具备一定的交往能力、表达能力、观察力与辨别力。

第三，责任心与承受性。主要指访问员应具有高度责任心。访问工作的艰苦性要求访问员努力勤奋、吃苦耐劳，决不知难而退。

第四，虚心与耐心。主要指访问员的工作态度。访问中双方的合作质量往往取决于访问员在工作中的态度。访问员抱着虚心、耐心的态度，访问才会顺利进行下去；否则很容易造成双方的人际关系紧张，甚至导致访问失败。

（二）特殊条件

一般来说，访问员的特殊条件是根据访问对象的特点以及研究课题来考虑的。

实践表明，访问员在性别、年龄、教育及地区等几个方面的特征与被访问者相同或大致相同最好。如果从研究主题来考虑，男性访问员更适于访问有关政治、经济问题，而女性访问员更适于访问婚姻、家庭问题。当然，特殊条件的要求不是绝对的。

二、访问员的训练

训练访问员的主要目的是提高其访问技巧和能力。尤其是大规模的结构式访问，对访问员有较高的要求。严格的训练使访问具有统一的标准，从而降低并消除可能出现的对调查结果不利的影响因素。下面是结构式访问中针对访问员的训练方法和步骤。

首先，课题负责人明确要求。这包括说明研究的意义、内容、整个调查的范围，调查对象的数量及每人的工作量，调查的步骤和每个阶段所需的时间、报酬等。

其次，组织访问员阅读访问问卷、访问指南等与该项研究有关的材料。先由访问员认真阅读，然后由课题负责人逐条对上述文件进行讲解和提示，使访问员明确每个项目的内容与填写方法。

再次，进行模拟访问和讨论。可在访问员之间进行一对一互访，也可找个现场，让每个访问员实际操作一遍，熟悉访问内容，磨炼访问技巧。课题负责人应从旁观察，发现潜在的问题并严格纠正。

最后，检查访问结果。全体访问员应逐一复习和讨论问卷的所有问题，将每个疑问都加以解决。并建立监督管理办法与规定，包括如何组织管理和指导监督、如何复核检查和总结交流等措施。

第四节　结构式访问与无结构式访问

结构式访问又称标准化访问，它是一种对访问过程高度控制的访问。这种访问通常采用事先统一设计、有一定结构的问卷进行，并且采用随机抽样的方法选取访问对象。访问的过程标准化，是指对所有被访问者提出的问题、提问的次序和方式以及对被访问者回答的记录方式等是完全统一的。

一、结构式访问的问卷设计

从问卷的形式和设计要求来看，各种问卷都可分为两种主要类型——自填式问卷和访问式问卷，它们分别用于自填式问卷调查和结构式访问调查中。自填式问卷一般是采取报刊、邮寄或发送的渠道交到被调查者手中，并由被调查者在无访问员在场和帮助的情况下自行填写，然后仍通过邮局邮寄或由调查员上门收回。结构式访问的问卷则不交给被调查者，而是由访问员携带到访问地点，调查员根据问卷的结构向被调查者逐一提出问题，并根据被调查者的回答来填写问卷。

这两类问卷虽然都是社会调查中用来收集资料的工具，其结构相似，都是由封面信和主体部分组成，但是它们各自面对的对象是不同的。自填式问卷直接面向被调查者，而访问问卷则直接面向访问员，这是二者之间的最大区别。因此，二者的形式、设计要求等也有所不同。下面是两类问卷的节选，从中可以直观地看到二者之间的联系和区别。[①]

① 风笑天：《社会调查中的问卷设计》，天津人民出版社2002年版，第26~30页。

例1　自填式问卷节选

亲爱的先生(女士)：

我们正在进行一项调查，目的是了解人们在收听广播和收看电视时，对什么节目感兴趣，对什么节目不感兴趣。

我们给遍布在全国各地的具有代表性的人写信，请他们把他们的意见告诉我们。为了确保把所有这些意见都搜集起来，我们渴望每个收到信的人都给我们回答。

随信寄来一份问题表和一个贴好邮票的信封，请您根据自己的情况填写，并请及时将表寄回。

请注意我们需要的是您的意见，请不要让别人代您填写，那样的话，我们就搜集不到有代表性的意见了。

对于那些没有听广播或看电视的人，我们同样非常渴望得到他们的意见。

衷心感谢您的帮助！

您的：司戈特

请将问题表寄至：曼彻斯特3区Quay大街1号情报中心办公室

C.司戈特先生

广播、电视调查

在这一页中，我们将询问一些有关您所收听的广播(不是电视)节目的问题，无论您是在家里收听的还是在其他地方收听的都行。

1. 在过去的7天中，您收听了BBC电台的广播吗？____

2. 下面是BBC电台的一些节目类型：

轻音乐____

新闻____

宗教仪式____

大型戏剧____

联合演出____

请在您认为应该更多地播出的节目类型后打"√"；在您认为应该更少地播出的节目类型后打"×"；在您认为正合适的节目类型后打"○"。您可以肯定您已在上述五个空白处都打上了"√"或者"×"或者"○"了吗？

3. 过去的四周里，您收听过下列电台吗？请在过去四周中您听过的电台后打一个"√"。

卢森堡广播电台____

爱尔兰广播电台____

BBC海外短波____

非 BBC 海外短波____

中波和长波的欧洲台____

如果这些电台您都没有收听,请在此填“无”____

例 2 访问问卷节选

媒介调查问卷

复查——CARD No.(1)……(1)	
	Job No.(5010)……(2—5)
审查——问卷编号……(6—9)	
编码——访问员编号……(10—11)	

被访问者姓名__________问卷编号______(6—9)

地址____________________________________

访问员姓名__________访问员编号______(10—11)

访问日期__________________

访问开始时间______________结束时间________________

您好!我是中国国际广告公司派来的访问员,我们经常采访北京的一些居民,进行有关广告及报纸、杂志、广播、电视等方面的意见统计。此次希望您能在百忙中回答我们提出的一些问题,对于您给予的合作,我们不胜感谢,并送您一个小纪念品。

谢谢!

审核员:____________

CARD1　　　　综合类

问所有的人

1A.(参看目录 1)您了解国内外大事的主要渠道是什么?(仅限一种答案)

	了解国内外大事主要渠道	信息最准确、可靠
电　视……	1(12)	1(13)
广　播……	2	2
报　纸……	3	3
杂　志……	4	4
听别人讲……	5	5
其他(请注明)		

1B.（参看目录1）您认为以下哪一种媒介传递信息最准确、可靠？（仅限一种答案）

	电视	广播	报纸	杂志	电影	路牌	灯箱	橱窗	产品宣传小册子	没有
a. 您现在接触最多的	1	2	3	4	5	6	7	8	9	y(14)
b. 是最吸引人的	1	2	3	4	5	6	7	8	9	y(15)
c. 最引起您去购买广告中宣传的商品的	1	2	3	4	5	6	7	8	9	y(16)
d. 对您工作和生活最有帮助的	1	2	3	4	5	6	7	8	9	y(17)

1C.（参看目录2）您认为哪一种广告形式是……（念出句子）？（每个问题仅限一种答案）

针对在1B中对(d)的回答问：

2A. 为什么您觉得该种媒介的广告形式是对您工作和生活最有帮助的？

记录下回答的内容____________________(18—19)

3A.（参看目录3）我现在讲一些人们对广告的不同看法，请告诉我您是同意或者是不同意某一种意见。

（每个问题仅限一种答案）

念出句子，从有(√)号的开始念下去

	很同意	有些同意	无所谓同意不同意	不太同意	非常不同意
（ ）广告一定要真实、准确，对消费者负责。	1	2	3	4	5(20)
（ ）广告一定要有吸引力和趣味性。	1	2	3	4	5(21)
（ ）广告能给我提供有价值的市场情报。	1	2	3	4	5(22)
（ ）我喜欢用广告指导我的需求。	1	2	3	4	5(23)
（ ）广告给我提供的信息往往比售货员更可靠。	1	2	3	4	5(24)
（ ）广告都是真实可信的。	1	2	3	4	5(25)
（ ）广告对家庭主妇有很多好处。	1	2	3	4	5(26)
（ ）我经常注意看广告。	1	2	3	4	5(27)
（ ）现在的广告太多了。	1	2	3	4	5(28)
（ ）广告会给社会造成浪费。	1	2	3	4	5(29)

对比上述两种问卷,可以看出二者在设计形式上的不同:

1. 访问问卷中只有对访问员的指导语(黑体字),而自填式问卷则只有对回答者的指导语。

2. 访问问卷的形式比自填式问卷的形式复杂。这是因为阅读和使用访问问卷的人是访问员,他们往往具有较高的文化水平,而且经过了专门的培训,故问卷可设计得更具专业性。但自填问卷所面对的是文化水平参差不齐、对问卷内容毫无了解的被调查者,因而其形式只能尽量简单。

3. 访问问卷的封面信比自填式问卷的封面信要简略。这是因为访问问卷中的许多内容可由访问员在访问中随时解释,又不涉及问卷填写方式、回收方式等问题,故其封面信要简单一些。但自填式问卷中,有关调查的一切说明,包括问卷的回收方式等,都要通过封面信进行说明。

二、结构式访问的优缺点

(一)优点

与自填式问卷相比,结构式访问的优点是:

1. 访问过程易于控制。在整个访问中,由于访问员的工作,可以最大限度地降低来自被访问者方面的错误,而且由于访问员可以设法确保访问对象能独立回答问题,从而避免在自填问卷时常常发生的由他人代填或由几个人商议填写的弊端。

2. 回收率高。因访问员直接进行访问,故访问问卷的回收率高,而且问卷的应答率也高。

3. 应用更广泛、更深入。由于可以自由选择访问对象,可以问一些比较复杂的问题,并可选择性地对某些特定问题做深入访问,因而大大扩展了应用的广度与深度。

4. 能获得自填式问卷无法获得的有关访问对象的许多非语言信息。例如,访问对象的穿戴有时能反映其个人生活水平和品位,他的姿态能反映其合作态度。访问员还可以根据这些观察资料,分辨其回答的真实性,从而对答案的信度与效度进行评估。

(二)缺点

与自填式问卷相比,结构式访问的缺点有:

1. 访问费用高,时间长,因而往往使访问的规模受到限制。

2. 对于敏感性、尖锐性或有关个人隐私的问题,其效度不及自填式问卷。这是因为结构式访问是由访问员进行的,访问员往往自觉不自觉地将自己的主观意见或偏见带到访问过程中,从而使访问结果产生偏差,即访问员的态度、素质、经验等都对访问结果有决定性影响。因此在进行结构式访问时,应当严格挑选访问员。

三、无结构式访问的特点与适用范围

无结构式访问又称非标准化访问,是一种半控制或无控制的访问。因此与结构式访问相比,它没有事先准备统一的访问问卷和提问程序,而是大致确定一个题目和访问的内容后,由访问员与被访问者自由交谈,并根据情况来不断调整访问的内容和方式。

无结构式访问的优点及其适用性包括：

1. 弹性大，能充分发挥访问者与被访问者的积极性。双方可围绕主题，进行深入广泛的交谈。在这种交谈中，被访问者提供的许多想法和事情往往是调查者所不曾料到的，从而给他以很大启发，使其找到研究的新思路或提出新的研究问题。因此，无结构式访问常常用于探索性研究，用于提出假设和建构理论。

2. 访问者能对问题进行全面、深入的了解。无结构式访问的过程，不仅是收集资料的过程，同时往往也是评价、解释资料的过程。它一般被用于深入了解只按表面程序抓不住的复杂事实，从而可以分析如动机、态度、价值观念、思想等无法直接观察的问题。

四、无结构式访问的分类

无结构式访问的形式也有许多种，人们可根据自己的访问研究需要和研究问题进行选择。

（一）重点访问

重点访问，又称焦点访问（focused interview），是集中于某一经历及其影响的访问。

重点访问法的重点不是指对调查对象的重点挑选，而是访问所侧重的内容。它的具体做法是：首先，选择一定的场景，并把调查对象安排到这一预先设置好的场景中去。例如让他们看一段视频资料，听一段音乐或阅读一篇文章，或者是选择那些曾经经历过这种场景的人作为访问对象。然后，对他们进行访问，询问他们在场景中的主观经验，即个人对场景的认识与解释，这种主观经验就是重点访问的重点所在。研究者要对被访问者的回答进行分析与解释。

重点访问法最早是由美国著名社会学家默顿等人提出的，主要用于对大众传播影响效果的研究。

（二）深度访问

深度访问，又称临床式访问，它是为搜集个人特定经验（例如偷窃、吸毒、自杀、同性恋等）的过程及其动机和情感资料所做的访问。深度访问与重点访问相似，是一种半结构式访问，它选取研究问题的某些方面向调查对象提问，访问是机动的或结构松散的，但有重点与焦点。这种方法最初常用于个案工作的调查、囚犯的调查和精神病人的调查，其目的是做出临床诊断，挽救罪犯和治疗患有精神及心理疾病的人，后来被广泛运用于对一般人的个人生活史及有关个人行为、动机、态度等的深入研究。

对个人生活史的访问是个人生活史研究中获得资料的主要方法之一。例如李银河的《同性恋亚文化》，对约 120 个个案样本进行了深度访问，对其生活经历进行详细了解和分析。每次访问持续一两个小时，同有些调查对象前后深谈多次，将正在发展中的恋爱事件的最新进展也加在调查记录中，从而整理、归纳出个体生活史的共同点和不同点，以此反映出同性恋这一群体的社会生活状况以及他们的心理、思想、态度和观念等。①

---

① 李银河：《同性恋亚文化》，今日中国出版社 1998 年版，第 24 页。

（三）客观陈述法

客观陈述法，又称非引导式访问，即调查者鼓励调查对象把自己的信仰、价值观念、行为以及他所生活的社会环境客观地加以描述。在这种类型的访问中，调查者基本上是一个听众，一般不做提示或引导。这类访问的主要特点是避免访问员的主观因素对被访问者的影响，使回答者能自由地谈出或流露出其最深层的主观性的思想感情。这样可以引出甚至连回答者本人都不知道或不愿承认的感情。调查者从调查对象那里获得的不仅是资料，还有对资料的某种解释。为此，调查者必须对调查对象的背景、价值观念、态度有较为深刻的了解。

客观陈述法是一种能让被访问者自由发表意见的方法，它能使研究者直接接触被访问者的信念、价值观或动机等深层次的内容。它常用于了解有关个人、组织、团体的客观事实及访问对象的主观态度。

第五节　集体访问法

一、集体访问法的概念与特点

集体访问法，就是访问者邀请若干被访问者，通过集体座谈的方式了解社会情况或研究社会问题的方法。集体访问，实质上是个体访问的一种扩展形式。集体访问所访问的不是一个被访问者，而是同时访问若干个被访问者，通过与若干被访问者的集体座谈来了解社会情况。因此，集体访问的过程，不仅是调查者与被调查者之间互相影响、互相作用的过程，而且是若干个被调查者之间互相影响、互相作用的过程。要取得集体访问的成功，调查访问者不仅要有熟练的访问技巧，而且要有较强的组织能力。

二、集体访问法的分类

按照调查目的，大体上可将集体访问法分为两类：一类是以了解情况为主的调查会，一类是以研究问题为主的调查会。这两类调查会，在调查会的规模、调查对象的选择等方面，都有许多不同的特点。

按照调查内容，可分为综合性调查会和专题性调查会。一般来说，综合性调查会内容比较全面、广泛，但往往不够深入；专题性调查会内容比较集中、专一，往往能较深入地了解情况和探讨问题。

按照调查的形式，也可分为两类：一类是互相讨论式的调查会，即与会者互相研讨，互相争论，既可互相补充，又可互相反驳；一类是各抒己见式的调查会，即与会者可以充分发表自己的意见，但是不能批评别人的意见。头脑风暴法就属于后一种类型。

按照调查的方式，可分为口头集体访问和书面集体访问。口头集体访问就是开调查会，是面对面的直接调查；书面集体访问则是非面对面的间接调查。“德尔菲法”就属于后一种类型。

三、集体访问的实施

(一)访问前的准备

集体访问的时间有限,召集的与会人员较多,必须认真做好会前的各项准备工作。主要工作包括:

1. 明确会议主题。一个会议最好只有一个主题,而且调查会的主题应该是与会者共同关心和共同了解的问题。

2. 准备调查纲目。调查会前,调查者应把调查内容细分为若干问题,拟出详细的调查纲目。这是开好调查会的必要条件。

3. 确定会议规模。实践证明,调查会的规模,一般以 5 ~ 7 人为宜。这是因为,每次会议的时间有限,人多了就难以使每个与会者有充分发言的机会,有时甚至会出现"开陪会"的现象;反之,人数太少又难以收到集思广益的效果。

4. 选择参会人员。一般来说,以了解情况为主的调查会,要特别注意选择那些与调查内容直接相关的当事人、主管人和知情人参加;以研究问题为主的调查会,则应着重物色那些对调查课题有实践经验的人、有理论修养的人、有独特见解的人、有不同观点的人参加。正确选择参会人员,是开好调查会的基础。

5. 选好会议的地点和时间。会议的地点和时间应该使多数与会者感到适合。会议的地点应该比较适中、方便,应该有一个比较安静的环境。会议的时间应该比较充裕。

(二)访问过程的指导和控制

集体访问中的关键因素是调查会的主持人要有效控制和正确指导集体访问的过程。为此,集体访问的主持人应注意以下问题:

1. 调查会之初,打破沉默,提出议题。由于与会人员对会议并不十分了解,或是与会者之间互不熟悉,谁也不愿冒失地"打头炮"。为了打破短暂的沉默,会议开始时,主持人应扼要说明调查会的目的、意义、内容和要求,并对与会人员的基本情况做些简要介绍,以减少对会议的疑虑和相互之间的陌生感。如果会前选好带头的发言人会更好一些。

2. 创造良好的会议气氛。这主要体现在主持人要始终引导与会者之间互相补充、互相启发、互相对话、互相争论,努力为调查会创造一种互相信任、友好合作、生动活泼的气氛。

3. 开展民主、平等的讨论。在讨论过程中,主持人应尊重和保护每一个与会者发言的权利,鼓励他们畅所欲言,讲真话,讲心里话。要平等地对待每一个发言者,不可过分恭维某些发言人,给他们种种发言特权,而轻视甚至忽视其他的发言人。要特别注意保护少数,充分尊重少数人的发言权利和意见,尽可能减少他们的孤立感和压抑感。

4. 把握会议的主题。主持人要及时引导和控制会议的方向,使被调查者始终围绕调查主题展开讨论,避免脱离议论的中心漫无边际地自由发言。

5. 做一个谦逊、客观的主持人。实践证明,主持人保持谦逊、客观的态度,是开好调查会的一个重要因素。为此,调查会的主持人,要始终注意说话简短,切忌长篇大论;要认真听取与会人员的发言,不轻易表明立场;要客观对待与会者之间的争论,一般不表明个人看法或倾向。只有这样，才能使各种不同观点被平等地展开讨论。

6. 做好被调查者之间的协调工作。在调查会中，由于种种原因，被调查者之间常常会产生一些矛盾或分歧，从而导致激烈争论甚至争吵等。出现这样的情况，主持人应妥善做好引导和协调工作，以保证调查会的顺利进行，或采取恰当的方式及时结束会议，以免造成不好的后果。

7. 做好会议记录。调查会可以派专人做会议记录，但最好是主持人自己口问并手记。因为，记录不仅是记下发言内容，而且是指导和控制会议的一种有效工具，有时能起到语言信息所不能起到的重要作用。主持人做记录或不做记录，快记或慢记，详记或略记，边听边记或边问边记，给对方的信息是不一样的。

8. 及时结束会议。调查会达到了预期的目的，或到了预定的时间，或发现与会人员之间存在争斗等情况，应及时结束会议。会议结束时，主持人应对会议情况做一简要小结，并对与会者的合作表示感谢。如果还需再次访问或个别访问，主持人应做些大体交代或安排。

（三）访问后的工作

每次调查会的时间都是有限的，为了在有限的时间内最大限度地了解情况和听取意见，许多问题在会议中来不及处理或无法处理，因此，每次调查会后都应及时做好各项后续工作。主要有：

1. 及时整理会议记录。主要看有哪些遗漏或错误之处需要补充或更正。

2. 回顾和研究会议的情况。主要是及时发现其中的疑点和尚需深入探讨的问题。

3. 进一步查证事实。会后对一些关键事实和重要数据，都应进一步查证落实，力求使调查材料更真实、更具体和更完整。

4. 进行必要的补充调查。凡是调查会上遗漏的问题，搞错了的事实和数据，发现的新情况、新问题、新线索，都应进行补充调查。

四、头脑风暴法

（一）头脑风暴法

头脑风暴法，是按照一定规则召开的鼓励创造性思维的一种会议形式。这种会议形式的主要规则是：

1. 会议主持人简要说明会议主题，提出讨论的具体要求，并严格规定讨论问题的范围。

2. 鼓励与会者自由发表意见，但不得重复别人的意见，也不允许反驳别人的意见，以便形成一种自由讨论的气氛，激发与会者进行创造性思维的积极性。

3. 支持与会者吸取别人的观点，不断修改、补充和完善自己的意见；鼓励与会者在综合别人意见的基础上，提出自己的新想法。对要求修改或补充自己想法的人，提供优先发言权。

4. 会议的主持者，特别是高级别领导和权威人士，不发表自己的意见，不表明自己的倾向，以免妨碍会议的自由气氛。

实践证明，头脑风暴法这种会议形式有利于自由发表意见，充分发扬民主；有利于各种观点互相启发、互相借鉴、互相吸收；有利于各种意见得到不断的修改、补充和完善。因此，它对于鼓励创造性思维，寻求新观点、新途径、新方法，具有一定的积极作用。

（二）反向头脑风暴法

反向头脑风暴法，是对已经形成的设想、意见、方案进行可行性研究的一种会议形式。这种会议形式的主要规则与头脑风暴法有一致之处，也有不同之点。它的特点是：会议的参加者对已提出的设想、意见、方案不做确认论证，而是允许提出各种质疑或批评性评论。

反向头脑风暴法的一般程序是：

1. 对已经形成的设想、意见、方案提出质疑或批评性评论，一直进行到没有问题可以质疑或批评为止。质疑和批评的内容是，论证原设想、意见、方案不能成立或无法实现的根据，或者说明要实现原设想、意见、方案可能存在的种种制约因素，以及排除这些制约因素的必要条件等。

2. 把质疑和批评的各种意见归纳起来，并对其进行全面分析、比较和评估。

3. 形成一个具有可行性的具体结论。

头脑风暴法和反向头脑风暴法的共同点是：会议的主持者或领导者，在会议前不画框框，不定调子，在会议中不发表意见，不表示倾向，而是让与会者在无拘无束的气氛中各抒己见，在充分发扬民主的基础上形成共同的结论。头脑风暴法的这一根本特点，对于克服某些调查会主持者或领导人的主观偏见具有积极的意义。

五、德尔菲法

（一）德尔菲法

德尔菲（Delphi）是古希腊一座城的名字，是阿波罗神殿的所在地。由于阿波罗神殿的神谕威信极高，该城就被认为是预言家活动的场所。20 世纪 40 年代，美国兰德公司的研究人员设计出了一种预测方法，由于其预测的准确性较高，因而被称为德尔菲法。

德尔菲法是一种集体预测性调查方法。其一般操作步骤如下：（1）预测机构将要预测的问题写成含义明确的调查提纲，分别送给经过选择的专家，请他们用书面形式做出回答。（2）专家们在互不通气的情况下，各自独立地给出自己的回答，然后将自己的预测意见以无记名的方式反馈给预测机构。（3）预测机构汇总专家们的意见，进行定量分析，然后将统计分析的结果反馈给专家。（4）专家们根据反馈资料，重新考虑原先的预测意见，既可改变自己的看法，也可坚持原来的意见。然后，再以书面形式反馈给预测机构。这样循环往复，经过三四轮反馈，预测意见就逐渐趋向集中，最后形成集体的预测结论。

德尔菲法的主要特点：（1）匿名性。预测机构与专家之间、专家与专家之间都是匿名的，都以书面形式进行联系。（2）反复性。预测不是一次，而是多次反馈、多次预测。（3）定量性。对预测意见进行定量分析，对预测结果进行定量评价。（4）集体性。调查的结论不是个别专家的看法，而是若干专家的集体意见。这些特点说明，德尔菲法实质上是一种集体的、间接的书面调查。这种调查方式的最大优点是排除了调查会中无法完全排除的各种社会心理因素的干扰,从而使调查结论更准确地反映被调查者集体的共同意见。

(二)派生德尔菲法

德尔菲法本身也有许多缺点。例如,许多专家不熟悉德尔菲法,或不了解有关预测问题的背景材料,因而难以做出正确的预测,甚至不知从何下手去做预测;由于是背靠背地书面回答预测意见,有关专家无法知道别人预测的根据是什么;有的专家在获得前一次预测意见的汇总资料后,再次预测时往往会出现简单地向中位数靠拢的趋势;等等。为了克服这些缺点,派生德尔菲法就应运而生了。

其中一类方法保持了德尔菲法的基本特点,但在某些局部做了改进。例如,预测机构在发出预测问题的调查提纲时,同时提供预测事件一览表,介绍有关预测问题的某些背景材料;允许做出三种不同的预测方案,并对各种方案的成功概率做出估计;减少反馈的次数等。另一类方法是改变德尔菲法某些基本特性的派生方法。例如部分取消匿名性,有的是先匿名询问,公布汇总结果后进行面对面的口头辩论,然后再匿名做出新的预测;有的是专家们先公开阐明自己的观点和论据,再匿名做出预测,然后再公开辩论,再匿名预测。又如部分取消反馈,有的是只反馈意见的幅度,而不反馈中位数,以防止盲目向中位数靠拢的倾向;有的是只向预测意见差别最大的专家反馈,而不向其他专家反馈;等等。

派生德尔菲法由于实行了种种改进措施,因而在提高德尔菲法的工作效率和预测质量等方面,都起了一定的积极作用。

第六节　电话访问法与网络访问法

普通居民中的电话普及引领了电话访问的迅速发展,互联网时代的音频和视频技术使用则使得研究人员在尝试用网络访问时,试图取得和面对面访问相似甚至更高效的研究成果。

一、电话访问法的概念与应用

电话访问法是指调查员通过电话联系调查对象,并在电话中对调查对象进行结构式访问的方法。电话访问与当面访问的不同在于访问的主体与客体不面对面接触,访问的过程只是双方的声音接触。这种访问方式是随着社会现代化的发展,特别是随着普通居民中电话的普及率越来越高而逐步发展起来的。

电话访问的一般做法:第一,根据调查目的及要求设计好电话访问的问卷表,并将问卷表按照“计算机辅助电话访问系统”(computer assisted telephone interviewing system,缩写为 CATI)的格式录入计算机;第二,在系统中设计好随机抽取电话号码的计算机程序;第三,挑选和培训一组电话访问调查员,这是电话访问中十分关键的一环;第四,访问员实际开展电话访问。

美国等西方国家在二十世纪六七十年代就开展了电话访问调查。据统计，美国家庭拥有电话的比例在二十世纪七十年代末就达到了90%～92%，而二十世纪八九十年代电话访问得到普及(参见表10－1)。①

表10－1　美国各种调查方法的使用比例(%)

类型	1980年	1986年	1992年
邮寄调查	56	54	69
电话访问	75	76	68
拦截访问	36	30	32
入户访问	18	11	15

风笑天在20世纪90年代中期曾到中国香港和台湾地区的大学进行学术访问和交流，发现我国港台地区的社会学学者们也经常采用电话访问的方式来收集资料。② 从实际情况看，随着经济的发展，我国居民家庭中电话的普及率越来越高，尤其是在城市(特别是沿海开放城市)中，电话的普及率正开始接近和达到发达国家的水平。

21世纪以来，智能手机得以推广应用，中国家庭的使用率提升。根据工信部发布的2022年末的数据，全国固定电话用户17941.4万户，移动电话用户168344.3万户。除去部分老龄人口和未成年人口，移动电话几乎覆盖了百分之百的成年人，固定电话用户日益减少，这得益于中国通信与网络技术的更新换代。这是与其他国家不同的地方。

二、电话访问法的特点与适用性

电话访问与当面访问在许多方面都比较相似，但二者之间有一点差别十分明显。当面访问中，调查员不仅可以听取被访者的回答，还可以观察到被访者的表情、动作，以判断被访者所提供资料的正确性和真实性。而在电话调查中，调查员必须完全依靠自己的耳朵和交谈来判断这一切。因此，可以说，电话访问的访问员应具有更强的仅靠听觉来分辨事物和情况的能力。另一方面，电话访问不存在当面访问中存在的那种由于调查员的表情、手势、动作，甚至衣着打扮对被访问者造成的暗示和影响，这是其好的一面。但同时，调查员的语调、口气对被访问者的影响作用大大加强(调查员的声音、语调、语气等成为访问偏差的主要来源)。因此，在电话访问法中进行对调查员的培训工作时，更要强调口齿清楚、语气亲切、语调平和、能够迅速处理不良情绪带来的问题等。电话访问中，对调查员的挑选可以从打电话开始，即让被挑选者通过电话与研究者联系，回答研究者的提问。研究者则从电话中的声音、音调、音量、速度、口音、吐字等方面，以及由此表现出的性格特点等因素，进行衡量和挑选。

对电话访问员的培训也与对面访调查员的培训有所不同。它的重点不在于如何训

① 黄合水编著：《广告调研方法》，厦门大学出版社2006年版，第234页。

② 参见风笑天：《社会学研究方法（第二版）》，中国人民大学出版社2005年版，第182页。

练敲门,如何进入访问,如何控制访问过程,而在于训练访问员如何在电话中与各种不同的陌生人交谈,如何应付访问中出现的各种“意外”情况,如何尽快地设法解决电话访问过程中可能出现的各种问题。若有条件,可用录音、免提电话机和对讲机等设备配合训练。

电话访问的主要优点是十分迅速。一项样本为几百人的调查,采用电话访问的方式进行,一天时间就可以完成访问,而且所得资料已经输入计算机,成为SPSS格式的数据,可以马上动手进行统计分析。

同时,电话访问的方式相对简便易行,实施成本较低,特别是对于内容比较简单的调查,电话访问的可控性强,效果更好。而另一方面,由于不直面接触,访问员的穿着不会影响到受访者的回答。而且,有时在受访者未能亲眼看见访问员的情况下,反而会更加诚实地去回答,因此电话访问也可以深入地追问更加敏感的领域。

当被调查者是某些专业人员或社会地位、经济地位较高的人时,电话访问也往往更为合适。因为一般情况下,这些人常常不太愿意别人登门打扰;而且地位较高的人,若入户访问不容易找到本人,即使找到也容易遭拒绝,而对于一个10分钟的电话访问,也许会较好地合作,易于掌控。此外,电话访问还有一个很大的优点,即十分便于对访问员进行监督和控制,使电话访问的质量比当面访问更容易得到保证。

当然,电话访问也存在一些不足。其主要问题之一是被调查者的选取困难及其代表性方面的问题。从理论上说,电话访问的结果只能推论到有电话的对象这一总体。而在实践中,电话访问必然会遇到如何抽样的问题。如果说,总体中每一个成员都有一部电话,而且每部电话的号码都集中在一本电话号码簿上,那么抽样将是十分简单的。但现实情况是,一方面,电话号码簿上的号码并非正好构成我们所希望调查的总体(比如,我们希望调查的是全市居民家庭,而电话号码簿上的许多号码却是各种社会组织、单位的办公电话);另一方面,有许多属于我们调查总体的号码又没有出现在号码簿上,这样我们就无法抽到他们。因此,在运用电话访问方法时,研究者一定要对总体及样本的情况有清楚的认识,尽可能做到抽样的科学性与代表性。

电话访问的另一个弱点是调查的时间不能太长,通常情况下控制在10分钟以内比较合适。因此,访问时间的不充分性在客观上制约了电话访问这种方式所收集资料的范围和深度。当调查的内容较多、问题比较复杂(如测试类的问题)、问卷较长时,采用电话访问方式就不太合适。所以,在实际社会调查中,电话访问通常比较多地被运用在市场调查和舆论调查方面。

电话访问的第三个弱点是电话会轻易地被挂掉。而直面访谈中,只要访谈员能顺利进入受访者家中进行访谈,主人就不会轻易地在访问中途把访谈员撵出去。

此外,录音电话的干扰是一个麻烦。有些办公室或家庭安装录音电话这种设备,从而使访问员与访问对象双方的直接对话变得困难。

三、计算机辅助电话访问系统

进行电话访问需要一套“计算机辅助电话访问系统”的支持。这套系统既有计算机、电话等硬件，也有专门用于进行电话访问的特定软件。通常，一套系统由十几台至几十台连接成局域网络的计算机组成，每台计算机连接有一根直拨电话线，所有计算机都与一台主机相连接。通过主机可以管理、监控每一台访问用计算机的工作情况。

计算机辅助电话访问最典型的工作方式是：访问员坐在计算机前，头戴耳麦，面对计算机屏幕上显示的调查问卷，向电话另一端的被访者提出问题（这些被访者都是由计算机以随机的方式进行拨号抽中的），并将被访者的回答直接用鼠标或者键盘录入计算机；研究人员在主机上监控和管理所有访问员的访问进展情况，及时解决各种特殊问题。当电话访问结束后，所有被调查对象的数据都已录入了计算机，在机器汇总后可以直接用 SPSS 统计软件进行统计分析。

CATI 已在欧美发达国家使用了 40 多年，并被广泛使用。而中国只有一些实力较强的大公司正在享用 CATI 带来的便利。使用 CATI 要有两个客观条件的支持。第一个条件是：电话普及率要高到一定程度，才宜采用电话调研这种形式。第二个条件是，市场研究机构的信息化要达到一定程度，即必须具备计算机、网络作为 CATI 系统运转的平台。近些年随着中国 IT 业的超高速发展，我们与国外的差距正日益缩短，在有些方面已经同步。

由于“洋 CATI”产品不适应“中国国情”，也制约了中国 CATI 的应用，尽管它们的功能已经比较强大，但偏高的价格、遥远的服务、对中文的低兼容性等问题，使得它们很难被广大中国用户所接受。鉴于此，上海南康科技有限公司于 2002 年推出了自己的 CATI 产品品牌“电访专家”（Itacati），它已达到国外同类软件产品的水平，成为国内同行业产品中的领先产品。为了满足各种不同用户的需要，“电访专家”推出了精简版、标准版和专家版三个版本。作为一个专业的应用软件，“电访专家”在设计过程中，充分考虑了不同层次用户的使用习惯和软件应用能力，从而保证了不同性质、不同层次的使用人员都能够通过简单的学习，迅速而正确地掌握“电访专家”的使用方法。

“电访专家”提供了一个菜单式的功能列表，供用户任意挑选，真正做到了满足用户个性化的需求。该系统采用了国际上的多项最新技术，并广泛应用了大型信息系统中所使用的成熟技术，如语音、电话交换、CTI 技术、海量数据处理技术、流程控制技术等。

四、计算机辅助电话访问系统的发展

随着信息业的迅猛发展，电脑科技及产品日新月异且越来越精细、轻便，访问研究因而有了更快速、更方便的品质保障。而目前国内外正渐渐兴起使用一种新的人员面对面访问方式，称为电脑辅助人员访问（computer - assisted personal interviewing，缩写为 CAPI）。其最初构想是：由于 CAPI 的电脑辅助系统对于电话调查的品质有极大的助益，若是有一套电脑软件对于传统的面对面访问中利用纸和笔的访问（paper - and - pencil interviewing，缩写为 PAPI）的助益能够媲美于 CATI 之于电话调查的助益，则提高面对面访问的品质、减少因人为因素所造成的非抽样误差的目标就完全可以实现。

研究发现，被访问者对于使用 CAPI 进行访问所造成回答时的心理负担，较使用 PAPI 时减少约 20%。虽然使用 CAPI 的调查方式在刚开始发展时，因要购买较多的电脑软硬件设备以致成本较 PAPI 高,但在使用过许多次的访问之后,CAPI 与 PAPI 的成本差距会逐渐缩小。利用 CAPI,辅助人员面对面访问的进行方式是让访问员携带笔记本电脑或是 PAD,而在笔记本电脑中输入 CAPI,访问员在进行访问时即可利用 CAPI 直接将问卷显示于电脑屏幕上。访问员可依着电脑屏幕上的问题进行访问工作,并且将被访问者回答的答案直接输入电脑中。若是被访问者不愿通过访问人员回答的话,亦可由被访问者直接将答案输入电脑以保障其隐私不被泄漏,如此不仅可提高访问的有效性,更可以提高被访问者回答问卷的意愿。当访问结束或告一段落时,访问员可以立即通过互联网直接将问卷结果传回主办访问单位以争取时效,并且主办单位可在接收到结果后立刻进行分析。此外,通过网际网络的联系更可以扩大访问范围,不仅可将范围扩大到偏远地带,甚至可跨越国界进行国际性的访问。

五、网络访问法的发展与优势

随着互联网的普及,20 世纪 90 年代以来,社会研究者已经尝试线上问卷调查和线上访谈。如今,尽管这个领域还相对年轻且在不断更新发展,但已经发展了一系列研究方法,如网络调查法、网络访问法、虚拟民族志(virtual ethnography)或网络民族志等。根据曾使用网络访问法研究人员的经验,无论是个体访问还是小组访问(类似线下集体访问),线上可以建立融洽的关系且开展丰富的交流。网络访问法尤其展现出以下优势:潜在样本增加,覆盖范围更广,跨越了地理边界;更方便地接触到难以接触到的人群;更为省时省钱;自动化、程序化减少了人为因素带来的问题;远程参与者更加坦率且提供了更为丰富有深度的信息等。

总体而言,虽然网络访问有一些成功的例子,但这种方法并没有如网络问卷法那样被广泛使用。与网络问卷调查相比,这在一定程度上可能是因为开展同步的网络访问还存在技术方面的限制。对定性研究人员而言,尤其强调反思性的个人叙述,同步网络访问缺乏这方面的技术支持,多媒体系统也很难实现个人色彩浓厚的面对面访问环境。

展望网络访问法的未来,随着网络信息技术变得更可靠便利,基于网络视频方法更加可行,这使得网络访问与传统的面对面访问将会不断接近。而且随着接受网络访问参与者的扩大,移动技术(智能手机、平板电脑等)的应用范围扩展,这有可能影响网络访问法的发展方向。如“虚拟面访调查员”概念早在 2008 年就有学者已经提出[①],人们尝试结合使用视频、音频(如腾讯会议、ZOOM、MSN、QQ 等)和语音识别软件等多媒体开展“虚拟面对面”访谈。一些研究人员还努力创建在线访问环境,尽可能模拟线下面对面访问的过程,其中使用视频或虚拟现实环境的方法也许会有更好的发展前景。

▶本章小结

在社会科学研究中,访问法是常用的资料收集方法之一。通过访问,研究者往往能

① [英]克莱尔·休森、卡尔·沃格尔、戴安娜·劳伦特:《如何进行网络调查(第二版)》,董海军译,中国人民大学出版社 2021 年版,第 53 页。

获得其他方法不易获取的资料,能够在短时间内了解广泛的社会现象或深入探讨各类社会问题。访问法有不同的形式,它既适用于定量研究也适用于定性研究,既适用于广度研究也适用于深度研究,既适用于客观研究也适用于主观研究等。但是访问的结果和质量有时取决于访问者与被访问者双方的合作态度和相互影响,譬如即便是电话或计算机辅助访问,如 CATI 或 CAPI,沟通话语或者辅助工具(如电脑故障等)的影响有时也很大。此外,访问法的花费较大,因此访问研究法的应用也有一定的局限性。

▶进一步阅读书目

1. [美]萨拜因·默腾斯·奥伊什:《如何实施面访调查》,张仪译,中国劳动社会保障出版社 2004 年版。

2. [美]琳达·B. 鲍克、伊夫·P. 菲尔德:《如何实施电话调查(第二版)》,郭江山译,中国劳动社会保障出版社 2004 年版。

3. [丹]斯丹纳·苛费尔、斯文·布林克曼:《质性研究访谈》,范丽恒译,世界图书出版公司 2013 年版。

4. [英]克莱尔·休森、卡尔·沃格尔、戴安娜·劳伦特:《如何进行网络调查(第二版)》,董海军译,中国人民大学出版社 2021 年版。

第十一章 调查研究法

调查研究法即通常所说的调查研究(survey research),也简称调查,是社会科学研究中经常使用的一种研究方式。由于调查研究法应用范围广,可以对问卷调查的数据进行定量分析,对社会事物和现象做出基本解释,因此,掌握调查研究法是社会科学研究者的一项基本研究技能。

第一节 调查研究法概述

一、调查研究法的概念

调查研究法指的是一种采用自填式问卷或访谈调查等方法,通过对被调查者的观点、态度和行为等方面系统地收集信息与进行分析,来认识社会现象及其规律的社会科学研究方式。它是最常用的定量研究方式之一。

从以上定义出发,调查研究法具体表现为如下几个基本特征:

第一,研究内容的广泛性。在实际调查中,社会生活的各个方面都可能成为调查的内容。从人们的生活状况、社会问题、舆情民意、市场动态到学术问题等,调查涉及各个领域;从某一群体客观的社会背景、社会行为和活动,到其主观的意见和态度,调查关注社会成员的各个层面。

第二,资料收集工具的特定性。调查研究所采用的是调查问卷这种特定工具,并且有一套系统的、特定的程序要求,强调从某个调查总体中抽取一定规模的随机样本进行问卷调查。这种随机抽取的、有相当规模的样本特征是调查研究方式所特有的。

第三,获取资料的及时性和全面概括性。由于采用科学的抽样程序,调查研究可以节省时间,快速、高效地收集到有关某一调查总体的详细资料和信息。

第四,资料分析的定量化。调查研究在本质上是一种定量的研究方式,它所获得的量化资料必须依据社会统计学的基本原理和方法,并借助计算机的辅助,才能完成相关的处理和分析，得出研究的结论。

正是借助这些特征，调查研究法才与其他研究方式区别开来，并成为社会科学研究领域中广为使用的研究方法之一。

二、调查研究法的类型

根据不同的标准，调查研究法可以划分为不同的类型，如根据研究性质的不同，可以分为理论性调查和应用性调查；根据研究目的的不同，可以分为描述性调查、解释性调查和预测性调查；根据调查对象范围的不同，可以分为普遍调查和抽样调查；等等。而根据资料收集方法的不同（即调查问卷所直接面对的对象不同），调查研究法主要可以分为两种基本的类型：一是自填问卷法，二是代填问卷法。

（一）自填问卷法

自填问卷法指的是由被调查者自己阅读并填答问卷的方法。根据问卷发放方式的不同，自填问卷法又可以分为发放问卷法、邮寄问卷法、报刊问卷法和网络问卷法。

1. 发放问卷法

发放问卷法是由调查员或其他人将问卷送到被调查者手中，等被调查者填答完后再由调查员一一收回。根据被调查者填答问卷时具体方式的不同，这种方法又可以分为个别发送法和集中填答法。

个别发送法的具体做法是：调查员将印制好的问卷逐个发送到所抽取的被调查者手中，同时讲明调查的意义和要求，请他们合作填答，并约定收取的时间、地点和方式。与其他一些方法相比，个别发送法的优点是：它比较节省时间、人力和费用；由于调查员可以向被调查者进行适当的说明和解释，被调查者有较充分的时间对问卷进行阅读和思考，因此回收率较高；调查具有一定的匿名性。而它的不足则体现在问卷的填答质量得不到保证，调查对象相对集中，调查范围比较狭窄等方面。

集中填答法的具体做法是：把被调查者集中起来，每人发一份问卷，由调查员统一讲解调查的目的、要求、问卷的填答方法等事项，然后请被调查者当场填答问卷，填答完毕后再统一将问卷收回。与个别发送法相比，集中填答法更节省时间、人力和费用，而且由于有调查员的当场解释和说明，它还可以有效地减少被调查者错答和误答的现象，从而提高问卷填答的质量。但是，在很多情况下将所有调查样本集中在一起填答问卷是很困难的，集中在一起的被调查者也往往会相互询问、相互影响，从而造成回答结果的趋同。

2. 邮寄问卷法

邮寄问卷法的具体做法是：调查者把印制好的问卷通过邮局寄送给选定的被调查者，待被调查者按照规定的时间和要求填答完问卷后，再将问卷寄还给调查者。一般而言，调查者在寄送问卷时，通常还要在信封中附上一封说明信和贴好足够邮资的回邮信封，并在信封上写清楚回邮地址和收信人（或收信单位），以便被调查者能够将填答好的问卷顺利寄回。同发送问卷法相比，邮寄问卷法的调查分布面广，不受地域限制，有利于提高样本的代表性。但在实际的实施过程中，邮寄问卷法也存在着一些限制因素。比如，在通常情况下研究者很难找到一份现成和完整的包含总体成员的姓名、地址及邮政编码的名单,这就导致了邮寄调查的样本往往无法准确抽取;同时,问卷的回收率低也在很大程度上影响了调查的质量。

3. 报刊问卷法

报刊问卷法的具体做法是:调查者将设计好的问卷刊登在报刊上,使问卷随报刊的发行传递到读者手中,并请读者对问卷做出书面回答后,按规定的时间将问卷寄回指定的地址。与其他方法相比,报刊问卷法以读者为调查对象,传递渠道稳定,调查分布面广,且省时省力省钱,具有很大的适用性。但是,回收率偏低、调查对象的代表性差、调查范围难以控制等局限之处也在很大程度上影响了调查的质量。

4. 网络问卷法

网络问卷法是传统调查方法在网络上的发展和应用,是研究者利用互联网及其调查系统向被调查者发送调查问卷,同时也通过互联网将被调查者填答完的问卷收回的一种新式调查方法。该方法充分利用了计算机技术和国际互联网(Internet)的信息交流与远程交互功能,将网页制作技术、数据库管理技术和远程控制等技术结合于一体,使得研究者能够通过互联网来收集、管理和处理调查的数据和信息。

常见的网络问卷法主要有电子邮件法和网页法两种类型。电子邮件法的具体做法是:研究者在确定好调查总体(前提是有电子邮箱)、抽取完调查样本、收集好被调查者的电子邮箱地址后,直接将调查问卷用电子邮件发送给被调查者;被调查者在计算机上填答完毕后,通过电子邮件将问卷发回给调查者;调查者将所有填答好的问卷下载后进行汇总,便可以形成数据库文件。网页法的具体做法是:研究者运用网站制作技术将调查问卷直接链接在网站的网页上,被调查者在浏览该网页时便可以直接进行填答,填答完毕后提交,问卷的填答内容就自动存入了事先设计好的数据库文件中,调查结束时所有填答者的回答记录便形成了该调查的数据库。

与传统的基于纸质问卷的调查研究法相比,网络问卷法在组织实施和数据的采集处理方面具有不可比拟的优势。第一,它的组织实施更加简单便捷,调查成本较低,调查周期较短。在传统方法中,印制和邮寄纸质问卷、雇佣和培训调查人员、录入和汇总调查数据等环节都需要大量的人力、物力、财力和时间,而网络问卷法除了可以节省大量人力,许多调查环节都可以由计算机和互联网络来完成,因而可以在费用和时间上实现节约。第二,网络问卷法可以通过计算机技术有效地降低数据填写、录入和汇总过程中的登记误差,提高数据的准确性。此外,网络问卷法完全基于计算机网络系统,不需要调查人员的直接参与,被调查者可以在任何时间选择在自己方便的时候完成调查,因而被调查者的回答可以不受时空限制。第三,调查匿名性强,调查互动性强。网络调查借助丰富多样的调查平台和工具使被调查者无须面对调查员就可以接受调查。一方面,可以较好地保护被调查者隐私,避免社会倾向性回答,增强调查结果的客观性。另一方面,通过借助调查平台提供的素材,在问卷中导入动画、声音、视频等,可以辅助解释和传达调查主题与内容,增加调查的吸引力与互动性。

与传统调查方法相比,网络调查法虽具有多重优势,但也存在一些缺点。第一,调查样本的代表性问题。截至2022年12月,我国网民规模达到10.67亿,互联网的普及率达

75.6%。在面对如此大规模与广覆盖的网络调查对象时,受网络虚拟性的影响,调查者很难去把控参与网络调查对象数量与质量,实现目标人群的精准识别与对接,从而产生抽样框误差。并且调查者经常借助电子邮件的方式进行网络调查,可能存在重复发送与填答问卷的情况,导致目标人群被重复覆盖,该情况也会产生非抽样误差,影响最终的调查样本代表性。第二,收集信息的质量存在不确定性。网络空间的虚拟性与网络行为的隐蔽性,给予被调查者更多的应答空间与灵活性,同时也会进一步加大辨别被调查者提供的信息是否反映现实情况、是不是本人独自填答、是否重复填答等问题的难度。在一定程度上会出现调查结果的质量不准确问题。第三,无回答误差问题突出。在网络调查中,被调查者是否会填答问卷取决于其自我意愿。在大规模且缺乏激励与强制手段的调查过程中,被调查者出于网络安全及个人信息安全的考虑,可能会拒绝填写调查问卷,使得调查问卷的无应答性升高,进而加大网络调查的无回答误差。

（二）代填问卷法

代填问卷法是由调查员依据调查问卷向被调查者逐个提出问题,并根据被调查者的口头回答来填写问卷的方法。根据调查员与被调查者接触的具体方式不同,代填问卷法又可以分为当面访问法和电话访问法两种类型。由于电话访问法在第十章中有详细介绍,所以这里重点介绍当面访问法。

当面访问法的具体做法是:研究者先选择和培训一组调查员,然后由这些调查员携带印制好的问卷找到选定的被调查者,并按照调查方案和调查计划的要求对被调查者进行提问,最后按照问卷的格式和要求记录被调查者的各种回答。与自填问卷法中的个别发送法类似,当面访问法也需要调查员与被调查者进行面对面的接触,但不同的是,个别发送法中的调查员只需要说明来意并对填答过程中的注意事项做简单的解释即可,问卷的实际填写由被调查者独立完成;而当面访问法中的调查员则要根据问卷向被调查者提问,并依据对方的回答填写和选择合适的答案。需要说明的是,当面访问法是一种高度控制的方法,在调查过程中调查员要严格按照问卷提出问题并记录答案,不能随意变更问题的顺序和提法,也不能随意对问题进行解释。

与自填问卷法相比,当面访问法的最大优点是能够保证问卷填答的质量,提高调查资料的信度和效度。因为在当面访问的过程中调查员的参与可以最大限度地降低来自被调查者方面错答或误答的情况,而且由于调查员可以设法确保被调查者能够独立回答问题,从而避免了在自填问卷法中时常发生的由他人代填或由几个人商议填写的弊端。此外,当面访问法的回收率也较高,调查对象的适用范围也更广泛。当然,与自填问卷法相比,当面访问法也存在一定的局限。比如,调查费用高、周期长,进而使得调查的空间范围和样本规模受到了一定的限制;匿名性差,对于敏感性、尖锐性或有关个人隐私的问题很难得到有效的回答;对调查员的访问技巧和应变能力要求更高;等等。

三、调查研究法的程序

调查研究法作为社会科学研究的一种基本方法,符合科学研究的一些基本程序。也就是说,它是从理性认识出发,经由研究假设、经验观察、归纳概括或检验假设这几个阶段,再返回到新的理性认识。可以概括为确定课题阶段、研究设计阶段、调查实施阶段、资料分析阶段和总结阶段五个主要步骤。

(一)确定课题阶段

确定课题阶段也称选题阶段,从程序上看,它是调查研究法的第一步,是开始一项调查活动的起点。调查课题一旦确定,整个调查活动的目标和方向也就随之确定,因此选题工作的好坏,在一定程度上决定着整个调查活动的成败,决定着最终调查结果的优劣。

具体来说,这一阶段的主要任务包括:

1. 通过对现实问题的探讨,来选择、确定研究课题,明确调查任务;

2. 经过初步探索和文献考察明确课题的目的、意义和要求;

3. 确定研究的指导思想和理论基础,澄清研究的基本概念;

4. 提出理论性假设,建立研究假设。

(二)研究设计阶段

研究设计阶段也称准备阶段,涉及调查的思路、策略、方式、方法、具体技术工具和调查员等各个方面。这一阶段对于一项调查研究有重要的意义,如果说选题阶段的意义在于确定调查的目标和方向,那么研究设计阶段的全部工作就可以理解成为实现调查目标而进行的道路选择和工具准备。如果准备工作比较充分,就能保证一项调查活动的顺利进行,保证调查目标的圆满实现,从而使调查具有更大的理论价值和应用价值。

具体来说,这一阶段的主要任务包括:

1. 按照调查研究的目的要求,明确调查内容和调查范围;

2. 确定调查研究的类型和方式方法;

3. 明确分析单位和调查指标,将调查内容具体化和操作化,设计调查问卷;

4. 制定抽样方案,明确调查地区、单位、对象,选择抽样方法;

5. 制定调查方案和调查大纲、表格,培训调查人员。

(三)调查实施阶段

调查实施阶段也称收集资料阶段,是整个调查过程中的又一个重要环节。这一阶段的主要任务是直接深入社会生活,按照调查设计的内容和要求,利用各种调查方法系统、客观、准确地获取经验材料。

由于资料的客观性、准确性是一项调查研究成功的基本保证,因此,为了获得真实可靠的资料,还应注意以下几个问题:

1. 获得被调查地区、单位与个人的支持与协助;

2. 熟悉调查对象及他们的生活环境;

3. 发挥研究者的灵活性和主动性,根据实际情况对调查方案进行及时的修正或补充;

4. 调查人员应当认真、详细、准确地做好观察和访问的记录。

(四)资料分析阶段

资料分析阶段也称研究阶段,这一阶段的主要任务是在全面占有调查资料的基础上,对资料进行系统的整理、分类、统计和分析。

其中，资料的整理、分类是指对资料进行检查、核对、归类，即去粗取精、去伪存真，将大量的原始资料简化、系统化、条理化，使之适于进一步分析；而资料的统计、分析则要求在分析资料时，要采取由此及彼、由表及里、层层深入、具体分析的方式。当然，需要指出的是，由调查研究法的特定方式、方法以及收集资料的性质所决定，这种对于资料的加工和处理方式主要是利用计算机进行定量的统计分析。

（五）总结阶段

总结阶段也称总结与应用阶段，这一阶段的主要任务包括：

1. 撰写调查研究报告；

2. 将调查成果以不同的形式应用到社会实践领域或理论领域；

3. 总结本次调查工作中的优缺点，为今后的研究提供正反两方面的经验；

4. 对整个调查研究过程及其成果进行评估。

应当说，总结阶段实际上是返回调查研究的出发点，即对社会领域中某一理论问题或应用问题进行解答，以便深化对社会的认识或制定解决问题的方针、政策和措施。与此同时，通过总结与应用，研究者能够发现和提出新的问题，为下一步的调查研究工作打下良好的基础。由此可见，调查研究法的五个阶段是一个相互关联的、完整的循环过程。

第二节　调查问卷的设计

一、问卷的基本结构

问卷是调查研究法中用来收集资料的主要工具。尽管自填问卷法和代填问卷法所采用的问卷存在不同，但问卷一般都包含以下几个部分：封面语、指导语、问题与答案、预编码和其他相关说明。

（一）封面语

封面语，也叫卷首语，一般印在问卷的封面或封二，其作用在于向被调查者解释和说明调查目的以及有关事项，以争取被调查者的信任，获得积极的支持与配合。一般而言，封面语的语言要简明、诚恳，篇幅不要太长，以两三百字为宜。

具体来说，在封面语中一般需要说明以下内容：

1. 主办调查的单位、组织或个人身份，也就是说明调查者是谁。调查者的身份既可以在封面语中直接说明，例如“我们是山东大学社会学系的学生，为了……”，也可以在落款中说明，例如落款是“山东大学社会学系××调查组”。

需要注意的是，无论在哪个位置表明身份，都要将自己的具体信息写清楚，不要模棱两可，例如只写“农民工问题调查组”。如果被调查者搞不清楚调查者是些什么人、来自哪里，就会对调查产生疑虑和戒备心理，从而增加调查失败的可能性。所以，调查者的身份写得越清楚越好，最好同时附上单位的地址、邮政编码、电话号码、联系人姓名等，以体现调查的正式性和有组织性，打消被调查者的疑虑，争取被调查者的信任与合作。

2. 调查的内容，即调查什么。调查内容的说明要体现一致性和概括性。一致性是指封面语中介绍的调查内容要与实际调查内容相同，不能含糊其词，甚至欺骗被调查者。概括性则是指不要过分详细地在封面语中阐述调查的具体内容，通常情况下，只要用一句话概括性地指出内容的大致范围就行了，例如“我们正在我市居民中进行治安问题的调查”或者“我们这次调查主要想了解本市市民对城市环境规划的看法”等。

3. 进行本次调查的目的和重要性，即为什么调查。这是封面语中的又一项重要内容，如果调查目的叙述合理、得当，便有利于调动被调查者配合的积极性。一般而言，对于调查目的的阐述，要尽可能说明其对整个社会、对包括被调查者在内的普通大众的现实意义，例如“我们这次调查的目的，主要是为了了解本市农民工的生存状态，从而为市政府制定合理的农民工流动政策提供科学的依据”。

4. 对调查资料的保密措施。说明调查结果的保密性能减缓和消除被调查者的疑虑和戒心，例如“本调查以不记名的方式进行，我们将依据我国统计法对统计资料保密”。

5. 说明被调查者的积极配合对调查质量的作用。说明的语气要诚恳，要使被调查者能够体会到自己的态度对调查的影响。

除以上内容外，通常还会把填答问卷的方法、要求、回收问卷的方式和时间、对被调查者的真诚感谢等写进封面语。

（二）指导语

在一份问卷中，有些问题要求用文字或数字回答，有些则可能要求在固定的答案中选择，用画对号或画圈的方式来回答。指导语就是用来提示被调查者如何正确填写问卷或指导调查员正确完成问卷调查工作的解释和说明。

有些问卷的填答比较简单，指导语常常在封面语中用一两句话说明就可以了。例如：

回答问题时，请您在所选的答案序号上画“√”，或在“____”处填写您的答案。

除封面语中的指导语外，最经常使用的是卷头指导语和卷中指导语。卷头指导语一般集中在封面语之后、正式调查问题之前，以“填答说明”的形式出现，其作用是对填答问卷的方法、要求、注意事项等做一个总的说明。卷中指导语是针对问卷中某些比较复杂的问题所做的特定指示，例如“可选多个答案”“请按重要程度排列”“如果不是，请跳过第12～15题，直接从第16题开始回答”“家庭人均收入指全家人的总收入除以全家人口数”等。从理论上讲，只要有可能成为被调查者填答障碍的地方，都要给予清楚的指导。

（三）问题与答案

问题与答案是问卷的主体，是问卷设计的主要内容。问卷中的问题在形式上可以分为开放式问题和封闭式问题两大类。

所谓开放式问题就是只提出问题，但不为回答者提供具体答案，而由回答者自由回答的问题，例如“您对社会治安有什么看法”“您喜欢看哪类电视节目”等。开放式问题的主要优点是不限制回答者的思想，允许回答者按自己的想法发表意见，所得的资料灵活丰富。但开放式问题也有一些局限性不好克服。首先，它对回答者的知识水平和文字表达能力有一定的要求；其次，所得资料难于分析和处理，尤其是难于进行定量的统计和分析；最后，填答问题花费的时间和精力较多，容易使回答者产生畏难心理。

封闭式问题则是在提出问题的同时，给出若干答案，要求被调查者根据实际情况进行选择。例如：

您经常使用哪种传播媒介获得信息？（只能选一个答案）

(1)电视　(2)互联网　(3)广播　(4)报纸　(5)其他

封闭式问题的优缺点与开放式问题恰好相反。其优点是填答方便，节省时间和精力，所得资料也便于统计分析。但是由于限定答案的同时也限制了回答者的思路和填答的范围，因此调查资料失去了深入性和表现力。

由于开放式问题和封闭式问题各自鲜明的特点，研究人员常把它们用于不同目的、不同形式的调查中。比如，在进行探索性调查时常使用以开放式问题为主体的问卷；而在大规模的正式调查中，则主要使用封闭式问题为主体的问卷。

（四）预编码

预编码就是在问卷设计的同时设计好每一个问题及答案的数字代码，并印制在问卷上。它一般限于答案类别已知的封闭式问题，或者回答已经是数字而不需转换的问题。其目的是便于把答案转换成数字，输入计算机进行处理和定量分析。而且，有了预编码，问卷实际上可以作为编码簿来使用，不必再去使用一个单独的编码簿。例如：

例1　您的文化程度是：

1. 小学及以下

2. 初中

3. 高中及中专

4. 大专

5. 本科及以上

例2　您的年龄是____周岁。

例1中每个答案前的数字就是编码。如果被调查者的回答是“大专”，那么在计算机内存储的答案就是“4”。例2中对年龄的回答本身就是数字，不需要再转换。

（五）其他相关说明

除预编码外，问卷还可以包含其他一些相关说明，如问卷编号、问卷发放及回收日期、调查员编号、审核员编号、被调查者住址等。

二、问卷设计的基本原则

问卷设计的基本原则是指进行问卷的具体设计前研究者应掌握的基本准则。

（一）必须以调查研究课题和研究假设为指导

问卷调查的过程就是调查者通过问卷向被调查者了解情况的过程，因此，问卷中所包含的问题必须与调查研究课题及研究假设相符合，必须围绕研究课题和研究假设确定调查项目并提出问题。也就是说，设计问卷的时候，要紧紧围绕研究者所研究的问题和测量的变量来进行，即首先要满足研究者的需要。

（二）坚持与调查目的和内容的统一

调查目的是问卷设计的灵魂，决定着问卷的内容和形式。对于描述性调查，问卷设计应该主要围绕调查对象各个方面的客观事实来进行；而对于解释性调查，问卷设计则要紧紧围绕着研究假设和研究变量来进行，问卷中必须问什么、不必问什么以及如何问这些问题，都要严格受到研究假设的制约。同时，研究者在设计问卷时，还要充分考虑到不同内容给被调查者带来的不同影响，并在具体设计时区别对待。比如，对那些被调查者比较熟悉、不会产生太多心理压力，因而容易引起他们兴趣的调查内容，问卷可以设计得相对深入、详细，提问可以比较直接，问题的数量也可以适当增加。相反，如果调查内容是被调查者不熟悉的、比较枯燥乏味的或是涉及敏感问题的，问卷设计者就要多动脑筋，问题的提问要相对间接、浅显，封面语和指导语要比较详细，措辞也要注意委婉含蓄。

（三）必须明确阻碍被调查者合作的各种因素

一项调查能否成功，与被调查者的积极配合是密不可分的。因此，从被调查者角度着眼，明确问卷调查中阻碍被调查者同调查者合作的各种因素，对于提高调查质量有着十分重要的意义。一般而言，阻碍被调查者合作的因素主要有两个大的方面：主观因素和客观因素。

主观因素是指阻碍被调查者回答问题的各种心理和思想障碍。比如，当问卷内容太多，问题需要花较长时间思考、回忆、计算时，被调查者很容易产生畏难情绪；当问卷内容过于敏感，涉及个人隐私、利益时，被调查者很容易产生各种顾虑；当封面语对调查的目的、意义以及被调查者填答问卷的重要性和作用说明不够时，被调查者也往往表现出对调查的不重视，缺乏同调查者进行积极合作的责任感；而如果问卷内容严重脱离被调查者的生活实际，或者问卷设计僵硬、呆板、杂乱，一个问题中层层套叠过多的子问题，所用语言又与被调查者的社会文化背景差距过大，问卷也会缺乏吸引力，不能引起被调查者的兴趣，导致调查的失败。

客观因素是指被调查者受自身能力、条件的限制所形成的障碍。从目前来看，很多问卷调查采用的都是自填式问卷，这就在客观上对被调查者的阅读、理解、记忆和计算等能力提出了一定的要求。因此，在问卷设计前，研究者必须对样本有一个全面、清楚的认识，了解被调查者是一群具有什么特征的人，他们在性别、年龄、职业、文化程度等方面是否存在较大的差异。因为，即使是出于同样的调查目的、调查同样的内容，由于样本的性质不同，客观障碍也会不同，问卷的设计要求也要随之改变。比如，对文化程度较低的样本实施调查时，问卷的语言就应该尽可能口语化，简单一些，问题的数量也不要过多；而对于文化程度较高的样本，问卷的语言则可以相对书面化，复杂一些，问题的数量也可以相应增加。当然，总的来说，样本的性质越是多样化，问卷的设计工作也就越复杂。如果研究者在设计问卷时不设身处地为被调查者考虑，就很容易使回答者因各种客观条件的限制而放弃回答，从而影响到调查的质量。

三、问卷设计的主要步骤

（一）确定问卷纲要

这主要是指根据调查对象的特点、范围以及调查的时间和要求，先给调查研究课题写出一份问卷纲要。这份纲要应该包括问题的形式、问卷的内容、自变量和因变量以及一些具体的调查项目等。

（二）基础性探索工作

在具体动手设计调查问卷之前，研究者还必须先做一段时间的基础性探索工作，即围绕着问卷纲要中所列出的问题，自然、随便地与各种对象交谈，并留心他们的特征、行为和态度，熟悉和了解一些基本的情况。同时，也可以把研究的各种设想、各种问题、各个方面的内容，在不同类型的回答者中进行尝试和比较，以便获得对各种问题的提法、实际语言、可能的回答种类等内容的初步印象和第一手资料。这样就可以避免在问卷设计中出现含糊不清或抽象的问题，也可以避免设计出不符合客观实际的答案选项。

（三）设计问卷初稿

有了探索性工作的基础，就可以动手设计问卷了。在实际工作中，通常有两种可供研究者选择的方法：一种是卡片法，另一种是框图法。

卡片法的第一步是根据探索性工作中的记录、印象和认识，把每一个问题及答案单独写在一张卡片上。第二步是按照卡片上问题的主要内容，将卡片分成若干堆，并把询问相同事物的问题放在一起。第三步是在每一堆中，按日常询问的习惯与逻辑，将卡片先后排序。第四步是根据问卷整体的逻辑结构排出各堆卡片的前后顺序，使全部卡片连成一份完整的问卷。第五步是从回答者阅读是否方便、是否会形成心理压力等角度，反复检查问题间的前后连贯性和逻辑性，对不当的地方进行调整和补充。最后把调整好的问题及答案依次写在纸上，形成问卷初稿。

框图法与卡片法不同。它的第一步是先根据研究假设和所需资料内容的逻辑结构，在纸上画出整个问卷的各个部分及前后顺序的框图；第二步是具体写出每一部分中的问题及答案，并安排好这些问题相互间的顺序；第三步则与卡片法类似，也是从回答者阅读和填写方便的角度，反复检查问题间的前后连贯性和逻辑性，并对不当的地方进行调整和补充；最后把调整好的问题及答案重新抄在另一张纸上，形成问卷初稿。

这两种方法在设计程序上恰好相反，卡片法是先从具体问题开始，然后到部分，最后到整体；而框图法则是先从整体结构开始，然后到部分，最后到具体问题。其中，卡片法在调整问题相互间的顺序以及修改每一个具体问题方面十分便捷，但难以从总体上对问卷结构进行安排、调整和修改。而框图法虽然在安排问卷各大部分的顺序和逻辑结构方面比前者容易，但在修改、调整某一个具体问题方面显然没有卡片法方便。因此，在实际的设计工作中，最好将两种方法结合起来使用。比如，可以先根据调查内容的结构，梳理清楚问卷总体的各个大的部分及其前后顺序，然后针对每一部分的内容，在卡片上写出一个个问题，并调整好问题间的顺序，最后按照整理好的卡片顺序形成问卷初稿。

当然，随着计算机技术的大量引入，以上操作已经完全可以在电脑上独立完成，在这里提供的两种方法更多的是代表了两种设计问卷初稿时的不同思路或逻辑。

(四)评审与试用

任何问卷都不可能保证一次设计成功,往往需要若干次的修改才能形成定稿。但是在正式的大规模调查中,只要问卷发出,就不可能再随意修改或补充,一旦出现错误或缺陷便会造成难以弥补的损失。因此,问卷初稿设计完以后,通常不是直接将其用于正式调查,而是必须对其进行一系列的评估与试用。具体来说,一方面,要将问卷初稿提交相关领域的专家或研究人员进行评审,请他们提出自己的意见或建议,指出问卷设计中的不足并予以修改。另一方面,可以在正式调查的总体样本中随机或非随机地抽取一个小样本,并用设计好的问卷初稿对他们进行试调查,然后认真检查和分析试调查的结果,从中发现问题和缺陷并进行修改。其中,检查和分析的重点主要包括问卷的回收率、有效回收率、问卷内容填答的规范性和完整性等方面的内容。

(五)修改并定稿

通过评审与试用找出问卷初稿中存在的问题后,设计者就要对这些问题逐个进行认真的审视和修改,并最终形成问卷的定稿,交付印刷。当然,在定稿的打印和印刷过程中也要注意版面、文字、符号等的设计和校对工作,做到善始善终。

四、问题与答案的设计

前面已经提到,问卷中的问题在形式上可以分为开放式问题和封闭式问题两大类。其中,开放式问题不用列出答案,只要提出问题,并在问题后面留出适当空间的空白就可以了。但需要注意的是空白的大小:空白过大,既可能增加问卷的篇幅,又可能加大被调查者回答问题的难度;而空白过小,则可能在客观上限制被调查者的填答内容,造成资料过于简单。所以,在设计空白大小时,研究者就要充分考虑各种可能影响被调查者填答过程的因素。比如,当样本文化程度较低、问题涉及的内容又比较简单时,空白就可以相对留得小一些;而当样本文化程度较高、问题涉及的内容又比较复杂时,空白就可以相对留得大一些。

这里主要说明一下封闭式问题与答案的设计。

(一)问题与答案的形式

1. 填空式

填空式,即在问题中间或问题后面画一短横线,让回答者在横线上填写。填空式一般用于被调查者比较容易回答和填写的问题,通常填写的都是数字。例如:

例1 您兄弟姊妹____人,您排行第____。

例2 您本人上一年的总收入约为多少元? ________元

2. 是否式

是否式,即答案只有肯定形式与否定形式两种,回答者只能根据自己的情况选择一种答案。这种形式的突出特点是答案简单明确,但包含的信息量较少。例如:

例3 您是否信仰宗教?(请在合适答案的号码上打"√")

①是　　　　②否

例4　您是否有过自己或为家人找工作的经历？（请在合适答案的号码上打“√”）

①有　　　　　　②没有

例5　您是否赞成小学生在课堂上使用平板电脑等电子设备辅助学习？（请在合适答案的号码上打“√”）

①赞成　　　　　②不赞成

3. 多项选择式

这种形式的问题给出的答案至少在两个以上，回答者可以根据自己的情况从中选择。问卷中的大多数问题都采用的是这种形式。例如：

例6　您工作的性质是：（请在合适答案的号码上打“√”）

①体力劳动　　　②脑力劳动　　　③其他

例7　您参加工作（或劳动）前的居住地是：（请在合适答案后的方框中打“√”）

①农村 □　　②乡镇 □　　③中小城市 □　　④大城市 □

例8　您认为决定是否能够找到合适工作的最主要因素是：（请在合适答案后的括号里打“√”）

①自己的能力（　）　　②有无关系（　）　　③家庭条件（　）

④社会中介服务（　）　　⑤其他（　）（请写明）______

4. 矩阵式

这是一种将同一类型的若干问题集中在一起，构成一个问题的表达形式。它的优点是比较节省调查问卷的篇幅，方便被调查者阅读和填写。例如：

例9　近5年来您是否有下列行为？（请在每一行适当的方框内打“√”）

	有	没有
①参与本单位或地方的选举	□	□
②参与本单位或地方的决策、提建议	□	□
③参与志愿性活动	□	□
④参与其他集体活动	□	□

5. 表格式

这是一种将同一类型的若干问题列成一个表格，构成一个问题的表达形式。它实际上是矩阵式的一种变体，除具有矩阵式的特点外，还显得比较整齐和醒目。例如：

例10　近5年来您是否有下列行为？（请在每一行适当的格中打“√”）

项目	有	没有
1. 参与本单位或地方的选举		
2. 参与本单位或地方的决策、提建议		
3. 参与志愿性活动		
4. 参与其他集体活动		

6. 关联式

所谓关联式问题指的是在前后两个（或多个）相互连接的问题中，被调查者对前一个问题的回答,决定着后面问题的回答情况和顺序。在这和形式中,通常将前一个问题称作“过滤性问题”或“筛选性问题”,而将后面的问题称作“相倚问题”。

关联式问题通常针对的是调查中的某些问题只适用于样本中的一部分被调查者,而为了使问卷适合每一个被调查者,研究者在设计时就可以采用关联式的问题形式。例如:

例 11 您从做第一项工作到目前是否换过工作?(请在合适答案的号码上打“√”)

①是⟶ 如果变换过工作,换过几次?
①1 次
②2 次
③3 次
④4 次以上

②否

例 12 您是否信仰宗教?(请在合适答案的号码上打“√”)

① 是⟶ 请问您信仰什么宗教? ____

② 否

例 13 您是否信仰宗教?(请在合适答案的号码上打“√”)

① 是

② 否⟶ 请跳过问题 10 ~ 14,直接从问题 15 开始回答。

(二)问题设计的要求

1. 语言与措辞

问题的提问应该简洁、准确、易懂,整个问卷的语言与措辞,要尽量照顾到大多数被调查者的文化水平,一般采取就低不就高的原则。具体来说,在语气方面,要体现出对被调查者的尊重;在语句方面,要尽量简短,尽可能不使用长句;在表达方面,要尽量规范,如果被调查者的文化程度较低,则可以在规范的问句后以括号的形式加以解释;在措辞方面,应尽量避免使用过于专业化的术语和抽象的概念,如果必须使用,尽量选择操作化后的概念,例如“组织结构”“领导部门”“科室分工”就比“科层制”更具操作性。

2. 应避免的错误

(1)双重问题,即在一个问题中,同时询问了两件或多件不同的事情。例如:

例 14 您的父母是知识分子吗?(请在合适答案的号码上打“√”)

①是 ②否

这个问题实际上包含了“您的父亲是知识分子吗”和“您的母亲是知识分子吗”两个问题,被调查者的父母如果其中一个是知识分子而另一个不是,显然就无法回答这个问题。正确的做法应该是分成两个问题来提问。

(2)诱导性问题,即通过各种明显的意见倾向或暗示的意见倾向,提示回答意见,使被调查者的回答受到诱导。例如:

例 15 教育专家认为长时间看电视对青少年成长不利,您认为呢?(请在合适答案后的方框中打“√”)

①不利 □　②无明显影响 □　③有利 □　④不知道□

例16　您认为目前人们之间的信任程度跟改革开放之前相比是否下降了?(请在合适答案后的方框中打“√”)

①提高了□　②下降了□　③无变化□　④不知道□

像这一类的问题应该消除其倾向性,保持中立的态度,否则,就会导致态度测量的不准确性。例15实际上已经让权威性人士确定了青少年长时间看电视的不利性,这种明显的倾向性必然会干扰被调查者自己的判断,如果改成“您认为看电视对青少年有什么影响”,则可以消除这种倾向性。当然,此时的答案也要做相应的改动。同样,例16的问题提问方式则可能引导回答者选择第二个答案,如果改成“您认为目前人们之间的信任程度跟改革开放之前相比如何”,就可以体现较好的中立性,并与答案协调起来。

(3)敏感性问题,指涉及政治与国家大事、道德伦理、社会规范、政策、法律以及个人隐私等方面的一些问题。如果在一份问卷中此类问题涉及过多,便会增加被调查者的自我防卫心理,甚至使他们拒绝回答问题。如果必须要问,应该注意提问的方式和语言。例如:

例17　您认为您的家庭生几个孩子比较理想?(请在合适答案后的方框中打“√”)

①一个 □　②两个□　③三个□　④四个□　⑤越多越好□

显然,上述问题涉及我国的生育政策,直接提问就显得比较敏感。对此,研究者可以通过假定的方法降低问题的敏感度,在一定程度上打消回答者的顾虑,如改为“假定我国目前的人口政策对生育不加限制,您认为您的家庭生几个孩子比较理想”,效果就会好很多。

(4)含糊不清的问题。大多数含糊不清的问题是由于问题的表达不清楚、不明确、有歧义,或者使用了抽象笼统的概念而难于理解。例如:

例18　您对中国近年来情况的感觉是:(请在合适答案后的方框中打“√”)

①几乎没有什么变化□　②变化不大□　③变化较大□　④变化很大□

例19　您认为这种情况(变化或没变化)是:(请在合适答案后的方框中打“√”)

①有利的□　②不利的□

例20　改革开放后,中国的传统道德发生了改变,您认为这种改变的情况是:(请在合适答案后的方框中打“√”)

①改变得太快了□　②还可以□　③比较慢□　④太慢了□

例18中的“中国近年来情况”就是一个不明确的概念,因为它既可以指中国的全面综合情况,也可以指某一特定方面的情况,如经济发展、社会治安、生态环境、文化建设等,这就让被调查者无法确定其具体内涵。而例19中对谁“有利”或“不利”的指代也不明确,因为不同主体之间的利益常常会发生冲突,有的变化可能对个人有利但对国家和集体不利,有的则恰好相反。同样,例20中的“中国的传统道德”也是一个抽象笼统的概念,不同的回答者会有不同的理解,比如有的人可能仅仅将其理解为“孝顺”之类的家庭道德观念,而有的人则可能将其理解为“给老人让座”之类的社会公德观念。所以,要准确测量“中国的传统道德”这个概念，就需要将其分解为若干个相关的指标，分别予以提问。

显然，要避免含糊不清的问题出现，就必须明确问题提问的目的，仔细推敲提问的语言，并将抽象的概念变为具体的可以测量的指标。

(5)语言问题。除了以上经常出现的错误，在问题提问方式中存在的一些语言或表述习惯方面的问题也不容忽视。例如：

例21　您是否赞成我市不推行机动车单双号限行制度？（请在合适答案后的方框中打“√”）

①赞成□　　　　②不赞成□

例22　您认为国庆节放长假能否促进消费，或相反？（请在合适答案后的方框中打“√”）

①能促进消费□　　　②影响消费□　　　③毫不相干□

例23　请判断以下几种说法是否正确：（请在每一行适当的方框内打“√”）

	正确	错误	不知道
①亲兄弟，明算账	□	□	□
②要办事，靠关系	□	□	□
③天下还是好人比坏人多	□	□	□

其中，例21采用的是否定式提问，不符合人们的语言习惯，很容易导致被调查者在填答过程中漏掉“不”字，选择了与自己意愿完全相反的答案，造成调查结果的失真。而例22的提问则犯了前后重复的错误，因为前一部分中的“能否促进”实际上已经包括了“能促进”和“不能促进”两种情况，所以后一部分的“或相反”就显得多余了。同样，例23在提问方式上也存在一定的语言问题，因为要求被调查者去判断“正确”或是“错误”，就相当于对他们进行考试，很容易使被调查者产生不必要的心理压力，并干扰其真实想法的表达，如果改为“您是否同意下列说法”，并把答案改为“同意、不同意、不知道”，语气就缓和多了。

3. 数量与顺序

一份问卷中问题数量的多少并没有固定的标准，要根据调查的内容、样本的性质、人力、财力、时间等各种因素来决定。一般而言，问卷的篇幅不宜过长，问卷中的问题也不宜过多，因为如果问卷太长、问题太多，就很容易引起被调查者在心理上的厌烦或畏难情绪，从而影响问卷填答的质量。根据大多数研究人员的实践经验，一份问卷中所包含的问题数目，以一般的被调查者20分钟以内能顺利完成为宜，最多不要超过30分钟。①

此外，在安排问卷中问题间的前后顺序方面，一般遵循下列几条常用的规则：

(1)把被调查者熟悉的、感兴趣的、简单易答的问题放在前边，把被调查者感到生疏的、敏感性的、复杂难答的问题放在后边。这样做可以使被调查者在开始填答问卷时就有一种轻松、方便的感觉，从而促使他们可以较顺利地完成对整个问卷的填答。相反，如

① 袁方主编：《社会调查原理与方法》，高等教育出版社1990年版，第209～210页。

果一开始的问题就难于回答，比较敏感，往往会使被调查者产生强烈的畏难和防范心理，影响他们的情绪和积极性，进而阻碍调查的顺利进行。

（2）先问行为性问题，再问主观性问题，最后问背景性问题。按照调查内容的性质来划分，问卷中的问题一般分为三大类：第一类是背景性问题，主要是指被调查者的基本情况，如个人的年龄、性别、文化程度、职业、婚姻状况、经济收入等，由于这类问题对很多被调查者来说属于比较敏感的问题，一般放在问卷的末尾。第二类是行为性问题，主要是指被调查者行为方面的各种事实和活动，如找工作、参加选举、吸烟等，由于这类问题涉及的只是客观事实，比较容易回答，一般放在问卷的开头。第三类是主观性问题，主要是指被调查者的意见、态度、感情、愿望等方面的问题，如对吸烟者的态度、对物价上涨的看法等，由于这类问题多为被调查者的主观思想，往往涉及个人隐私或社会敏感问题，容易引起他们的紧张和反感，一般放在问卷中偏后的部分。当然，需要说明的是，由于背景性问题常常是一项调查中必不可少的自变量，因此有些研究者为了保证这部分内容的有效填答，也常将它们置于问卷的开头。

（3）如果有开放式问题，一般放在问卷的最后。因为与封闭式问题相比，开放式问题填答的难度更大，无论放在问卷的开头还是中间，都有可能影响被调查者填完问卷的信心，所以，为了确保在实际填答过程中不至于出现中断，设计者一般将开放式问题置于问卷的最后。

（三）答案设计的要求

1. 答案要与问题协调一致，不能答非所问

在封闭式问题中，问题和答案是一个不可分割的整体，在提出问题的同时，应该为这个问题准备好全面而恰当的答案。例如：

例 24　您经常参加单位组织的哪一类集体活动？（请在每一行适当的方框内打“√”）

	经常参加	偶尔参加	从不参加
①体育活动	□	□	□
②业务培训	□	□	□
③座谈会	□	□	□
④其他活动	□	□	□

由于这个问题提问的是“经常参加单位组织的哪一类集体活动”，所以答案中除类别外不应有其他的内容，否则就会出现答非所问的现象。因此，对于这个例子，问题和答案两部分中必须有一部分进行调整才能达到整体的协调一致，可以将答案中的“经常参加、偶尔参加、从不参加”去掉，或者把问题改为“您是否经常参加单位组织的集体活动”，同时把答案中的类别去掉。

2. 答案的穷尽性

答案的穷尽性是指设计出的答案必须包括所有可能的情况。也就是说，任何一个被调查者都能在答案中找到符合自己情况的选项。例如：

例 25　您的职业属于下列哪一类？（请在合适的答案号码上打“√”）

①国家机关、党群组织、企事业单位负责人　　②专业技术人员
③农、林、牧、渔、水利业生产人员　　④军人

这个问题所列出的答案并没有包括所有可能的职业类别,比如属于商业或服务业人员的被调查者就无法填答这样的问题,所以,这样的答案设计就不满足穷尽性的要求。要解决这类问题,通常的做法是继续增加有代表性的类别选项;如果还不能保证穷尽性,就需要在所列举的答案后增设一个"其他"项,以涵盖所有可能的情况。

3. 答案的互斥性

答案的互斥性是指答案相互之间不能交叉重叠或互相包含。也就是说,对于任何一个被调查者,最多只能有一个答案适合他的情况。例如:

例 26　您认为下列哪些素质是一个合格的教师应该具备的?(请在合适的答案号码上打"√")

①普通文化知识　②学科专业知识　③教育专业知识
④人文类知识　⑤科技类知识　⑥其他

显然,这个问题所列的答案之间就不是互斥的,因为"普通文化知识"包含了"人文类知识"和"科技类知识"。

当然,要设计出一份高质量的问卷,仅仅掌握我们在这里给大家提供的一些基本原则和方法是远远不够的,还需要研究者具体问题具体分析,在实际的操作过程中不断完善、总结,逐步提高问卷设计的质量。

第三节　调查研究法的应用与评价

一、调查研究法的应用

当今时代,调查研究法已被广泛应用于分析社会生活的多个领域,也因此形成了多种不同性质的调查类型。[①]

第一,行政统计调查,指人口、资源统计等为国家管理者服务的调查,其特点是具有较强的宏观性和概括性,且多采用普遍调查的形式进行。行政统计调查对于了解一个国家、一个地区或一个行业的基本情况有很重要的作用。2020 年进行的第七次全国人口普查就是一个典型的例子。

第二,生活状况调查,是对某一时期、某一社区或某一社会群体的社会生活状况所进行的调查。与行政统计调查不同,它的着眼点主要在于了解人们日常社会生活各个方面的基本状况,以综合地反映一个时期、一个地区或一个群体中人们总的社会生活状况。比如对某市下岗女工群体的生活状况调查、对改革开放后某市居民饮食结构状况的调查等。

① 参见风笑天:《现代社会调查方法(第四版)》,华中科技大学出版社 2009 年版,第 10~11 页。

第三，社会问题调查，是对社会中存在的各种社会问题所进行的系统调查，比如单亲家庭问题调查、青少年犯罪问题调查、网络成瘾问题调查、吸毒问题调查等。通过此类调查，研究者可以了解、描述社会问题的现状，找出问题产生的原因，并为有效地解决社会问题提供参考意见。

第四，市场调查，指为了拓展商品的销路，以便更好地为企业的生产和销售服务，围绕某类产品或某种商品的市场占有率、顾客的购买情况、产品广告的宣传效果等所进行的调查，比如商品调查、价格调查、消费调查、服务调查等。随着商品经济的不断发展，目前我国这类调查逐渐增多。

第五，民意调查，也称民意测验或舆论调查，指围绕某些社会舆论的热点问题对社会中民众的意见、态度、意识等主观意向进行的调查。这种调查是随着西方社会的发展，尤其是在政治方面的需要而逐渐发展起来的。它最典型的应用便是美国的总统选举投票预测，其中最著名的民意测验机构当属乔治·盖洛普在1935年创办的“盖洛普民意测验所”，该机构只调查了3000人，就准确地预测出1936年罗斯福在总统大选中获取胜利。目前，民意调查除了用于政治领域外，也越来越多地涉及社会热点问题、大众传媒等多个领域。

第六，研究性调查，指广泛应用于社会学、政治学、人口学、教育学、传播学等社会科学学科领域中的各类学术性调查，比如当今中国乡村社会组织与社会资本发展状况研究、中国现阶段阶层状况研究等。这类调查的目标往往不是针对某一具体的社会现象和社会问题得出结论，而是致力于对某类社会现象所具有的一般规律或普遍法则进行探索和研究。

二、调查研究法的评价

调查研究作为一种重要的社会科学研究方式，与实地研究、实验研究、文献研究等其他研究方式相比，既有优势，也有不足。

其中，调查研究的优点突出表现在以下几个方面：

第一，调查研究节省时间、费用和人力，尤其是进行大样本调查时，可以快速、高效地收集某一总体的详细资料。调查研究通过问卷可以同时调查很多人的情况，而且不受时空的限制，能够以较少的投入获取大量的调查资料，有利于随时了解和掌握不断变动的社会。

第二，调查研究的操作过程严格、规范，可以避免偏见，减少调查误差。尤其是调查所具有的科学的抽样程序、问卷的匿名性、严密的资料统计分析这几个特点，使得调查研究结果具有较高的信度和效度。

第三，调查研究可以满足多种不同目的的研究需要，具有较强的适用性。它既可以对社会现象的状况、过程和特征进行客观的说明和描述，也可以用来解释不同变量之间的关系，甚至预测社会现象未来的发展趋势。

第四，调查研究所得的资料便于定量处理和分析。由于调查所依赖的工具——问卷中的问题都是在将研究假设中的概念操作化之后编制出来的，而且大部分是封闭式的问题,且容易编码,大大方便了对调查资料的定量分析和研究。

当然,相较于其他研究方式,调查研究也体现出一些不足。比如,与实地研究相比,它缺乏对事物理解和解释的深度;与实验研究相比,它缺少探讨和分析变量之间因果关系的力度;而与文献研究相比,它又受到一定的时空限制。此外,调查研究在收集资料时,主要是使用问卷来进行调查,而问卷中问题与答案的固定化,以及对被调查者的被动、间接的行为测量方式,都使得研究者很难真正把握被调查者在整体生活环境中的所想、所为,无法得到深入、细致的回答,因而所得资料的质量难免会受到一定程度的影响。

▶本章小结

调查研究法通过对人们客观的社会背景、社会行为以及主观的态度和舆论的调查,不仅可以描述社会现象的一般状况、过程和特点,还可以解释社会现象的产生、发展和变化,揭示社会现象的本质和发展规律。作为社会科学中最常用的定量研究方法之一,调查研究法已被广泛应用于分析社会生活的众多领域。本章首先对调查研究法的概念、类型和程序进行了概述,接着重点探讨了问卷设计的相关内容,包括问卷的基本结构、设计原则、主要步骤以及问题与答案设计的具体方法和技巧,最后对调查研究法的应用领域与相关评价进行了简单的归纳。

▶进一步阅读书目

1. 风笑天:《社会调查中的问卷设计(第三版)》,中国人民大学出版社2014年版。
2. 赵国栋:《网络调查研究方法概论(第二版)》,北京大学出版社2013年版。

第十二章　实验研究法

实验作为一种科学研究方法，主要被应用于自然科学领域，部分社会科学研究领域也借鉴应用了这种研究方法。在社会科学研究中，实验研究法作为一种实证研究方法，具有其特定的意义和重要作用。本章将侧重介绍实验研究法的基本原理、应用程序和实验设计等问题。

第一节　实验研究法及其应用

一、什么是实验研究法

在真实世界中，各种事物之间的关系是复杂的，对于其中许多因素之间的相互关系，我们的思维无法穷尽。为此，我们往往采用简约的方法，简化问题、简化事物的影响因素，利用仪器、设备等人为的方式控制或干预研究对象，以期获得科学性事实，进而研究客观事物的规律。在自然科学领域，这是一种常用的方法，我们用有限的工具无限逼近无限的客观世界。在设计实验方案的时候，我们已经在深入地思考所研究的问题了，往往一个看来简单的实验，就可以有效地探明某些自然规律。社会科学实验不同于自然科学实验的根本点在于它研究的是社会的规律，而社会规律与自然规律有着不同的特点。

虽然各有特点，但是作为实验研究法，二者之间有着基本的共性：(1)既然是实验研究法，那么就要严格地控制那些影响因素，要将无关因子严格地排除，从而保证实验的结果是调控有限影响因素的后果。(2)选择了实验研究法，就必须选择可操作的实验方法，因为实验是用手做出来的，而不仅仅是在纸上写出来就行了。(3)采用了实验研究法，就要考虑设计的方法是否能够重复，因为重复实验往往是检验实验研究结果的有效方法。如果严格地用设计的方法重复实验而不能够得出相同结论的话，就说明结论还有待进一步的验证。(4)在实验之前要有确定的实验假设，然后通过实验来检验该假设是否成立。

社会科学实验研究法，是实验者有目的、有意识地通过改变某些社会环境的实践活动来认识实验对象的本质及其发展规律的方法。它同时是一种旨在揭示自变量与因变量之间因果关系的可控制的研究方法。

根据场所的不同,社会科学实验研究法又可以分为在室内进行的可控实验和在现场或外部进行的实地实验或者说自然实验法两种。

社会科学实验研究的基本要素是:(1)实验者,即实验调查的有目的、有意识的活动主体;(2)实验对象,即实验调查所要认识的客体;(3)实验环境,即实验对象所处的社会条件的总和;(4)实验活动,即改变实验对象所处的社会环境的实践活动;(5)实验检测,即在实验过程中对实验对象所做的检验和测定。实验研究的过程,就是这些要素相互作用、相互影响的过程。实验研究的目的,在于揭示社会现象间的因果关系,认识实验对象的本质及其发展规律。

在一个比较理想的实验中,实验者应该而且可以控制实验环境,保持它的稳定性并控制任何一个可能影响实验的外部因素。在一个严格的实验中,实验者应该对自变量或因变量有所控制,这就是我们通常说的实验刺激。最后,实验者可通过在实施自变量之前(前测)或之后(后测)来测量因变量的数值,进而发现自变量作用的结果,探求出事物发展变化的因果规律。

二、实验研究法在社会科学研究中的运用

说到"实验",人们自然会想到物理实验、化学实验等属于自然科学领域的科学研究活动。对于社会科学领域的实验,人们普遍感觉比较生疏。实验是指为了检验某种科学理论或假设而进行某种操作或从事某种活动,是把客观世界的场景浓缩到一个特定的实验室中,运用实验的结果反映现实世界的真实情况。实验包含两个部分的内容:其一是把客观世界的逻辑复制到特定的实验场景中来;其二是把实验结果推及客观世界当中去。

自然科学是一门实验科学,因为自然的物质没有主观意识,它们发生、发展以及变化的规律在相同的条件下可以无数次地重复,只要条件相同,从实验室里得到的结果与客观实际是完全一致的。正是因为如此,实验法在自然科学领域得到了广泛的应用。然而,社会科学却不同。社会科学是以"人"或者由"人"组成的"群体"和"社会"为研究对象的。人是有主观意识的。同样一个人,面对不同的对象,在不同的场合,其行为方式也不同。人的动机会受到外在因素的影响,会因为情境的变化而发生变化,而实验室的设计本身就是一种人造情境,难免会对实验者和被实验者产生影响,导致所测量的内容失真。

因此,社会科学实验和自然科学实验往往不会采用相同的模式,并且许多的实验室实验相对于社会科学实验来说存在着很大的局限,类似的实验只是在心理学的研究中经常使用。社会心理学中经常使用的态度测量,就是用针对某一态度对象而设计的态度测量表,对人们的态度做出定量的分析。还有关于人们遵从的实验研究,就是说明了人们在群体当中自己的判断力或判断标准是怎样受群体的制约和影响的。著名的社会心理学家所罗门·阿希(Solomon E. Asch)在 1951 年设计了一个被认为是有关遵从研究的经

典实验，实验的情况如下：

六位假被试者（实验助手）和一名真被试者坐在一张会议桌前（当然真被试者不知道自己是局外人）。实验者告诉他们，这是一个视觉判断实验，几张有垂直线段的卡片将出现在他们面前，他们的任务是判断某些线段的长度。然后，实验人员拿出两张卡片，一张卡片上有一条线段 X，实验人员称其为“标准线段”，另外一张卡片上有三条线段 A、B、C，其中一条明显地与标准线段 X 一样长，要求他们找出第二张卡片上与标准线段一样长的线段（见图 12－1）。

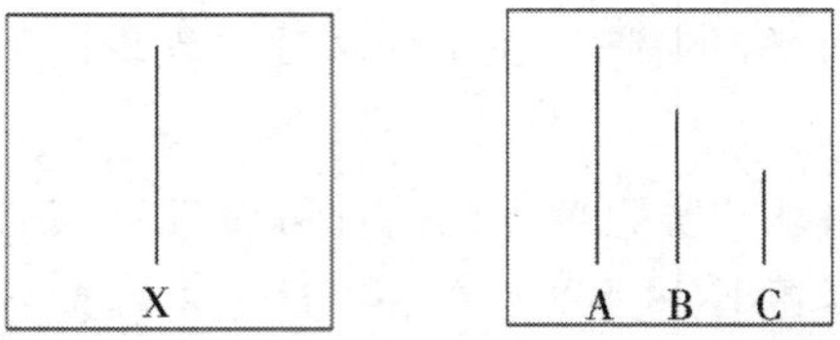

图 12－1　阿希实验所用的卡片

实验的最初两次进行得颇为顺利，被试者依次说出了他们的判断，大家的意见是一致的，选择了 B。但是在第三次出示卡片时，坐在倒数第二位置的真被试者却发现自己与别人的判断大相径庭。在这种明知道自己正确但是处于少数一方的情况下，被试者会有什么反应呢？结果发现，在 3 所大学 123 名被试者中有 32% 的被试者遵从了群体的压力，做出了错误的判断。① 上述实验证明了“遵从”这种客观的社会心理现象，成为社会学实验研究中的典范。

社会学的实验不同于心理学实验，实验地点一般从实验室中移到了实地——学校、医院或者街道等。因为社会学家要控制实验几乎是不可能的，有时甚至从严格控制的实验中获得错误的结论。因此，他们也经常采用自然实验，即实验是在真实的环境中进行的，实验不设控制组。

与自然实验相比，实验室实验可以更好地控制变量。但是实验室毕竟是一个人工环境，这有可能使实验结果被歪曲。虽然在自然实验中调查者更难控制自变量和实验组被试者的构成，但它能更好地理解现实生活中社会行为的动态过程。②

鉴于社会科学研究的特殊性，实验室实验与自然实验各有利弊，在具体的实验研究中，我们可以根据研究的需要和不同的实验内容进行选择。不论采用实验室实验还是自然实验，其基本的实验逻辑是相同的。本章所阐述的是在理想条件下的实验室实验的逻辑。

① 马广海编著：《社会心理学》，山东大学出版社 1997 年版，第 230～231 页。

② ［美］戴维·波普诺：《社会学（第十一版）》，李强等译，中国人民大学出版社 2007 年版，第 55 页。

第二节 实验研究法的基本原理和程序

一、实验研究法的基本原理

社会科学的研究对象是众多的社会现象，社会现象的存在和发生受到其他很多客观因素的影响，与这些客观因素之间存在因果关系。实验研究的目的是建立或者验证这些变量间的因果关系。在实验之前，人们一般会有对社会现象中因果关系的初步认识或者假设，实验法的功能在于通过实验操作来对这些认识和假设进行检验。实验法的基本原理就是对社会现象的发生条件进行控制，然后分析引起这种社会现象的原因，阐明现象之间的因果关系。

以一个关于人的行为结果的实验为例，研究者的假设是：人们对他人行为的期望可导致他人向期望的方向改变。由此他们提出的具体实验假设是：在学校里，那些被教师认为成绩应该好的学生，会由于教师的这种期望而在实际上变得比其他的学生提高得更快。研究者选择一所学校为实验室，让几百名学生参加智力测验，然后从中随机抽取了20%的学生，并且告诉教师，这些学生是成绩最高的，因此是最有培养前途的。一年以后，他们又对这几百名学生进行了测验。统计分析表明，上述20%的学生平均成绩明显高于其余的学生。实验结果证明了实验假设，即教师的期望和学生的学习成绩提高之间存在因果关系。

从这个例子中可以进一步看出实验法的基本原理。首先，以一个理论假设为起点，这个假设是一个关于因果关系的陈述，它假定某些自变量（如教师的期望）会导致某些因变量（如学习成绩的改变）的变化。然后，进行如下操作：(1)在实验开始时对因变量进行测试（即前测）；(2)引入自变量（X），让它发挥作用或者影响；(3)在实验结束前再测量因变量；(4)比较前测与后测的差异值就可以检验假设。如果没有差异，就说明自变量对因变量没有影响，从而推翻原假设；如果有差异，则可以证实原假设，即自变量对因变量有影响。

一般情况下，实验结束时测得的因变量不仅仅受到自变量的影响，而且可能受到其他因素的影响，因此单纯的一个实验组会导致对自变量和因变量关系的错误描述。通常解决的办法是将受试者分为两组：实验组与控制组。这两个组是随机选派的，他们的所有特征和条件可以假定相同，只不过在实验中，对实验组施加自变量的影响，对控制组则不施加这种影响。如果两组都有差异，且差异相同，则说明自变量对因变量没有影响；如果两组都有差异，且差异不同，则说明自变量和“实验”本身都对因变量产生了影响；如果两组都没有差异，说明实验本身和自变量对因变量都没有影响；如果引进变量组有差异，未引进变量组没有差异，则可以说明是自变量导致了因变量的变化。

科学研究的目的是反映客观实际的真实状况，发现事物或现象的规律性。实验法的原理正是为了体现这种研究目的而进行的逻辑设置。对实验法而言，总体的原理是一定的，而具体的实验方法可以千差万别，不同方法运用的目的就是真实、全面地反映一个具体研究的特性，进而对因果关系做出一个客观的说明和解释。

二、实验研究法的要素

实验的主要目的是阐释自变量和因变量之间的因果关系，找出因变量变化的主要原因，实验也旨在证明是自变量而非其他变量引起了因变量的变化。因此，多数传统形式的实验包括三对主要的内容：(1) 自变量与因变量，(2) 实验组与控制组，(3) 事前测量与事后测量。

（一）自变量与因变量

实验的基本内容是检验自变量对因变量的影响。通常自变量是实验中的刺激因素，它或有或无，是具有两种属性的“二分变量”，因变量是由自变量引起的变量。例如在一个测量种族歧视的实验中，以对黑人的偏见为因变量，而对黑人历史的了解则是自变量。研究者的假设认为，偏见在一定程度上依赖于人们对黑人历史的了解，实验的目的在于检验这个假设的准确度。适合于实验的自变量和因变量非常多，并且在不同的实验中自变量和因变量可以相互转化。例如在上例中偏见是因变量，在研究偏见对人们投票行为的影响中，它就成了自变量。[①]

（二）实验组与控制组

在实验研究中，为了验证因变量的变化确实是由自变量引起的，我们把实验对象分为两组，其中一组给予实验刺激，另外一组则不给予实验刺激。前者称为实验组，后者称为控制组。例如，20 世纪 20 年代晚期和 30 年代早期，美国学者做了一系列关于员工满意度的研究。这些实验想验证的是工作条件的改善可以提高员工的满意度并提高产量。

结果令研究人员非常满意，他们发现，随着工作条件的改善，工人的满足感和生产量都提高了。例如，通过改善车间照明条件，生产量得以提高，照明条件进一步改善，生产量又随之提高。为了进一步证明实验的科学性，研究人员把灯光转暗，但是出乎意料的是生产量还是跟着提高。

显而易见的是，与其说配线机房工人因为工作条件的改善而工作得更好，不如说是研究者对他们的注意引起了他们的反应。这一现象被称为“霍桑效应”(Hawthorne Experiment)。

“霍桑效应”表明，社会科学的实验与自然科学的实验既有相同点，也有不同之处。“实验”本身成为影响实验结果的一个因素，导致了需要测量的因变量，即生产量仿佛不仅受自变量——照明条件的影响。这个实验使社会科学家对于实验本身的影响更加敏感和小心了。因此研究者在配线机房的研究里，采用一个合适的控制组（除工作条件不变外，也接受集中的研究），就可以发现这种效应的存在。

在这个例子当中，我们体会到了实验本身对实验结果的影响。在社会科学的研究中，这种影响是相当普遍的。因为被实验者知道自己参与了实验，这种“认知”改变了他们惯常的行为方式，从而导致即使在没有“刺激”介入的情况下，因变量仍然发生了变化。

---

① [美]艾尔·巴比：《社会研究方法（第十四版）》，邱泽奇译，清华大学出版社 2022 年版，第 208 页。

为了克服这个弊端，在实验过程中引入“控制组”，控制组不进行实验刺激，只进行必要的前测和后测，以此与实验组在得到了实验刺激后的后测结果比较，二者之间的相对变化可以反映出自变量对因变量的作用，从而说明二者之间的因果关系。基本的实验设计如图 12-2 所示：

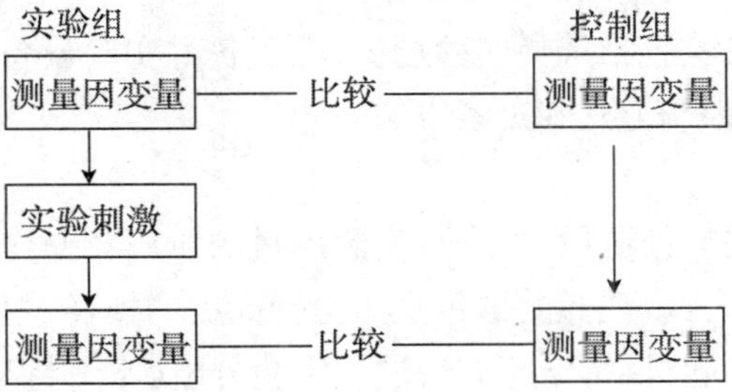

图 12-2 实验设计图示

（三）事前测量与事后测量

按照一般的实验逻辑，要确定两个变量之间的因果关系，我们应该首先对研究对象的因变量进行测量，然后导入自变量，之后再对因变量进行测量，因变量在前后两次测量中的区别被归因于自变量的影响，由此对因果关系做出阐释。前者对因变量的测量称为“事前测量”，后者则称为“事后测量”，简称前测与后测。

以前述员工满意度的研究为例，研究者最初的研究目的是搞清楚灯光等工作条件对员工工作积极性的影响，也就是说在外在条件发生变化之后员工的满意度是否发生了变化。因此，研究者最为关注的是在导入自变量（灯光）之后因变量（员工满意度）的变化。要想知道这种变化，就必须在实验之前对员工的满意度进行测量（前测），在员工接收到实验条件的刺激后再对其进行测量（后测），前后两次测量的差别就是满意度的变化。

前测和后测的方法有多种，其中比较常用的是问卷调查，主要侧重于对实验对象主观因素的测量。但是并非所有的测量都局限于问卷调查。例如，在一个测量教师与学生的融洽程度对学生学习成绩的影响的实验中，因变量是学生的学习成绩，事前测量可以采用直接根据最近的考试成绩计算的方法，或者采用一个小测验的方法，事后测量可以采用一个统一测验的方法。

可见，前测与后测的方法很多，应当根据不同的实验内容采用合适的方法。

三、实验研究法的程序

实验目的是发现社会现象之间的因果关系，并且对这种因果关系做出解释。实验不同于一般的观察，它是在特定的条件下按照严格的程序进行的，所以实验需要进行精心的准备，然后才能实施。实验研究的程序可以分为准备、实施和资料整理总结三个阶段以及若干步骤。

（一）准备阶段

准备阶段一般需要完成以下几个方面的工作：

1. 确定研究问题和研究目的。这需要查阅有关的理论文献，确定研究课题的价值及其可行性。

2. 提出研究假设。假设的因果关系是实验设计的依据，也是实验证明或检验的目标，所以提出研究的假设或者问题是实验研究的主要步骤。需要选择和分析各个有关的变量，将变量分类并建立变量间的因果模型。

3. 进行实验设计。这包括选择实验场所，配备各种实验设备，准备测量用的工具，制定实验的日程表，安排控制方式和观察方法。

（二）实施阶段

实施阶段是实验的操作阶段，即进行实验测量的阶段。操作阶段包括选取实验对象和进行实验两个组成部分。选择受试者是实验研究中的抽样过程，对于实验结果有重要的影响作用。一般采用随机、指派等方法进行实验分组（本节将单独介绍）。有的受试者是在实验实施前就确定好的，有的是在实验的过程当中进行选择分配的。实验实施是根据实验设计的方案进行实验，控制实验环境，引入自变量，然后仔细观察，做好测量记录。实验所要求的观察记录应当是定量化的数据，因为自变量对因变量的影响只能通过定量化的指标才能加以评定。测量工具一般有问卷、量表和仪器等工具，测量工具的选择首先要保证它们的准确性和可靠性。

（三）资料整理总结阶段

资料整理总结阶段是对前面两个阶段的总结，也是对实验结果的陈述，同时也是实验目的的体现。它一般分为两个部分的内容：

1. 整理汇总实验材料。对观测记录进行统计、分析，得出实验结果，以此检验假设，提出理论解释和推论。

2. 撰写研究报告。根据实验的结果和前期的文献资料撰写研究报告。研究报告是实验的最终成果。

四、选择研究对象

选择研究对象所依据的原则有两个。一是“概化”原则，即实验所选择的对象一定要代表所要研究的大众群体。实际情况是，实验室内的实验招聘的受试者往往有局限性，例如报酬的问题、是否愿意参加的问题，等等。因此，实验的受试者大多是那些“易得”的群体，像大学生志愿者等，这些受试者并不能完全地代表实验所要研究的对象，反映了社会科学研究中一种潜在的缺陷。二是“相似”原则，即研究的实验组和对照组应当尽可能地做到相同或者相似。因为实验的一个很重要的原则是实验组与对照组应该有可比性，这种可比性是以实验前的相似性为基础的，因此理想的状态是对照组应当等同于经过实验刺激的实验组。选择受试者过程中的各种方法都应该体现这种原则。

为了体现“概化”原则，需要采用概率抽样。应该先把所有的研究对象作为抽样框，再从中抽取两组样本，如果两组样本都各自与总体相似，那么二者也彼此相似。然而，这种抽样方法在实际当中是很难贯彻的，很难使实验样本具有代表性。在社会科学研究中，样本的数量太少是没有代表性的，而实验法不同于大规模的抽样问卷调查，无论是实验组还是对照组,都很少包括足够多的受试者。因此,即便对于比较大的人群,实验法也很少采用概率抽样。但是,为了保证实验的代表性和准确性,随机选择的逻辑仍然被应用于一些经过改进的方式当中。以下几种方法是分别在不同程度上体现"概化"和"相似"原则而采用的方法。

(一)随机法

在所有的受试者已经确定之后,实验者以随机的方式把受试者分派到实验组和对照组或者各个不同的实验组。随机法是最常用的分组方法,在理论上也是最有效地控制影响变量的方法。因为按照随机的原则,各个组的成员在构成、条件方面不受人为因素的影响,可以说机会都是均等的。为了做到随机分派,可以把所有的受试者按序排号,然后利用随机数表来选取号码,或者说实验者把奇数与偶数的受试者分别分配给实验组和对照组。在这里,随机法和概率抽样是不一样的,让我们回到概率抽样的基本概念。例如,实验者招募到40名受试者,那么我们没有理由相信,这40名受试者一定会代表我们将要研究的总体;但是,我们可以确信,通过随机法分派到实验组和对照组的各20名受试者是相似的。

在这个例子中,我们可以把这40名受试者作为一个总体,从这个总体中可以抽取两组概率样本,每组由总体的半数组成,因为每一组样本都有均等的机会反映总体的特征,所以两组样本可以相互印证。但是,在样本很少的情况下,比如每组只有一个受试者,那么随机法就失去了作用。因此,随机法在有许多受试者的情况下应用才是合理的。

(二)配对法

为了实现实验组与对照组的可比性,有时候可以通过配对的方法来实现。配对法是找出两个各种条件都完全相同的人,将其中的一人分派到实验组,一人分派到对照组,这样一对一地分派所形成的两个组在理论上是完全相同的,但是在实践中却很难做到,因为世界上很难找到两个完全相同的人。例如,两个人的文化程度、年龄和性别都相同,但是他们的家庭出身、性格习惯等方面可能存在很大的差异。社会科学中的实验法在检验因果关系假设的过程中往往关注自变量的影响,实际上除自变量外,其他未知的因素对因变量同样具有影响作用。所以,如果要做到实验结果的高度准确,就必须保证配对样本各个方面的同质性,但是在现实生活中,要想寻找两个或多个各种条件都相同的样本几乎是不可能的。为了克服这种困难,一般采用不太严格的配对法,也就是使两个组在各种特征上大致相同,或者在已知的某一主要变量的分布和方差上大致相同。尽管如此,配对法不能排除其他未控制因素的影响,因此常常结合随机法一起使用,而很少单独使用。另外,如果制作一个由所有相关特征组成的配额矩阵,全部配对工作可望高效地完成。理想上,这样的配额矩阵中应该让每一格的受试者都为偶数,这样每一格的受试者的一半进入实验组,另一半进入对照组。①

(三)其他方法

除了以上两种主要的选择研究对象的方法,还有一些其他的方法。首先是排除法,这种方法是在实验之前把其他影响因素排除在外。例如,测量不同年龄学生的智力水平

---

① 参见[美]艾尔·巴比:《社会研究方法(第十四版)》,邱泽奇译,清华大学出版社2022年版,第212页。

时，性别、家庭背景也可能对智力水平有影响，为排除这些影响，可以只对出身于知识分子家庭的男学生进行实验。不过，这种实验结果不能推论到女学生和其他家庭出身的学生。因此，排除法在实验中不常使用。其次是纳入法，这种方法是把其他主要的影响变量也当作自变量引入实验中，同时对几个自变量进行操作、测量和检验。这需要比较复杂的实验设计，并运用统计分析的方法考察各个自变量的影响和它们的相互作用。

以上几种选择研究对象的方法的运用要根据具体实验的性质和目的而定，一般的原则是，就与因变量相关的变量来说，两组应该具有可比性。例如，在研究种族偏见的实验中，对教育、种族以及年龄等诸如此类的变量而言，两组应该相似。另外，还可以等到对因变量做过初步的测量之后，再把受试者分派到实验组和对照组。因此，就上例来说，可以首先发放问卷测量受试者的偏见，然后把实验组和对照组配对，确保两组整体的偏见程度相同。

在大多数的实验中，以上方法并不是独立使用的，而是经常混合使用的。或者说，在选择研究对象不同的阶段，需要运用不同的方法。例如，概率抽样法是从总体中选择研究对象时运用的方法。而随机法、配对法和其他方法是在研究对象已定，在实验组和对照组之间分派研究对象的方法。在后面几种方法中，有时候可以把配对法与随机法混合使用。比较典型的是分层随机抽样方法的运用。例如在研究青少年的教育问题时，为了确保各组学生之间的可比性，研究者首先根据 15 个变量分出学生的层次，然后把每一个层级的学生随机分派到实验组和对照组，如此一来，研究者实际上同时运用了配对法和随机法，或者说用分层抽样改进了传统的随机方法。

第三节　实验研究类型与实验设计

一、实验研究的类型

实验研究根据标准的不同分为不同的类型。例如根据实验设计的不同，分为标准实验和非标准实验；根据实验研究场所的不同，分为实验室实验和实地实验；根据社会科学的特殊研究需要而创造的双盲实验。

（一）标准实验和非标准实验

标准实验和非标准实验是针对实验的规范程度以及对实验条件的控制能力而做的区分。一个完备的标准实验应当具备以下要素：两个或多个相同的组，前测和后测，封闭的实验环境，实验刺激的控制和操纵等。一般来讲，具备这些因素的实验被称作标准实验。

然而，社会科学的实验不同于自然科学的实验，也不同于心理学的实验，而是具有自身的特点。这些特点往往使得设置一个标准的社会科学实验来得比较困难，社会科学研究的性质、对象和内容往往在许多方面限制了严格的实验设计在现实社会中的应用，或者说，严格的实验设计对于许多社会科学的研究并没有实际的价值。

顾名思义，非标准实验指的是并不具备标准实验所要求的所有条件，为了研究的需要而进行的必要的省略或者特殊设计的实验。在社会科学实验设计中常用的单次研究设计(one-shot case study)、单组前后测设计(one-group pretest-posttest design)、静态组间比较(static-group comparison)等实验方法都属于非标准实验,但是这些实验方法对于不同性质的实验却能够发挥各自不同的作用。

标准实验和非标准实验代表着实验规范程度的两个极端,在实际的实验研究中,完全的标准与非标准都是很难做到的。标准实验往往体现出某种弹性(尤其在社会科学实验中),非标准实验必然以标准实验为依据,在设计和操作上向标准实验靠拢,因而有时也将其称为"准实验","准"是类似于、接近于的意思。具体的实验是倾向于标准实验还是倾向于非标准实验,完全取决于研究的性质、研究的目的和研究的精度要求。实验设计是在成本和收益之间做出的最佳选择。

(二)实验室实验与实地实验

人们一般认为,实验是在实验室中进行的,这是从自然科学的实验中得出的常规思维定式。由于自然物自身的特点,实验并不受场所变化的影响,在实验室中对于物质活动规律的认识完全反映了物质的本质属性,可以应用到实践当中去。由于实验室中可以进行比较好的条件控制,可以集中配置所需要的实验设备,科学实验基本都是在实验室中进行的。社会科学却不同,社会科学研究的对象是人,由于人是具有实践能动性的主体,因此场所的变化以及研究对象对于事件的认识和感知都会影响到他们的行为。有鉴于此,实验室内的实验对于社会科学研究来说就有许多致命的局限性,需要引进一种能够排除实验设置对研究对象影响的实验场所,实地实验便是其一。

实验室实验和实地实验都各有其优点和缺点。在实验室实验中,实验背景的变量都相对容易控制,实验环境比较封闭,受外界因素的干扰较少,实验者能够比较清楚地观察到自变量对因变量的影响,这是其主要的优点。但是在实验室中可以进行的实验内容有局限性,许多社会科学研究者需要研究的内容无法在一个小小的实验室中复制出来。另外,实验室实验的结果在推广性、普遍性和概括性上往往较差。在实地实验中,研究者可以在一个很自然的环境中观察、测量人们的真实反应,其优点是真实、自然,效度较高。缺点是实地实验难以对众多的有可能影响因变量的实验背景、实验条件进行控制,难以孤立出自变量的独立影响。研究者所做的主要工作是观察发生了什么事情。[①] 对于各种影响因素,必须依靠研究者的分析、观察和调查。例如,在一个研究文化程度与人们的文明礼貌行为关系的实验中,实验室实验几乎无法做到,我们采用实地实验的方法,比如研究者在公交车中进行观察,见到那些主动起身给老弱病残让座的乘客,要知道他们的文化程度就比较困难,此时他们可以采用观察分析的方法,或者直接询问的方法(难度较大),这必然夹杂着研究者的主观认知成分。

(三)双盲实验

双盲实验(double-blind experiment),是指在一项实验中,实验刺激对于实验对象和参与实验的观察人员来说都是未知的。究竟是实验组还是对照组被给予了实验刺激,参与

① 风笑天:《社会研究方法(第六版)》,中国人民大学出版社 2022 年版,第 145 页。

实验的双方都不知道，实验刺激是由实验人员和实验对象以外的第三者任意分派和给定的。①

双盲实验的发源是"主试效应"和"被试效应"。所谓主试效应，是指由于实验者对研究结果的期望而产生的实验偏差。主试效应常常被称为"皮格马利翁效应"，传说塞浦路斯国王皮格马利翁在雕塑一座少女像时十分钟情于她，竟然使得雕像获得生命变成了真实的少女而与他结为伴侣。心理学家罗森塔尔曾经用实验的方法证实了教育中期望效应的作用，由此，主试效应又被称为"罗森塔尔效应"。所谓被试效应是指由于实验对象对其被试身份的认知及态度而产生的实验偏差。被试效应又被称为"霍桑效应"，源自20世纪20年代在美国芝加哥西方电力公司霍桑工厂进行的一项有关工作条件与生产效率关系的研究。实验期间，随着车间照明等工作条件（实验变量）的逐步恶化，工人的生产率（反应变量）不是像研究假设所描述的那样降低，反而是稳步地提高。但是，致使生产率提高（反应变量发生变化）的原因不是实验设计中原先设定的车间照明等工作条件（实验变量），而是由于工人发现车间里来了许多陌生人在观察和记录生产情况，因而加倍努力地工作。

"被试效应"的形成是由被试者的"心理作用"造成的，是因为被试者觉察到了实验者的意图，或者因为实验场景的原因改变了他们本来的态度和行为，所有这些都对实验结果产生影响，而这种影响并非来自实验刺激的因素，即自变量的影响。"双盲控制"对被试而言，要尽可能地保证他们在反应变量上的变化确实能够反映实验变量的作用，而不是他们对自己实验身份（实验组成员还是对照组成员）意识的心理作用；对主试而言，就要尽可能地排除其主观意愿对客观评价实验结果的干扰。

二、实验设计的基本原则

实验研究的根本目的是对自变量和因变量之间的关系做出客观、准确的反映。因此，实验设计必须使实验达到足够的效度。前述的几种实验类型，就是对于不同性质和类型的实验研究要保证相应的效度在实验设计上做出的回应。为了使实验设计能够保证实验研究的精确性，必须首先了解导致实验失真的原因和环节，即内在无效度（internal invalidity）和外在无效度（external invalidity）。

（一）内在无效度

内在无效度是指实验的结论没有正确地反映实验本身。在任何时候，只要实验以外的因素影响了因变量，就会造成内在无效度。内在无效度的主要来源有以下几种：

1. 历史事件。在实验过程中发生的历史事件将导致实验结果的模糊。

2. 成熟。人是不断变化的，这些变化会影响到实验结果，尤其是在持续时间很长的实验中。

3. 测验。实验过程本身会影响人们的行为，从而影响实验结果。

4. 测量工具。如果事件的前测和后测度量的尺度不一致，就会影响实验结果。

5. 统计回归。如果因变量是一个极端值，即不可能再低或者再高了，那么无论自变

---

① 风笑天：《社会研究方法（第六版）》，中国人民大学出版社2022年版，第146页。

量是否发挥作用,结果都将变化,即变高或者变低,因而会导致研究的错误结论。这被称为向平均值的回归。

6. 选择偏差。分组时产生的偏差,导致组与组之间缺乏可比性。[①]

(二)外在无效度

内在无效度说明的是可能导致实验内部失真的因素。除此之外,实验者还会遇到外部失真的问题,即实验结果能否推广应用到现实生活当中去。我们把这些外部失真称作外部无效度。

危害实验结果概括性的原因之一是实验本身与实验刺激之间的相互作用。例如,我们在一个测验看电影对于人们对精神病人的偏见的影响的实验中,发现看电影的受试者对精神病人的偏见程度确实降低了。但是我们需要反思的是,在现实生活当中,比如人们在电影院看完这部影片之后,能够产生以上同样的效果吗?显然仅仅包括实验组和对照组在内的古典实验设计(也称简单实验设计)难以解决这一问题,于是采用多组实验设计(所罗门三组和四组设计)来解决这个问题。

以上谈到的内在无效度和外在无效度是社会科学实验设计需要解决的基本问题,其解决的方法以及需要注意的问题构成实验的基本原则。所有的实验设计方法的分类都是以这些基本原则为依据的。

三、基本的实验设计分类

基本的实验设计要体现出"信度"和"效度"的原则。信度反映测量的稳定性,效度则反映测量的准确性。由于社会科学实验研究的特殊性,每次实验所用的样本不尽相同,实验条件难以控制,所以"信度"的原则比较难以贯彻,在实验中主要贯彻的是"效度"的原则。

基本的实验设计分类所依据的正是实验的效度原则。实验设计的分类由简单到复杂,实验的效度也越来越高。总体上,实验设计可以分为两类:简单设计和多组设计。简单实验设计也称为经典实验设计或古典实验设计,是最基本、同时也是最标准的实验设计。它考察的是一个自变量和一个因变量之间的因果关系。此外,它只分为一个实验组和一个对照组,或仅有一个实验组。多组实验则有三个以上的组,它可以考察多个自变量与因变量之间的关系。不管是简单设计还是多组设计,实验的基本目标都是要获得自变量和因变量之间关系的认识,多组设计的目的是排除实验中的各种干扰性因素,以便更精确地把握变量之间的关系。

(一)简单实验设计

简单实验设计只考虑一个因变量与一个自变量的关系,所以操作比较容易,实验设计相对比较简单。简单实验设计又可以分为以下几种模式:

1. 单组后测设计

这是一种最简单的实验设计。在单组后测设计中,只有一个实验组,没有对照组。

---

① 参见[美]艾尔·巴比:《社会研究方法(第十四版)》,邱泽奇译,清华大学出版社2022年版,第216页。

在给予实验组实验刺激后，通过测量得到一个后测成绩。

设计的基本模式如表 12－1 所示：

表 12－1　单组后测设计

	实验刺激	后测
实验组	X	Y

单组后测设计由于缺少前测，不易于阐述因变量在经过实验刺激之后所发生的变化。因此，它多应用在因变量在实验刺激之前不言自明的情况中。例如，要测量罪犯对监狱管理的态度，就可以直接引进实验刺激因素，包括让罪犯看录像、听讲座等，然后测量他们的态度。在这个实验中，需要研究的是哪种工作方法对于改善罪犯的态度更为有效，在认识到罪犯在此前肯定对监狱管理存在抵触态度的前提下，可以直接采用单组后测的方法。

2. 单组前测后测设计

单组前测后测设计是对单组后测设计的一种改进，它增加了在实验处理前的测验，但还是只有一个实验组。

设计的基本模式是如表 12－2 所示：

表 12－2　单组前测后测设计

	前测——实验刺激——后测		
实验组	Y_1	X	Y_2

这种实验模式的基本假定是：自变量的影响可以通过比较对因变量的前测 Y_1 和后测 Y_2 的差（$D = Y_2 - Y_1$）来分析。尤其在分析自变量所引起的因变量的变化的实验中，这种方法被普遍采用。例如，如果在上例中我们主要想分析对罪犯的各种工作手段的成效，或者说想知道采取了一系列的工作之后罪犯的态度究竟有什么变化，那么我们就需要采用单组前测、后测设计。在实施实验刺激之前对罪犯的某些态度进行测量，然后采用各种教育方法，最后再对他们这方面的态度进行测量，如果有变化，则可以归结为实验刺激的影响。

3. 两组前后测的实验设计

以上单组实验保持效度的条件是前测对后测没有影响，可是在实际的实验中，这个条件很难保证，霍桑实验（Hawthorne Experiment）的结果就是一个典型的例证。基于将前测的影响分离出来的实验目标，产生了两组前后测的实验设计。这是简单实验设计的标准模式，也称为典型的或传统的实验设计，设计的基本模式如表 12－3 所示：

表 12－3 两组前后测的实验设计

	前测——实验刺激——后测		
实验组	Y_1	X	Y_2
对照组	Y_3		Y_4

这种实验设计的主要目的,首先是排除自变量以外的其他因素的影响,从而提高实验的效度。其次,可以排除由前测造成的某些干扰因素的影响。例如在有些实验中,由于实验对象在第二次回答问题(后测)时比第一次(前测)更加熟悉,因此,第二次的测验肯定要优于第一次。通过引进对照组,就排除了这种由前测造成的影响。因为这种影响可以通过对对照组的测量而表现出来,在分析自变量对因变量的影响时消去这种因素的影响,可以使实验更为精确。

这种实验设计的一般实施步骤为:(1)随机指派实验对象到实验组和对照组;(2)对两个组的对象同时进行第一次测量,即前测;(3)对实验组给予实验刺激,但不对对照组实施这种刺激;(4)对两个组的对象同时进行第二次测量,即后测;(5)比较和分析两个组前后两次测量结果之间的差别,得出实验刺激的影响。

实验刺激的影响＝实验组的差分－对照组的差分

＝(后测 1－前测 1)－(后测 2－前测 2)

4. 两组无前测的实验设计

前述关于单组实验的讨论中,存在着有无前测的区分,对于典型实验设计来说,同样也存在这个问题。在对实验对象有明确认识、不需要进行前测的情况下,取消前测的环节不仅能有效避免前测对后测的影响,还能避免前测与实验刺激之间的交互影响,提高实验的外在效度。其基本的模式如表 12－4 所示:

表 12－4 两组无前测的实验设计

	实验刺激——后测	
实验组	X	Y_1
对照组		Y_2

除了要对实验者有明确的认识,这一设计的另一个前提是实验的对象是随机分配的。由于随机分配排除了人为设置的因素,因此,可以认为实验组和对照组的初始水平是相同的(虽然没有经过前测)。这样,对前测的省略实际上也排除了前测造成的交互作用效应,从而在更高的水平上体现出实验的效度。例如许多关于敏感问题的实验,更适合于采用此种实验设计。因为对敏感问题的前测本身往往会导致后测的变化,而实验刺激本身变得不重要了。

(二)多组实验设计

简单实验设计有两个主要的缺点:一是它没考虑某些交互作用效应对实验结果的影

响；二是它只考虑一个自变量和一个因变量之间的关系。为了克服这两个缺点，也就是说为了分析交互作用效应的影响，解决外在无效度的问题，同时为了分析多个自变量对因变量的影响，就需要多组实验设计。典型的代表是所罗门三组设计、所罗门四组设计和因子设计。

1. 所罗门三组设计

以上讨论的对实验结果的影响因素，包括了前测的影响以及前测与实验刺激之间交互的影响。两组无前测的实验设计虽然避免了前测与实验刺激之间的交互影响，但是其内在的前提条件并不能轻易满足，即很多实验者对实验对象缺少明确的认识，实验研究中必须要有前测的步骤，在这种情况下，就需要在典型实验设计的基础上增加一个对照组，以此来甄别前测与实验刺激之间的交互影响。

表 12－5　所罗门三组设计

组别	前测	实验处理	后测
1. 实验组	√	√	√
2. 对照组 1	√		√
3. 对照组 2		√	√

由于第二个对照组没有前测，因此这个组中因变量的变化都应归因于实验刺激。但是，在没有前测的情况下如何得知实验刺激带来的变化？这里的规则是将实验组和对照组 1 的前测平均得分作为对照组 2 的前测得分。

实验刺激的影响＝对照组 2 后测－对照组 2 前测

实验组总的影响＝实验组后测－实验组前测

前测的影响＝对照组 1 后测－对照组 1 前测

交互作用的影响＝实验组总的影响－（前测的影响＋实验刺激的影响）

2. 所罗门四组设计

所罗门四组设计是在三组设计的基础上进一步改进形成的。在诸多影响实验结果的因素中，除了前测、前测与实验刺激的交互作用，还存在着实验外部因素的影响。外部因素的影响是以上两方面影响之外的其他残余影响的综合。

所罗门四组设计涉及四组受试者，从一群人中随机分派，表 12－6 展示了这种研究的基本思路。

表 12－6　所罗门四组设计

组别	前测	实验处理	后测
1. 实验组	√	√	√
2. 对照组 1	√		√
3. 对照组 2		√	√
4. 对照组 3			√

四组设计是在三组设计的基础上增加了一个只有后测的对照组3。由于对照组3既无前测又无实验刺激,因此这一组中所呈现的变化都可以归因为外部因素的影响。这种影响的量化表示则是(后测3-前测3),前测3=(实验者前测+对照组1前测)/2。测量相关变量的表示如下:

实验刺激的影响=对照组2后测-对照组2前测-外部因素影响

实验组总的影响=实验组后测-实验组前测

前测的影响=对照组1后测-对照组1前测-外部因素影响

交互作用的影响=实验组总的影响-(前测的影响+实验刺激的影响)

这种设计的优点在于:可以区分出外部因素和测量干扰的影响,克服了实验组、对照组仅是后测设计和实验组、对照组前后测设计两种设计的缺点;实验者可以对四个组的实验数据进行多种比较。它的缺点是:设置四个组,必然会增加受试者人数,增加了实验的难度;所得结果需要经过复杂的统计检验,往往使简单的问题复杂化;它只能判断其他外部因素对因变量的影响,无法确定哪些变量与因变量还存在因果关系。

3. 因子设计

因子设计是为了考察两个以上的自变量对因变量的影响以及自变量之间交互作用对因变量的影响。它假定外部因素的影响等于零。并且为了消除前测引起的影响和减少工作量,一般都运用无前测的设计。

例如,要测量企业的劳动纪律和福利待遇对劳动生产率的影响时,可以做出如下的设计:

表12-7 (2×2)因子设计

	前测	引入自变量	后测
实验组(1)	无	X_1 X_2	Y1
实验组(2)	无	X_1	Y_2
实验组(3)	无	X_2	Y_3
对照组	无		Y_4

上述例子中有两个自变量(X_1 和 X_2),每个自变量有两个值(有和无),因此可以分为四个组,称为2×2的因子设计。因子设计可以同时包括多个自变量,每个自变量可以有多个取值。但是,随着自变量的增加,实验组的数目也要相应增加。①

因子设计虽然可以阐明不同因素对于因变量的影响,但是它自身也有缺点。在分析多个因素的影响时,往往需要设置许多实验组,每增加一个变量,实验组的数目都要成倍增加,需要的受试者的数量也非常多,因此,在一般情况下是难以实施的。在实际操作中最常见的是2×2的因子设计。

① 袁方主编:《社会研究方法教程(重排本)》,北京大学出版社2013年版,第282页。

以上提供了一些实验研究中较常见的设计。在进行这些设计的过程中，只要明确了实验设计的思路以及需要关注的因素，也就明确了实验设计的解决之道。

第四节　实验研究法评价

实验研究是探寻因果关系的主要工具，在科学研究中具有重要的地位，尤其是自然科学研究的主要工具。然而，实验研究法在社会科学的研究当中难免存在一些局限性，其原因在于社会科学与自然科学研究对象的性质截然不同。因此，社会科学研究中实验研究法运用具有一定的优势和作用，同时也存在一些局限和弊端。

一、实验研究法的优点

（一）有利于明确地确立因果关系

可控实验的主要优点是能够把实验变量与它带来的影响分离开来。就基本的实验理念而言，这个优点是显而易见的。实验开始时，研究者就可以发现受试者的某些特征，然后引进实验刺激。如果发现了他们在实验之后具有不同的特征，受试者在实验的过程中又没有受到其他刺激或其他因素的干扰，那么，就可以认为特征的改变归因于实验刺激，就在实验刺激和特征改变之间建立起因果关系。相对于在自然的环境中所做的实验来说，这种实验结果在理论上更加明确。

（二）具有良好的可控性

与其他的社会科学研究方法相比较，实验法对研究对象、研究环境、研究条件等具有较强的控制力，这对资料的分析和假设的检验来说是非常重要的。可控实验由于是在实验室内进行的，具有与外部世界暂时隔离的特性，因此研究者可以通过对实验条件和实验对象的控制，减少或排除外部因素对实验结果的影响，减少各种误差的产生。另外，可控实验通过对自变量和实验环境的控制，使得实验结果的可信度显著提高。

（三）易于重复

由于可控实验有一定的范围限制，省事、省钱，因此只需要很少的受试者，我们就可以用几个不同的组来重复做一个实验。其他的调查研究方法一般不具备这种可重复性。对于失败的调查研究，要想重复的话需要花费大量的人力、物力和财力，因而实验研究的这种可重复性是其他的方法不可比拟的。另外，重复一项研究对获得可靠的结论来说也具有十分重要的意义。这也是许多经典的实验经常被重复的原因。这种对经典实验的重复，有时是在稍微不同的环境中进行的，以保证其结果不是某种特定环境的产物。

（四）研究成本较低

同其他社会科学研究方法相比较，实验法所需要的费用是比较低的。这主要是因为：(1)实验研究所需要的研究对象的数量比较少。受研究目标和特性的限制，实验研究不可能像抽样调查那样确立足够的样本数量，因此受试者的规模一般比较小。(2)实验研究持续的时间比较短。为了测量实验刺激带来的因变量的变化，实验一般是在比较短的时间内完成的。一方面，因为受试者不可能长期“生活”在实验室里；另一方面，因为作为受试者的人是不断变化的，实验时间的延长会直接影响实验结果的正确性。(3)实验研究所研究的问题数量比较少。相对于调查研究来说，实验研究需要研究的问题是比较单一的。多因素的实验设计比较复杂，实施起来困难较大，另外，准确性也大打折扣，所以实验法更适合检验确定的因果假设。实验研究有较少的研究对象、较短的时间、较少的研究问题，决定了实验的费用不会太多。

二、实验研究法的缺点

相比于自然科学中的实验，社会科学实验由于接受实验的对象的差异，在具体研究中运用也必然存在一些缺点和局限性。

(一)实验结果容易受研究人员的影响

在前面所列举的事例中，我们可以看到对受试者的期望可以导致受试者向别人所期望的方向改变。这一规律在社会生活中是普遍存在的。在实验研究中，由于研究人员会有意无意地给受试者以某种暗示，某些受试者因此会有意去迎合研究者的期望，因而就有可能出现实验对象的行为受到研究者影响的情况，造成一种虚假的因果关系。

(二)研究过程存在伦理及法律上的限制

由于社会科学的研究对象是人，在实验室中模拟了一个社会的过程。尽管这个社会过程是科学研究的组成部分，但是同样要受到伦理以及法律的限制和制约。例如，有关暴力侵犯的研究、隐私问题的研究等都不适合于可控实验研究。由于在研究的过程中要关注受试者作为“人”的尊严，因此往往与科学研究在某些方面产生背离，影响到实验结果的科学性。另外，实验研究中需要对被试者进行隐瞒，这就存在着研究需要违反诚实原则的基本伦理问题。

(三)实验样本的代表性存在一定的局限

实验法所需要的样本的数量比较少，虽然省事、省力、省钱，但是也造成了样本的代表性存在很大的缺陷。这是因为实验研究的目的也是把取得的研究成果推广到更大的总体当中去，这一点与调查研究是相同的。然而，实验研究由于自身的特点，不可能采用问卷调查那样的大量样本，因而对样本的代表性要求较高，而做到这点有现实的局限性，这也是实验法更多地运用于需要小样本的心理学研究的根本原因。

三、实验法的改进与拓展

第一，自然实验。实验研究的环境是人为设置的，这些人为设置的环境增强了研究者对于研究的控制力，有利于确立明确的因果关系，但是同时意味着研究离现实比较远。实验室中的社会过程不能代替现实世界中的社会过程。因此，可控实验的人为设置作为它本身的特点，也是它本身最大的弱点。能在实验室中发生的社会过程，未必能在自然的社会环境里发生。因此，比起实地实验和自然实验等这些在自然的社会过程中进行的研究，实验研究必然也存在一定的局限性。然而，作为揭示社会科学因果关系的一种手段，实验研究在特定的控制条件下有其内在的科学性和可行性。值得一提的是，许多发生在社会中的事件也可以运用实验研究的基本逻辑探索内在的因果关系，虽然不及实验室研究的“严谨”，但是由于摆脱了人为的“做作”，研究结果可能更具有真实性和合理性。

第二，基于互联网的实验。随着信息技术的发展，实验研究可以借助计算机网络来组织实施。网上虚拟实验是借助于图形、图像、仿真和虚拟现实等一切可用的技术，在计算机网络中虚拟一个与传统实验室功能相似的实验环境。这种新技术应用可以将处于不同地方的被试者组织起来，克服了实验环境的局限性，可以更为便利有效地组织实验研究。虽然这种实验在“可控性”上不如现实中的实验室实验，但是其可行性更高，成本也会降低，在线应邀的志愿者可能更愿意接受实验，可以充分体现新技术带来的便利性。

▶本章小结

本章介绍了实验方法在社会科学研究中的运用、实验研究的基本原理和程序以及基本研究类型的设计。正是因为可控实验（实验室实验）具有特定的优点与缺点，所以我们在应用其进行社会科学研究的过程中要倍加注意。对什么样的问题可以运用可控实验的方法进行研究，需要提前进行论证。对于一个研究者来说，重要的是领悟实验研究内在原理，而非拘泥于某种形式。在研究过程中能对研究问题和实验条件有清晰的认识，确立合理的实验研究方法。能够在实验研究基本精神的指导下，运用实验研究原理介入社会自然过程的分析。自然实验虽然没有严格的实验程序的规范，但作为被试者的表现是完全社会性的、自然的，因而摒弃了人为的影响，也更具有真实性。随着信息技术的发展，网络平台参与实验研究更加具有低成本性和操作便利性。

▶进一步阅读书目

1. ［美］戴维·威勒、亨利·沃克：《实验设计原理：社会科学理论验证的一种路径》，杜伟宇、孟琦译，重庆大学出版社 2010 年版。

2. 曾永泉：《小组社会工作实验教程》，华中师范大学出版社 2014 年版。

3. 钟伦纳：《研究社会的方法：科学在社会生活中的应用》，重庆大学出版社 2019 年版。

4. ［美］加里·金、罗伯特·基欧汉、悉尼·维巴：《社会科学中的研究设计》，陈硕译，格致出版社、上海人民出版社 2014 年版。

第十三章　社会网络分析法

近几十年来，社会网络分析法得到了迅速的发展，已被广泛应用到社会学、政治学、人类学、管理学和社会政策研究等多个领域。本章我们分三节简要介绍社会网络分析法的基本概念、历史、资料收集方法及主要分析技术。

第一节　社会网络分析的概念

一、什么是社会网络分析

网络指的是各种关联，而社会网络(social network)可简单地称为社会关系所构成的结构。故从这一方面来说，社会网络代表着一种结构关系，它可反映行动者之间的社会关系。构成社会网络的要素有：

行动者(actor)：不但指具体的个人，还可指一个群体、公司或其他集体性的社会单位。每个行动者在网络中的位置被称为“结点”(node)。

关系纽带(relational tie)：行动者之间相互的关联即称作关系纽带。人们之间的关系形式是多种多样的，如亲属关系、合作关系、交换关系、对抗关系等，这些都构成了不同的关系纽带。

二人组(dyad)：由两个行动者所构成的关系。这是社会网络最简单、最基本的形式，是我们分析各种关系纽带的基础。

三人组(triad)：由三个行动者所构成的关系。

子群(subgroup)：行动者之间的任何形式关系的子集。

群体(group)：其关系得到测量的所有行动者的集合。

社会网络分析是对社会关系结构及其属性加以分析的一套规范和方法。它又被称为结构分析(structural analysis)，因为它主要分析的是不同社会单位(个体、群体或社会)所构成的社会关系的结构及其属性。

从这个意义上说，社会网络分析不仅是对关系或结构加以分析的一套技术，还是一种理论方法——结构分析思想或社会关系研究的新范式。因为在社会网络分析学者看来，社会学所研究的对象就是社会结构，而这种结构即表现为行动者之间的关系模式。社会网络分析家巴里·韦尔曼（Barry Wellman）指出："网络分析探究的是深层结构——隐藏在复杂的社会系统表面之下的一定的网络模式。"①例如，网络分析者特别关注特定网络中的关联模式如何通过提供不同的机会或限制，从而影响到人们的行动。

韦尔曼指出，作为一种研究社会结构的基本方法，社会网络分析法具有如下基本原理：

（1）关系纽带经常是不对称地相互作用着的，在内容和强度上都有所不同。

（2）关系纽带间接或直接地把网络成员连接在一起，故必须在更大的网络结构背景中对其加以分析。

（3）社会纽带结构产生了非随机的网络，因而形成了网络群（network cluster）、网络界限和交叉关联。

（4）交叉关联把网络群以及个体联系在一起。

（5）不对称的纽带和复杂网络使稀缺资源的分配不平等。

（6）网络产生了以获取稀缺资源为目的的合作和竞争行为。

这种结构分析的方法论意义是：社会科学研究的对象应是社会结构，而不是个体，通过研究网络关系，有助于把个体间关系、"微观"网络与大规模社会系统的"宏观"结构结合起来。故英国学者约翰·斯科特（John Scott）指出："社会网络分析作为一个方向性的概念和一种独特的方法体系，其应用力变得越来越明显了。而把形式化的数学概念应用于研究社会网络，这激励了某些学者提出，社会网络分析为形成一种新的社会结构理论奠定了基础。"②

传统上，对社会现象的研究存在着个体主义方法论与整体主义方法论的对立。前者强调个体行动及其意义，认为对社会的研究可以转换为对个体行动的研究。如韦伯明确指出，社会学的研究对象就是独立的个体的行动。而整体主义方法论强调只有结构是真实的，认为个体行动只是结构的派生物。

尽管整体主义方法论者重视对社会结构的研究，但他们对结构概念的使用也有很大的分歧。其实，在社会学中，社会结构是在各不相同的层次上使用的。它既可用以说明微观的社会互动关系模式，也可说明宏观的社会关系模式。也就是说，从社会角色到整个社会，都存在着结构关系。

通常，社会学家们是在如下几个层次上使用社会结构概念的：

第一，社会角色层次的结构（微观结构），即最基本的社会关系是角色关系。角色常常不是单一的、孤立的，而是以角色丛的形式存在着。它所体现的是人们的社会地位或身份关系，如教师—学生。

---

① B. Wellman. "Network Analysis: Some Basic Principle", *Sociological Theory*. Vol. 1. 1983. P. 157.

② J. Scott. *Social Network Analysis: A Handbook*. London: Sage Publications. 2000. P. 36.

第二，组织或群体层次的结构（中观结构），是指社会构成要素之间的关系，这种结构关系不是体现在个体活动之间。如职业结构，它所反映的是人们之间在社会职业地位及拥有资源等方面的关系。

第三，社会制度层次的结构（宏观结构），是指社会作为一个整体的宏观结构。如阶级结构，它所体现的是社会中主要利益集团之间的关系，或者是社会的制度特征。

因此，社会结构有多重含义。但从新的结构分析观来说，社会结构是社会存在的一般形式，而非具体内容，所以，许多结构分析的社会学家都主张社会学的研究对象应是社会关系，而非具体的社会个体。因为作为个体的人是千差万别、变化多端的，而唯有其关系是相对稳定的。故有人主张，社会学首先研究的是社会形式，而不是研究这些形式的具体内容。网络分析研究的就是这些关系形式，它类似于几何学。例如，运用社会网络分析我们可以研究人们社会交往的形式、特征，也可以分析不同群体或组织之间的关系结构。这有助于我们认识不同群体的关系属性及其对人们行为的影响。

社会网络分析作为社会结构研究的一种独特方法，巴里·韦尔曼总结出了它的五个方面的方法论特征：

（1）它是根据结构对行动的制约来解释人们的行为，而不是通过其内在因素（如“对规范的社会化”）进行解释，后者把行为者看作以自愿的、有时是目的论的形式去追求所期望的目标。

（2）它关注对不同单位之间的关系分析，而不是根据这些单位的内在属性（或本质）对其进行归类。

（3）它集中考虑的问题是由多维因素构成的关系形式如何共同影响网络成员的行为，故它并不假定网络成员间只有二维关系。

（4）它把结构看作网络的网络，此结构可以划分为具体的群体，也可不划分为具体群体。它并不预先假定有严格界限的群体一定是形成群体的组块。

（5）其分析方法直接涉及的是一定的社会结构的关系性质，目的在于补充——有时甚至是取代——主流的统计方法，这类方法要求的是独立的分析单位。①

所以，按照社会网络分析的思想，行动者的任何行动都不是孤立的，而是相互关联的。他们之间所形成的关系纽带是信息和资源传递的渠道，网络关系结构也决定着他们的行动机会及其结果。

二、社会网络分析的发展

社会网络分析的发展在西方已有数十年的历史。② 它最早可以追溯到20世纪30年代的心理学和人类学研究，只是在近几十年，这一方法才有了广泛的应用和发展。在社会网络分析法的发展中，主要有三条主线：（1）社会测量学学派，他们主要在运用图论（graph theory）方法方面对网络分析有所贡献；（2）20世纪30年代的哈佛学派，他们主要

---

① B. Wellman & S. D. Berkowitz（eds.）. *Social Structures: A Network Approach*. Greenwich, Connecticut: JAI Press Inc. 1997. P. 20.

② 本节内容主要参考的是斯科特《社会网络分析》一书的第二章。

在研究人际模式和“团伙”（clique）形式方面有所成就；（3）曼彻斯特的人类学派。

（一）社会测量学与图论

社会测量学（Sociometrics）与“格式塔”心理学派密切相关。如库特·勒温（Kurt Lewin）、雅各布·莫雷诺（Jacob Levy Moreno）等都是“格式塔”心理学的著名代表人物。他们在二十世纪二三十年代从纳粹德国移居美国后，发展了社会测量学这一方法。

特别是莫雷诺，他一直关注人际关系与心理治疗之间的关联问题，或者说是个人的心理满足与“社会构型”（social configuration）的结构因素之间的关系。他认为这种构型产生的基础，就是人们之间的相互选择、吸引、排斥和友谊等人际关系模式。莫雷诺的主要贡献是用“社网图”（sociogram）方法来反映社会构型的关系属性。此方法用“点”来表示个人，用“线”来表示他们之间的社会关系。他认为用此方法可以表明人际关系的结构。例如他所提出的“明星”（star）概念，就是指对网络成员来说关联最密切的人（A）：

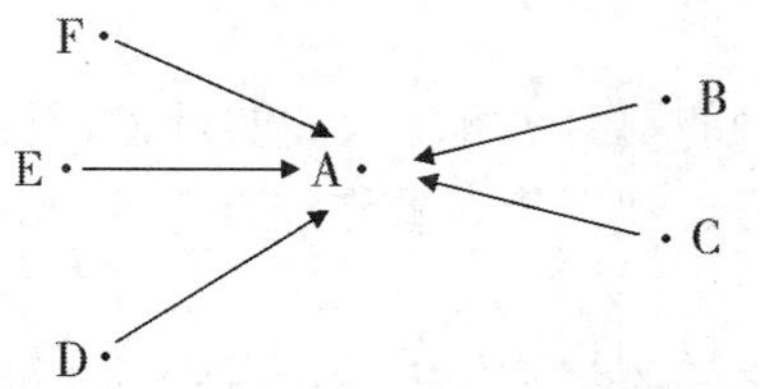

图 13－1　社网图

勒温提出了著名的“场（field）理论”，即认为群体所处的社会力量“场”决定着群体的行为。他认为“场”就是由群体及其周围社会环境共同构成的社会空间，故群体及其环境是一个关系“场”内的元素。勒温提出，可用拓扑学和集合论等数学技术对“场”这种社会空间进行分析，以说明群体和环境在一个关系中的相互关系。此即为群体动力学研究。

在此基础上，心理学家卡特赖特（D. Cartwright）和数学家哈拉里（F. Harary）一起创立了用图论来研究群体行动的新方法。他们提出，可用一组由线段联系起来的点来代表群体，使用图论等数学方法可对那些代表群体成员间实际关系的社网图或“图形”（graph）进行分析。这里的图论，是指关于代表群体的线所组成的模式属性的理论体系。例如，A、B、C 三个行动者可组成如下列图所示的不同关系：

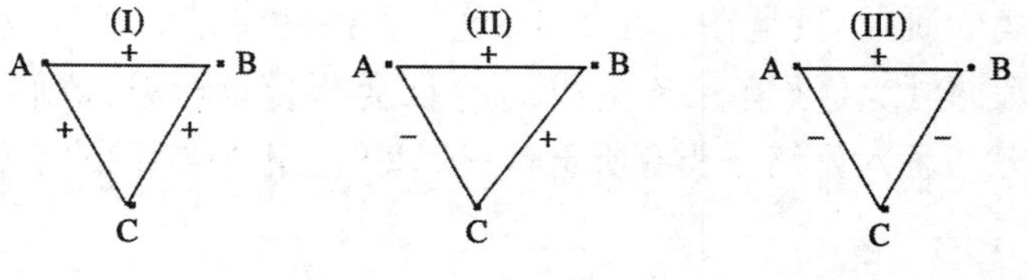

图 13－2　平衡性关系

图中的“+”“-”符号表示关系的方向。如正向表示喜欢，负向表示不喜欢。他们还提出，复杂的社会结构是由简单的社会结构所组成的。由三人所构成的关系是属于简单结构，而他们把由三人组合的这种简单结构称作大的社会结构的“块”(block)，由此可对复杂的社会结构进行分析。

(二)小群体与人际关系研究

对群体结构及其动力学的研究传统主要来自涂尔干和人类学家拉德克利夫-布朗(Radcliffe-Brown)。他们强调对社会关系的分析，而且把社会关系看作一种“网”或“网络”。

在他们的影响下，哈佛大学的沃纳(W. Lloyd Warner)和梅奥(G. E. Mayo)于二十世纪二三十年代在著名的“霍桑实验”中具体运用了社网图来反映群体结构，或者说是用社会关系图来表示群体中的非正式关系。他们的主要目的是说明非正式群体的作用。如图13-3所示，图中圆圈代表个人，箭头代表关系，他们以此来反映组织中人际关系的形式。因此，霍桑实验被认为是第一个在调查中使用社网图来描述群体关系的重要研究。

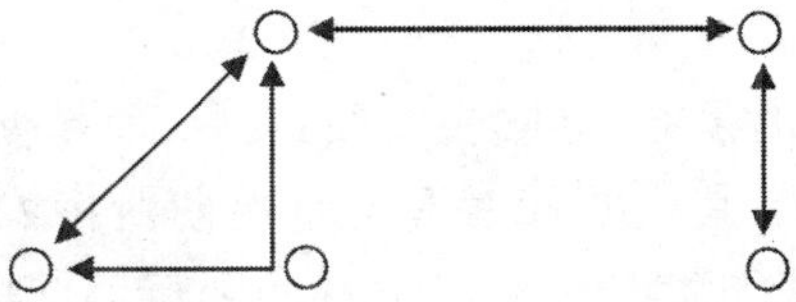

图13-3 霍桑实验的社网图

1930—1935年，沃纳又做了著名的“扬基城”(Yankee City)研究，这是对美国新英格兰的一个小城纽伯里波特(Newburyport)所做的一项研究，后把这一小城用学名称为“扬基城”。这一研究被看作用人类学方法研究现代城市社区的代表性成果，它进一步发展了对群体关系研究的方法。他主要受拉德克利夫-布朗和芝加哥学派的影响，重视人类学研究方法，认为社区的社会组织是人们在互动过程中所形成的社会关系网。他使用“社会构型”概念提出社区是由各种子群体构成的。他把这些子群体称之为“团伙”，认为它们是一种非正式的联合体，其成员之间具有一定程度的群体感和亲密性，内部也确立了某些群体行为规范。故沃纳的“团伙”概念与非正式群体概念接近，也类似于“社会圈子”的概念。

“扬基城”报告使用了各种图形来表示像阶级结构和家庭组织等关系模式。特别是明确地使用了社网图，还使用了现在所称的“位置分析”(position analysis)方法，就是用矩阵形式来说明各结构位置上的人数。如图13-4所示，每一种团伙类型都可由其成员中占多数的阶级成分来定义，而矩阵中的每一单元表示的是某一阶级中属于不同团伙的人的数目。此图分6个阶级，31个团伙，共有186种单元组合。

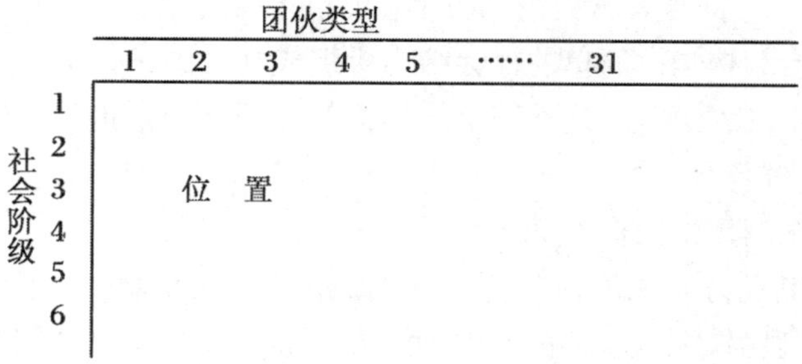

图 13-4 团伙矩阵

哈佛著名社会学家霍曼斯(G. Homans)在上述研究的基础上,在小群体的研究方面取得了突出成就。在方法上,他把社会测量与群体动力学结合起来,从而使小群体研究在理论和方法上都有了很大进展。如霍曼斯首次使用了社会网络分析的"矩阵重组"(matrix re-arrangement)法。

(三)曼彻斯特学派

霍曼斯的这一研究在当时没有得到进一步的发展,而曼彻斯特学派的研究使社会网络分析的发展有了很大转机。其主要代表人物是曼彻斯特大学的人类学家约翰·巴恩斯(John Barnes)、克莱德·米切尔(J. Clyde Mitchell)、伊丽莎白·博特(Elizabeth Bott)和马克斯·格卢克曼(Max Gluckman)等。

从20世纪50年代开始,他们对"社会网络"概念做了大量的研究。他们把结构看作一种关系"网络",并把网络分析的形式化技术与抽象的社会学概念结合起来,这些研究发展了对人际关系的研究方法。

曼彻斯特学派主要关心的是对个体中心网的研究。在这类研究中,主要分析个体与他人之间直接和间接的联系。通过对每一个体的考察,就可以形成以个体为中心的(ego-centered)网络。米切尔提出,可以通过一些描述人际关系质量的概念来对个体间的网络加以分析。这些概念有"互惠性""强度""持续性"等。

(四)新哈佛学派的突破

社会网络分析发展的重大突破来自新哈佛学派。20世纪60年代,在以哈里森·怀特(Harrison C. White)为代表的一批学者的努力下,社会网络分析发展成了一种有影响力的结构分析方法。此后这一方法得到了不断的改进和发展。这种发展也大大依赖于数学方法的应用,如集合论和多维比例(multidimensional scaling)技术的发展。在数学方法创新的影响下,这些有数学偏好的结构分析家所关注的是如何把各种各样的社会结构建成模型。例如,他们提出了市场是一种网络的观点,即把市场看作人们在生产和交换中所形成的信任和规则关系。

在新哈佛学派中,一项有广泛影响的代表性研究是格兰诺维特(M. Granovetter)1973年发表的《弱纽带的强度》一文。格兰诺维特把关系纽带做了强弱之分,认为强关系与弱关系在人与人之间、组织与组织之间、个体与社会系统之间发挥着根本不同的作用。他提出,强关系主要维系着群体、组织内部的联系,而弱关系则使人们在群体之间、组织之间建立起了纽带联系,从而使社会系统成为可能。

格兰诺维特提出了区分关系强度的四个维度:互动频率、情感强度、亲密程度、互惠交换。他认为,关系强弱是这四个方面共同作用的结果。但他侧重分析的是强弱关系的社会学意义,特别是提出了弱关系是信息桥的观点,认为强关系是群体内部的纽带,而弱关系是群体之间的纽带。他指出,虽然不是所有弱关系都可以充当信息桥,但是能够充当信息桥的必定是弱关系。例如,图 13－5 中,A—B 是从 B 到 F、D 和 C 的最短路径,是一座信息桥,称作局部桥梁。“如果 N 代表两点之间的最短路径,而且 N >2,那么我将把这种关系称为一座‘N 维的局部桥梁’。”①

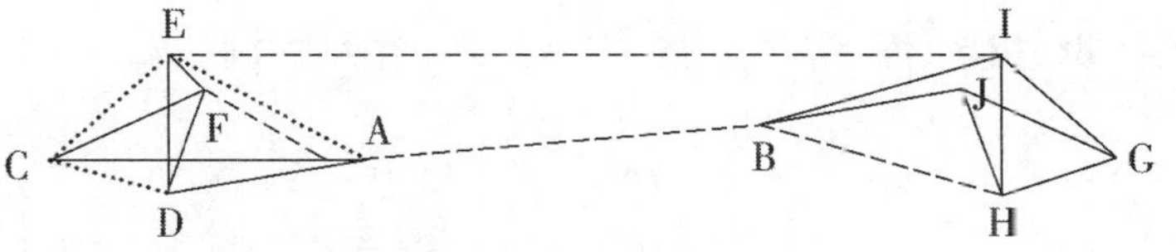

图 13－5 局部桥梁

格兰诺维特提出,弱关系的重要意义就在于创造了更多、更短路径的局部桥梁。他以职业流动为例,对弱关系的这一重要意义做了验证。他认为弱关系是一个有效的信息传递途径,有助于人们找到工作。他说,从个体的角度说,弱关系在创造可能的流动机会中是一种重要资源;从社会宏观的角度来说,弱关系在影响社会凝聚力中发挥着重要作用。

格兰诺维特的研究使人们注意到了弱关系在社会网络中的作用。但后来的研究也提出了不同的观点,特别是华裔学者边燕杰通过对中国大陆等地的经验调查研究,又肯定了强关系假设。

边燕杰提出,在以伦理为本位的中国社会条件下,信息的传递往往是人情关系的结果,而不是原因。② 换言之,没有一定的人情关系,信息未必能够传递。他认为中国的人情关系就是人情交换关系,这种关系通常是强关系,而不是弱关系。特别是在计划经济条件下,短缺的物品在市场上是买不到的,而通过人情关系则可以得到;人情关系越强,托人办事的成功率就越大。为什么人情关系的强弱会产生上述结果呢? 他说原因有两个方面:一是义务问题。人情关系的实质是情意、实惠的交换。强关系往往表明这种交换已经在主客双方长久存在,相互的欠情、补情的心理,使得有能力提供帮助的人尽力在对方的请求下提供帮助。二是信任问题。人情关系的交换是违背正式组织原则的,但如果是强关系,主客双方的信任度提高,就能降低由“东窗事发”所引来的不必要的麻烦。所以,他认为强关系应比弱关系“强”而不是“弱”。边燕杰还特别提出:(1)区分直接关系和间接关系,(2)区分通过这些关系流动的究竟是信息还是影响,(3)不同制度的和劳动

① M. Granovetter. “The Strength of Weak Ties”, *American Journal of Sociology*. Vol. 78(6), 1973. P. 1365.

② 边燕杰:《社会网络与求职过程》,《国外社会学》1999 年第 4 期。

力市场的脉络制约了为获得求职中的信息或影响而使用不同强度的关系。①

20 世纪 80 年代以来，西方学者运用社会网络方法做了多方面的研究。代表性的成果如罗纳德·波特（Ronald Burt）的“结构洞理论”。波特在其《结构洞：竞争的社会结构》(1992 年）一书中提出，社会网络无论主体是个人还是组织，从根本上说有两大类型。第一种类型是社会网络中任何主体与其他每一主体发生联系，从整个网络来看就是没有洞。这种形态只有在小群体中才存在。第二种类型是更普遍的一种，即社会网络中的某个或某些个体与有些个体发生直接联系，但与其他个体不发生直接联系。无直接关系或关系间断（disconnection）的现象，从网络整体看好像网络结构中出现了孔洞。波特将这些关系间断所形成的孔洞称为“结构洞”（structural hole）。比如在 A、B、C 组成的网络中，如果 AB 相连，BC 相连，而 AC 不相连，则 AC 是一个结构洞。②

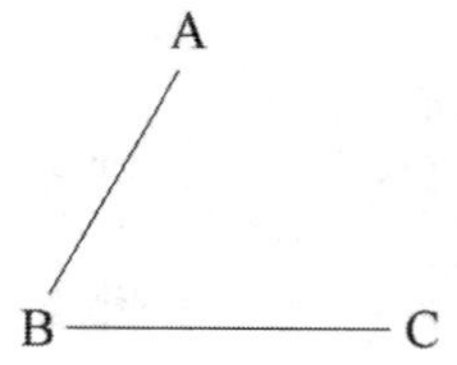

图 13－6　结构洞

AC 这种结构洞的存在表明，AC 如果需要发生联系，必须通过 B。在波特看来，B 与 A、C 的关系有可能是强关系，也可能是弱关系，这并不重要。重要的是，A、B、C 假如处于资源竞争的状态，AC 结构洞的存在，为 B 提供了两大优势。第一个优势是 AC 之间的信息一定通过 B 来传递。这种状态给了 B 信息优势。第二个优势是控制优势，即 B 可以决定在怎样的情况下将 A 的信息传递给 C，又在怎样的情况下将 C 的信息传递给 A。波特认为，在资源竞争的条件下，当然是在 B 有利可图的时候，B 才会做信息传递。为了保持信息和控制优势，B 必须倾向于保留 AC 结构洞，所以，即使 AB、BC 是强关系，B 也不会轻易地将 A、C 联系在一起。

依据结构洞的理论，波特提出了经济竞争的社会学新观点，即竞争优势不但是资源优势，更重要的是关系优势或社会资本优势。所谓关系优势，就是占有结构洞多的竞争者，关系优势就大，获得较大经济回报的机会就高。换言之，一个人或一个组织，要想在竞争中获得、保持和发展优势，就必须与相互无关联的个人和团体发生广泛的联系，以争取信息和控制优势。

（五）在线社会网络发展

随着现代互联网技术的快速发展，网络社交日益流行，因此在线或虚拟社会网络作为新型网络形式越来越受到关注。特别是 2004 年脸书的上线，被认为开启了在线社交

① 边燕杰：《找回强关系：中国的间接关系、网络桥梁和求职》，《中国社会学》（第一卷），上海人民出版社 2002 年版，第 245 页。

② 边燕杰：《社会网络与求职过程》，《国外社会学》1999 年第 4 期。

的新时代。无论是国外还是国内,新型社交网的兴起成为新时期社会生活变迁中的一个"革命性"事件,带来了广泛而深远的社会影响。

新型在线社交网(Online social networks)是相对于线下关系网络而言的,它是以计算机、网络为媒介,以数字化的符号为载体而形成的交往网络。这一发展被称为"社交网络革命"。"就社交网络革命而言,最值得一提的并非技术上的转变,而是人们之间交往方式的变迁。"①与线下社交网相比,新型的社交方式之"新",主要体现在它正在逐步建立一种新型的"在线"社交环境。"在这个环境中的社会关系虽然可以不是映射自现实中存在的关系,但也可以是只在虚拟世界中产生并维持的新关系。"②因此,学者们把利用网络媒介[如脸书(Facebook)、推特(Twitter)、微信等]而建立起来的用户之间的在线社交网络,看作是不同于线下的社会网。这类新型网络正在深刻改变人们的交往方式,重塑社会关系,对人们的生活和观念带来了一系列深远影响。新型在线社交网与传统的线下社交网具有一系列不同特征,可用表 13-1 来概括。

表 13-1　在线社交网与线下社交网特征比较

特征	在线社交网	线下社交网
互动方式	线上	线下面对面
交往媒介	有	无
互动时空性	可跨时空	即时在场
互动情感性	弱	强
互动仪式性	弱	强
关系特征	泛化	密切
身份特征	有虚拟性	真实

第二节　社会网络资料的收集

一、什么是社会网络资料

社会网络资料是进行社会网络分析的基础和材料,具有自身的构成特点和要求。首先,社会网络资料是关于社会关系的数据信息,简称关系数据(relational data)。其次,关系数据有一定的表现形式,即通过一定的变量或数值把关系特征、结构等反映出来。从变量方面来说,它可分为两类:结构性变量和构成性变量。前者所测量的是成对行动者

① [美]李·雷尼、巴里·威尔曼《超越孤独:移动互联时代的生存之道》,杨伯溆、高崇等译,中国传媒大学出版社 2015 年版,第 18 页。

② [意]瓦莱里奥·阿尔纳博尔迪等:《在线社交网络:在 Facebook 和 Twitter 个体关系网中发现的人类认知约束》,凌非、程之译,电子工业出版社 2017 年版,第 1 页。

之间的关系，这类变量是社会网络资料库的基础。它们所反映的是成对的行动者特定类型的纽带关系，如对两个公司之间的商品交易的测量，人们之间友谊关系的测量等。后者所测量的是行动者的属性，故这类变量又称行动者属性变量（attribute variable），例如性别、种族、民族等。

另外，社会网络可根据行动者的不同及其关系属性而划分为不同的类型，其数据资料具有不同的含义。由此可把社会网络划分为一型或一模网络、二型网络、多型网络，它们分别指结构性变量所测量的不同事物关系。但通常我们只分析前两种类型。

1. 一型网络（one-mode network）：由单一的一组行动者所构成，这是网络的最常见类型。这类行动者既可以是个人，也可以是一个群体、组织或更大的社区。在这类网络中，其关系形式包括：

（1）个体性关系，如友谊、喜欢、尊重等；

（2）物质资源的交换；

（3）非物质资源（沟通信息）的交换；

（4）互动；

（5）运动或流动；

（6）正式角色；

（7）亲属关系，如婚姻、世袭关系等。

2. 二型网络（two-mode network）：由两组不同的行动者所构成，指有些结构性变量所测量的两组或更多的事物。例如，我们可以从不同背景对行动者加以研究，一种情况是公司，另一种情况是非营利组织，这样我们就可以测量金融支持从公司到非营利组织的流动。

二型网络又有两种情况：

第一，由两类行动者构成，称之为二体的二型网络。它包括两类不同的行动者、不同类型的关系，其行动者也有不同的属性。

第二，由一类行动者与一类事件所构成，称之为隶属关系网络（affiliation network）。其中，行动者与一组事件有关联。如人们参加某种俱乐部、团体等，都可构成这类网络。

3. 自我中心网络（ego-centric network）：或称主体网络，指在网络中有一个核心的行动者，他与其他行动者都有关联，如图 13－7 所示。这种情况多见于分析“社会支持”网。与之相对的网络称之为社会中心网络（socio-centric network），即在网络中不存在着明显的以某一成员为核心的结构。

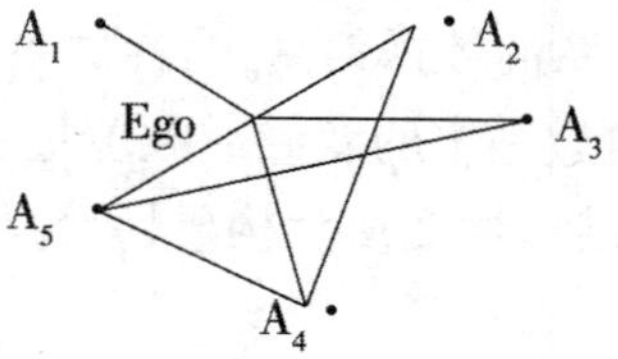

图 13－7　自我中心网络

综上所述,社会研究的资料在来源和类型上是不同的,这也决定了对其分析的方法是不一样的。通常,对不同的社会网络有不同的社会测量和分析技术。如对亲友关系可用问卷法和访谈法收集资料,而对有些小群体需用观察法。这些都要视研究对象、研究目的的不同而有所不同。例如约翰·斯科特对社会研究的资料及其分析方法作了如下总结[①]:

表 13－2　斯科特对社会研究资料及其分析方法的总结

研究类型	资料来源	资料类型	分析类型
调查研究	问卷法 访谈法	属性资料 ←	变量分析
民族志研究	观察法	观念资料 ←	类型学分析
文献研究	文本	关系资料 ←	网络分析

二、社会网络资料的收集

在进行社会网络研究时,明确所要研究的对象即行动者的范围是十分重要的,即首先应确定所分析的总体。当所分析的是较小、较封闭的一组行动者时,其总体容易确定,但在许多情况下,不易确定一组行动者的界限范围。对此情况,网络研究者常常是根据人们之间的互动频率和纽带强度来对行动者与非成员进行划分。有时也可由成员自己来加以界定。

由于总体的大小范围不同,故在实际研究时,所采用的抽样方法也有所不同。常采用的抽样法有两种:

一是非随机抽样法,如滚雪球法,即调查样本由少到多逐渐扩展的方法。它适用于对总体情况不太明确、考察特定关系的研究,例如分析某一类朋友与朋友之间的关系,也可分析某些事件或流言的传播。

二是随机抽样法,对较大规模的总体或群体的研究,我们常用概率抽样法来确定样本。这是人们最常用的抽样法。但这类方法要求对研究总体有比较明确的了解。

样本确定之后,就可以采用一定的方法收集资料。网络资料的收集,主要包括如下步骤和方法:

1. 测量

在对网络资料测量时,所测量的单位是行动者或事件,但网络测量因行动者的类型不同而有不同的层次。例如,从行动者的方面来说,它分为二体行动者、三体行动者和子群体等不同类型。对不同类型的行动者,所测量的内容是有所不同的。

另外,从行动者关系的方面来说,也有不同的测量内容。对关系的测量主要包括两个方面:

(1)方向性与无方向性:指行动者之间的关系是单向的还是双向的或者是无方向性的。

---

① J. Scott. *Social Network Analysis: A Handbook*. London: Sage Publications. 2000. P. 3.

(2)二分性与数值等级性：前者是指行动者之间关系的“有”与“无”之分；而后者是指关系强度的范围，如很强、一般、较弱等。

2. 收集资料的方法

社会网络资料的具体收集方法是多种多样的，常用的方法有：

(1)问卷法：这是常用的调查方法之一。在应用于社会网络研究时，问卷问题的设计可采用如下三种形式：

一是列举式与自由记录式，或称提名法。例如要求被调查者列举其最好的朋友有哪些，最经常联系的人是谁，并列出这些人的个人和社会地位特征。

二是自由选择与固定选择格式相结合，即开放问题与封闭问题相结合。

三是评估与划等级，指所列问题应包括对行动者相互之间关系加以评价或划分出等级的内容。

(2)访谈法：主要常用于对自我中心网络资料的收集，如了解一个人的朋友圈子、询问其关系程度等。

(3)观察法：主要适用于对小群体的研究，即通过对某一小群体的具体观察记录，可以了解其关系结构、密切程度和特征等。

(4)文献记录：根据被研究者自己的有关资料，如日记等，进行追踪查询，以找到其关系网络，也可让被研究者用提名法列出其关系网络。

第三节　社会网络分析的基本方法

社会网络分析已发展出许多不同的描述网络资料的数学方法，但常用的主要有三种：图论、社会计量学和代数方法。图论适用于描述小型群体的核心关系和凝聚力等特征。社会计量学适用于研究结构等价性和模块关系。代数法适用于对角色和位置关系的分析。下面我们简要介绍这些分析方法。

一、图论

图论分析的是成对元素之间相互关系的模式，以图的形式表达，一个图就是点和线的集合，或者说图是以点和线的形式来表示行动者及其关系的一种方法。在此图中，每个行动者即为一个点，称作结点，其关系称为纽带。故一个网络图包含这样两组信息：

一组是点 $N=\{n_1, n_2, \cdots, n_N\}$，$N$ 为结点数；

一组是线 $L=\{l_1, l_2, \cdots, l_L\}$，$L$ 为线条数。

图形有不同的结构和形态，而且一个图中也可包含一个或一个以上的子图(subgraph)。若一个图只有一个结点而无边，称为平凡(trivial)图。若一个图其结点集和边集都是空集，则称为空图。这两类图都没有多少实际意义，故我们讨论的大多数网络图不包括这两类。

图论法的主要分析元素是以下几种①：

1. 通道、轨迹和路径(walk, trail and path)

通道是指从起点到终点的各个点线,如图 13－8 中,一条通道为：

$$W = n_1 l_2 n_4 l_3 n_2 l_4 n_3$$

轨迹是指一种通道,其中线条是不同的,但结点可包含一个以上。如某一轨迹为：

$$T = n_4 l_3 n_2 l_4 n_3 l_5 n_4 l_2 n_1$$

路径也是指一种通道,但其中点线都是不同的。如：

$$P = n_1 l_2 n_4 l_3 n_2$$

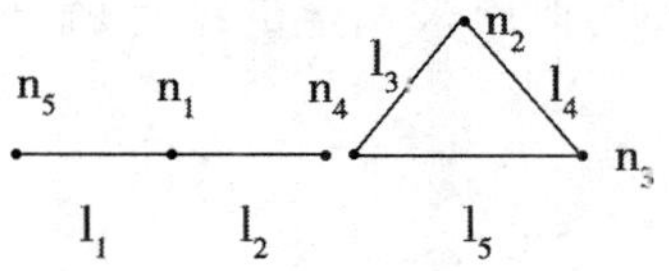

图 13－8 通道、轨迹和路径

2. 封闭通道、旅程和循环(closed walk, tour and cycle)

封闭通道是指起点和终点为同一结点的通道。如图 13－9 中的一条封闭通道为：

$$W = n_5 n_1 n_4 n_3 n_2 n_4 n_1 n_5$$

旅程是指一种封闭通道,其中的每一线条至少用一次。如：

$$T = n_3 n_2 n_4 n_3 n_5 n_1 n_4 n_3$$

循环是指在至少有三个结点组成的封闭通道中,所有线条都不相同,而且除起点和结点外的所有结点也不相同。如：

$$C = n_5 n_1 n_4 n_3 n_5 \text{ 或者 } n_2 n_4 n_3 n_2$$

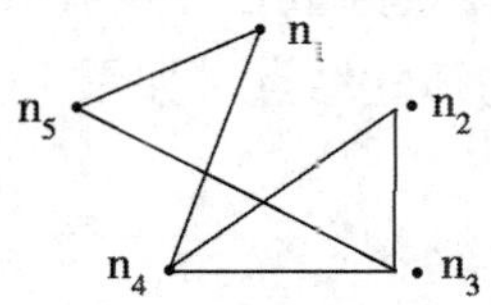

图 13－9 封闭通道、旅程和循环

3. 短程线、距离和直径(geodesic, distance and diameter)

短程线是指两结点之间的最短路径。

距离是指两结点之间的短程线长度,又称短程线距离。结点 n_i 与 n_j 之间的短程线距离就是 $d(i, j)$,且 $d(i, j) = d(j, i)$。如图 13－10 中,$d(3, 5) = 2$,$d(1, 2) = 1$,$d(1,5) = 3$。

而直径是指任何两结点之间的最大短程线距离,即 $max\ d(i, j)$,如 $max\ d(1, 5) = 4$。

① S. Wasserman & K. Faust. *Social Network Analysis: Methods and Applications*. Cambridge: Cambridge University Press. 1994.

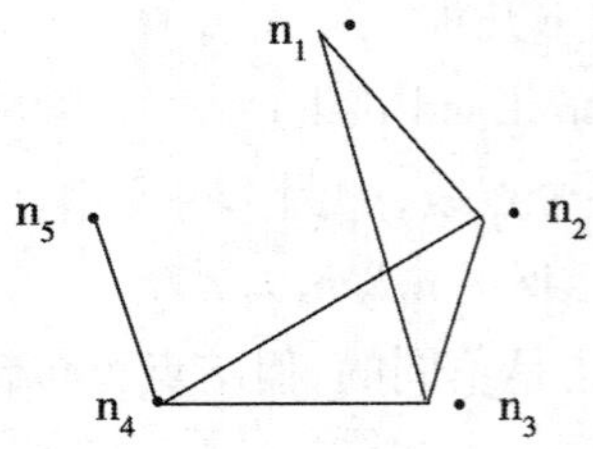

图 13－10　短程线、距离和直径

4. 切点(cutpoint)

切点指图中去掉此结点后,其他原来相连的结点就分割成两个不相连的子图的结点,如图 13－11 中的 n_1。

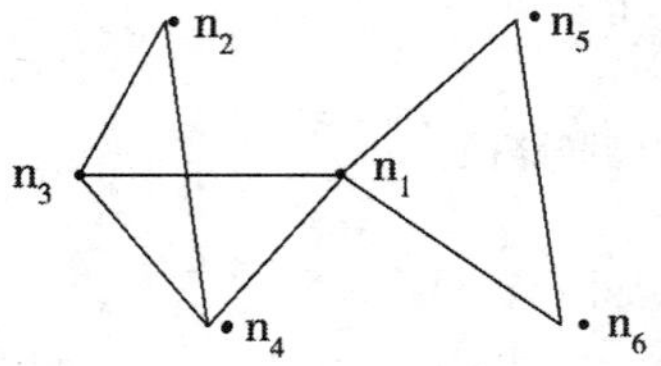

图 13－11　切点

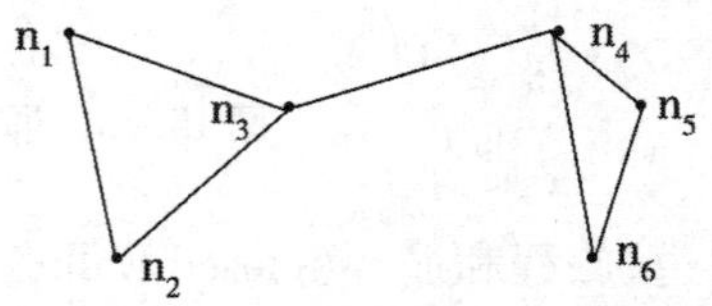

图 13－12　桥线

5. 桥线(bridge)

桥线是在图形中对不同子图起连接作用的线,如图 13－12 中结点 n_3 到 n_4 之间的连线。

6. 结点度(nodal degree)

结点度指与某结点相关联的线条的数目。在有 N 个结点的网络图中,其结点度为 $[0 \sim (N-1)]$。结点度为零的称为孤立结点。如图 13－12 中,n_1 的结点度为:$d(n_1)=2$,而 n_3 的结点度为:$d(n_3)=3$。

网络图的平均结点度计算公式为:

$$\bar{d}=\frac{\sum_{i=1}^{n}(n_i)}{N}=\frac{2L}{N}$$

式中,L 为线条数,N 为结点数。

有的网络图具有方向性,即它所表示的关系是有方向的。在这种情况下,可确定其内结点度(nodal indegree)和外结点度(nodal outdegree)。前者是指指向某一结点的线条数目,后者是指由此结点所关联到的结点的数目。如图 13－13 中,n_1 的内结点度为:$d_i(n_1)=0$,其外结点度为:$d_o(n_1)=3$。n_2 的内结点度为:$d_i(n_2)=1$,其外结点度为:$d_o(n_2)=2$。

且 $\bar{d}_i=\bar{d}_o=\frac{L}{N}$

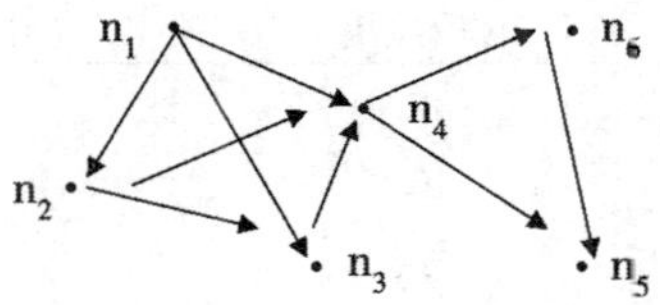

图 13－13 结点度图

在社会网络中，内结点度可说明接纳性（receptivity）或大众性，而外结点度可说明一个人的影响力，有更多的外结点的人表明他具有许多朋友（关系）。也可按这两个方面对结点加以如下分类：

孤立结点，当 $d_i(n_i) = d_o(n_i) = 0$ 时；

传播者结点，当 $d_i(n_i) = 0$，而 $d_o(n_i) > 0$ 时；

接受者结点，当 $d_i(n_i) > 0$，而 $d_o(n_i) = 0$ 时；

承转者或普通者结点，当 $d_i(n_i) > 0, d_o(n_i) > 0$ 时。

7. 密度（density）

密度指图形中实际存在的线条占所有可能线条的比例，即在有 N 个结点的网络中，最多可能的连线为 $N(N-1)/2$，而实际的连线数为 L，那么，此网络图的密度计算公式为：

$$\Delta = \frac{L}{N(N-1)/2} = \frac{2L}{N(N-1)}$$

密度反映的是社会网络关系的密切程度。密度越大，表明网络成员之间的关系越密切。因此，通过社会网络图法可以直观地对群体特征进行分析，如群体的结构、群体中的核心者或孤独者等。如表 13－3 的资料所表示的是由 21 个人所组成的网络，由此可计算其结点度和密度等指标。

其中，最具接纳性的人是 2 号，而最有影响力的人是 17 号。

且 $N = 21, L = 102$，而可能的连线有 $N(N-1) = 420$，所以，

$\bar{d}_i = \bar{d}_o = \frac{L}{N} = 102/21 = 4.86$

$\Delta = = 102/420 = 0.24$

网络图还有其他一些形态，有的图中还标有关系的强弱或数值大小，还有的是多维网络图，即表示两结点之间的关系不只是一重的。但最基本的是我们前面所讨论的这些图式。

表 13－3　21 位成员的网络结点度

成员	内结点度	外结点度
1	8	5
2	10	3
3	5	2
4	5	6
5	6	7
6	2	6
7	3	0
8	5	1
9	6	0
10	1	7
11	6	13
12	8	4
13	1	2
14	5	2
15	4	8
16	4	2
17	6	18
18	4	1
19	5	9
20	3	2
21	5	4

二、矩阵法

(一)什么是矩阵法

一个图受其邻近性或关联性的决定,也可通过矩阵形式表示:把社会网络中的每一个结点分别按行和列的方式排列即可形成网络矩阵。网络的结点数称为矩阵的阶数。社会网络分析常用的矩阵分为邻接矩阵(adjacent matrix)、关联矩阵等。

1. 邻接矩阵

邻接矩阵指矩阵中的元素 a_{ij} 是从结点 i 到结点 j 的边的条数。具体来说,有 n 个点的图 G 的邻接矩阵 $A=(a_{ij})$ 是一个 $n\times n$ 矩阵,其中若 n_i 邻接 n_j,那么 $a_{ij}=1$,否则 $a_{ij}=0$。因此,有 n 个点的简单图与对角线元素为零的 n 阶对称二元矩阵之间是一一对应关系,其中的元素取值为 0 和 1。

另外,根据关系是否有方向性,邻接矩阵又分两类:

(1)若无方向,称为对称矩阵。如对图 13－10 的网络图关系,用矩阵表示为:

	n_1	n_2	n_3	n_4	n_5
n_1	-	1	1	0	0
n_2	1	-	1	1	0
n_3	1	1	-	1	0
n_4	0	1	1	-	1
n_5	0	0	0	1	-

图 13-14 对称矩阵

(2)若有方向,则以行为对应起点、以列对应终点列出其矩阵。如对图 13-13 的网络图关系,用矩阵表示为:

	n_1	n_2	n_3	n_4	n_5	n_6
n_1	-	1	1	1	0	0
n_2	0	-	1	1	0	0
n_3	0	0	-	1	0	0
n_4	0	0	0	-	1	1
n_5	0	0	0	0	-	0
n_6	0	0	0	0	1	-

图 13-15 有方向的邻接矩阵

2. 关联矩阵

关联矩阵 $B=(b_{ij})$,是关于图 G 的点与线的矩阵。具体来说,对于一个图,指的是一个 0,1 矩阵,其中 i,j 元素取 1 当且仅当结点 i 与边 j 关联;对于有向图,如果结点 i 是边 j 的头部,则矩阵 i,j 取 -1,如果结点 i 是边 j 的尾部,则矩阵 i,j 取 1,其他情形取 0;在一般情况下,指的是表示隶属关系的矩阵。因此,它可能是方型阵,也可能不是,这常用于分析二型网络。

(二)对关系特征的描述

矩阵法的主要作用是对群体关系进行具体分析。而且由于矩阵法可以分析任意数量的群体,借助计算机软件可以做许多分析处理,因此矩阵法有更广泛的应用。我们以如下例子来具体说明如何用矩阵法对群体关系特征进行描述。

例如,根据上列矩阵,我们可以计算出下列主要特征值:

1. 内结点度 $=\sum_{i=1}^{n} Z_{ij}$(矩阵列值的总和),如 n_1 的内结点度为零,n_2 的内结点度为 1。

2. 外结点度 $=\sum_{j=1}^{n} Z_{ij}$(矩阵行值的总和),如 n_1 的外结点度为 3,n_2 的外结点度为 2。

3. 结点度 $=\sum_{j=1}^{n}(Z_{tj}+Z_{jt})$(某点 P_t 的所有行与列值之和),如 n_1 的结点度为 3,n_2 的结点度也为 3。

4. 密度。根据上述密度的定义,实际的连线数为:

$$\sum_{i=1}^{n}\sum_{j=1}^{n} Z_{ij}$$

那么,矩阵网络资料密度的计算公式为:

$$\Delta = \frac{\sum_{i=1}^{n}\sum_{j=1}^{n} Z_{ij}}{N(N-1)}$$

5. 团聚度（cohesion）。当关系有方向时，团聚度是指有对偶关系的结点之间的关系强弱。它是衡量对偶关系相对数量的指标。其计算公式为：

$$G = \frac{\sum_{i=1}^{n}\sum_{j=1}^{n} Z_{ij} + Z_{ji}}{N(N-1)/2}$$

其中，$(Z_{ij} + Z_{ji}) = \begin{cases} 1, 若\ Z_{ij} = Z_{ji} = 1 \\ 0, 其他 \end{cases}$

6. 多元度（multiplexity）：网络中多元关系的密度。

当一个网络中存在 t 种不同关系时，则有 t 个对应的邻接矩阵 $K_1, K_2, \cdots, K_t$。

设 $K = K_1 + K_2 + \cdots + K_t$，$Z_{ij}$是 K 中的格值，则 m 元网络的多元度为

$$M = \frac{\sum_{i=1}^{n}\sum_{j=1}^{n} Z_{ij}(m)}{N(N-1)}$$

其中，$Z_{ij}(m) = \begin{cases} 1, 若\ Z_{ij} \geqslant m \\ 0, 若\ Z_{ij} < m \end{cases}$

7. 结点中心度（centrality）：某结点的结点度与连线总数之比。故 P_t 点的中心度为：

$$C_t = \frac{\sum_{j=1}^{n} Z_{tj} + Z_{jt}}{\sum_{i=1}^{n}\sum_{j=1}^{n} Z_{ij}}$$

结点中心度又称地方中心度（local centrality），它所反映的是结点度或关系的集中程度，或者说是一个人在网络中的主导位置情况。结点度越大，即与之相关联的人越多，此人越居中心性位置。

与之相对的是总体中心度（global centrality），即某结点在整个网络中与其他各结点的距离。它所反映的是各结点之间的密切程度，用各结点之间的最短距离来计量。

例如图 13－16 的地方中心度和总体中心度分别计算如下[①]：

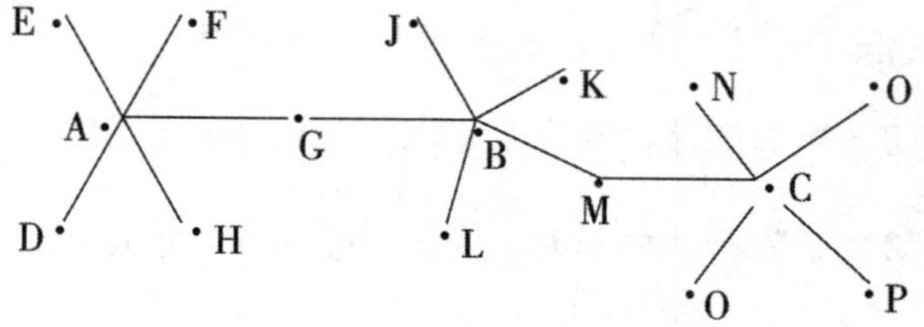

图 13－16　地方中心度和总体中心度

① J. Scott. *Social Network Analysis: A Handbook*. London: Sage Publications. 2000. P. 84.

表 13－4　地方中心度和总体中心度的计算

		A. C	B	G. M	J. K. L	其他
地方中心度	绝对值	5	5	2	1	1
	相对值	0.33	0.33	0.13	0.07	0.07
总体中心度		43	33	37	48	57

从结果中可以看出，A、B、C 的地方中心度相等，但其总体中心度不等，即 B 在整个网络中更处于中心地位。

反映结点中心度的另一概念是距间(betweenness)。它是指网络图中某一结点与其他各点之间相隔的程度。一个结点度较低的点常成为距间中心，如图 13－16 中的 G 和 M，这样的结点具有“经纪人”或“守门人”的作用。

8. 声望(prestige)。网络中 P_i 点的声望定义为：

$$P_i = \frac{I_i}{(N-1)C_i}$$

式中，I_i 称为 P_i 点的影响域(influence domain)。按照林楠的定义，它是指在群体中人们直接或间接地受某人意见所左右的区域。在运算上，根据群体内直接或间接地受之影响的人数来计量。[①] 即：

$$I = \sum_{j=1}^{n} d_{ji} \qquad d_{ij} = \begin{cases} 1, d_{ij} \neq 0, i \neq j \\ 0, 其他 \end{cases}$$

式中，d_{ij} 为行动者之间的距离。

而 C_i 被称为集中值，指各结点到 P_i 点的平均距离，即：

$$C_i = \frac{\sum_{j=1} d_{ji}}{I_i}$$

声望反映某人在群体中的地位状况，表现在其影响范围和中心性两个方面。也就是说，声望受两个因素的影响：一是外结点数量，外结点越多，其声望越高；二是受影响的各结点到该结点的距离，距离越短，声望越高。

三、位置与角色

社会地位和社会角色是与社会结构密切相关的两个重要概念。在社会网络分析中，社会位置和社会角色也非常重要。

从社会网络分析的角度说，位置(position)指的是那些同等地处于关系网络中的个体所形成的集合体，而角色是指两个行动者或两个位置之间存在的模式。或者说，前者是指具有类似的社会活动关系的行动者的集体。具有相同位置的人彼此之间不一定存在着直接或间接的关联。例如，有相同位置的不同医院中的护士，她们与医生和病人之间

① ［美］林楠：《社会研究方法》，本书翻译组译，农村读物出版社 1987 年版，第 366 页。

具有相同类型的关系。对具有结构相近性的行动者进行分析是体现网络分析结构特征的重要方面。

而角色在社会网络分析中强调的是关系结合形式。例如，亲属角色指的就是婚姻和血统关系的结合形式。但这种关系也有不同的层次，如个体行动者层次、行动者的集合层次以及整个网络层次。

因此，在社会网络分析中对位置和角色的分析主要有两个方面：分析那些与他人有相似关系的行动者的集合体，对行动者或位置之间存在的作为关系系统的社会角色进行概括建模（modeling）。这也形成了一些不同的方法，如结构等价法、聚类法、建模法等。

（一）结构等价法（structural equivalence）

结构等价法指在一网络中当两个行动者与其他的行动者具有同等的关系时，他们就是等价的。或者说对所有的行动者 $k=1,2,\cdots,N(k\neq i,j)$，以及所有的关系 $r=1,2,\cdots,R$ 来说，若行动者 i 对 k 有关系，且若只有 j 也对 k 有关系，而若 i 有来自 k 的关系且若 j 也有来自 k 的关系时，行动者 i 和 j 就是结构等价的。

与之相对的一个概念称为角色等价性（role equivalence），是指在同一网络中行动者具有相同的角色关系模式。例如图 13－17 所示，结点 F 和 G 是结构等价的，因它们与其他结点都有相同的关系。但 B 和 D 不是结构等价的，它们虽然都与 C 相关，都与其他结点的关系不同。结点 B 和 D 是角色等价的，因为它们与其他结点具有相似的关系，即 B 与 A 的关系类似于 D 与 E 的关系。类似地，结点 A 和 E 也是角色等价的，而非结构等价。

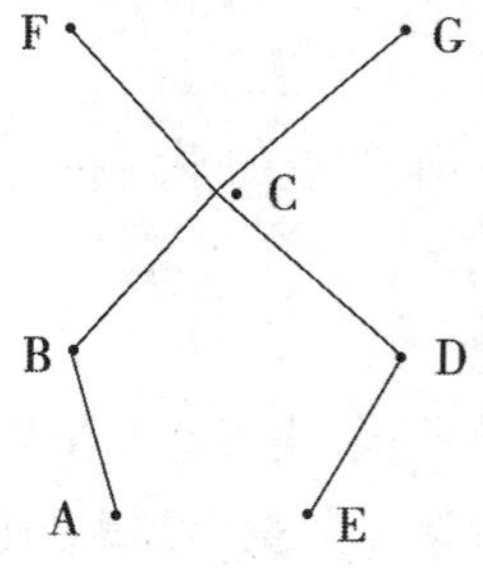

图 13－17　结构等价性

运用结构等价法进行分析的主要步骤是：

1. 对等价性进行正式定义。结构等价性定义体现的是网络结点的数学特征，但实际网络中的行动者很少是严格等价的，这就要求对等价性做相应的处理和测量。

2. 在给定的一组网络资料中对那些与此定义接近的行动者进行测量。对结构等价性的测量已发展出了不同的方法，如欧氏距离法（Euclidean distance）、相关系数法等。

3. 对此等价性做出表述。表述的目的是以简洁的形式反映网络资料信息并对结果做出解释。主要表述形式一方面是采用聚类法等对行动者分割（partitioning），另一方面是用某些模式表示它们之间的关系。

4. 对表述的适当性进行评价。

（二）聚类法（clustering）

聚类法是指根据行动者的特征对其进行分类的一种多元分析方法。这一方法首先要确定行动者之间的相似性，因为相似性反映了行动者之间的疏密程度。测量此相似性的方法主要有距离法、相关法和关联法。

1. 距离法

距离测量是指把每个行动者看作由N个行动者构成的网络中的一个点，各点与点之间的距离越近，即表明其相似程度越高。若两个行动者的变量值相同，那么他们之间的距离为零。常用的距离测量法有：

（1）欧氏距离法：

$$d_{ij}=\sqrt{\sum_{k=1}^{n}(x_{ik}-x_{jk})^2}$$

其中，d_{ij}表示i和j两结点之间的距离，x_{ik}表示第i个行动者在第k个变量上的值。

（2）绝对值距离法（Manhattan distance 或 city-block metrics）：

$$d_{ij}=\sum_{k=1}^{n}|x_{ik}-x_{jk}|$$

（3）明科夫斯基距离法（Minkowski metrics）：

$$d_{ij}=(\sum_{k=1}^{n}|x_{ik}-x_{jk}|^r)^{1/r}$$

这是一个通用的距离测量公式：当r为1时，变为绝对值距离公式；当r为2时，变为欧氏距离公式。

2. 相关法

相关法是用相关系数来测量变量之间的相关程度，从而说明行动者之间的相似程度。其计算公式为：

$$r_{ij}=\frac{\sum_{k=1}^{m}(x_{ik}-\bar{x}_i)(x_{jk}-\bar{x}_j)}{\sqrt{\sum_{i}^{m}(x_{ik}-\bar{x}_i)^2}\sqrt{\sum_{j}^{m}(x_{jk}-\bar{x}_j)^2}}$$

这一测量法主要反映的是行动者在聚类变量变化方面的相似性，没有考虑变量值大小的差异，因而不如距离测量法精确。

3. 关联法

对定类变量的聚类分析常用关联法测量其相似性。具体的关联法包括简单匹配系数（the simple matching coefficient）、雅科比系数（Jaccard’s coeficient）和果瓦系数（Gower’s coefficient）等。

对相似性做出测量之后，下一步就是对行动者进行归类。常用的聚类方法有两种：层次聚类法（hierarchical cluster procedures）和迭代聚类法（iterative partitioning procedures）。这些聚类方法都可以借助于计算机软件（如SPSS）或社会网络分析软件来完成，故这里不进行赘述。

在社会网络分析中，与聚类法密切相关的是对“团伙”的分析判定。“团伙”一直是小群体研究的核心概念之一。尽管人们对它的具体定义有所不同，但通常把它看作由那些特征相似、关系非常密切的人组成的团结一致的子群体。“团伙”之间存在着最大限度的密切的相互关系或团聚度。用网络图的形式来说，“团伙”就是由两个或更多的结点组成的最完整的子图。其中，各结点之间都存在着关联。如图 13 – 18 所示，四个行动者可以组成不同的“团伙”关系。

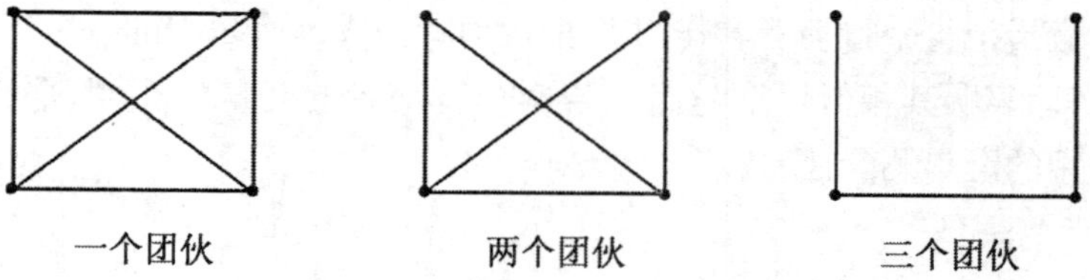

图 13 – 18 “团伙”

（三）建模法

前面的结构等价分析方法主要用于对行动者特征的研究。但对行动者及其位置之间关系的分析，通常应用建模法和关系代数法。此处略。

▶本章小结

社会网络分析不但是一种社会科学研究的方法，更是一种研究社会结构的新观点。社会网络是人类关系特征的突出表现，它可集中反映社会的结构特征。而且，社会网络分析并不限于微观的个体互动层面，也可用于分析宏观的社会现象，如组织结构、社区关系等。因此，近年来社会网络分析方法有了迅速的发展，得到了广泛的应用。

▶进一步阅读书目

1. 林聚任：《社会网络分析：理论、方法与应用》，北京师范大学出版社 2009 年版。

2. ［英］约翰·斯科特：《社会网络分析法（英文第 3 版）》，刘军译，重庆大学出版社 2016 年版。

3. ［美］斯坦利·沃瑟曼、凯瑟琳·福斯特：《社会网络分析：方法与应用》，陈禹、孙彩虹译，中国人民大学出版社 2012 年版。

4. ［美］罗伯特·A. 汉尼曼、马克·里德尔：《社会网络分析方法：UCINET 的应用》，陈世荣、钟栎娜译，知识产权出版社 2019 年版。

第十四章 统计分析法

社会科学研究方法运用一定的方法收集了研究资料之后,下一步就要对资料进行整理和分析。资料分析的方法有多种,既有定性分析法,也有定量分析法。本章侧重介绍应用统计学知识对数据资料进行量化分析的各种方法与技术。

第一节 统计资料整理

一、统计资料及其整理

对于通过不同的研究方法收集的原始数量资料,在统计分析之前,需首先进行审核和整理。资料审核就是对原始数据的审查与核对。因直接收集的原始数据总是可能存在一些错误和不符合分析要求的地方,这就需要做数据的核实和修改,以保证资料的可靠性、准确性和完整性。但由于数据资料的来源不同,因而其具体审核的方法和要求也有所不同。在下文的资料整理部分,我们将主要介绍统计调查数据资料的查错和修改。

原始数量资料核对无误之后,下一步要做初步的资料整理,也就是对调查研究所得的原始资料按一定的标准进行分类和汇总,使之条理化、系统化。统计资料的整理包括两层含义:一是对原始资料做出整理;二是对已加工的资料(次级资料)做进一步的整理。前者包括对原始数据的分类或分组,使之成为可以进行统计处理或分析的数据;后者是指在前者的基础上,用统计表或统计图等形式对资料做初步的分析。

统计资料的整理具有重要的意义。首先,通过资料整理,可对统计资料做出初步分析,这是从零乱的个体指标形成整体特征指标的第一次综合。其次,资料整理的结果是进行统计分析的基础,只有完整可靠的资料才能保证分析结果的准确性。

我们这里首先讨论统计资料的分类和分组,下一部分再介绍统计资料的汇总方法。

分类与分组虽是不同的概念,但从统计资料整理的角度说,二者有相近的含义,只是前者针对的是定性的总体资料,而后者针对的是定量的统计资料。这里侧重于介绍统计分组的基本原则和方法。

统计分组是对数据资料进行分析的前提和基础。它是指根据统计对象的某些特征或标志而将之区分为不同类别的方法。统计分组包含两层含义：对总体而言是“分”，即将总体中的每一个体按其差异性划分出来；对个体而言是“合”，即将性质相同的个体组合成类。因此，通过统计分组可对现象的类别做出区分，揭示现象的某些特征和结构，也可表示现象之间的关系。

统计分组的基本原则是：第一，分组与研究目的相一致。因为对统计资料的分组可按不同的标准进行，所以分组标准的选择应由研究分析的目的决定。第二，分组与客观实际相一致。分组的基础是实际资料的性质，所以分组的标准也应与客观实际相符合。第三，分组界限明确，即坚持穷尽性和互斥性原则。前者是指各个体单位在分组后都有其归属，无一遗漏；后者是指分组标志做到互斥，无一重叠。

进行统计分组时，关键一点是明确选择分组标志和各组的界限。其基本方法有两种：

一是按品质标志分组，即选择反映事物属性差异的较稳定的特征标志进行分类。如对人口常按其性别、职业、民族等进行分组。这类分组侧重用于对现象的本质类别特征进行分析。

二是按数量标志分组，即选择反映事物数量特征的标志进行分组。如按照年龄、收入等量化指标对某一群体做出分组。这类分组侧重用于对现象的数量特征及关系进行分析。

但在实际应用时，常常把不同的分组标志结合起来，从而形成统计分组体系，即由多个分组标志构成的分组序列。

二、统计资料汇总

统计汇总是指对调查所获得的原始数据资料的总汇归类。主要汇总方法有两种：手工汇总和计算机汇总。

（一）手工汇总

在电子计算机被广泛应用之前，对简单的数据资料常常用手工法进行汇总，即采用人工划记法或卡片法把调查所得数据一一登录、分组和计算。但现在对大规模调查来说，手工汇总已难以胜任，需借助于计算机来完成。

（二）计算机汇总

这是现在普遍应用的统计资料的汇总方法。这种方法是把原始资料转变为计算机可识别的数据的过程。计算机在社会调查研究方面的应用也十分普及，特别是现在大型问卷调查资料的统计分析已离不开计算机。各种统计软件应运而生，如 SPSS、Stata、SAS、BMDP 等。计算机汇总的主要步骤包括：

1. 资料编码。即资料数码化，要求根据计算机统计程序的规定把汉字等信息数字化，以便计算机统计程序识别。编码是使用计算机统计分析的关键环节：编码工作做得好，统计分析既快又准确；若编码不合理，就会影响到整个分析过程。因为通过调查所获得的原始资料复杂多样，计算机不能直接识别，这就要求我们按照一定的规则，把调查资料中的文字语言、各类答案以符号形式（数字或字母，最好是数字）表示出来，并按一定顺序编成行列，这就是资料的编码。编码后的资料数据方可输入计算机进行统计分析。

资料编码分前编码和后编码，前者是在调查研究前已对问题答案做了编码，后者是在完成调查后，对一些开放性的特殊问题的回答所做的编码。但无论是哪种编码，重要的都是制定出明确的编码手册。编码手册是根据调查问卷的问题制定的，它需明确列出每一问题对应的变量、每一问题的答案及其代码。表 14－1 为编码手册示例。

表 14－1　编码手册示例

栏位（列数）	问题编号	变量名	变量含义	变量值及代码
1－4		Id	问卷编号	1－1000
5	101	A1	性别	1 男，2 女，9 缺失值
6－7	102	A2	年龄	实际数字，0 缺失值
8	103	A3	文化程度	1 不识字，2 小学，3 初中，4 高中，5 中专，6 大学及以上，9 缺失值
9	104	A4	婚姻状况	1 未婚，2 已婚有配偶，3 丧偶，4 离婚，9 缺失值
10	105	A5	政治面貌	1 共产党员，2 共青团员，3 民主党派成员，4 无党派人士，9 缺失值
…	…	…	…	…

其中，第一项“栏位”是指每一问题或变量数值在数据文件的表格中所占的列数。它根据变量值的位数来确定，如性别变量的取值只有一位，故占一列。而年龄变量通常为两位数之内（除非所调查的对象超过 99 岁），故占两列。Id 为“问卷编号”，共 1000 份问卷，故占四列。第二项“问题编号”是指原调查问卷问题的序号。第三项“变量名”指所要分析的变量的名称，但各变量必须根据计算机软件系统（如 SPSS）的要求取有效的变量名。第四项“变量含义”指对变量的具体含义的解释。第五项“变量值及代码”指每一问题或变量取值分布及其对应的代码，这要根据问题的答案来确定。每一答案有一个代码，不能重复或遗漏。同时，还要对未做回答的情况即缺失值给出编码，例如常用 9 或 99 代表缺失值。有些问题还具体区分出“不知道”“无合适答案”等情况，对这类情况也可指定特殊的代码，都应在编码手册中标明。

2. 登录。把原始资料以编码形式登录到登录表或卡片上，以便录入计算机。

3. 录入。即把登录好的数据输入计算机，建立数据库。现在多是通过某些计算机程序，如 SPSS、Excel 等，直接登录数据资料编码来建立数据文件。

4. 查错。对录入的数据进行查错、更正，为下一步的统计分析做准备。查错的方法主要有两种：一是可能性检查。因为每一个问题的答案是有限的，这种检查就是根据答案是否可能在这个有限范围做出判断。比如关于性别的回答有三种可能性：男性（编号 1）、女性（编号 2）、无回答（编号 9）。检查时，若发现性别栏的编码数字不属于上述三个数字中的任何一个，即说明其中出现了错误。二是逻辑性检查，即根据数据的逻辑结构做出判断。首先要注意数据与事实是否相符。如某问题是关于妇女生育问题的，自然所有被调查的女性都应做出回答（对无回答者用特殊代码），而所有的男性不应有回答。检查时若发现某男性回答他生过几个孩子，这说明很可能是输入的错误。另外，进行逻辑检查时，还要注意前后问题的回答是否相互矛盾。如前一个问题是年龄，后一个问题是婚姻状态，若发现对前一个问题的回答属青少年组，而同一个案对后一问题的回答是“已婚”，这也表明其中有错误。除对出现的错误进行修改外，还可能根据统计分析的需要，对数据做重新编码，或对文件做出修改。即使在统计分析过程中，必要时也可进行数据文件和变量分析的修改。

5. 数据分析。应用各种不同的统计分析程序，如 SPSS、Stata、SAS 等对数据资料做出初步分析。

目前在社会科学研究领域应用较为广泛又便于操作的统计软件是 SPSS。这里我们将以 SPSS 为例，介绍它在统计资料的整理和分析中的应用。SPSS 是“社会科学统计软件包”（Statistical Package for Social Sciences）的简称，主要用于社会调查研究资料的统计分析。它是 20 世纪 60 年代中期美国的一批社会科学家和计算机应用专家合作研究的成果。20 世纪 80 年代后，SPSS 公司又开发了用于微机的 SPSS/PC。其版本不断升级，目前在 Windows 系统支持下操作应用起来更为便利。

SPSS 作为一种综合性的社会科学统计程序，能够执行多种统计运算、制表、绘图等，大大提高了定量资料分析的速度，并减少了出错率，已成为大宗调查资料统计分析必不可少的工具。SPSS 对资料形式的要求有很大的灵活性，并且一次能处理数千个对象、上百个变量。它有一套独立的数据分析和命令形式，通过它的命令系统就可用 SPSS 进行各种统计分析。当然 SPSS 也有一定的适用范围，有些统计运算或特殊需要仅靠 SPSS 目前还做不到。

应用 SPSS 做统计资料整理和分析的主要步骤是：

第一，准备阶段，主要工作是用户把待上机处理的调查资料按 SPSS 格式的要求整理编码。资料编码是计算机统计分析的主要准备工作，它要求认真仔细，并严格遵循编码规则。

第二，建立数据文件，即数据输入。SPSS 对数据输入格式有自己的要求，但它也可以读取其他类型的数据文件。也就是说，既可以直接在 SPSS 系统中建立数据文件，也可以先利用其他程序（如 Excel、dBASE 等）来建立数据文件，然后调入 SPSS 系统进行统计分析。其原理如下：

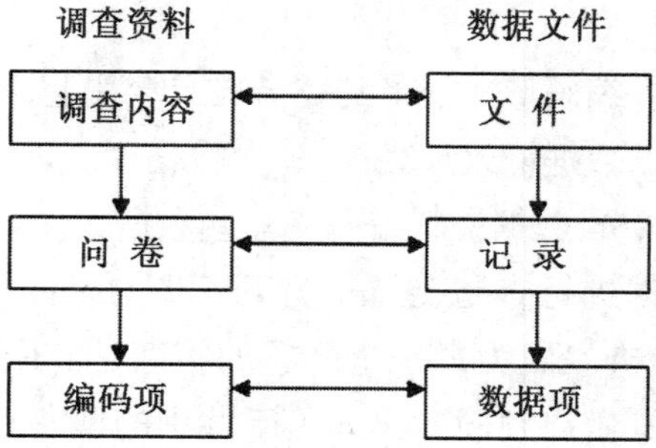

图 14－1　建立数据文件

在这一阶段，应先把调查研究所获得的资料按一定格式形成数据文件，每一个个案或问卷是一条记录，而每一个变量问题的编码就是一个数据项。这样对调查资料的分析就转化为对数据文件的分析处理。当然,数据文件与命令文件是分不开的,两者相互对应,才能实现数据资料的输入。有时调查资料内容或变量很多且构成复杂,就需要分成不同的分析单元,每个单元都可分别形成一个数据文件,即所谓子文件。使用子文件方式分门别类编辑数据,既方便有效,又可简化统计,也有利于对比分析。

第三,查错和修改。在数据的登录或输入过程中难免会出差错,所以在统计分析前一定要对输入的资料进行核对和修改。输入过程中有些错误计算机能自动提示,随之做出修改;对计算机不能识别的错误,需要操作者去查出。此外,还可以通过执行 SPSS 的某些统计程序,根据其结果查看是否有错误。

第四,统计分析。确定输入的数据没有错误后,就可进行统计分析。SPSS 的统计程序是靠一系列的程序命令完成的,操作者只要按照命令顺序操作即可。用于微机的 SPSS 是以“菜单”命令或对话框形式运行的。

第五,结果输出和程序终止。随着各种统计程序的执行,其结果即显示在计算机屏幕上,用户可根据需要把统计结果或图表通过计算机的输出设备输出或存储。

三、统计表与统计图

(一)统计表

广义地说,统计分析所使用的一切数据表格均称为统计表。它以表格形式反映变量的数值分布,是表达统计资料数量特征及关系的重要形式。

从外形看,统计表一般由总标题、横行标题、纵栏标题、指标数值等构成。其主要结构要素包括:表序号、表头(标题、时间、单位)、标识行(变量名、指标名)、主题行(变量值)、表尾(资料来源等说明)。

统计表可分为不同的类型。例如,按其用途分为调查表、资料整理表和分析表。调查表,即调查所用表格;资料整理表,用于统计资料的整理汇总;分析表,指统计分析中所用的一切表格。统计表按其形式分为简单表、分组表和复合表。简单表,指未加分组的表;分组表,指按一定标准分组所形成的统计表,又分简单分组表和组距分组表;复合表,指通过复合分组所形成的统计表。表 14-2 为一复合表,表示的是美国男女科学家和总人口中的未婚率情况。

表 14-2 美国男女科学家和总人口中的未婚率:1911—1952 年(%)

时间	学术界			总人口	
	总体	男性	女性	男性	女性
1911—1913 年	61	43	86	27	17
1927 年	38	23	67	25	16
1932 年	34	7	68	22	14
1942 年	35	16	63	22	15
1952 年	26	8	54	14	10

资料来源:J. R. Cole. *Fair Science*: *Women in the Scientific Community*. N. Y.: Columbia University Press. 1979/1987. P. 250。

统计表的设计原则应是科学、实用、简明、美观。具体设计要求是:(1)在形式上,统计表通常应设计为长方形,长宽比例适当。统计表上下两端的端线应以粗线绘制,而左右两端不画线,采用“开口”表式。(2)在内容上,统计表的标题应简练明确,且与内容相符。表中内容应完整准确,不留有空白处。必要时对有关事项做出注解。

有组距的分组表的设计较为复杂,应注意如下问题:

第一,确定合适的组数与组距。根据资料情况确定合适的组数,组多不宜,组少也不当。组距的确定要与组数相协调:一是根据经验确定组距;二是可用公式 $I=\frac{R}{K}$ 来计算确定,式中 R 代表全距,K 是组数。

第二,组距类型。根据组距的不同,可把统计表分为等组距表和不等组距表,前者的组距相等,而后者的组距不等。还可分为封闭组表与开放组表,前者有具体的组上下限值,后者的最低组和最高组的下限值或上限值是不明确的。

第三,组限。组限指各组的上限值与下限值。它有连续与不连续之分。对连续取值的变量,其相邻组的组限重叠,但在计算时,只计算其下限值,不计上限值。对非连续取值的变量,其相邻组的组限有间断。如年龄分组:10～19 岁,20～29 岁,30～39 岁……

第四,组中值。指各组变量值的中间值。其计算公式为 $\frac{上限+下限}{2}$(封闭组),但开放组的组中值为最小值 $-\frac{1}{2}$ 或最大值 $+\frac{1}{2}$ 组距。

在统计表中还有一类常用的表称为累计频数表,即把各值的频次按一定顺序(从小到大或从大到小)相加后所形成的表格。它可表示某些数值的分布位置。通常用 cf↑表示从小到大的累计数,用 cf↓表示从大到小的累计数。前者表明小于某一数值的累计数,后者表明大于某一数值的累计数。表 14－3 所示的是 30 个家庭子女数的分布。

表 14－3　30 个家庭子女数分布

家庭子女数	频数(f)	cf↑	cf↓
0	5	5	30
1	10	15	25
2	5	20	15
3	4	24	10
4	3	27	6
5 个及以上	3	30	3

(二)统计图

统计图是指利用统计资料所绘制的几何图形。它用图形的方式反映统计对象的数量特征,如规模、结构、发展趋势等。作为统计资料整理的一种表现形式,它比统计表更加形象、直观,但它没有统计表那样精细准确。

常用的统计图有如下类型：

1. 圆形图，又称馅饼图，是以圆形面积或以圆内扇形面积的大小表示数量关系。

圆形图的绘制要点：首先计算各组资料所占据比重（%）；然后以各组的比重乘以360°，计算其各部分图形所占圆面积的度数；最后用分度器按各部分所占弧度划分成若干扇形，并用适当线纹或颜色区别开来。圆形图适合于表示定类变量，但当变量分类太多时，不宜应用此图。现在多数图形都可以借助于计算机来绘制完成。如根据表 14－3 的数据有如下圆形图：

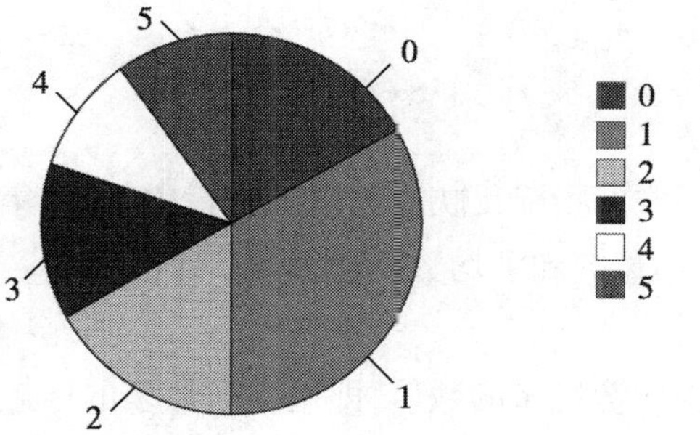

图 14－2 家庭子女数圆形图

2. 条形图，又称柱形图，是用直条的高低或长短表示统计数值的特征。它又分为单式条形图、复式条形图和结构条形图等形式。

条形图绘制的要点：它既可用绝对数，也可用相对数、平均数等来表示资料的数量特征。图形一般为等宽的长条形，其宽度无意义。图形既可平行于纵轴，也可平行于横轴。各条形可分离开，也可紧挨着排列。条形图适合于表示定类和定序变量（例图 14－3）。

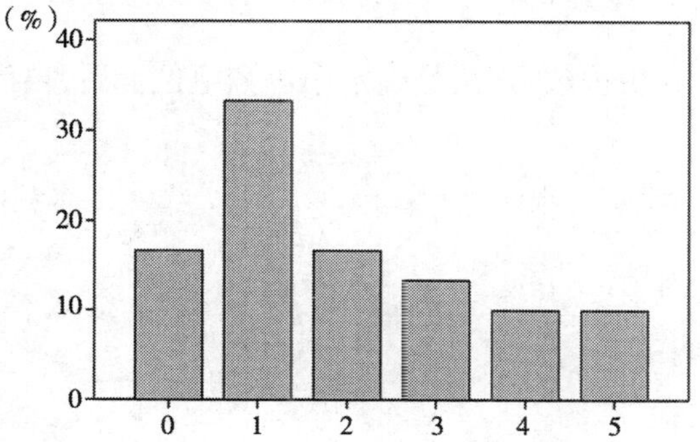

图 14－3 家庭子女数条形图

3. 直方图，是用条形的面积表示统计数值的特征分布，主要用于表示定距变量资料。

直方图的绘制要点：与条形图相比，不但图形的高度有意义，其宽度也有意义。数值分组连续明确，各条形连续排列。要注意坐标轴的方向和单位。在直方图的基础上，还可绘制累计图和折线图。

4. 曲线图，有不同种类的曲线图，如钟形曲线图、U 形曲线图、J 形曲线等。它们多用于表示一些特殊现象的数量分布特征。

第二节　描述统计分析

描述统计分析是社会统计分析最基本的和常用的方法。它是指运用一定的统计量说明数据资料的特征及其相互关系，主要包括集中趋势分析、离散趋势分析、相关与回归分析等。

一、集中趋势分析

集中趋势分析指用一定的指标反映数据资料的集中状况、集中程度或平均水平。常用的测量指标包括众数、中位数和平均数。

（一）众数（mode）

众数是指出现频数或次数最多的数值，即用出现最多的标志值来代表分析对象的集中程度。通常可根据其次数多少直接做出判断。但对于有组距的定距资料，要先确定众数组，再根据众数组求众数值。

（二）中位数（median）

中位数是指处于有序排列的数值资料中央位置的数值，故又称位置平均数。中位数的确定分两种情况：

1. 根据原始资料求其中位数：先对数值资料按顺序排列，然后找出中心位置来确定。位置计算公式是：

$$M_d \text{ 位置 } c=\frac{n+1}{2} \text{或为 } c=\frac{\sum f}{2}, f \text{ 为总次数。}$$

2. 根据分组资料求其中位数：方法是确定中位数组位置后，再计算其值。公式为：

$$M_d = L + \frac{\frac{\sum f}{2} - cf_{m-1}}{f_m} \cdot i$$

式中，L 为中位数组下限；

$\sum f$ 为次数之和；

f_m 为中位数组次数；

cf_{m-1} 为中位数所在组以下的累积次数；

i 为组距。

（三）平均数（mean）

平均数是表达数量的集中趋势的常用方法。它又分为算数平均数、几何平均数等类型。我们这里主要介绍算术平均数，它是指各单位数值之和除以总体次数。它包括简单平均数、加权平均数等形式。

简单平均数是指直接根据原始资料所计算的平均数，其计算公式为：

$$\bar{x}=\frac{x_1+x_2+\cdots+x_n}{N}=\frac{\sum x}{N}$$

式中，x_1 为总体中的第一个个体数值，x_2 为第二个个体数值，…，x_n 为第 n 个个体数值。N 为总数。

加权平均数是指根据分组资料所计算的平均数，其计算公式为：

$$\bar{x}=\frac{x_1f_1+x_2f_2+\cdots+x_nf_n}{f_1+f_2+\cdots+f_n}=\frac{\sum x_mf}{\sum f}$$

式中，分子为各组次数(f)与组中值(x_m)乘积之和，分母为总次数之和。

［例 1］某班 100 名学生一次数学测验的成绩见下表，求全班的平均成绩和其中位数。

成绩分组(x)	人数(f)	cf↑	组中值(x_m)	$x_m \cdot f$
90～99 分	2	100	94.5	189
80～89 分	10	98	84.5	845
70～79 分	22	88	74.5	1639
60～69 分	38	66	64.5	2451
50～59 分	19	28	54.5	1035.5
40～49 分	7	9	44.5	311.5
30～39 分	2	2	34.5	69
总数	100			6540

解：(1)求平均数，先计算各组的组中值(x_m)，结果见上表，故

$$\bar{x}=\frac{x_1f_1+x_2f_2+\cdots+x_nf_n}{f_1+f_2+\cdots+f_n}=\frac{\sum x_mf}{\sum f}=\frac{6540}{100}=65.4$$

(2)求中位数，先根据累计次数确定中位数组位置：$c=\frac{\sum f}{2}=50$，即中位数组为 60～69 分，那么，其中位数为：

$$M_d=L+\frac{\frac{\sum f}{2}-cf_{m-1}}{f_m}\cdot i=60+\frac{50-28}{38}\times 9=60+5.21=65.21$$

(四)众数、中位数和平均数三者的比较

众数、中位数和平均数这三者都有自己的特点。众数最能体现数值的“集中性”特征，它不受极端值的影响，适用于分析定类变量资料，但当数值分散或出现多个集中点时众数测量将失去意义。中位数也不受极端值的影响，只看处于中间位置的数值，但它主要适用于分析定序变量资料，当数值较复杂时也不适用。平均数计算时考虑到了每一数值，因而最具灵敏性和广泛代表性，但它易受极端值的影响，对定类变量、开放性分组等形式的资料也不能计算平均数。

二、离散趋势分析

离散趋势分析是指反映数值资料的分散或差异程度的统计分析。集中趋势分析所

反映的是现象的一般水平，没有反映出变量之间的差异，而离散趋势反映的就是数值之间的差别程度。常用的测量离散趋势的统计量有异众比、四分位差、标准差、离散系数等。

（一）异众比

异众比是指非众值次数与总次数之比。计算公式为：

$$VR=\frac{N-f_m}{N}$$

式中，N 是总体次数，f_m 为众数的次数。故异众比所反映的是与众数相对应的非众数值的比例。

（二）极差和四分位差

极差又称全距，是指极大值（L）与极小值（S）之差，即：

$$R=L-S$$

四分位差是指把数据资料按高低顺序排列后，再分为四个等份，那么第三个四分位置的值（Q_3）与第一个四分位置的值（Q_1）之差即为四分位差。其计算公式为：

$$Q=Q_3-Q_1$$

四分位差又称“中间四分位全距”，它表示的是处于中间一半数值的差异程度。

四分位差的计算也有两种情况：

（1）根据原始资料求 Q_1 和 Q_3 的位置，其公式为：

$$Q_1\text{ 位置}=\frac{N+1}{4}$$

$$Q_3\text{ 位置}=\frac{3(N+1)}{4}$$

确定了 Q_1 和 Q_3 的位置之后，即可根据其相应的数值计算出四分位差。

（2）根据分组的定距资料计算四分位差。其计算步骤是：第一步计算出向上的累计次数（$cf\uparrow$）；第二步求 Q_1 和 Q_3 的位置及所在组；第三步计算 Q_1 和 Q_3 数值。其公式为：

$$Q_1=L_1+\frac{\frac{\sum f}{4}-cf_1}{f_1}\cdot i$$

$$Q_3=L_3+\frac{\frac{3\sum f}{4}-cf_3}{f_3}\cdot i$$

其中，L_1 为 Q_1 组的真实下限；

L_3 为 Q_3 组的真实下限；

f_1 为 Q_1 组的次数；

f_3 为 Q_3 组的次数；

cf_1 为低于 Q_1 组下限之累计次数；

cf_3 为低于 Q_3 组下限之累计次数；

i 为组距；

$\sum f$ 为次数之和。

那么,定距资料的四分位差计算公式为:

$$Q = \frac{Q_3 - Q_1}{2}$$

(三)方差和标准差

方差(variance)是指总体各单位数值与其均值之差的平方和除以总体单位数,用下式表示:

$$\sigma^2 = \frac{\sum (x_i - \bar{x})^2}{N}$$

标准差(standard deviation)是方差的平方根,即各数值与其均值之差的平方和除以总体数的平方根。故其公式为:

$$\sigma = \sqrt{\sigma^2} = \sqrt{\frac{\sum (x_i - \bar{x})^2}{N}}$$

对分组资料,此计算公式变为:

$$\sigma = \sqrt{\frac{\sum (x_m - \bar{x})^2 \cdot f}{\sum f}}$$

[例 2] 根据上一例题的资料,求全班 100 名学生成绩的标准差。

解:根据已求出的平均数,即可计算出各组中值与均值的平方和,即:

$$\sum (x_m - \bar{x})^2 \cdot f = 14239$$

所以,$\sigma = \sqrt{\frac{\sum (x_m - \bar{x})^2 \cdot f}{\sum f}} = \sqrt{\frac{14239}{100}} = 11.93$

(四)相对差异量数

相对差异量数是关于相对离散趋势的比较测量,常用的是离散系数和标准分数值。

1. 离散系数是指绝对离散量与其对应的均值之比,如标准差的离散系数公式为:

$$V = \frac{\sigma}{\bar{x}}$$

2. 标准分数值是指所观察的个案数值与平均值之差除以标准差,即:

$$Z = \frac{x - \bar{x}}{\sigma}$$

式中,x 为观察值,$\bar{x}$ 为平均值,σ 为标准差。标准分数值一方面可以表示某一观察值在总体分布中的位置,另一方面可以比较两个不同的观察值分布的相对位置。因在正态分布下,不同的标准分值对应着不同的曲线面积,可以此进行比较。

三、相关与回归分析

变量之间的关系是复杂的,我们下面先以双变量为主来说明它们之间的关系,然后简要介绍多变量关系分析。

(一)相关关系分析

双变量之间的关系是变量之间关系的最基本形式。但双变量之间的关系也有不同的形式，如相关关系、因果关系等。前者是指两个变量之间的相互影响、相互作用关系；而后者是指双变量中一个变量的变化导致另一变量的变化，即它们之间存在着前后的因果联系。

双变量的相关关系分析因变量的测量层次不同而有不同的描述方法。如列联表用于定类变量的分析，Gamma 等级相关系数用于说明定序变量，而线性回归方程和线性相关系数用于定距变量分析。

1. 列联表（contingency table）

列联表又称交互分类表，是指对两个定类变量进行交互分类所形成的分布表。如表 14－4 所示：

表 14－4　列联表

y \ x	x_1	x_2	$\sum_y$
y_1	f_{11}	f_{21}	F_{y_1}
y_2	f_{12}	f_{22}	F_{y_2}
$\sum x$	F_{x_1}	F_{x_2}	N

此表是变量 x 与 y 交互分类形成的次数分布表，又称条件分布表，表的两边的分布（如 F_{x1} 或 F_{y1}）称为边缘分布。表中的其他次数（如 f_{11}、f_{21}）称为条件次数。根据这些条件次数，既可以按纵向也可以按横向来计算百分比，从而形成条件百分数表。在应用分析中，一般按纵向（即自变量方向）来计算百分比，按横向解读。通过条件百分数的分析可以反映两个变量之间的关系。

表 14－5 是根据一项调查得到的不同性别的农民工在找到工作之前是否有手艺或者学过什么技术的情况。从表中可以看出，男性农民工中有一技之长的人比女性比例高，前者为 52.5%，而后者只有 30.1%。女性农民工中有 2/3 多的人（239 人）在找到工作之前没有任何手艺或未学过技术。

表 14－5　不同性别的农民工有无手艺或技术情况（%）　n＝784

	男	女	合计
有	52.5（232）	30.1（103）	42.7（335）
无	47.5（210）	69.9（239）	57.3（449）
合计	100.0（442）	100.0（342）	100.0（784）

列联表只是大致反映两变量之间是否存在相互关系，并不能确切测量其关系程度。对其相关程度可用其他统计量来测量，如 λ 系数、τ 系数等。

λ（lambda）系数的计算公式为：

$$\lambda_y = \frac{\sum m_y - M_y}{N - M_y}\text{（不对称式，}x\text{ 为自变量）}$$

$$\lambda = \frac{\sum m_y + \sum m_y - (M_x + M_y)}{2N - (M_x + M_y)} \text{（对称式）}$$

式中，m_x 为列联表中每行中的众数；

M_x 为 x 边缘和中的众数；

m_y 为列联表中每列中的众数；

M_y 为 y 边缘和中的众数；

N 为总次数；

λ 数值为 0 ~ 1。

［例 3］ 根据表 14 - 5 计算不对称式的 λ 系数。

解：$\lambda_y = \frac{\sum m_y - M_y}{N - M_y} = \frac{232 + 239 - 449}{784 - 449} = \frac{22}{335} = 0.07$

此 λ 系数较小，这说明不同性别的农民工虽然在是否有手艺或技术方面存在一定差异，但其差异程度并不大。

τ (tau - y) 系数的计算公式为：

$$\tau = \frac{E_1 - E_2}{E_1} = \frac{\sum_i \sum_j \frac{F_{ij}^2}{Fx_i} - \frac{\sum_j Fy_j^2}{N}}{N - \frac{1}{N}\sum_j Fy_j^2}$$

式中，$\sum_i \sum_j \frac{F_{ij}^2}{Fx_i}$ 为列联表各格次数平方除以对应的 x 的边缘次数之和；

$\sum_j Fy_j^2$ 为 y 边缘次数平方和；

N 为总次数；

τ 数值为 0 ~ 1。

实际上，上述两种系数都可表示为 $PRE = \frac{E_1 - E_2}{E_1}$，称为削减误差比例（proportionate reduction in error）。其中，E_1 代表在不知 x 与 y 相关时，直接预测 y 值所产生的误差；E_2 代表在已知 x 与 y 相关时，用 x 预测 y 所产生的误差。PRE 的大小能反映两个变量之间的相关程度：其数值越大，表示两个变量之间的相关程度越高；反之，其数值越小，表示两个变量之间的相关程度越低。或者说，削减的误差越大，其解释力越高。

2. Gamma 等级相关系数

Gamma 系数是常用的测量两定序变量相关程度的统计量，其计算公式为：

$$G = \frac{N_s - N_d}{N_s + N_d}$$

式中，N_s 为同序对数目（同序对是指对应样本的两变量值的等级顺序或方向相同）；

N_d 为异序对数目（异序对是指对应样本的两变量值的等级顺序或方向相反）。

Gamma 系数也具有 PRE 的意义。

3. 线性相关系数

对两个定距变量之间的相关关系，一方面可以通过散点图来形象地表示其关系属性和特征，另一方面也可用线性相关系数测量其相关程度。

散点图是指用坐标关系来表示两变量之间各点的分布图。散点图可直观地表示两变量之间是否存在相关关系，是非线性相关还是线性相关及其方向性。

线性相关系数又称皮尔逊（Pearson）积矩相关系数，其公式为：

$$r=\frac{\sum(x_i-\bar{x})(y_i-\bar{y})}{\sqrt{\sum(x_i-\bar{x})^2\sum(y_i-\bar{y})^2}}\text{ 或}$$

$$r=\frac{n\sum x_iy_i-(\sum x_i)(\sum y_i)}{\sqrt{[n\sum x_i^2-(\sum x_i)^2][n\sum y_i^2-(\sum y_i)^2]}}\text{（简捷计算式）}$$

［例 4］ 根据 x、y 两变量的下列资料，求其相关系数。

n	x	y	$x\cdot y$	x^2	y^2
1	7	1	7	49	1
2	4	1	4	16	1
3	6	2	12	36	4
4	3	2	6	9	4
5	5	3	15	25	9
6	0	3	0	0	9
7	3	4	12	9	16
8	1	4	4	1	16
9	1	5	5	1	25
10	2	5	10	4	25
Σ	32	30	75	150	110

解：根据已知的 x、y 数值，可分别求出 $x\cdot y$、x^2 和 y^2，见上表第四、第五、第六栏。所以，

$$r=\frac{n\sum x_iy_i-(\sum x_i)(\sum y_i)}{\sqrt{[n\sum x_i^2-(\sum x_i)^2][n\sum y_i^2-(\sum y_i)^2]}}$$

$$=\frac{10\times75-32\times30}{\sqrt{(10\times150-32^2)(10\times110-30^2)}}=-0.68$$

线性相关系数（r）的取值在 -1 到 $+1$ 之间，正负号代表关系的方向性。其绝对值越接近 1，表示两变量之间的相关程度越高。

r^2 被称为判定系数，具有 *PRE* 的意义。

4. eta^2 系数

eta^2 系数又称相关比率，用于表示定类变量与定距变量之间的相关程度，其公式为：

$$E^2=\frac{\sum(y-\bar{y})^2-\sum(y-\bar{y}_i)^2}{\sum(y-\bar{y})^2}\text{或 }E^2=\frac{\sum n_i\bar{y}_i-N\bar{y}^2}{\sum y^2-N\bar{y}^2}\text{（简捷计算式）}$$

式中，因变量 y 是定距变量，$\bar{y}$ 是其均值，而 $\bar{y}_i$ 是在每个（组）自变量 x_i 中的均值。eta^2 系数的数值在 0 到 1 之间，也具有 PRE 的意义。

综上可见,变量的类型不同,双变量的相关关系分析的方法也不同。我们可用表14－6做如下总结:

表14－6 双变量的相关关系分析法

因变量＼自变量	定类变量	定序变量	定距变量
定类变量	列联表 λ系数、τ系数	列联表 λ系数、τ系数	
定序变量	列联表 λ系数、τ系数	列联表、λ系数 τ系数、Gamma系数	
定距变量	eta^2 系数	eta^2 系数	r系数 回归分析

(二)线性回归分析

线性回归分析与相关分析密切相关,相关是回归的必要条件,但回归分析的目的是确定变量之间的因果关系,并做出预测。线性回归分析的方法主要是根据最小二乘法原理建立线性回归方程。简单的一元线性回归方程式为:

$$y = a + bx$$

式中,a为截距,b为回归线的斜率,或称回归系数。所以,根据样本资料的x、y值就可以求出a和b,从而得出其回归方程式。即:

$$b = \frac{\sum(x_i - \bar{x})(y_i - \bar{y})}{\sum(x_i - \bar{x})^2} = \frac{n(\sum xy) - (\sum x)(\sum y)}{n(\sum x^2) - (\sum x)^2}$$

$$a = y - b\bar{x}$$

[例5]根据例4中x、y两变量的资料,求其回归方程。

解:$b = \frac{n(\sum xy) - (\sum x)(\sum y)}{n(\sum x^2) - (\sum x)^2} = \frac{10 \times 75 - 32 \times 30}{10 \times 150 - 32^2} = -0.44$

而$\bar{y} = 30 \div 10 = 3$,$\bar{x} = 32 \div 10 = 3.2$

所以,$a = y - b\bar{x} = 3 - 3.2 \times (-0.44) = 4.41$

故回归方程式为:$y = 4.41 - 0.44x$

利用线性回归方程式不但可以通过自变量来预测因变量的变化,而且其回归系数(b)大小也可表示自变量对因变量的影响程度。

第三节 推论统计分析

推论统计是调查资料分析的重点内容之一,在这里将简要介绍推论统计的概念、原理和方法。

一、推论统计的概念与原理

推论统计，简单地说，就是根据样本的统计值确定总体的参数值。因为大量的社会调查研究难以对研究总体进行全面考察，直接面对的对象是研究总体中的一部分，因此最常采用的研究方法是从总体中抽选出一部分代表（称为样本）作为直接分析对象，通过对这一部分的分析来说明总体的状况，这就是推论统计。这里所说的样本主要指随机样本，即通过随机抽样法选出的样本。

通常，总体参数值无法确定，但在大样本情况下，可近似地用样本值代替参数值。推论统计的主要任务，就是用样本的统计值说明总体的参数值。

（一）正态分布

正态分布是事物或现象表现出的一个重要特征和形式。它是一种对称的钟形分布（如图 14－3），又称常态分布（曲线）。正态分布曲线的显著特征是：（1）对称性，即从中央线一分为二，两部分的面积均等；（2）均值、中位数和众数三者相等；（3）曲线向两端延伸，与底线永不相交。

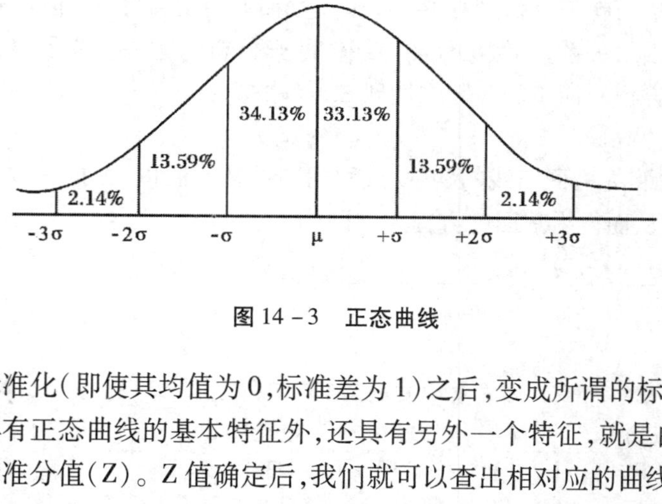

图 14－3　正态曲线

正态曲线标准化（即使其均值为 0，标准差为 1）之后，变成所谓的标准正态曲线。标准正态曲线除具有正态曲线的基本特征外，还具有另外一个特征，就是曲线的面积为 1。横轴表示的是标准分值（Z）。Z 值确定后，我们就可以查出相对应的曲线面积。如 Z＝0.00 时，曲线右边面积为 0.0000，而累计面积为 0.5000；当 Z＝1.00 时，右边面积为 0.3413，累计面积为 0.8413。根据标准分数值，可以测定相同或不同总体内某一个案的相对位置，并进行比较。

例如，某班的一次摸底考试学生平均成绩是 80 分，标准差为 10 分，有一学生 A 考 90 分，问 A 的学习成绩在该班处于什么位置？

由 $Z=\frac{x-\bar{x}}{\sigma}=\frac{90-80}{10}=1.00$

查 Z 值表知，Z＝1.00 时，对应的曲线累计面积是 84.13%，因此可以说约有 84% 的学生考试成绩在 A 之下，只有 16% 的学生考试成绩在 A 之上。

（二）大数定理和中心极限定理

这是推论统计的两个主要原理。大数定理是指大量的随机现象具有稳定的性质。

具体来说，当用样本描述总体时，随着样本规模的增大，它的代表性也就越来越高。但当总体规模达到一定限度后，样本的必需数目相对于总体来说只发生较小的变化。因此可以用几百个样本推断数以千万计总体的状况。总之，大数法则揭示了抽样样本与总体之间的内在联系，即随着抽样单位数的增加，抽样平均数有接近总体平均数的趋势，也即抽样样本数如果充分大，抽样平均数与总体平均数的绝对离差为任意小。

中心极限定理是指从总体中反复抽取规模为 n 的样本，并计算其统计值（如平均数），当 n 足够大时，样本平均数接近于总体平均数，并呈正态分布。通过这个定理我们可以得出：(1)如果样本数足够大，它的平均值趋于正态分布；(2)抽样分布的均值趋于总体均值。以这种正态分布为基础我们就可以进行统计推论。因为在现实中，一个随机变量服从于正态分布的情况并不多，多个随机变量之和服从于正态分布则是普遍的。抽样平均数是一种随机变量和的分布，因此在抽样单位数充分大的条件下，抽样平均数趋近于正态分布。这就为参数分布的概率推断提供了一个极为有用的理论基础。

二、推论统计的主要类型和方法

用样本推论总体状况的方法或类型主要是参数估计和假设检验。

（一）参数估计

参数估计，是指根据样本的统计值确定可能的总体参数值。它分为点值估计和区间估计两类。

1. 点值估计，又称单值估计，即用样本中的一个数值推断总体的对应值。如以样本的平均数说明总体的平均数，以样本的比率反映总体的比率等。点值估计简单易行，有时是十分有效的，但容易出现较大的偏差，因此经常使用的是区间估计。

2. 区间估计，是指在一定的标准误差范围内，根据这个区间的可信度用样本统计值推论总体参数值。因此，区间估计与点值估计不同，它不是简单地直接推论，而是根据一定的抽样误差、可靠性确定总体参数的可能范围，能够明确表示估计的精确度和可信度。故区间估计是参数估计的主要方法。

区间估计涉及三个主要概念：标准误差、置信区间和置信度。标准误差反映的是抽样误差，即样本的统计值与总体参数值的差异。我们知道，抽样原理是从总体中选出部分作为样本，用样本状况反映总体的状况。但无论样本的代表性有多高，样本值与总体参数值都不可能完全一致，因此必然存在着误差。抽样误差又称代表性误差，它反映样本对总体的代表性程度。自然，抽样误差越小，样本的代表性越高；误差越大，代表性越低。

在推论统计中，一项重要的任务就是计算抽样误差，并通过这种计算确定在某一置信度下总体值的区间范围或精确度。置信度或置信水平，它是一种概率度，即总体参数值落在某一区间内的概率。它说明的是区间估计的把握性大小。因为抽样误差不是样本值与总体值的实际绝对差值，而是衡量误差可能范围的一种尺度，因此实际上样本值与总体值的绝对差是不可能求得的，而只能确定一个可能的范围（置信区间）。例如，做随机重复抽样 100 次，有 95 次结果落入某个区间，即说明这个区间估计的可靠性有 95% 的把握。区间范围，即抽样误差的范围，指的是统计值与参数值相差的可能范围。即：

$\Delta x = |\bar{x} - \mu|$，或

$\Delta p = |p - P|$

可见，总体平均数和成数处在 $\bar{x} \pm \Delta x$ 和 $p \pm \Delta p$ 的范围之内，即：

$\bar{x} - \Delta x \leqslant \mu \leqslant \bar{x} + \Delta x$

$p - \Delta p \leqslant P \leqslant p + \Delta p$

通常，抽样误差范围用抽样平均误差，即标准误来衡量，即：

$$\Delta x = Z_{(1-\alpha)} \cdot \sigma_{\bar{x}} = Z_{(1-\alpha)} \cdot \frac{\sigma}{\sqrt{n}} \text{ 或}$$

$$\Delta p = Z_{(1-\alpha)} \cdot \sigma_p = Z_{(1-\alpha)} \cdot \sqrt{\frac{P(1-P)}{n}}$$

所以，总体平均数和成数处的区间范围公式变为：

$$\bar{x} \pm Z_{(1-\alpha)} \cdot \frac{\sigma}{\sqrt{n}}$$

$$p \pm Z_{(1-\alpha)} \cdot \sqrt{\frac{P(1-P)}{n}}$$

因总体参数值一般难以确定，故在实际计算中当样本数大于 30 时，常用样本统计值（如 s、p）代替总体参数值（σ、P）。因此上面两个式子又可用下面式子代替：

$$\bar{x} \pm Z_{(1-\alpha)} \cdot \frac{s}{\sqrt{n}}$$

$$p \pm Z_{(1-\alpha)} \cdot \sqrt{\frac{p(1-p)}{n}}$$

［例 6］随机抽样 100 人调查某区居民的人均收入状况，发现其月平均收入为 1200 元，标准差为 50 元。问在置信度 95% 时，此区全体居民人均月收入的置信区间是什么？

解：已知 $n = 100$ 人　$\bar{x} = 1200$ 元　$s = 50$ 元　$Z_{(1-\alpha)} = 1.96$

由公式 $\bar{x} \pm Z_{(1-\alpha)} \cdot \frac{s}{\sqrt{n}}$ 得

$$1200 \pm 1.96 \times \frac{50}{\sqrt{100}} = 1200 \pm 9.8$$

所以，此区全体居民人均月收入的置信区间为 1200 ±9.8 元。即在 95% 的把握度下推知该区居民的人均月收入在 1190.2 元至 1209.8 元之间。

（二）假设检验

1. 什么是假设检验？

假设检验是指先对总体参数做出某种假设，然后用样本统计值去验证关于总体参数的假设是否成立的方法。

在进行一项社会调查研究时，我们常常先提出某种假设，然后收集资料去验证这个假设是否正确。检验的结果或者是肯定原假设，或者否定原假设。例如，要对“男人比女人有更高的工作收入”这样一个假设进行检验，就要再做一种虚无假设：“男人和女人有相等的工作收入”。所谓虚无假设或原假设，指根据对某一总体特征的初步了解所做出

的理论假定;与此相对的是研究假设,即根据抽样调查资料所做出的假设。研究者从虚无假设开始,通过样本数值检验虚无假设的真假从而判定研究假设的正确与否。这个过程就是假设检验。对上述假设,若分析结果是男人和女人有相等的工作收入这一虚无假设不成立,那么研究假设就是正确的,即男人比女人有更高的工作收入。

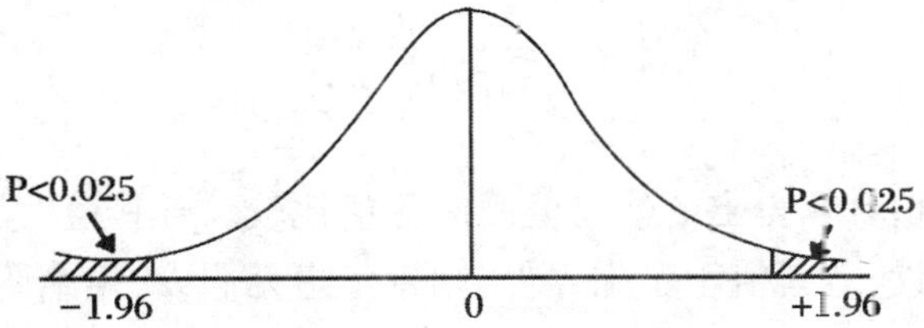

图 14-4 α=0.05 的否定域(两端)

假设检验是以"小概率事件"为基础的。所谓小概率事件,指在一次抽样中不可能出现的事件。抽样分析的结果,若出现了小概率事件就要拒绝原假设,而接受研究假设;若没有发现小概率事件,就不能拒绝虚无假设。通常把概率不超过 0.05 或 0.01 的事件看作"小概率事件",又称显著性水平(α)。显著性水平是一种概率,指否定域的概率。而否定域是指在抽样分布中分属于两端的小区域(如图 14-4 中的暗影部分),它由显著性水平所决定。在验证时,如果样本统计值落在否定域内,即其绝对值大于某个临界值(Z),则否定原假设;如果不在否定域内,则肯定原假设。常用的显著性水平与临界值见表 14-7。

表 14-7 常用显著性水平与临界值

显著性水平(α)	临界值(Z)	
	一端检验	两端检验
0.05	1.65	1.96
0.01	2.33	2.58
0.001	3.09	3.30

从表中可见,显著性水平对应的临界值有两种情况,即一端检验和两端检验,又称单尾检验和双尾检验,指的是如图 14-4 所示的否定域在一边还是两边。在检验过程中,是用一端检验还是用两端检验,取决于研究假设的方向。当研究假设可用"≠"号表示时,此检验属于两端检验;当研究假设只能用"≥"号或"≤"号表示时,属于一端检验。

2. 假设检验的步骤

进行假设检验,包括如下几个步骤:

第一步,建立虚无假设和研究假设。通常虚无假设用 H_0 表示,研究假设用 H_1 表示。

第二步,确定是属于一端检验还是两端检验,以选择显著性水平的临界值(根据研究假设的方向确定)。

第三步，根据样本数据计算不同检验法的统计值（Z、t、F 等）。如进行大样本的 Z 检验时，其平均数的计算公式为：

$$Z=\frac{\overline{x}-\mu}{s/\sqrt{n}}$$

成数的计算公式为：

$$Z=\frac{p-P}{\sqrt{\frac{P(1-P)}{n}}}$$

第四步，将统计值计算得出的绝对值跟临界值比较。若其值大于临界值，则拒绝虚无假设，接受研究假设；若其值小于临界值，则肯定虚无假设，拒绝研究假设。下面举例说明。

[例 7] 据有关资料得知，某区学生一次数学测验的平均成绩是 74.5 分，标准差是8.0 分。但其中一所学校的 200 名学生的平均成绩是 75.5 分。试在 0.05 显著水平下，用（1）一端检验和（2）两端检验法来讨论其结果的显著性。

解：第一步，建立虚无假设和研究假设。

H_0 无显著性差异，即 $\mu=74.5$

H_1 有显著性差异，即（1）$\mu>74.5$，（2）$\mu\neq74.5$

第二步，$\alpha=0.05$ 时，确定一端检验和两端检验的临界值分别为 1.65 和 1.96。

第三步，用 Z 检验的平均数计算公式求得：

$$Z=\frac{\overline{x}-\mu}{s/\sqrt{n}}=\frac{75.5-74.5}{8/\sqrt{200}}=1.77$$

第四步，把此计算结果与临界值比较：

（1）在一端检验时，$Z=1.77>1.65$，故否定原假设，即有显著性差异；

（2）在两端检验时，$Z=1.77<1.96$，故肯定原假设，即无显著性差异。

[例 8] 某电视频道声称："只有不到一半的成年人会受到电视中的暴力情节的影响。"为验证这一说法，运用随机抽样法调查了 1998 名成年人，发现有 48% 的人受到电视中暴力情节的影响。试分别在（1）0.05 和（2）0.01 显著水平下做出检验。

解：第一步，建立虚无假设和研究假设。

$H_0:P\geqslant0.5$

$H_1:P<0.5$

第二步，$\alpha=0.05$ 时，确定一端检验的临界值为 1.65。

第三步，用 Z 检验的成数计算公式求得：

$$Z=\frac{p-P}{\sqrt{\frac{P(1-P)}{n}}}=\frac{0.48-0.5}{\sqrt{\frac{0.5(1-0.5)}{1998}}}=-1.79$$

第四步，把此计算结果的绝对值与临界值比较。（1）在 $\alpha=0.05$ 时，$Z=1.79>1.65$，故否定原假设，接受研究假设，即只有不到一半的成年人会受到电视中的暴力情节的影响。（2）在 $\alpha=0.01$ 时，$Z=1.79<2.33$，故肯定原假设，即有一多半的成年人会受

到电视中的暴力情节的影响。

第四节 多变量分析基础

实际的社会现象是复杂的,仅靠单变量和双变量的分析不能全面地反映现象之间的关系,这就要求进行多变量分析。常用的多变量分析法包括详析模式、多元相关与多元回归分析、路径分析等,而且现在借助于统计软件可进行非常复杂的统计分析。我们这里简要介绍其基本概念和原理。

一、详析模式

尽管列联表可以反映两个定类变量之间的关系,但是它们之间实际上是否存在着这样的关系,列联表本身不能回答,这可以通过详析模式来解决。这种方法是通过引入另外一个变量对原来的两个变量之间的关系进行检验,被引入的变量称为检验变量或控制变量。

详析模式所运用的方法是分表法。具体分析步骤是:第一,说明原变量 x 和 y 的关系,这时的关系称为原关系。第二,依据理论或经验选择检验变量。第三,将检验变量分成不同层次或不同类别,然后在每一类别中做 x 和 y 的分列联表,分表中 x 和 y 的关系称为净关系(partial relationship)。第四,对各分表中 x 和 y 的关系进行考察。若 x 和 y 的原关系在各分表中均消失了,证明原关系主要由检验因素引起;若 x 和 y 间的原关系在各分表中仍然存在,说明 x 和 y 的关系不受检验因素的影响;若 x 和 y 的原关系在各分表中存在,但较原关系减弱,证明 x 和 y 间的关系部分受到检验因素的影响;若 x 和 y 的原关系在一些分表中存在或加强,而在另一些分表中消失或减弱,说明 x 和 y 的原关系的存在是有条件的。

详析模式方法是由美国社会学家保罗·拉扎斯菲尔德及其助手系统提出的,但它最早在塞缪尔·斯托佛所做的研究《美国士兵》中已开始应用。在这项研究中,斯托佛对第二次世界大战期间美国士兵的士气问题做了详细的调查分析。其中关注的一个主要问题是哪些因素影响到了军队的士气。例如从受教育程度因素来说,是否受教育程度高的士兵比受教育程度低的士兵更倾向于对自己被征召入伍感到怨愤呢?他们所得到的初步资料似乎也支持这一观点,如表 14-8 所示。

表 14-8 斯托佛资料中受教育程度与征召接受程度之间的关系

	受教育程度高(%)	受教育程度低(%)
不应该被征召	88	70
应该被征召	12	30
合计	100(1761)	100(1879)

资料来源:艾尔·巴比:《社会研究方法(第 10 版)》,邱泽奇译,华夏出版社 2005 年版,第 416 页。

但他通过详析分析之后发现，实际与所公认的观点相反，即教育水平越低的人越不愿当兵。斯托佛通过引入“参考群体”和“相对剥夺感”这两个变量（概念）而对此做了解答。他认为士兵们评价自己的处境不是用绝对的、客观的标准，而是跟其周围人的相互对比来评价的。当他们与周围的人（即其参考群体）相比发现自己“吃亏”时，就会有一种相对剥夺感。所以，如表14－9所示，其实影响认为自己是否应被征召入伍的另一重要因素是参考群体，即无论对受教育程度高的人还是对受教育程度低的人来说，他们对自己征召入伍的态度主要受有无朋友被征召的影响。从分表中可以看出，两种受教育程度不同的人，他们的回答在两个分表中并无明显差别，但两个分表之间差别较大。显然，在那些无朋友被征召的人中，选择应该被征召的人所占比例很小（6%和5%）。只是对受教育水平低的人而言，因其朋友也多是受教育水平低的人，而这些人在战时多从事国防工业或国防生产，他们免于入伍的人也较多，因此那些被征入伍的人与其朋友相比就觉得吃亏了。但这些情况在受教育程度高的人中间则不存在。所以，通过这种详析模式，对原有关系做了澄清。

表14－9　有无朋友被征召影响受教育程度与接受征召态度之间的关系

	有朋友被征召		无朋友被征召	
	受教育程度高（%）	受教育程度低（%）	受教育程度高（%）	受教育程度低（%）
不应该被征召	63	63	94	95
应该被征召	37	37	6	5
合计	100（335）	100（1484）	100（1426）	100（392）

资料来源：艾尔·巴比：《社会研究方法（第10版）》，邱泽奇译，华夏出版社2005年版，第417页。

在详析模式中，因为检验变量与原有的两变量的关系或位置不同，所以它们所构成的分析模式也有所不同。如有的检验变量在两变量之前，有的检验变量在两变量之间。具体的分析模式则分为因果分析、阐明分析和条件分析等。总之，详析模式通过引入第三个变量，可使原有的关系得到深化和澄清，有助于分析复杂的社会现象。这种方法也反映了社会科学研究中定量分析的逻辑推理过程。

二、多元相关和多元回归分析

我们在第二节介绍了对两个定距变量的线性相关和回归分析，这里讨论一下对两个以上变量的多元相关与多元回归分析。

（一）偏相关

偏相关，或称净相关，是指对第三变量加以控制之后，或者说消除了其他变量的影响后，两个变量之间的线性相关。偏相关的计算以线性相关系数为基础，其公式为：

$$r_{xy\cdot 1}=\frac{r_{xy}-(r_{x1})(r_{y1})}{\sqrt{[1-(r_{x1})^2][1-(r_{y1})^2]}}$$

偏相关系数的含义是，用第三个变量分别消解对 x 和 y 的影响之后，测量两个变量间的"净关系"。根据控制变量的个数,可将偏相关分为一阶偏相关、二阶偏相关、三阶偏相关等。而两变量的线性相关实际是偏相关的一个特例,由此可称为零阶偏相关。偏相关分析所要求的变量也为定距变量,偏相关系数的取值在 -1 到 +1 之间。

偏相关与详析模式的分表法有相似的分析思路,都是利用统计控制消除其他变量的影响,以揭示两变量统计关系的真伪。只是详析模式适用于分析定类变量,而偏相关适用于分析定距变量。其具体分析程序是:

第一步先计算 x 与 y 的线性相关系数 r_{xy};

第二步引入检验变量 1,并计算 x 与 y 的偏相关系数 $r_{xy\cdot 1}$;

第三步,对 $r_{xy\cdot 1}$ 和 r_{xy} 进行比较,若 $r_{xy\cdot 1}=r_{xy}$,说明 x 与 y 的关系不受控制变量的影响;若 $r_{xy\cdot 1}=0$,说明 x 与 y 的关系完全由控制变量引起;若 $r_{xy\cdot 1}\neq 0$,且 $r_{xy\cdot 1}<r_{xy}$,说明 x 与 y 间的关系部分是由控制变量引起的。

(二)复相关

与偏相关不同,复相关不是关注对控制变量因素作用的分析,而是用一个统计值来测量多个变量对一个变量的共同作用。这一统计值叫作复相关系数,用符号 $r_{x\cdot xxx}$ 表示,其下标的点前面的是被作用变量的名称,点后面的是作用变量的个数与名称。复相关系数的值在 0 到 1 之间,其平方值称为决定系数,具有消减误差比例的含义。复相关分析所要求的变量也均为定距变量,其相关系数的计算也是以皮尔森相关系数为基础,如两个变量(x_1 和 x_2)与某一变量 (y)的复相关系数为:

$$r_{y\cdot 12}=\sqrt{r_{y1}^{\ 2}+r_{y2\cdot 1}^{\ 2}(1-r_{y1}^{\ 2})}$$

将偏相关系数的计算公式代入本式,可得:

$$r_{y\cdot 12}=\sqrt{\frac{r_{y1}^{\ 2}+r_{y2}^{\ 2}-2(r_{y1})\cdot(r_{y2})(r_{12})}{1-r_{12}^{\ 2}}}$$

其中,r_{12}、r_{y1}、r_{y2} 为变量 x_1、x_2、y 两两的相关系数。

同理可得三个变量(x_1、x_2、x_3)与某一变量(y)的复相关系数计算公式:

$$r_{y\cdot 123}=\sqrt{r_{y\cdot 12}^{\ 2}+r_{y3\cdot 12}^{\ 2}(1-r_{y\cdot 12}^{\ 2})}$$

(三)多元线性回归

多变量之间的关系是复杂的,例如决定人们社会地位的因素不是一个因素,而是多个因素,且它们之间也是相互作用的,从而构成了复杂的因果关系。因此对它们的分析,不但要注意其相关性,还要找出其因果性。这正是因果模型分析的目的。常用的因果模型法包括多元线性回归分析模型、路径分析模型等。

多元线性回归是用两个或多个自变量 x_1、x_2、…、x_k 去预测一个因变量 y 的方法。其基本表达式为:

$\hat{y}, = \beta_0+\beta_1x_1+\beta_2x_2+\cdots+\beta_kx_k$

其中,β_0 为 y 轴的截距。

β_1、β_2、…、β_k 称为偏回归系数。

$\hat{y}$,为当 x_1、x_2、…、x_k 取一定值时,随机变量 y 的平均数。

多元线性回归要求自变量间的关系是线性可加的,还要求所有变量均为定距变量。若是非定距变量,则应先将其转换为虚拟变量后才能引入回归方程。

多元线性回归通过其回归系数可以比较各个自变量作用的大小,这时常应用标准线性回归方程式,即当截距为 0 时的方程式:

$$\hat{y}, = B_1\hat{x}_1 + B_2\hat{x}_2 + \cdots + B_k\hat{x}_k$$

式中的 B 称为标准回归系数(Beta),其数值可用来表示相应的自变量对因变量作用的大小和方向。标准回归系数也常用于路径分析等方面。

三、路径分析

路径分析(path analysis)是多元回归模型的应用,旨在建立变量之间的因果链关系,即因果网。因果网是指变量之间的前后因果关系。如:

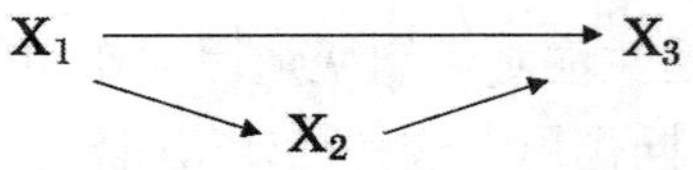

路径分析方法重要的是建立路径图,即直观地反映一组变量之间因果关系的图。如图 14 - 5 所示。

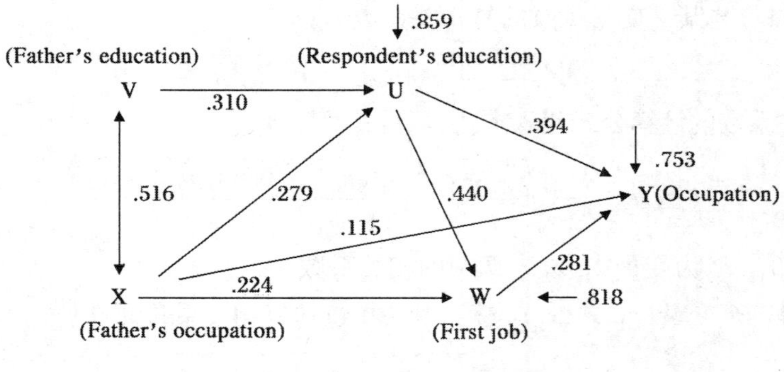

图 14 - 5　布劳和邓肯的地位取得路径图

在路径图中,有些是外生变量,是指在系统内不受其他变量影响的变量,如上图中的 V、X;有些是内生变量,是指在系统内受其他变量影响的变量,如 U、W、Y。单箭头线上的数字称为路径系数(path coefficient),它是反映因果效应(causal effect)大小的统计量,通常用 P_{ij} 表示,等价于标准回归系数(Beta)。双箭头表示相关关系。而从外向里的箭头表示的是残余系数(residual coefficient)。

根据因果方向是单向还是非单向把路径分析分为单向模式(recursive model)与非单向模式(non-recursive model)。这里主要介绍较为简单的前者。

路径分析最早是由遗传学家赖特(Sewall Green Wright)在解释遗传学中的因果关系时提出的一种方法。20 世纪 60 年代,著名社会学家彼得 · 布劳和邓肯把这一方法应用到了对社会流动的研究,从此成了一种十分流行的定量研究方法。但应注意的是,路径分析并不能直接发现因果关系。因果关系只能根据有关领域的理论(统计以外的理论)分析或实验而来。路径分析的任务主要是,尽可能地将相关系数所给出的定量信息以及所掌握的关于因果关系的定性信息结合起来,以给出对因果关系的一个定量的解释。

为了有效地利用路径分析法,需要有以下一些主要假定,包括:(1)假定变量间的关系是线性的、可加的;(2)假定所有误差之间都是相互独立的;(3)只考虑递归模型,即假定在系统中只有单向箭头;(4)假定内生变量都是定距的变量;(5)假定观测变量都没有测量误差;(6)假定所考虑的模型是正确地规定好了的,也就是说,所有决定因果关系的因素都已包含在模型之中。

路径系数表示的是作为起因的变量对作为效应的变量的直接影响。在实际应用中,路径系数就等价于标准回归系数。为了计算路径系数,首先是写出每个内生变量对应的方程式,然后通过观测变量的回归模型或简单相关系数求出路径系数。例如,我们根据如下路径图可列出两个内生变量的方程式为:

$$Y_1 = P_{y1x1}X_1 + P_{y1x2}X_2 + P_{ey1}e_{y1}$$

$$Y_2 = P_{y2x1}X_1 + P_{y2x2}X_2 + P_{y2y1}Y_1 + P_{ey2}e_{y2}$$

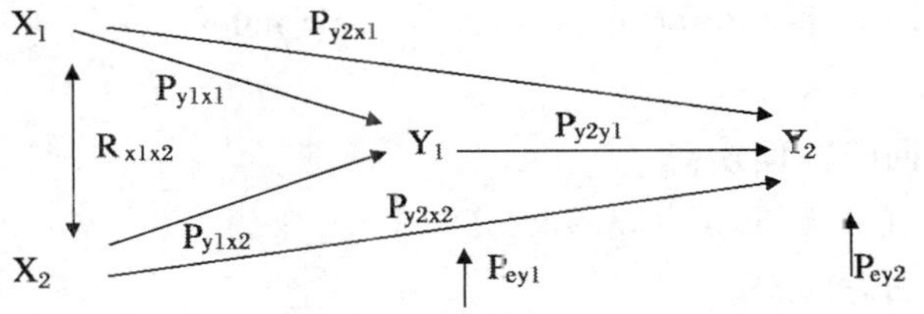

但在路径分析中,通常要根据方程式进行多次回归分析。这些借助于 SPSS 可以完成,下列资料就是用 SPSS 作回归分析的结果形式。

Regression(回归)

Model Summary

Mode	Variables Entered Removed	R	R Square	Adjusted R Square	Std. E Estimate
1	Highest year of school completed Male = 1	.592	351	.350	15.327

a. Dependent Variable: Respondent socioeconomic index(sei)

b. Method: Enter

c. Independent Variables: (Constant), Highest year of school completed, male = 1

d. All requested variables entered.

ANOVA

Model		Sum of Squares	df	Mean Square	F	Sig.
I	Regression	* * * * *	2	90406	384.8	000b
	Residua	* * * * *	1424	234.9		
	Tota	* * * * *	1426			

a. Dependent Variable: Respondent socioeconomic index(sei)

b. Independent Variables: (Constant), Highest year of school completed, male = l

Coefficient@

Model		B	Std. E	Beta	t	Sig.
1	(constant)	−4.905	1.985	−2.471	.014	
	(male) = 1	1.758	.815	.046	2.158	.031
Highest Year of school completed		3.900	.142	.588	27.493	.000

a. Dependent Variable: Respondent socioeconomic index(sei)

由此可得如下回归方程式：

sei = −4.905 + 1.758sex + 3.9edu

或标准化的回归方程式：

sei = 0.046sex + 0.588edu

同样可以得到因变量收入(income)回归方程式。根据其标准回归系数，即得出相应的路径图为：

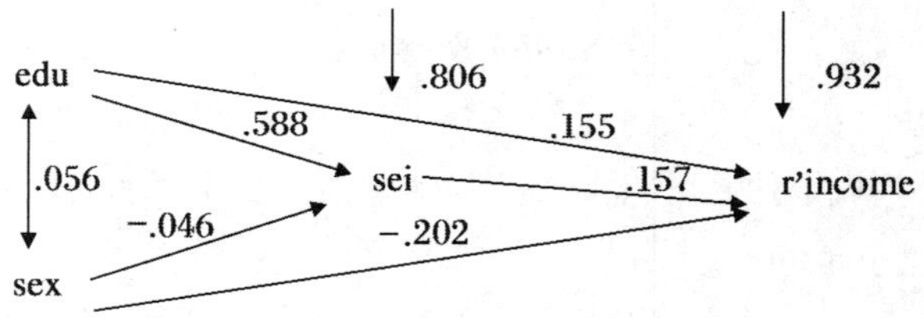

我们可以从如下方面来对路径系数进行分析：

(1)因果模式的解释力：主要根据剩余系数判断。如上例中，对内生变量 sei 而言，其剩余系数为 0.806，其平方为 0.649，即尚有 65% 的剩余误差未被解释掉。

(2)因果效应：每一个变量对另一个变量的影响。又分如下两种：

直接效应：用路径系数所直接反映的效应。

间接效应：一个独立变量通过直接地或间接地影响某一因变量的第三变量来影响该因变量的情况。其大小由两个路径系数之积得出。

四、因果推论

我们所说的因果推论，其实是一个反事实问题，亦即对于已经接受干预的调查对象(treatment group)，在他们没有接受干预的情况下(control group)，结果如何？这种反事实的因果分析框架使研究者在确定因果关系的过程中，必然面临一个困境：我们不可能在拿到调查对象接受干预结果的同时，获得调查对象未接受干预的结果。因果推断有四个前提假设：单位处理变量值稳定假设(stable unit treatment value asuumption，简称 SUTVA)、一致性假设(consistency)、可忽略性假设(ignorability)和正值假设(positivity)。随机实验基本上能够较好地满足这四个假设，随机实验是实现因果推论最好的途径。目前为止，常用的因果推论方法主要有匹配方法、倾向值方法、工具变量方法、回归断点设计方法、双重差分方法等，在此简要介绍匹配方法、工具变量方法和双重差分方法。

1. 匹配方法

匹配方法是一种非随机实验方法，其原理较为简单且直观：将已经接受干预的调查对象和没有接受干预的调查对象通过一些看得到、测量得到的混淆因素进行匹配，然后进行因果推论。匹配法的优势如下：第一，原理与过程较为简单，不需要进行复杂的参数设定，在匹配完成后按照是否接受干预进行简单的对比即可；第二，匹配的过程是一个非参数操作的过程，使研究不需要过度依赖模型便可进行。但是匹配法也存在一定的劣势：相较于随机实验来说，匹配法只能通过可观测的混淆因素进行操作，但是现实中往往存在很多不可观测的因素，因此随机实验方法更好。

2. 工具变量方法

工具变量法是计量经济学中常用的因果推断方法，是解决内生性的主要方法之一。该方法较为成熟且应用较为广泛，目前很多计量经济学教材都有详细说明，在此简单介绍工具变量法基本逻辑，具体模型与操作方法可参考计量经济学教材。

研究者希望分析解释变量 X 对被解释变量 Y 有影响，但是存在一个混淆变量 D 既影响了解释变量 X，又影响了被解释变量 Y，混淆变量 D 的存在影响了 X 和 Y 的因果关系估计。这也就是前文所说的内生性问题：解释变量与扰动项相关。但是，工具变量 V 的加入，就可以使研究者很好地观测到 X 和 Y 之间的真实关联，工具变量 V 与混淆变量 D 相互独立，且和被解释变量 Y 没有直接关系，V 只能通过解释变量 X 影响被解释变量 Y。工具变量法需要满足的基本假设如下：前文提及的 SUTVA、随机化假设、排除性假设、工具变量对解释变量有实质性的影响、单调性假设。在具体的研究中，通常使用二阶段模型法实现工具变量的应用，感兴趣的读者可以从其他教材中获取更多信息。

3. 双重差分方法

双重差分法是一种历时性的分析方法。在使用双重差分法估计政策实施效应时，需要先行比较处理组(treatment group)在受到干预前后所发生的变化，但是这种变化也有可能是随着时间推进而实现的自然变化，不一定是受到干预的影响。双重差分法的思路是进行两次差分，引入对照组(control group)，对照组在政策发生前后的结果变量的变化就是时间效应，利用对照组来降低时间效应对处理组干预结果评估的影响。首先把处理组和对照组历时前后的 Y 分别做一个差分，这个差分表示随着时间的推移，处理组和对照组的解释变量 Y 如何变化；随后进行第二次差分，将第一次差分得到的值进行两组之间的差分，这时候得到的效应就是解释变量 X（干预）对 Y 的因果效果。但是双重差分法有一个重要前提，就是对照组能够很好地反应处理组在没有接受干预情况下的发展结果，在实际操作中，需要检验平行性假设判断该反事实设定是否成立。

▶本章小结

社会统计学在数量资料分析中有广泛的应用。本章只是极其简要地介绍了数量资料的整理和分析的常用程序及方法。统计分析方法主要分为描述统计和推论统计两类，但根据变量的不同层次和数量，又具体分为单变量描述、双变量分析和多变量分析、参数估计与假设检验等内容。统计分析方法在社会科学的实证研究中虽然非常重要，但必须应用得当才能有合理的解释。

▶进一步阅读书目

1. 李沛良：《社会研究的统计应用》，社会科学文献出版社 2001 年版。
2. 谢宇：《回归分析（修订版）》，社会科学文献出版社 2013 年版。
3. 胡安宁编著：《应用统计因果推论》，复旦大学出版社 2020 年版。

第三编

应用与评估

第十五章　社会科学研究的应用:政策与评估研究

除获得知识外,社会科学研究的另一重要目的是研究和解决社会实际问题,而且这也是我们从事社会科学研究的最终目的。因此,社会科学研究者历来重视应用研究。社会科学研究的应用不但表现为将理论知识应用于社会实践,而且表现为社会科学研究者直接参与社会发展项目与政策的制定、评估等活动。故社会科学研究者不只是学者,也应是社会发展的参与者和实践者。本章主要介绍社会科学研究在社会政策与评估研究方面的应用。

第一节　社会研究与社会政策

一、社会政策研究

社会政策研究是社会科学研究应用的重要方面。自从美国学者哈罗德·拉斯韦尔(Harold Lasswell)于20世纪40年代预见性地提出了"政策科学"以来,各国都非常重视社会政策研究。它主要是指对公共和社会政策的社会研究。随着社会的发展,政府所面临的社会政策问题日益增加,如贫困救助、国民教育与素质的提高、医疗保障、降低失业率、减少社会暴力和维护良好的社会秩序等问题。这些问题都与社会生活和社会发展密切相关,因此它们不但为社会公众所关注,也成为各国政府所直接面对和亟须解决的难题。而这些问题的解决和处理依赖于制定行之有效的社会政策。社会政策的制定又离不开社会科学研究,社会科学研究可为社会政策的制定、分析、评估提供系统的知识和方法。

事实上,各国政府与组织都十分重视对社会政策的制定和评估研究。如由政府等机构所设立的各种专门"委员会""政策研究与咨询"部门,其作用主要就是对各类政策进行研究与评估。其成员以"观察者—参与者"的角色关注现实政策与社会问题,运用不同的专业知识提出建议或意见。尽管许多科学领域都可以用于有关政策制定的调查研究,但是社会科学对促进政策的制定与完善具有独特贡献。特别是，研究者侧重关注的是由制度性力量所导致的潜在性社会问题，而不仅是显在性的社会问题。当代著名社会学家安东尼·吉登斯指出："社会学工作不仅与特定的政策问题相关，而且能够把握这些政策可能产生的后果。"①

罗伯特·默顿曾系统考察过美国的四个"委员会"（人口委员会、反色情委员会、犯罪调查委员会和反暴力委员会）的作用以及社会学知识的应用问题。他指出，它们被指定的目标是在一定时期内为公共政策制订计划和建议，这类政策涉及美国社会中的四种极为不同的社会问题。除其明确目标外，为了履行其职责，每一个委员会都设立了研究方案和项目，这些方案和项目主要通过不同类型的社会研究而制定实施。

默顿说，委员会总体上都离不开社会学知识，因那些为委员会做研究的社会学家都采用了多元化的理论取向，因此他们也都运用了多元化的调查研究方法。不同类别的问题，出自不同的理论观点或出于不同的经验分析的需要，通过不同的方法可获得不同类别的数据资料。委员会中的研究成员是用多元化的方法收集资料，并做出整理和解释，这在很大程度上为社会学中的所谓集体实践提供了一个范例。同时，研究表明，社会学知识对重要的建议来说是必需的。

默顿指出，这些委员会成员的研究有如下特点：

第一，关注结果。他们关注采取的实际行动和结构的结果，以及从政策提出到实施的预期结果。默顿认为，在社会学看来，关注结果并不奇怪，因为社会学家都知道这是社会学中的功能分析的主要特征，尽管极力反对这种分析模式的社会学家也不在少数。但毕竟，与一般政策相关的研究在涉及社会问题的说明时，必须关注可能的行动过程对于各种各样的社会单位（例如各种群体、阶层、种族），以及对更加复杂的社会系统所产生的各种功能性和反功能性的结果。即使对于这些不同结果的评估、选择和综合还缺乏科学的筹划，这也是必需的。"就政策取向的研究而言，利益和价值的主要冲突集中于如下问题：在研究过程中，对于不同的社会系统、阶层和群体而言，应关注哪些方面的结果？"②

第二，关注潜在社会问题。默顿指出，潜在社会问题指的是那些与社会群体和社会阶层中某些价值和利益（常常明确要求的）不一致的非意愿性的社会状况，且这一状况又尚未被人们认识到。这一社会学的观点已渗透到了政策评估中。例如，技术评估关注的就是实际的或所涉及的技术发展的潜在后果。它被用以分析已有的或所涉及的技术成果所产生的前所未知或尚未考虑到的社会、经济及其他与人类密切相关的后果。另外，当人口学家试图分析不同的人口增长对社会、经济和文化的影响时，他们事实上是通过解释实施不同类型的政策所产生的结果，去倡导不同的人口政策。如未实行计划生育的明显后果可以被看作一种集体性结果，这一结果来自人们的某些价值，而这些价值与他们的其他一些价值是相冲突的。研究者就应关注可能产生的各种不同结果。默顿指出：

① ［英］安东尼·吉登斯：《为社会学辩护》，周红云等译，社会科学文献出版社2003年版，第5页。

② ［美］罗伯特·K.默顿：《社会研究与社会政策》，林聚任等译，生活·读书·新知三联书店2001年版，第272页。

"这一点对于发展有关政策取向的社会研究方面的理论来说是意义深远的,因为强调揭示制度性或技术性建制(arrangement)的潜在后果,将会促使当前社会学研究重视社会行动在其相应背景中的主观因素。"①

中国也非常重视社会科学的应用研究,并取得了一系列有影响的成果。特别是2004年中共中央在《关于进一步繁荣发展哲学社会科学的意见》中明确指出,繁荣发展哲学社会科学事关党和国家事业发展的全局。哲学社会科学是人们认识世界、改造世界的重要工具,是推动历史发展和社会进步的重要力量。哲学社会科学的研究能力和成果是综合国力的重要组成部分。在改革开放和社会主义现代化建设进程中,哲学社会科学与自然科学同样重要,培养高水平的哲学社会科学家与培养高水平的自然科学家同样重要,提高全民族的哲学社会科学素质与提高全民族的自然科学素质同样重要,任用好哲学社会科学人才并充分发挥他们的作用与任用好自然科学人才并充分发挥他们的作用同样重要。

尤其是从国家与社会发展的方面来说,社会科学研究具有非常重要的作用。因为社会发展过程也被看作一项社会工程,即为寻求自己的发展道路和模式而探索的过程。体现这一过程的特点是,社会发展具有明显的政策性。各国和政府都十分重视发展战略和计划的制定。同时,人们对社会发展目标和战略的选择,也明显地反映了人们对社会发展的设计性。在这一过程中,社会科学家承担着重要的角色。

例如,各国社会发展战略的转变反映了社会科学家通过参与研究而影响到了发展政策与认识的改变。20世纪上半叶,主要的社会发展战略突出了经济发展。但总的来说,其结果并没有达到所预想的目标。尽管许多落后国家的经济有所发展,但社会不平等、贫困等问题依然存在。因此人们认识到,这种发展战略有很大的局限性,如它在强调工业增长和经济发展时,并未对各国的现实条件和人们的生活需求状况给予充分重视。另一方面,人们开始认识到,社会发展并非只是简单的经济增长,而应是包括社会、政治、文化等方面在内的全面发展。

所以20世纪70年代以后,一种替代性的所谓"基本需求"(basic need)战略得到了广泛的接受。这种新的发展战略,不再把追求经济的增长作为最高的发展目标,而是主张社会发展应首先满足如下两方面的需要:(1)通过对陷入绝境的人不断进行援助,以求尽快消除绝对贫困现象;(2)满足人们最基本的物质需求,如衣、食、住等,以及满足人们的某些社会精神需要。因此,这一发展战略与传统的发展战略所关心的问题有很大的不同。

社会科学家还提出,不同的国家因其不同的经济、政治、社会及文化背景,应存在着不同的现实性需求,所以没有统一的"基本需求"的标准。事实上,社会发展目标既体现着一定的社会价值,更体现着某种政治主张,当然也体现着人们的认识水平。所以近年来,人们又在倡导新的发展观,如"可持续发展战略"等。

---

① [美]罗伯特·K.默顿:《社会研究与社会政策》,林聚任等译,生活·读书·新知三联书店2001年版,第274页。

此外，社会科学家还积极参与倡导发表了各种"蓝皮书"或"经济与社会发展报告"，对社会经济发展形势与问题做出了及时的分析与预测。中国自1991年出版《中国社会发展报告》（陆学艺、李培林主编）、1993年出版第一本社会蓝皮书《1992—1993年中国：社会形势分析与预测》以来，每年都发表一本蓝皮书。经济学家发表"经济蓝皮书"，人口学家发表"人口蓝皮书"，等等。这些蓝皮书为人们了解社会发展形势，为政府制定各种社会政策提供了有益的参考。"这项工作是很有意义的，至少对新的一年的预测，开拓人们的思路，富有启发性。可以将它提供给决策部门、政府职能部门、政策研究与理论研究部门、各企业、事业、部队、学校、咨询部门以及所有关心中国社会形势的读者参考。"①

近几年，社会科学家加强了社会科学应用对策研究。他们紧密结合时代进程，面对我国发展中面临的重大基础理论和实践问题，在相关领域开展深入研究并提出有针对性的应对之策，积极为国家和社会发展决策提供智力支持的同时，实现了富有学理支撑的应用对策研究的长足发展。社会科学应用对策研究，强调运用社会科学的专业方法和理论，对当前国家和社会发展所遇到的突出问题或现象进行分析，提出具有使用价值的发展思路、观点或建议。应用对策研究是为一定的决策服务的，决策的需要是应用对策研究的第一要务，也是社会科学研究的重要功能和价值所在。应用对策研究关键在"用"——以高水平研究成果，通过多样化的途径服务于国家和社会发展事业。

社会科学的应用研究是多方面的。可简要地总结为如下类型：

表15-1　应用研究的类型

	关注政策的意义	关注数据资料的收集和解释
关注社会过程	政策研究/分析	评估研究
关注社会结果	社会监控	数据分析

来源：D. C. Miller & N. J. Salkind. *Handbook of Research Design and Social Measurement* (6th Ed.). Thousand Oaks, CA.: Sage Publications. 2002. P. 5。

社会科学研究只有适应社会发展的需要，密切关注重要的社会问题，并提出合理的解决问题的策略与方法，才能体现出自身的实用价值。但是社会科学的应用也有很大的局限性，特别是跟自然科学相比，社会科学研究的规范性和技术性还不够，其应用效果表现得也不够直接。而且，社会科学研究与社会需要之间常常是脱节的，研究有时落后于社会发展的要求。面对这种情况，社会科学研究者需要改进研究方法，注重研究创新，提高研究素质。

① 江流、陆学艺、单天伦主编：《1992—1993年中国：社会形势分析与预测》，中国社会科学出版社1993年版，第1页。

二、政策研究的类型和方法

(一)政策科学

政策科学也称政策分析,是对政策的制定、筛选、实施和评价的全过程进行研究的一个领域。社会政策研究属于政策科学的一部分。20世纪中叶之后出现的政策科学是有关社会与公共政策的制定及其实施与应用的跨学科研究。它是涉及社会发展与解决社会问题的应用研究。与政策科学研究直接相关的学科包括政治学、社会学、经济学、法学、管理学、数学、系统科学等。20世纪80年代之后,政策科学已得到了学术界和各国政府的广泛关注,甚至有人预言:“今后人们的研究必然会沿着政治学和几乎所有众多的社会科学应用于重要的政策问题这一方向发展。”①

西方政策科学的发展大致经历了如下几个阶段:

第一阶段,20世纪60年代之前,是政策科学的形成阶段。早在20世纪40年代,美国政治科学家哈罗德·拉斯韦尔(Harold Lasswell)便提出了“政策科学”(Policy Science)概念。1951年由勒纳(D. Lerner)和拉斯韦尔主编的《政策科学:其范围和方法的新近发展》一书的出版,标志着政策科学的诞生。他们首次对社会科学中出现的政策科学的对象、内容、性质和发展方向等问题做了论述,确立了政策科学的基础。此书还特别强调应对价值与事实做出区分,强调对一些基本理论问题的探讨。20世纪50年代初期,伦敦政治经济学院成立了社会行政学系,后来改名为社会政策系。这是全世界第一个专门的社会政策高级人才培养机构。

第二阶段,20世纪60年代至70年代,是政策科学的成熟和迅速发展阶段。其突出标志是一大批政策科学家、政策分析者及研究成果的出现。例如,查尔斯·林德布洛姆(Charles E. Lidblom)首先提出政策分析概念,并致力于政策分析模型和政策制定过程的研究。政策科学成为一个独立的学科,在很大程度上与当时在美国工作的以色列学者叶海卡·德洛尔(Yehezhel Dror)的努力是分不开的。他在1968—1971年短短的几年里,陆续出版了《公共政策制定检讨》(1968年)、《政策科学构想》(1971年)、《政策科学进展》(1971年)三部重要著作。通过这些论著,德洛尔系统论述了政策科学的对象、性质、范围及方法论等问题,构成了政策科学发展的第二个里程碑。另外一个重要标志是在美英等国家出现了第一批公共政策或公共事务方面的研究和教学机构,如密歇根大学公共政策研究所、杜克大学政策科学研究所等。这些对于培养政府决策、管理和政策分析人才,推动政策科学的发展发挥了重要作用。到了70年代,政策科学已经走向成熟,政策科学研究的方法也有了很大改进,广泛应用了数学、统计学、模拟等方法,强调政策制定和决策的科学性。

第三阶段,20世纪80年代之后,政策科学研究出现了一些新的发展趋向②:一是强调政策价值观或公共政策与伦理关系问题的研究。人们越来越认识到,价值、伦理问题在

---

① 刘斌、王春福等:《政策科学研究(第一卷)政治科学理论》,人民出版社2000年版,第1~2页。

② 陈振明主编:《政策科学》,中国人民大学出版社1998年版,第9~11页。

政策科学及政策分析中具有重要地位，所以政策研究必须关注社会价值问题。二是政策科学与公共行政学日益相互融合，并出现了用“公共事务”来统指这两个领域的新趋向。实际上，公共政策必须靠行政管理来推行，而行政管理主要是对公共政策的管理，它们是密不可分的。三是比较公共政策研究的出现。许多学者开始关注各国社会政策的比较研究，包括对不同福利国家的分析比较。四是政策研究的视野进一步拓宽。过去的一些学者过多地强调了政策科学的经济理性和技术理性的研究，现在更多的学者主张用社会、政治和法律的理性取代经济和技术的理性，并主张用“政策研究”取代“政策科学”。

目前，政策科学侧重研究的内容主要包括以下五个方面：(1)政策战略，指政策的指导原则、作用范围、基本态度、基本假定以及遵循的主要方向，也就是政策制定系统的战略选择问题；(2)政策分析，指依据政策方案和政策目标之间的关系及其可能产生的各种影响，根据特定的标准，在各种已知的备选方案中确定一个最好的政策方案的过程；(3)政策制定系统的改进，指通过改进政策过程的各个环节和影响政策制定的各种因素，实现政策制定系统的良性运行，提高制定较优政策的能力；(4)政策评估，是指通过对具体政策产生的各种效果进行的全面评估，以便优化政策方案，及时调整政策和提出综合性的改进建议；(5)政策科学的进展，指对政策科学本身的发展进行研究，探讨政策科学对科学和政策研究的影响，以及应用政策科学知识改进政策制定的根本途径。①

政策科学研究的对象是各种政策。那么什么是政策呢？“从语义学上考察，政策是政治策略或政治谋略的意思。”②但英语中的“政策”(policy)一词，最基本的含义：一是指人们在城邦中的交往；二是指人们审时度势并决定采取适当的行动；三是指人们获取和投放资源。

事实上，不同学者在具体应用时，对政策的解释又有所差别。如政策科学的创始人哈罗德·拉斯韦尔等把政策定义为“具有目标、价值与策略的大型计划”。詹姆斯·安德森(James E. Anderson)认为，“政策是一个有目的的活动过程，而这些活动是由一个或一批行为者，为处理某一问题或有关事务而采取的”，“公共政策是由政府机关或政府官员制定的政策”。③ 国内学者孙光提出：“政策应该是国家和政党为了实现一定的总目标而确定的行动准则，它表现为对人们的利益进行分配和调节的政治措施和复杂过程。”④王福生提出，政策可以解释为：“人们为实现某一目标而确定的行为准则和谋略。”⑤刘斌、王春福等提出：“政策是政治实体在一定的时空范围内为完成一定的任务所采取的政治行为，主要表现为行为规范、直接采取的行动和某种态度。”⑥陈振明等指出：“政策是国家机关、政党及其他政治团体在特定时期为实现或服务于一定社会政治、经济、文化目标所采取的政治行为或规定的行为准则，它是一系列谋略、法令、措施、办法、方法、条例等的总

---

① 刘斌、王春福等：《政策科学研究(第一卷)政治科学理论》，人民出版社2000年版，第2页。

② 刘斌、王春福等：《政策科学研究(第一卷)政治科学理论》，人民出版社2000年版，第85页。

③ [美]詹姆斯·E. 安德森：《公共决策》，唐亮译，华夏出版社1990年版，第4页。

④ 孙光：《政策科学》，浙江教育出版社1988年版，第14页。

⑤ 王福生：《政策学研究》，四川人民出版社1991年版，第28页。

⑥ 刘斌、王春福等：《政策科学研究(第一卷)政治科学理论》，人民出版社2000年版，第90页。

称。”①

尽管不同的学者关于政策的定义不同,但总的来说,政策概念至少要包括如下基本要素:第一,政策的主体,即政策制定与执行的主体,如政党、国家、政府、社会团体、其他政治实体等。第二,政策的价值取向,即由政策所体现的行为规范、政治行为、权威性的价值取向等。不同类型的政策所包含的价值取向是不一样的。第三,政策的目的,任何政策都有一定的目的性或要达到的目标,或要解决的某一类问题。政策应体现出特定的目标性。第四,政策是一种有目的的行动过程。它包括谋略、措施、方法、制度等一系列政治行为,即政策是与实践行动密切相关的过程。毛泽东曾指出:“政策是革命政党一切实际行动的出发点,并且表现于行动的过程和归宿。一个革命政党的任何行动都是实行政策。不是实行正确的政策,就是实行错误的政策;不是自觉地,就是盲目地实行某种政策。”②因此,我们在认识政策时,必须同时考虑这些方面。第五,政策的对象,指政策的适用范围,即政策针对何事何物发挥作用,如农业政策、住房政策、就业政策等。

社会政策是政策的一个重要领域,是通过国家立法和政府行政干预,解决社会问题,促进社会安全,改善社会环境,增进社会福利的一系列政策、行动准则和规定的总称。一般认为,社会政策起源于 1872 年德国学者为解决本国当时最迫切的社会问题——劳资冲突所组织的“社会政策学会”。第一个给予社会政策以科学概念的是瓦格纳(Adolph Wagner)。1891 年他在发表的一篇论文中提出,社会政策是运用立法和行政手段,调节财产所得和劳动所得之间的分配不均问题。但是只有到了 20 世纪中期以后,由于经济学、政治学和系统科学等学科的加盟,源于社会福利理论的社会政策才逐渐成为具有开放性、交叉性和系统性等特点的独立的应用社会科学学科。作为一门应用性学科,社会政策的研究内容主要涉及政策产生过程的理论和方法,以及政策在各个相关领域中的应用这两个方面。在后一个方面,社会政策又可分为狭义和广义两类。狭义的社会政策范围仅仅涉及劳工及贫民生活,而广义的社会政策则包括国民福利、就业、住房、健康、文化、教育、人口、婚姻与家庭生活、社区及社会公共环境以及宗教等。显然,狭义的界定所对应的只是狭义的社会福利政策,而广义的界定则对应于各种社会问题研究。

(二)政策研究的类型与方法

政策科学作为跨学科性的研究领域,涉及多方面的内容和方法,已形成了复杂的学科体系。

首先从内容方面说,政策可按其主体、层次、目的、范围等几方面划分为不同的类型。如从政策制定主体的角度,可把政策划分为党的政策、国家政策、政治团体政策等。按照政策的层次,可把政策划分为宏观政策、中观政策和微观政策。按照政策的目的,可把政策划分为发展规划性政策、问题性政策、法规性政策等。按照政策所涉及的社会生活范围,把政策划分为政治政策、经济政策、社会政策、文化政策、教育政策、科技政策等。

其中,社会政策或称公共政策作为一类重要的政策越来越引起社会科学家的关注。

---

① 陈振明主编:《政策科学》,中国人民大学出版社 1998 年版,第 59 页。

② 《毛泽东选集》第 4 卷,人民出版社 1991 年版,第 1286 页。

社会政策所针对的对象是社会问题,如贫困问题、青少年犯罪问题、社会保障问题、人口问题、老年人问题等。面对越来越多的社会问题,各国和政府迫切需要制定行之有效的社会政策,需要社会科学家提出良好的解决策略与方法。尽管目前研究与政策之间还存在相脱节的情况,尽管“决策及其行动的进度往往比应用性(社会)研究的进度更快一些”①,但是,社会政策的制定已离不开社会科学研究。

也就是说,社会政策与社会科学应用研究之间已建立起了密不可分的关系。政策的制定离不开社会科学知识,社会科学的应用研究密切关注社会政策问题。如以政策应用为目的的社会科学研究可分如下类型:②

(1)诊断研究:确定是否需要采取行动,确定社会问题的重要性和范围等。

(2)预测问题:对(社会问题的)趋势进行预测以便为未来的需要做出规划,根据意图预测个人和群体的行为等。

(3)鉴别预测问题:在可供选择的政策之间做出选择。

(4)评价问题:对行动计划效率的估价(如对信息战和宣传战的效果的评价,对为减少婴儿和母亲死亡率而实施的母亲和婴儿护理非常期计划效率的评价)。

(5)一般性的背景资料:有关一般效用或为不同目的服务的资料(如有关人口、住宅、商业和制造业的统计数字)。

(6)“教育”研究:为公众提供相关的资料,尤其是要批驳那些错误的观念。

华裔社会学家林楠则提出,根据社会研究的意图可区别出两类具有政策意义的社会研究。第一类研究依据于一种基本理论并企图把这种基本理论应用于一个现实的专门政策问题。这种研究被称作发展研究,它有两个特点:第一,基本理论原有或暗含的政策意义;第二,为了一定的政策问题在随后的研究中修改基本理论以取得有关政策的资料。③

第二类政策研究是指一种建立在一般社会学理论和方法论之上的为政策制定提供资料的研究。这种研究被称为评估研究。其特点是:第一,研究计划的设计和实行中有直接的政策目的;第二,对某些问题做出评估说明。

这两类研究虽都与政策相关,但是在侧重点和特征上又有所不同。发展研究的根本目的是扩大有关专门理论对更多的社会现象的解释力,而评估研究重在对某一专门社会问题或现象做出评估。故决策者更看重评估研究,更具有实用意义。

政策研究在程序上虽然与社会科学研究的基本程序是一致的,但它也有特别关注的要素。图 15-1 列出了政策研究的一般过程。

---

① [美]罗伯特·K.默顿:《社会研究与社会政策》,林聚任等译,生活·读书·新知三联书店 2001 年版,第 266 页。

② [美]R.K.默顿:《科学社会学——理论与经验研究(上册)》,鲁旭东、林聚任译,商务印书馆 2003 年版,第 123 页。

③ 参见林楠:《社会研究方法》,农村读物出版社 1987 年版,第 18 章。

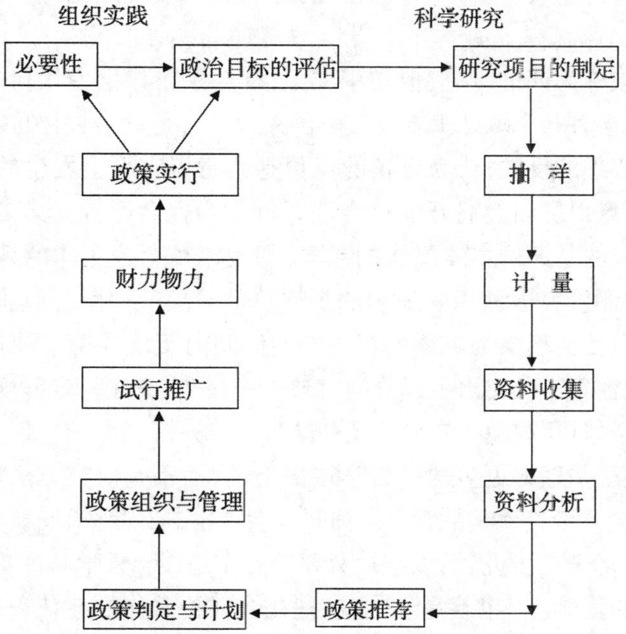

图 15－1 政策研究的过程

这一过程实际上又可看作由两大部分构成:科学研究与组织实践。图右边的科学研究是政策评估的基础,而左边的组织实践是政策评估的目的。因此,在这一过程中应处理好二者之间的关系。这一关系既表现为基础研究与实际应用之间的关系,也表现为研究者与实践者之间的关系。所以,林楠指出,政策研究中最重要的问题是研究者和实践者(决策者或管理者)参与社会研究过程的程度。概括起来,在政策研究中的科学活动和组织活动中,都需要有研究者和实践者的参加,虽然他们各自的才干和技能要求在科学活动中由研究者领导,在组织活动中由实践者来领导,但是,充分利用他们在各自专门领域中的理解力和才能将极大地促进政策研究和政策实行的最后成功。①

第二节 社会评估研究

一、什么是评估研究

评估研究(evaluation research)指评估社会政策或社会计划效果的一种应用性研究类型,又称政策评估或计划评估。其目的在于精确评定某项社会政策或计划的具体方案是否达到了预期效果。"具体地说,评估研究者(评估者)运用社会研究方法,研究、评价、并

① 林楠:《社会研究方法》,农村读物出版社 1987 年版,第 398～399 页。

帮助改善社会项目的所有重要方面,包括社会问题诊断、概念化与设计、实施与管理、结果及其功效。”①

评估研究又被称为评价研究,但在中文里,社会评价概念使用得较为宽泛。如欧阳康等把国内的“社会评价”概念总结为三种含义:其一,是社会性评价。这种理解强调评价区别于生理和心理的反映,认为真正的评价是在意识水平上发生的,而人的意识是社会性的,因而把在意识层面上展开的社会性评价称为社会评价。其二,是社会主体的评价。这种理解强调的是评价主体层次的差异,即把以社会为主体的评价称作社会评价。其三,是对社会的评价。这种理解强调的是评价的对象——社会与非社会客体的差异,认为社会评价即以社会现象为客体的评价。他们倾向于认同第三种理解。因为,“对社会的评价,即第三种理解既突出了评价的对象——社会,又在一定程度上包容了第一、第二种理解的优长,同时还避免了它们的某种缺陷”②。

但是,国内的这些理解更多的是哲学层面上的,而不是研究方法层面的。如有的学者明确提出:“社会评价论就其从哲学层面对社会评价进行反思而言,它可以属于社会哲学的一个分支……(进一步说)可以把社会评价看作是社会哲学与评价论的交叉学科,当属于社会认识论的范畴。”③也就是说,这里把社会评价看作社会认识论或社会科学研究的一部分,是与社会认知密切相关的过程。“一般地讲,在社会科学研究中,人们一方面要不断发现新的经验事实,构建新的理论,这就是社会认知;另一方面人们同时还要不断地对事实和理论进行比较、选择和评价,这就是社会评价。”④

我们这里不是从哲学层面上说明社会评价,而是从社会研究方法的层面上进行说明。尽管广义地讲,评估研究可包括对所有社会事件、过程或人的行动的评价,但人们通常主要指对社会项目和社会政策的评价。评估研究中的“社会项目”指在特定社会发展背景下,为实现某种社会发展目标或预期效果而实施的行动,涉及一定的发展政策和预期结果,因而需要根据其实现的效果和满足社会需要的程度进行评价。比如,我国改革开放后实施了一系列的社会发展项目,像“扶贫工程”等,我们都关心这些项目的执行情况:其效果如何,还存在着什么问题,如何进一步改善,等等。

因此,社会评估研究是指运用一定的方法对与社会发展密切相关的项目或政策的执行过程、成效及影响等进行评价与分析。评估研究已在一些国家的社会改革、社会发展规划、立法,以及制定政治、经济、教育、社会福利等政策方面得到广泛应用。随着社会现代化、工业化的发展,政府需要有效地进行社会干预和社会控制,并得到迅速而正确的反馈,故评估研究在应用性社会研究中愈来愈占有重要地位。

在世界上,特别是美国,社会评估研究一直受到重视。他们评估的项目涉及从小镇的职业培训、小学新教学计划、社区精神健康出诊,到全国性的、全州性的项目,如健康、

---

① [美]彼得·罗西、霍华德·弗里曼、马克·李普希:《项目评估:方法与技术(第6版)》,邱泽奇等译,华夏出版社2002年版,第4页。

② 欧阳康、张明仓:《社会科学研究方法》,高等教育出版社2001年版,第321~322页。

③ 张理海:《社会评价论》,武汉大学出版社1999年版,第10~11页。

④ 欧阳康、张明仓:《社会科学研究方法》,高等教育出版社2001年版,第319页。

家庭维持以及教育改革等。提供上述问题的结果与改进方案,是项目评估工作的目的。

实际上,西方评估研究作为社会研究应用的一个方面,其历史可以追溯到17世纪,但系统的评估研究是在20世纪才发展起来的。如彼得·罗西(Peter Rossi)等指出,美国最早做的系统的社会项目评估出现在教育和公共健康领域。[①] 在第一次世界大战以前,美国当时主要是针对扫盲、职业培训以及为降低死亡率和流行病发病率实施的公共健康项目。20世纪30年代,各学科的社会科学家都曾致力于用严格的研究方法评估这些社会项目,结果使得系统的评估研究活动变得越来越多。如社会学界的一位学者对罗斯福总统的新政进行过系统的研究。此后,美国的应用社会研究发展很快,特别是第二次世界大战之后,为了促进社会的进一步发展、解决某些社会问题,美国及一些国际性的社会组织制定实施了一系列的重大项目。适应这一新情况,项目评估研究得到了繁荣发展。他们关注于从事防止过失、精神心理治疗和精神药物治疗、公共住宅、教育活动、社区组织创建以及无数其他类型项目的评估。所以,到了20世纪60年代,评估研究的成果数量急剧增长。甚至有人说,评估研究已经变成了一种产业。

到20世纪70年代,评估研究作为社会科学的一个重要学术领域确立起来了。其主要标志是:1972年出版了由韦斯(C. Weiss)写的第一本教材《评估研究:评价项目效果的方法》,1976年第一份这方面的专门杂志《评估评论》问世。后来又陆续创办了其他一些评估期刊,有影响的如《评估实践》(*Evaluation Practice*, 1998年更名为*American Journal of Evaluation*, JAI出版)、《评估:理论、研究与实践国际学刊》(*Evaluation: The International Journal of Theory, Research, and Practice*, Sage出版)、《评估新方向》(*New Directions for Evaluation*, Jossey-Bass出版)、《评估与项目规划》(*Evaluation and Program Planning*, Pergamon出版)等。相应的,这一时期专门的评估研究机构也纷纷成立了,如美国评估协会(American Evaluation Association,网址http://www.eval.org)、加拿大评估协会(Canadian Evaluation Association,网址http://www.unites.uqam.ca)、公共政策分析与管理协会(Association for Public Policy Analysis and Management,网址http://qsilver.queensu.ca/appam)、欧洲评估学会(European Evaluation Society,网址http://www.europeanevaluation.org)、英国评估学会(UK Evaluation Society,网址http://www.evaluation.org.uk)等。

彼得·罗西等指出,评估研究在第二次世界大战后之所以获得如此迅速的发展,主要得益于社会科学研究方法和统计应用的发展。同时,评估研究领域对复杂方法的需求,也刺激了研究方法的创新。特别是测量和实地研究方法的具体运用,大大改善了对系统化资料的收集,而电子计算机的发展又为多变量复杂分析创造了条件。这两个方面对评估研究发展的贡献非常大。

同时,从社会发展的方面来说,各国政府以及社会机构对社会评估研究的需要越来越多。评估研究者不但为政策决策提供建议,也为更多的社会团体提供服务。所以人们

---

① [美]彼得·罗西、霍华德·弗里曼、马克·李普希:《项目评估:方法与技术(第6版)》,邱泽奇等译,华夏出版社2002年版,《评估研究简史》一节。

认为，由于评估研究成为社会政策和公共行政运动的组成部分，因此才有了迅速的发展。如美国政府对评估研究的重视，表现为许多联邦政府机构都有自己的评估部门，联邦政府在各州的派出机构也如此，而且重视对各类职员进行评估知识的培训。"总之，尽管评估研究仍然有其学术性的一面，包括培训、方法、理论以及社会项目的特点和效果；但是，作为一个领域，评估研究已经远远超出了学校社会科学的围墙。在政策制定、项目管理、对象维护等方面，评估已经变成了一种日常工作实践。因此，不仅评估研究的发展史涉及社会政策和公共行政运动，而且评估研究的实践，也主要发生在政策分析和公共行政等政治和组织领域。"①

另外一个发展趋势是，评估活动变得越来越国际化。当今全球化的发展趋势也影响到了社会评估领域。20 世纪后半叶以来，伴随着经济、政治和社会活动的全球化，出现了越来越多的跨国或跨区域的社会发展项目。此外，一些国际性的组织活动更加频繁，人们非常关注发达国家与发展中国家之间的不平等，关注日益加剧的贫困、人口等问题，并试图通过设立某些发展项目来改变这些状况。在这种情况下，国际上对社会项目评估的需求也增加了。对这种发展趋势，人们有如下的总结："说今天的评估在变得国际化，是指评估活动的更加本土性、更加全球性和更加跨国性的同时存在。我们说更加'本土化'是指评估研究在许多国家都得到了发展，用他们自己的设施、发展自己的理论和方法。我们说更加'全球化'，是指世界上某个地区的发展常常会影响到其他地区的人、机构和项目。我们说'跨国化'，是指我们所要评估的问题和项目常常会超出某个国家、某个大陆甚至某个大洲，譬如环境保护问题、发展中国家的问题、妇女社会地位问题。现在，对评估者而言，这些国际化趋势意味着什么，我们还说不上来。但是，有一点非常肯定，那就是，认识到这样的发展是驾驭未来的第一步。"②

二、评估研究的特点和内容

评估研究属于跨学科的综合性应用研究，它涉及社会科学及自然科学的多个领域。因此，其特点可总结为如下几点：

第一，评估研究具有综合性。评估研究涉及多方面的知识和技术，而不是某一学科的专家能够单独完成的。因为评估研究的内容通常包括社会经济发展或社会生活的多个领域，涉及政治、经济、社会、文化、教育及科技等多个方面。尽管有些评估研究只是针对某一领域或某一专门项目的，但从一般意义上或社会评估的意义上说，评估研究都是综合性的。如美国评估协会的会员是由多学科多领域的人组成的：既有来自大学和研究机构的人，也有来自政府部门和非营利组织的人；既有来自社会学、经济学和政治学学科的人，也有来自教育学和心理学等学科的人。

第二，评估研究具有应用性。评估研究属于明确的应用性研究，其主要目的是通过

① ［美］彼得·罗西、霍华德·弗里曼、马克·李普希：《项目评估：方法与技术（第 6 版）》，邱泽奇等译，华夏出版社 2002 年版，第 11～12 页。

② ［美］彼得·罗西、霍华德·弗里曼、马克·李普希：《项目评估：方法与技术（第 6 版）》，邱泽奇等译，华夏出版社 2002 年版，第 15 页。

一定的方法，对某一社会项目或政策的制定实施过程及其效果做出评价。所以，评估研究的主要目的并不是学术性的，而是应用性的。评估研究不是孤立地进行的，它常常是作为政策研究或“社会工程学”的一部分而存在的。评估研究是为一定的决策者或委托者服务的。

第三，评估研究具有明确的政策性或利益性。首先，评估研究是与一定的政策或实行的项目直接相关的，而这些政策或项目都有一定的时代性或针对性。它们或者是出于一定的政治目的，或者是为了解决某些社会现实问题而制定的。因此，评估研究必然涉及政治利益等问题，或者说，评估研究总有一定的政治诉求。其次，评估研究中的价值性问题是不可回避的，因为它涉及对项目的过程、价值及其绩效做出判断。即任何评估研究总要面对评估的目的是什么，评估者应站在什么角度做出评价，如何进行评估，评估的标准是什么等问题。故有人得出结论：“在某种程度上，对社会项目的评估研究就是判断项目的政治意涵。所以，对项目的评估，就在于判断项目为大众利益做出的贡献以及服务的质量。评估的价值就在于，让人们对行动和结果了解得更清楚。所以，评估本身不仅仅只是提供一堆数据，而是要及时（不是最后）地沟通，为关注项目的人们提供信息，并使获得信息的人把信息纳入自己的思考。”①

评估研究的内容是多方面的，因评估项目内容的不同，所评估的方面也会有所不同。但一般来说，按不同的分类标准，评估研究可分为不同的类型。如按其性质，可把评估研究分为可行性或建设性评估（formative evaluation）和总结性评估（summative evaluation）；按其范围，可把评估研究分为一般评估和专门评估；按时间，可把评估研究分为前期评估、执行过程中评估和完成后的评估等。

彼得·罗西等根据评估问题把评估研究分为如下一些类型：

1.需求评估，即回答项目运作所需的社会条件以及项目需求程度等问题，包括评估某个社会项目或问题的性质、重要性、必要性及其环境条件等。“需求评估通常被作为设计和规划新项目或重组既有项目的第一步，用来提供需要什么服务和怎样最有效地向需要服务的人送达服务的信息。对已经建立的、稳定的项目来说，需求评估也很重要，能够检验服务是否回应了目标群体的实际需要，为项目改进提供指导。”②

2.项目理论评估，即回答项目的概念化和设计等问题。这种评估涉及某一政策或项目设计的基本目标、理论假设、合理性、可行性等内容。其目的在于确定项目的目标是否明确、可行。

3.项目过程评估（或过程评估），即回答项目的操作、实施以及服务送达等问题。项目的执行状况直接关系到其成效，即使项目设计得非常完善，若在执行中出现了问题，也不会有所期望的结果。因此，评估研究特别关注对项目过程的评估，以确定项目实施的程度和效果。当然，因项目的执行涉及人员、费用、监督和管理等多方面的因素，故评估

① ［美］彼得·罗西、霍华德·弗里曼、马克·李普希：《项目评估：方法与技术（第6版）》，邱泽奇等译，华夏出版社2002年版，第21页。

② ［美］彼得·罗西、霍华德·弗里曼、马克·李普希：《项目评估：方法与技术（第6版）》，邱泽奇等译，华夏出版社2002年版，第47页。

的难度也较大。这需要建立有针对性的评估指标和方法。在这个意义上，过程评估又可称为项目监测或执行监测。过程评估可作为独立的评估方法使用，它可为项目管理者或决策者提供有用的信息，使项目的执行得到改进和完善。

4. 影响评估（或结果评估），即回答项目结果和影响等问题。其目的在于评价某一项目在一定的环境条件下所产生的结果。如分析是否获得了预期的项目结果？项目对社会环境的干预是否起到了作用？项目影响中是否出现了意想不到的结果？要进行有效的影响评估，必须建立一系列可操作的评估标准或指标。只有目标标准明确了，才能对照说明结果的实现程度。社会科学家应特别关注对结果的分析，既包括积极的结果，也包括消极的结果。

5. 效率评估，即回答项目的成本和成本—收益问题。评估研究不但要关注结果，而且要关注结果的成效性。任何项目都要考虑到成本与收益问题，都希望有最大的回报。这种评估是建立在过程评估和影响评估的基础上的，即确定了一个项目的执行状况和结果之后，才能进一步评价其效率。效率评估的方法又可分为成本—收益分析和成本—绩效分析。两者都关注成本与结果之间的关系，但前者强调利益性（尤其是货币性的），而后者更强调效果（不管是货币性的还是非货币性的）。当然，因社会项目的不同，效率评估的要求也会有所差异。

总之，尽管评估研究的内容是宽泛的，其应用是多领域的，但我们这里主要介绍的是对社会政策和社会项目的评估。这类社会项目作为有目的、有组织的社会行动，旨在通过对社会发展和社会生活的干预，改善社会生活环境条件，解决社会问题，从而更好地服务和满足人类的需要。随着社会的进步，这类社会干预性的项目越来越多。因此，为了更好地推行与监督这些项目，也就越来越需要对它们进行评估研究。与之相适应，各种评估研究的方法和技术日趋成熟。

三、评估研究的方法

评估研究的有效性，既取决于评估项目本身，也取决于评估研究者及其评估方法。因此，评估研究者应严格遵循规范的研究程序，恰当运用各种评估研究的方法。

（一）评估研究的一般程序与方法

评估研究在程序上跟社会科学研究的基本程序一样，先确定评估研究的题目和内容，然后收集需要的信息资料，通过一定的分析，最后得出建议或结论。但作为一种专门的研究方法，评估研究在程序上也有其自己的要点。

例如，澳大利亚新南威尔士教育部研究和评估支持与服务的机构提出了一套进行评估研究的基本步骤：

第一步，先确定评估的项目是什么，属于哪类项目，其内容包括哪些方面。

第二步，确定为什么要对这个项目进行评估，要考虑应该做什么，能够做什么以及已经做过哪些工作。

第三步，分析人们会如何对待这项评估，即要充分考虑到评估工作所涉及的各类人和群体。

第四步,确定评估将要解决的主要问题是什么。不同评估的要求是不一样的,但每一项评估都应有自己要解决的主要问题或评估的重点。

第五步,确定谁将做什么。这关乎评估研究人员的组织与分工,关系到评估研究能否顺利进行。

第六步,考虑为评估研究提供的资源有哪些。除人员之外,评估研究还需要其他条件的支持,如资金、设备等。

第七步,确定需要收集的资料有哪些。评估分析依赖于大量的信息资料,首先必须考虑这些资料的范围和来源、获取资料的途径和方法等。

第八步,确定如何分析资料。获取了所需的资料之后,还要考虑使用什么样的分析方法和技术。现代科技为资料的分析提供了方便有效的技术,各种专门的分析方法也应运而生。

第九步,撰写评估研究报告。评估研究的结果要以报告的形式提出,但评估报告要有针对性,结论要明确。

第十步,如何实施报告。评估研究的目的是为项目决策者或委托者提供建议或意见,因此评估的结果必须提供给相关人员或机构,并对他们有参考价值。

评估研究的方法可分为一般方法和具体方法。其一般方法如定量评估法、定性评估法、比较评估法等。具体方法也是多种多样的,但我们这里主要介绍常用的指标评估法。

(二)指标评估法

项目评估的有效性与成败直接取决于是否有合理的评估指标和正确的评估方法。尤其是对定量性的评估研究来说,建立适用有效的评估指标体系特别重要。例如,为了衡量社会发展水平、反映社会发展项目的执行状况,社会科学家广泛使用了社会指标法。

什么是社会指标(social indicator)呢?最早使用此概念的雷蒙·鲍尔(R. A. Bauer)等人在《社会指标》一书中指出,社会指标是一种"量的数据,用来作为具有普遍社会意义的社会状况的指数"。具体来说,社会指标是指反映社会发展状况与现象的数量、质量、类别、状态、等级、程度等特性的项目。例如,国民生产总值、人口自然增长率、人均地方财政收入、每百户拥有电视机、工业废水处理率、每万人口犯罪人数、职业满意度、社会安全感等,都是社会研究中经常使用的社会指标。

衡量社会状况的指标不是单一的,而是多方面的,从而构成了所谓的社会指标体系。由一系列社会指标所构成的指标系列即称为社会指标体系。因社会事物是复杂的,故反映社会结构及其发展状况的指标常常是多方面的,而不是单一的,因此有不同类型的社会指标体系。如既有世界银行的"世界发展指标",各国又有衡量本国发展状况的指标体系。

从社会统计的意义上说,社会指标在很久以前就被人们使用了,例如各国在古代社会就有关于各地区社会生活与人口等情况的统计资料。但科学的社会统计出现于19世纪,如19世纪初法国首先公布了有关犯罪、教育、婚姻和自杀等问题的大量数据,这在当时被称为"道德统计"。继统计学家凯特莱(L. A. J. Quetelet)之后,社会统计学迅速发展起来。

进入20世纪之后，社会科学研究中越来越多地运用了社会统计方法。而且各国和政府都非常重视社会统计资料的收集和使用，除进行定期的人口普查外，还公布全面反映一个国家社会发展状况的所谓蓝皮书。如美国1933年发表了题为《美国近期社会趋势》的报告，建议利用社会统计来制定社会政策。

20世纪60年代后，美国更加重视对社会统计资料的收集和应用，加强了对社会指标的研究。例如，1966年由雷蒙·鲍尔等编写出版了第一本名为“社会指标”的著作。1966年，美国卫生教育福利部的一批社会学家为研究约翰逊政府“向贫困开战”这一社会计划的影响状况，系统收集和分析了有关的社会统计资料，并成立了社会指标委员会。1967年，美国政府颁布了有关社会资料收集和分析程序的法规。后来的一些社会学家还呼吁建立与经济指标类似的社会指标体系，这就是所谓的“社会指标运动”。

社会指标的制定也受到了其他各国的重视，从而极大地促进了社会指标的研究。联合国于20世纪50年代开始发表社会统计资料以及有关各国生活水平的报告。此外，经济合作与发展组织的研究人员也进行了生活水平指标的研究，1973年发表了《多数经济合作与发展组织国家共同关心的社会事项表》，1977年又发表了《测量社会福利：社会指标发展进程报告》。后来他们制定出了一套自己的社会指标体系。

到了20世纪70年代，西方大多数国家和政府都已开始发表比较详细的社会报告。1970年，英国的《社会趋势》报告问世，几年后，法国、德国、日本等都先后发表了同样的报告。这时期，学者们还在社会指标的方法论方面做了研究，并创立了专门研究社会指标的杂志《社会指标研究》(1974年创刊)。

中国自20世纪80年代中期以来，也开展了社会指标(体系)方面的研究。国家统计部门制定了具体的统计指标体系，以《统计年鉴》《社会统计资料》等形式发表。理论综合性的研究成果如郑杭生等的《社会指标理论研究》、朱庆芳的《社会指标的应用》、朱庆芳和吴寒光的《社会指标体系》等。

不同国家或组织所制定的社会指标(体系)是不一样的。但归结起来，常用的社会指标可分为如下一些类型：

一是客观指标与主观指标。客观指标反映社会现象与事物的客观特征，如人均居住面积、义务教育普及率、人口出生率、死亡率；主观指标反映人们对社会事物的感觉、愿望、主观态度或评估，如满意度、意向性等。客观指标是反映社情的指标，主观指标是反映民意的指标。

二是描述性指标与评估性指标。描述性指标是指反映社会现象实际情况的指标，如增长率等；而评估性指标是指对社会事物和社会发展状况的评估性、判断性说明，如贫困程度。

三是肯定指标、否定指标和中性指标。这是根据一定的价值判断来划分的。肯定指标又称正指标、社会进步或发展指标，是指反映社会进步、发展等社会现象的指标；否定指标也称逆指标或问题指标，是指反映社会落后、倒退等社会问题的指标；中性指标是指反映与社会进步、落后、前进、倒退没有直接联系的社会现象的指标，如国土面积、人口数、人口的民族构成等。

社会指标具有重要的作用，主要表现在：

第一，它是衡量社会发展水平和人们生活质量的尺度。对社会结构及发展状况，我们不但要从质的方面加以说明，更要通过一系列的量化指标来加以反映。如 GNP 是国际通用的衡量一个国家或地区社会经济发展水平的指标。故社会指标又被称为“社会指示器”。

第二，它是对不同国家或地区的社会发展状况进行评估和比较分析的基础。因有些社会指标是通用的，能比较客观地反映不同国家或地区的社会发展状况，故可进行评估和比较分析。如人们通过一定的社会指标对各国社会发展水平进行排名。美国宾夕法尼亚大学的理查德·艾斯特斯（Richard J. Estes）根据 36 个社会指标提出了“社会进步指数”（ISP），对 120 多个国家的发展状况进行了比较。其中，中国排第 77 位（1983 年）。联合国开发计划署（UNDP）所提出的“人类发展指数（HDI）”最初主要包括三个社会指标：平均预期寿命、成人识字率和人均国民生产总值。在其 1990 年对 130 个国家地区的比较中，中国居第 64 位。而中国学者朱庆芳提出了进行国际比较的 16 个指标，中国排第 61 位（1998 年综合得分）。①

第三，社会指标是国家和政府部门制定社会发展计划和政策的重要依据。根据社会指标还可对社会经济的发展进行预测，所以许多国家在制定发展计划和政策时，常常是根据目前的指标来确定未来的目标。例如我国的“五年计划”中都有类似的内容。

社会指标的应用因社会发展的复杂性和指标自身的不完善而存在着很大局限性。如有的学者已注意到，由于如下四个方面的原因而增加了用指标方法对社会发展进行定量评估的难度：第一，社会发展领域的模糊性；第二，价值问题；第三，社会发展的特定性和评估问题；第四，社会状态的可预测性问题。②

所以，社会指标（体系）的制定与应用应遵循一定的原则。例如目的性原则、可行性原则、应用性原则、一致性原则等。

总之，社会指标的内容应全面、恰当地反映社会结构与社会发展状况。我们不但要重视经济增长的内容，还应考察社会文化、生活质量等方面的内容；不但要重视客观性指标，也应重视主观性指标；不但要重视指标的形式，更要重视指标的内容。下面介绍一些国际国内重要的社会指标体系。

一是经济合作与发展组织（OECD）的社会指标体系。

“经济合作与发展组织”最初是由 24 个最富的国家组成的国际组织。它的一项计划是向不发达国家提供财政捐款和技术援助，故它制定了反映各国和国际社会发展状况的指标体系。其最初主要包括 8 大类，即卫生、学习中的个人发展、职业和工作生活的性质、时间与闲暇、对商品与事业的控制、自然环境、个人安全与法制、社会机会和参与社会工作，并进一步分为 24 个“基本项目”和 56 个“次要项目”（1973 年）。后来这个指标体系又有所改变。

① 朱庆芳、吴寒光：《社会指标体系》，中国社会科学出版社 2001 年版，第 248 页。

② 王地宁、唐钧：《社会发展指标体系的建构和应用》，《中国社会科学》1991 年第 1 期。

二是世界银行的(社会)指标体系。

世界银行(the World Bank)是重要的国际组织。它十分关注世界各国的发展状况,故每年发表《世界发展报告》。到2017年共发表了38辑。其“世界发展指标”主要分基本指标和具体指标。基本指标主要有:人口、GNP、人均私人消费增长、儿童营养不良状况、5岁以下儿童死亡率、出生时预期寿命、成年文盲率、城市人口比重等。后5个指标主要反映生活质量。世界发展指标是世界银行最重要的发展指标汇编,数据来自得到正式认可的国际来源。它提供现有的最新最准确的全球发展数据,包括国家、地区和全球数据的估计值。2013年4月17日世界银行发布的《世界发展指标》报告称,中国极度贫困人口占世界极度贫困人口总数的比例从1981年的43%下降至2010年的13%,中国为全球减贫做出巨大贡献。

三是联合国开发计划署的“人类发展指数”(HDI)。

联合国开发计划署《2014年人类发展报告》中所列出的人类发展指数由三个指标构成:预期寿命、成人识字率和人均GDP的对数。这三个指标分别反映了人的长寿水平、知识水平和生活水平。健康长寿用出生时预期寿命来衡量。教育获得,用成人识字率(2/3权重)及小学、中学、大学综合入学率(1/3权重)共同衡量;《2010人类发展报告》用平均受教育年限取代识字率,利用预期受教育年限(即预期中儿童现有入学率下得到的受教育时间)取代毛入学率。生活水平用实际人均GDP(购买力平价美元)来衡量。《2010人类发展报告》中采用人均国民总收入(GNI)取代GDP来评估,对每个指标设定了最小值和最大值,并引入了新的计算方法和计算公式。

四是“社会进步指数”(ISP)。

美国宾夕法尼亚大学的理查德·艾斯特斯根据36个社会指标提出的“社会进步指数”包括11个社会经济领域的44个具体的有关福利的社会指标。这11个大类是:(1)教育(4项),(2)保健(3项),(3)妇女地位(5项),(4)防御措施(1项),(5)经济(4项),(6)人口统计(5项),(7)地理(3项),(8)政治稳定性(5项),(9)参政(6项),(10)文化差异(3项),(11)福利措施(5项)。[①] 社会进步指数是评价社会发展状况的一个有效工具,它不仅可以用于不同国家、不同地区间社会发展状况的比较,也可用于一国内部不同地区间社会发展水平的横向比较,还可用于一国不同时期发展水平的动态比较。

五是综合指标(composite indicator)——物质生活质量指数(PQLI)。

物质生活质量指数(Physical Quality of Life Index,缩写为PQLI)是为测度物质福利的水平而开发的一个综合指标,此指数是由美国人莫里斯(M. Morris)等人提出来的,主要包括三方面的指标:婴儿死亡率、平均预期寿命、成人识字率。PQLI是识字率指数、婴儿死亡率指数和预期寿命指数三者的算术平均值,计算简单,易于理解,但因指标内容简单,也存在局限性。

六是英克尔斯现代化指标体系。

美国著名社会学家英克尔斯(A. Inkeles)从20世纪60年代起开始研究现代化问题,

---

① [美]J. 艾斯特斯:《各国社会进程》,何天祥、李绍熙等译,华夏出版社1989年版,第24~25页。

他特别强调“人的现代化”,并在20世纪70年代提出了衡量一个国家现代化水平的指标体系,主要包括如下内容:

(1)人均国民生产总值,3000美元以上。

(2)农业产值占国民生产总值比重,12%~15%以下。

(3)服务业产值占国民生产总值比重,45%以上。

(4)非农业劳动力占劳动力的比重,70%以上。

(5)识字人口,80%以上。

(6)适龄年龄组中上大学的人口比重,10%~15%以上。

(7)每个医生服务的人口,1000人以下。

(8)平均预期寿命,70岁以上。

(9)婴儿死亡率,30‰以下。

(10)城市人口占总人口的比重,50%以上。

(11)人口自然增长率,1%以下。

在此基础上,中国学者成立了“中国现代化报告课题组”,从2001年起开始发表《中国现代化报告》,对中国及国内各省市的现代化进展做了评估。表15-2即为他们关于中国第一次现代化状况的评估结果①。

表15-2 1998年中国第一次现代化进展评价

	第一次现代化的标准	1998年		
		实际值	达标程度(%)	世界排名
人均GNP(美元)	6126	750	12	63
农业增加值比重	<15%	18	83	53
服务业增加值比重	>45%	33	73	84
农业劳动力比重	<30%	50	60	59
预期寿命	>70岁	69.5	99	53
婴儿存活率(婴儿死亡率)	(<30‰)	(31)	97	50
医生数/千人口	>1个	2	100	n
城市人口比重	>50%	33	66	82
成人识字率	>80%	83	100	n
大学普及率	>15%	6	40	71
总评价	100		73	63

2015年6月6日,中国科学院中国现代化研究中心发布了《中国现代化报告2014—2015:工业现代化研究》。报告显示,目前,中国属于一个工业初等发达国家,工业和制造

① 中国现代化报告课题组:《中国现代化报告2001》,北京大学出版社2001年版,第35页。

业劳动生产率的国际差距依然较大，工业质量位于世界中下游，需要通过新思维规划未来发展的路线图。

七是《中国社会统计资料》(1985年后发表)。

《中国社会统计资料》的宗旨是力求反映我国社会条件、社会结构、社会关系和人民物质文化生活的各个方面，其中包括自然环境、人口与家庭、劳动、居民收入与消费、住房与生活服务、劳动保险与社会福利、教育、科学研究、卫生、环境保护、文化、体育、社会秩序与安全、社会活动参与、生活时间分配这15个大类指标，又细分为1100多个具体指标。

八是中国小康社会指标体系。

20世纪70年代末，邓小平最早提出了中国到20世纪末实现小康社会的构想，即人均国民生产总值达到800美元。后来，中共中央又明确提出了中国社会主义现代化建设的“三步走”战略。但具体说，小康社会是什么？如何衡量或评估小康社会的实现程度？人们对这些问题开始时并不十分明确，因此20世纪90年代国内开展了一系列相关的研究，并提出了一些不同的小康社会指标体系。如1992年国家统计局综合各方面的研究成果，提出了“中国小康标准”，并于1993年向国务院递交了关于试行小康标准统计的报告。1996年，国家统计局和农业部又联合研究制定了《全国农村小康生活水平的基本标准》。这里我们主要介绍中国社会科学院的研究人员根据小康社会和现代化的内涵，制定的包括28个指标的小康社会指标体系及2001年的实现程度评估，详见表15－3①。

表15－3　2001年全国全面实现小康社会指标体系和实现程度

指标	权重	小康社会目标(2010年)	2001年已实现目标值	实现目标(%)	小康内涵
综合指数	100			68.7	
一、社会结构指数	20			78.8	
1. 第三产业从业人员占总计比重	5	35%	27.7%	79.1	产业结构社会化
2. 城镇人口占总人口比重	5	45%	37.7%	83.8	城市化
3. 非农增加值占GDP的比重	4	90%	84.7%	94.1	产业结构非农化
4. 出口额占GDP的比重	3	30%	23.0%	76.7	对外依存度
5. 教育经费占GDP的比重(预算内)	3	4.0%	2.3%	57.5	政府智力投入
二、经济与科教发展指数	25			61.5	
6. 人均GDP	6	12800元(1542美元)	7543元	58.9	综合经济社会产出率

① 李培林、朱庆芳等：《中国小康社会》，社会科学文献出版社2003年版，第97~98页。

（续表）

指 标	权重	小康社会目标（2010 年）	2001 年已实现目标值	实现目标(%)	小康内涵
7. 人均社会固定资产投资额	4	5340 元	2928 元	54.8	投入水平
8. 工业企业总资产贡献率	3	13%	8.9 元	68.5	工业投入产出率
9. 城镇实际失业率（逆指标）	3	4.0%	4.8 元	83.3	城镇就业状况
10. 研究与发展经费（R&D）占 GDP 比重	3	1.3%	1.0 元	76.9	知识创新投入
11. 人均教育经费（预算内）	3	300 元	165 元	55.0	知识化
12. 每万人口专利受理量	3	3.5 件	1.3 件	37.1	发明创造能力
三、人口素质	20			72.0	
13. 人口自然增长率（逆指标）	4	5.6‰	6.95‰	80.6	人口控制和自然承载力
14. 每万职工拥有专业技术人员	4	4500 人	2829 人	62.9	知识化、科技化
15. 每万人口在校大学生人数	2	130 人	56 人	43.1	知识化
16. 大专以上文化程度人口占 6 岁以上人口比重	3	7 人	3.8 人	54.3	知识化
17. 每万人口医生数	4	20 人	16.5 人	82.5	医疗资源占有
18. 平均预期寿命	3	73 岁	70 岁	95.9	生活质量高质化
四、生活质量和环保	20			62.8	
19. 恩格尔系数（城乡平均）逆指标	4	33%	44.2%	74.7	消费结构现代化
20. 人均生活用电量	4	320 度	139.5 度	43.6	家电现代化
21. 每百户拥有电话	3	30 部	14.1 部	47.0	信息化
22. 每百户拥有电脑（城镇）	2	30 部	13.3 部	44.3	信息化
23. 工业“三废”处理率	4	85%	76.1%	89.5	环保水平
24. 农村饮用自来水人口占农村人口比重	3	85%	55.1%	64.8	农村环保水平
五、法制及治安	15			71.0	
25. 每万人口刑事案件立案率（逆指标）	4	22 件	35.1 件	62.7	治安与法制化

（续表）

指 标	权重	小康社会目标（2010年）	2001年已实现目标值	实现目标(%)	小康内涵
26. 每万人口治安案件发生率（逆指标）	3	20件	38.2件	52.4	治安与法制化
27. 每万人口拥有律师数	4	1.1人	0.96人	87.3	法制化
28. 每10万人交通事故死亡人数（逆指标）	4	6.4人	8.3人	77.1	交通秩序

资料来源:2002年《中国统计年鉴》及向有关部门收集。

注:5、11项指标为2000年数字,18项为1997年数字。综合指数和类指数是用加权综合指数法计算的,逆指标是以目标数除以实现数而得。

▶本章小结

本章主要从社会科学研究应用的方面介绍了社会政策研究和社会评估研究。社会科学研究应用的领域是多方面的,尤其是在当今全球化日趋明显、社会变迁日益加剧、人类社会面临越来越多问题的情况下,加强社会科学的研究及其应用变得更为重要。社会科学家应该肩负更大的责任,不但要做社会知识的创造者和提供者,还要做社会发展与改造的参与者。

▶进一步阅读书目

1. 杨团、关信平主编:《当代社会政策研究》,天津人民出版社2006年版。

2. 邓伟志、张钟汝、范明林主编:《社会管理与社会政策》,上海人民出版社2007年版。

3. [美]彼得·罗西、霍华德·弗里曼、马克·李普希:《项目评估:方法与技术(第6版)》,邱泽奇等译,华夏出版社2002年版。

4. [美]埃米尔·J. 波萨瓦茨、雷蒙德·G. 凯里:《项目评估:方法与案例(第7版)》,于忠江译,重庆大学出版社2014年版。

5. 方巍等:《社会项目评估(第二版)》,格致出版社、上海人民出版社2020年版。

第十六章 社会研究成果撰写与解析

社会研究的最终成果一般以研究报告、学术论文、著作等形式呈现,其中社会研究报告是常见的形式,它是基于特定的研究对象和研究假设、运用一定的方法收集资料和分析资料之后,对研究过程和结论的总结,是研究活动的最后一个阶段。作为社会研究的一个有机组成部分,社会研究报告的质量直接反映出社会研究过程的严谨性和科学性,在很大程度上决定着社会研究成果的理论价值、社会价值和应用性。学术论文作为社会研究的结果表达,不仅符合社会研究报告的一般要求,更注重学术规范性和严谨性。本章我们主要给大家介绍有关社会研究成果撰写与解析的基本知识和方法。

第一节 社会研究报告的类型与结构

一、社会研究报告及其类型

社会研究报告是以文字、图表等形式表述和反映社会研究对象的实际情况、表达研究者的分析与观点的社会研究的最终成果。它一般要包含社会研究的方法、结论以及社会研究成果的意义等内容。与其他文体相比,社会研究报告具有鲜明的特点。首先,社会研究报告具有实证性。它一般是以研究假设为指导,围绕主题收集资料,以事实为基础,严格遵守实证的方法准则,最后得出的研究结论。其次,社会研究报告具有实用性。因为研究总有一定的目的,目的决定社会研究报告的内容侧重和形式,所以撰写报告时必须明确报告是写给谁看的,希望达到什么目的,是分析问题、解决问题,还是建构理论。再次,社会研究报告具有时效性。要想更好地发挥指导社会生活的作用,就不能总是落在社会生活的后面,所以社会研究报告也应该关注社会热点问题,及时提供新的信息、建议和方法,以达到促进社会进步的目的。社会研究报告与工作报告有着明显的区别。首先,研究报告是整个研究工作的核心和价值体现,是针对研究课题的集中阐述和说明。工作报告则是从研究问题的组织管理角度着手的。其次,研究报告强调科学的、学术的方法，而工作报告在方法上的要求则没有研究报告那么严格。再次，研究报告在结构上比工作报告要求严格。研究报告需要指出研究课题的提出、研究目标、研究内容和方法、研究结果以及讨论和建议等，而工作报告更侧重总结性、指导性的结果。最后，在行文上，研究报告更讲究逻辑上的严谨性。

社会研究报告可以依其性质、内容、目的等的不同而分为不同的类型。

（一）应用型社会研究报告与理论型社会研究报告

按照社会研究的性质，可以将社会研究报告分为应用型社会研究报告和理论型社会研究报告。应用型社会研究报告就是根据应用型研究课题的社会研究结果而撰写的社会研究报告，而理论型社会研究报告则是以学术研究为目的而撰写的报告。前者以了解和描述社会现实情况、解决实际社会问题为主要目的，可以为实际工作和社会决策提供一定的参考；理论型社会研究报告则着重于对社会现象的理论探讨，以检验和建构理论为主要目的。简单的应用型社会研究报告的读者主要是政府以及各类实际工作部门的决策人员和社会中的普通人员，理论型社会研究报告则以专业研究人员为读者对象。所以在写作上，应用型社会研究报告更强调对社会研究结果的描述、说明和应用，语言更大众化，形式更直观；而理论型社会研究报告则非常注重本学科的理论和概念，语言要求客观、严密，形式也比较固定和严格，方法更讲究科学性。但从近年来发表的社会研究报告来看，应用型社会研究报告和理论型社会研究报告的分野逐渐模糊，出现了一定的融合趋势，说明无论是应用研究还是理论研究，都越来越贴近社会现实，越来越强调方法的科学性和研究的规范性。

（二）综合性社会研究报告与专题性社会研究报告

按照社会研究报告所涉及的内容范围大小，可以分为综合性社会研究报告和专题性社会研究报告。当我们需要对某一事物或社会现象做系统和全面的认识和分析时，一般采用综合性社会研究报告的形式；而当社会研究只关注某一研究对象某一方面的情况时，则可以采用专题性社会研究报告的形式。也就是说，前者关注的是总体和全面的情况，后者关注的是专门问题和特定现象。综合性社会研究报告涉及面广，资料丰富，结论准确程度高，一般篇幅都比较长。它通过描述和分析社会问题的基本状况和基本过程，提出一些带有共性的问题和具有普遍意义的建议，因而其指导作用较强。专题性社会研究报告内容比较专一，问题比较集中，篇幅一般也较为短小。一般来讲，专题性社会研究报告大多以解决某一现实问题为目的，具有很强的应用性。

（三）描述性社会研究报告与解释性社会研究报告

按照社会研究的目的，可以将社会研究报告分为描述性报告与解释性报告。描述性社会研究报告只是全面、系统地描述研究对象的一般情况，以便使人们通过这种对社会研究资料和结果的描述，获得对社会研究对象基本情况和特点的认识。它对现象之间的关系及其背后的原因不做进一步的解释和分析，只是客观地反映某种状况，也不做任何主观的评价。解释性社会研究报告则重点关注社会现象之间的关系，力图解释作为研究对象的社会现象产生的原因、发展过程以及变化趋势。在这种研究报告中，描述只是作为解释和说明的基础和铺垫而存在，远不及在描述性社会研究报告中那么详尽。所以在写作上,前者要求清晰、全面,后者要求集中、深入。

二、社会研究报告的结构

不同类型的社会研究报告因为研究目的的不同而在格式、结构、内容的安排上存在一定的差异,但是从总体上看,社会研究报告在格式和结构上仍然存在着共性。一般来说,社会研究报告的内容是由报告标题、导言、正文、结尾、附录等部分构成。

(一)标题

社会研究报告的标题直接影响到人们对它的关注程度,鲜明、生动、针对性强的标题能更好地吸引读者,给人留下深刻的印象。“题好一半文”就是这个意思。标题的写法是灵活多样的,一般有如下几种:一是陈述式。这是一种广为使用的单标题法,就是在标题中直接表明社会研究对象和主要问题,如《湖南农民运动考察报告》《当前我国大学生媒介素养调查研究报告》《济南市市民消费水平调查》等。这种标题法的优点是对象明确、简明客观、主题突出,但是比较呆板平淡,缺乏特殊的吸引力。二是提问式,即以对某一问题的疑问作为标题,如《治理拥堵,出路何在?》《他们为什么选择试婚?》等。这类标题法常见于揭露问题和总结经验方面的社会研究报告,尖锐泼辣、简洁明快,对读者具有很强的吸引力。普通社会研究报告常采用这种标题方式。三是判断式,也叫结论式,即以判断式的语言做标题,来表明作者的结论和观点,如《体制僵化是导致腐败滋生的主要原因》《规划不当妨碍城市成长》等。这种标题法针对性强,影响力大,但是理论色彩较强,不够活泼。四是双标题式,即用主标题和副标题相结合的方式做题目的复式标题法。一般主标题多以提问式和判断式表达,而副标题多以陈述式表达,如《高新技术产业特区的探索——北京中关村电子一条街的调查》《他们为什么沉溺于网络?——对中小学生网瘾问题的调查》等。这种标题形式,既表明了作者的态度,又鲜明地揭示了主题,具有前三种标题的优点,是十分常见的一种标题形式。我们可以根据需要,灵活地选择标题形式。但是无论采用哪种标题形式,都要注意标题必须与社会研究报告的主题相符合,而且文字要简练。

(二)导言

导言又叫前言、引言,是社会研究报告的有机组成部分,对全文起着总领和引导的作用,其主要任务是向读者简要地介绍社会研究的有关背景,包括社会研究的目的、内容、对象以及研究的时间、地点、方法等。一般来说,普通社会研究报告的导言较为简单,而学术性社会研究报告的导言则较为详细,包括的内容更多。

从写作方法上看,导言如何写,应该根据社会研究报告的种类和写作目的来确定。但是一般不外乎以下几种方式:(1)直述式,即在导言中直接将社会研究的目的、内容、对象、范围以及方法、过程等一并交代清楚。(2)悬念式,即首先描述某种社会现象或社会问题,然后对其产生原因、影响等提出疑问,最后介绍社会研究的基本情况。这样可以引发读者的阅读兴趣。(3)结论式,也就是在描述社会现象和问题的同时,直接把社会研究的结论写出来,开门见山,一目了然。当然,实际调研中可以灵活地决定所要采取的方式,但是一定要注意围绕主旨,文字简练。

从写作内容来看，导言一般包括如下几个部分：(1)社会研究的问题或现象的介绍。在导言中应该明确所研究的问题是什么，以及为什么要选择这一问题进行研究。在学术性社会研究报告中，还要说明题目的来源和背景，以简明清晰的语言说明选题的价值和意义。(2)已有相关研究的综述和评论。一个好的社会研究必须对研究课题有一个全面的认识，这就需要对相同以及类似的研究在理论和方法上取得的成果有清晰的了解。也就是说，要明白就本课题而言，已有的研究到了什么程度，取得了哪些成果，在理论和方法上获得了哪些进步，还存在哪些缺陷和不足，等等。当然，做好这一步需要完成大量的文献查阅工作。我们应该在自己力所能及的范围之内，优先选择那些与自己的研究相同或相似的、权威性高的、有价值的、新的成果，通过对这些成果的介绍和评论，使读者对本领域中已有的研究成果有一个大致的认识，为阅读和评价自己的研究提供一个基础，也可以通过对已有成果优劣长短的评价，使读者明白自己研究的价值所在。在这一部分，介绍要简练，重点要突出，而且要紧密联系与自己的研究有关的内容。如果文献评论部分非常重要或者需要评论的文献资料非常多，篇幅比较长，也可以将这一部分单列出来，自成一部分，而不必一定要放在导言中。(3)对社会研究的说明和评价。在导言的最后，应该对自己的研究进行一个简单的说明，介绍一下自己研究的基本问题是什么，从哪些角度出发进行研究，以及研究的基本假设是什么，主要的自变量和因变量是什么，自己希望通过研究解决什么问题等，尤其要讲明自己的研究与以往的研究有何不同，自己的研究有何特殊意义，因为这是最能体现研究价值的地方。

（三）方法

在普通的社会研究报告中，对方法不是特别强调，简单说明一下即可，所以一般不必单独列为一部分，放在导言中就可以。但是在学术性社会研究报告中，方法是非常重要的一部分。因为在这类社会研究报告中，方法是否合理得当关系到研究结论的科学性和研究价值的大小，同时也是读者衡量社会研究质量的一个重要尺度。

不同学科、不同性质的社会研究报告在具体方法上的差别很大，但是从总体上看，大多数社会研究报告的方法部分应该包括以下内容：一是对社会研究对象总体的说明。在社会研究报告中，必须对社会研究对象的总体情况做出全面详细的介绍。这是非常重要的一个部分。因为总体的情况决定了样本的性质和社会研究结论的适用性及解释力，所以应该讲清楚社会研究对象总体的情况，使读者对社会研究的对象有初步的了解。二是对抽样方法的说明。在介绍总体的情况以后，应该对社会研究的样本以及抽样方法和抽样程序进行说明。尤其是在学术性社会研究报告中，必须详细地讲清楚样本的状况、抽样过程和抽样方法。三是对主要研究变量的说明。应该说明研究的主要变量、其操作定义以及具体衡量指标，对复杂的研究变量还要说明对它的分解方式。这样才能使读者明白研究的变量体系和衡量标准，知道研究者的研究是遵循科学、严格的方法要求的，结论是有说服力的。四是对社会研究过程的说明。这是非常重要的一部分，能够直接影响社会研究的结果。在这一部分中，一方面应该对收集资料的方法做出比较详细的介绍。比如说，采用的是自填问卷法还是结构访谈法：如果是前者，那么是个别发送法、集中填答法还是邮寄填答法；如果是后者，那么是当面访问法还是电话访问法。另一方面，也应该对所使用的工具做一些介绍。比如说在使用问卷法调查时，要说明问卷的结构、内容、形式以及制作过程；在使用结构访谈法的调查中，要讲清楚访问问卷的设计、调查员的培训、被调查者的选取等内容。此外，在这一部分中也应该对调查的时间、地点、调查工作的组织、调查员的培训、调查工具的准备等情况做一些介绍。五是对资料分析方法的介绍。不同学科、不同性质和要求的社会研究在资料分析过程中的差别很大：有的以定性分析为主，有的则强调定量的方法；有的只需要非常简单的描述分析，有的则需要深入而复杂的变量关系分析。因此，它们在社会研究工具上的差别也很大。这些都需要说明清楚。

（四）正文

正文是社会研究报告的主体部分，是社会研究的基本内容。社会研究报告质量的高低与影响的大小，主要取决于这一部分的写作情况。这一部分应该根据报告的主题与所掌握的资料合理布局。一般来说，应该围绕三个方面展开：（1）客观地叙述研究对象和现象的基本状况及其相关行为，阐明其性质和特点。应该以令人信服的数据和具有典型意义的事实，从定性和定量两种角度的分析中，叙述社会研究的内容，来解决“是什么”的问题。（2）在叙述社会研究对象及内容的基础上，进一步分析各种现象之间的联系，解释某种社会现象和社会行为的原因，并提出自己独立的见解，以解决“为什么”的问题。（3）提出建议和措施。根据对现象和问题的分析和认识，提出必要的解决方法与措施，以解决“应该是什么”的问题。在应用型的社会研究报告中，这一部分尤其重要。

（五）结论与讨论

在结论部分，需要对照研究假设对社会研究对象进行明确、扼要的判定。如果假设被本次社会研究的结果证实，可以建议在更大范围或不同范围之间进行新的验证。如果假设被部分推翻或完全否定，则应该做出进一步的探讨：是本次社会研究代表性有偏误、效度低造成的，还是假设本身确实有问题。如果需要预测结果，要说明预测的条件和误差范围。一般结论部分篇幅都不会太长，要简明扼要，不要机械重复主体中已有的判断和分析。另外，如果是对策性调查研究，需提出解决问题的主要对策和策略。

社会研究报告的讨论部分是在结论的基础上，进一步挖掘一些更新、更深层次的东西，以增加读者对所研究的问题的理解。一般来说，讨论部分可以涉及以下几方面的内容：（1）样本特点与社会研究结论之间的关系；（2）与同类研究的比较与分析；（3）对进一步研究的建议，如对自己的研究仍不能回答的问题的讨论，对在研究中出现的新问题的讨论，对新问题的研究建议等；（4）对其他研究推论的探讨。讨论部分只是研究的延伸而非深入，所以篇幅不宜太长，以免冲淡研究的主题。

（六）注释和参考文献

在普通社会研究报告中，对注释和参考文献没有特殊的要求。但是在学术性社会研究报告中，通常要在报告的末尾列出必要的注释和参考文献。这是一个严谨的研究必须具备的一部分。参考文献的意义在于为自己的报告提供一个有力的解释性支持，证明作者是本着科学的、实事求是的态度进行研究的，同时也为读者以及同行研究者提供一个可供参考的文献索引。关于参考文献的写法与格式，都有一些明确的、具体的规定。

（七）附录

附录作为正文的补充，是指将一些有关社会研究内容的细节性资料罗列出来，以期能够更好地说明研究，并且可以起到帮助读者增进对研究的了解的作用。具体包括一些问卷、量表、主要计算公式、数据等，还包括正文中未列出的图表以及其他计量手段等。在以学位论文形式发表的社会研究报告中，这一部分不可或缺。如果以学术论文的形式发表，则可以省略，因为这一部分的篇幅一般都比较长。

第二节　社会研究报告撰写

一、社会研究报告撰写步骤

在了解了社会研究报告的性质以及结构以后，我们就可以按照一定的步骤来撰写社会研究报告了。无论哪种社会研究报告，写作的一般过程是：确定主题、拟写提纲、选择组织材料和撰写报告。

（一）确定主题

主题是社会研究报告的宗旨和灵魂。精心地提炼和确定主题，是写好社会研究报告的关键。主题是否明确，是否有价值，是否能引起人们的重视，对社会研究报告具有决定性的意义。

确定社会研究报告的主题需要考虑三个方面的因素，即社会研究的最初目的、社会研究中获得的实际材料和现实生活中需要回答的实际问题。在一般情况下，社会研究报告的主题与社会研究的主题是一致的，也就是说社会研究报告的主题与社会研究的最初目的是相符合的。比如，进行一次城市家庭消费状况的调查，社会研究报告的主题自然就是某城市家庭消费的状况、特点、趋势以及相关的分析。再如，进行一次大学生就业倾向的调查，其社会研究报告的主题就是关于大学生就业的选择偏好、特点、原因以及影响等的分析。在这种情况下，由于社会研究报告的主题在调查活动开始前就确定了，社会研究报告的主题与社会研究的目的完全一致，因此要确立社会研究报告的主题比较容易。但是有些时候也可能出现社会研究报告的主题与社会研究的主题不一致或不完全一致的情况。这可能是由以下几种原因造成的：（1）如果一项社会研究涉及的内容很多，范围很广，一篇社会研究报告难以容纳全部内容，就需要从中选择部分内容形成报告，或者分写为几篇社会研究报告，这样每一篇社会研究报告的内容就只能是原社会研究主题的一部分；（2）围绕同一个社会研究主题所收集的资料，可能有的比较完备，分析比较透彻，而有的却比较粗略和肤浅，缺乏说服力，这时社会研究报告就可能选择前者立题而将后者搁置，因此使得社会研究报告的主题与社会研究的主题之间存在差距；（3）由于客观情况的纷繁复杂和不断变化，可能使得收集到的资料与社会研究的目的相差甚远，根本无法用来说明预先设计的社会研究主题，这时就不得不根据社会研究资料的具体情况来重新确定主题。

（二）拟写提纲

写作提纲是社会研究报告的基本构架。一定的提纲可以为材料的收集指明方向，使我们在收集资料时目的比较明确，视线比较集中。同时，有了提纲，我们就可以根据需要将社会研究材料和分析结果填充进去，层次分明地表达材料和研究者的观点。提纲还可以使写作时思路清楚，任务明确，笔意流畅。

写作提纲可以分为条目提纲和观点提纲两类。条目提纲，就是从结构层次上列出社会研究报告的章节目。观点提纲就是指在条目提纲的基础上列出各章节目所要阐述的观点。在实际的写作过程中，一般都是将两者结合进行。拟定写作提纲的过程，实际就是将社会研究报告的主题层层分解、不断解构的过程。我们可以按照“层层展开，环环紧扣”的原则，将整个结构分为“主题纲目项”，即按“总标题、分标题、小标题、子标题”的形式将主题分层排列。这样在收集资料之后，我们就可以将材料按纲、目、项归类，一直将其落实到每一个具体的问题中，并按其逻辑顺序进行排列，最后按此顺序写作。

（三）选择组织材料

由于社会研究报告的主题与社会研究的主题不尽一致，因此并非所有的社会研究资料都能作为社会研究报告的材料。在写社会研究报告之前，一般要围绕社会研究报告的主题，依据社会研究报告的提纲，对社会研究收集的资料进行选择。

社会研究报告使用的材料一般包括两类：一类是从社会研究中直接得到的各种数据、表格、事例等客观材料；一类是在这些客观材料的基础上通过分析、综合和概括而形成的观点、建议等主观材料。在材料的选择上，要注意以下几点：(1)准确，选取的材料要与所要说明的主题密切相关，紧扣主题，有的放矢。(2)精练，选择的材料要少而精，力戒繁杂和不得要领。要力争用最直接简明的方式表达材料。(3)典型，即要使所选择的材料具有代表性，注意从社会研究资料中寻找各个方面的典型材料，通过对材料的深入剖析和对比加强对主题的说服力。(4)全面，即对社会研究资料的考察不能有遗漏，避免以偏概全，不能将一些重要的材料漏掉，以力争确保材料的说服力和代表性。

（四）撰写报告

在确定主题、拟写提纲、选择组织资料的工作完成以后，最后就是撰写社会研究报告了。这一步主要包括两个方面，即内容结构的合理安排和语言文字的恰当使用。

所谓内容结构的合理安排，指将社会研究报告的材料、观点和各个组成部分合理地安排组合在一起。这种组合安排方法一般有三种：(1)纵式结构，就是按照事物发展的脉络和时间顺序来叙述事实和阐明观点。这样安排比较符合事物和现象发展的自然历史逻辑，而且叙事清楚、流畅，结构清晰，结论自然。(2)横式结构，就是把社会研究的事实和形成的观点，依据一定的标准（性质或类别）分成几部分，并列排放，分别叙述，从不同的方面共同说明社会研究报告的主题。这种结构的优点是问题展得开，论述集中，条理清楚，观点明确，尤其适合全景式的概况。(3)纵横结构，就是纵式结构和横式结构的结合使用。实际上，我们在实践中一般很少单纯地只使用某一种结构，而是结合使用，横中有纵，纵中有横。当然可以根据不同的需要采用以纵为主、纵中有横，或以横为主、横中有纵的方式。纵横结构不但有利于讲清问题的来龙去脉，而且有利于按问题的性质和类别展开深入的讨论。所以，比较大型的社会研究报告通常采用这种形式。

社会研究报告是以叙事为主的说明性文体，所以在语言上应该保持准确、简洁、朴实、生动的特点。(1)准确，就是在语言的选择上要仔细地斟酌和推敲，不但在反映情况时要恰当地表现出事物的不同性质状态，而且在做出评价时也要恰如其分地把握好程度和分量的差别，同时要尽量少用揣测性的模糊词语。(2)简洁。社会研究报告的行文要尽可能用简洁明快的语言表达立意，除特殊需要外，一般不要对事物的过程和细节做不必要的渲染和描绘。报告中所引用的数据、公式、图像和表格要力求简明易懂，不要故弄玄虚，故作高深。(3)朴实。社会研究报告的行文要尽量使用通俗易懂的语言，不要追求华丽的辞藻和文学化的修饰。(4)生动。社会研究报告中采用的资料应该是具体的和新颖的。如果处理得当，就可以使社会研究报告生动、具有说服力，而不在于使用形象的比喻和渲染等手法。对于概括性强、寓意深刻、活泼诙谐的一些谚语和大众用语，也可以酌情选用，但一定要用得恰当，切忌牵强附会和哗众取宠。

二、撰写社会研究报告应注意的问题

(一)重视标题的作用

要精心确立社会研究报告的标题，使标题能够起到标示主题的作用。无论是使用单标题还是复式标题，都必须紧扣内容，简洁、醒目。

在撰写社会研究报告之前，一定要先设计一级、二级标题，这样等于是构思全篇报告的框架，并草拟出了粗略的写作提纲，正式动笔后只需要把具体内容填写到标题下面去就可以了。最忌讳的就是框架未定，就提笔信手写作，以致拉杂重复、不知所云。

(二)叙述客观，文字简洁

社会研究报告的行文，要力求客观、准确、冷静、中立，不加修饰，不掺杂感情色彩。在从事实中得出结论时，观点要明确，不可以模糊暧昧。尽量使用平实、简洁的语言写作，是确保社会研究结论简明、科学、严谨的一个基本前提。在社会研究报告的写作中，要避免使用文学色彩过重的或过于主观的语句。同时在语气上，也要以一种向读者报告的口气撰写，切忌表现出力图说服读者同意某种观点的倾向，更不能把自己的观点强加于人。

(三)注意引文和注释

在撰写社会研究报告的过程中，有时需要引用别人的论述、结果、数据、资料等来支持或证明自己的观点或结论。这时就需要对引用的资料注明来源。一般来讲，在以下几种情况下需要加注：一是直接引用，当引用别人的原话、原文时，要用引号引起来，再标出记号加以说明。二是间接引用，是当援引他人的观点或结论时，即使不是别人的原话，也要在后面用记号注明。这时则不必加引号。此外还有一种提示性引证，仅仅说明某书或某章节可以用来说明文中的某一观点，也不需要加引号。

在撰写社会研究报告的过程中，注释也是经常用到的。当我们在报告中引用他人的资料或某些不易理解的内容和概念时，就需要加注释来说明。这样做的用意主要有如下几个方面：一是指出资料的正确来源，便于读者参考查证；二是表示作者遵守学术规范和学术道德，也显示出对原作者的尊重；三是可以帮助读者理解报告中的疑难，又不会使报告中断和过于冗长。

加注释的方式有三种：

1. 夹注。直接在所引资料之后，用括号将其来源或有关说明括起来，对引文进行注释或提示。一般用夹注的情况是：外文的人名、地名，人物生卒年月，较少见的专业名词翻译，专业名词的解释，其他说明。

2. 脚注。在加注词的右上方加上一个注释号，比如在其右上角加上①、②、③、④等做标志，然后在该页的最下端，用小一号的字体分别说明加注词的出处、时间等情况，或给出相关的解释。在一般的学术性书籍和论文中，这种注释形式大量存在。

3. 章节附注或尾注。在加注词的右上方按顺序标明注释号，然后在章节末尾或全文末尾用小一号的字体全部按注释顺序排出，分别说明加注词的意义、出处、时间等，并冠以“注释”的总标题，而不是分别排在各页之下，这样就形成附注或尾注。

夹注一般不可以太长，以免屡屡隔断正文，影响文意畅通，不利于读者的阅读和理解，所以采用脚注比较方便。当注解很多很长时（有时甚至一页都排不下），采用附注或尾注比较方便。一般不提倡几种加注释方法同时使用，因为这样容易造成阅读不便。在目前学术刊物上发表的社会研究报告中，三种加注形式都在使用，这主要是由各个刊物的要求不同造成的。

（四）注意数表与图表的使用

数表、图表形象直观，所提供的信息量大，可以有效地帮助读者理解报告的内容，是非常好的一种辅助表达方式。但是，在一般的社会研究报告中，数表、图表的使用不要太多，因为没有相应专业修养的人不一定能透彻理解数表、图表所传达的信息。即使在学术性的社会研究报告中，过多的数表和图表也必须有一定的文字说明。

（五）注意篇幅与字数

社会研究报告的长短，主要取决于需要和目的，没有硬性的规定。有的非常简短，有的则长达数万字，以至形成专著。但是一般来讲，应以表达清楚、说理透彻为准则，越简短越好。一般如果是送达领导机关的报告，控制在四五千字为好，篇幅太长则被耐心读完的可能性就要下降。如果内容实在太多，则可以拆开形成几个独立的社会研究报告，每个各讲一个重点。如果在一般综合性杂志上发表，六千字以内比较合适；在报纸上发表则应压缩在四千字以内；在专业学术刊物上登载，可以稍长，但一般也不要超过一万五千字。当然，不同刊物的具体要求也有差别，应灵活掌握。

第三节　社会研究报告解析

解析社会研究报告的技能和专业知识对于我们正确解读社会研究报告具有重要的指导作用。现在有很多人都倾向于用一种简单的方法来阅读社会研究报告。比如有的人只阅读社会研究报告的前言和结论，而忽视作者关于研究程序和表格的陈述；有的人则可能会因为发现了研究中的某个缺陷或局限而全面否定这个社会研究报告的价值。这都是因为我们缺乏解析社会研究报告的技能和专业知识造成的。本章主要以定量研究报告为例，就这个问题进行分析，旨在为大家提供一种解析社会研究报告的系统方法。

一、ABCDE 模型及其应用

罗斯在《当代社会学研究解析》中为定量研究报告的解析提供了一个 ABCDE 模型。他认为，这一模型为解析社会研究报告提供了一个构架，不但具有概括性，而且具有足够的灵活性，适用于以结构式的资料收集技术和使用定量资料为基础的社会研究。

以多恩伯切、希克曼的研究为例，这个研究的目的是检验“里斯曼的历史理论”，即认为在美国人的生活中存在一种趋于他人导向的历史趋势。他们主要是使用内容分析法，通过对广告的研究来考察美国人社会价值中的倾向性。罗斯认为，除了对其研究方法的各个方面进行考察，还可以将这个研究分成五个阶段做进一步的分析：

A. 理论：美国人生活中存在着他人导向的历史趋势。

B. 理论命题：20 世纪 50 年代美国消费品广告中他人导向的成分不断增长。

C. 操作化，资料收集：内容分析（包括将广告中的用语系统地编入六种类型当中）。

抽样：首先确定把 1890—1956 年各期《妇女之家》杂志作为抽样对象。然后从每一年中选取一期（共 67 期），再从 67 期中选取 41 期，样本就是 41 期上的广告。

单位：每幅广告。

变量：（1）对所应陈述的他人导向的六种类型建立起六项指标；（2）期刊发表的年限（分析以 10 年为单位）。

D. 调查分析：根据上一阶段的设计方案进行具体分析，然后检验方法的效度和信度（在评估之前检验等）。

E. 结果：虽然命题得到了证实，但是它已包含对原命题的修正（增长趋势的高峰在 20 世纪 30 年代，然后下降），讨论与解释这一结果。

我们也可以将这一模型简述为：有一个既定的理论（A），因此建立一个可被检验的具体命题（B），然后为检验这一命题设计一个方案（C），在实际中实施这一方案（D），写出结果并联系初始理论（E）进行讨论。多恩伯切、希克曼的结论是，由于发现了这期间消费品广告中他人导向成分有相当大的增长，因此，里斯曼的理论大体得到了证实，而 20 世纪 30 年代后增长趋势的下降则成为一个有待解释的问题。

显然，这个 ABCDE 模型是一个理想模型，实际的研究过程并不是完全像所表述的那样。不过在研究报告的撰写过程中，作者总是试图以令人信服的论证来编排材料，因而采用了这一模型的形式。这样，我们就可以运用这一模型来评价作者的论证，即它的内在逻辑性是否可信。很明显，ABCDE 模型非常适用于理论—检验研究（当然，这一模型也是通过对这类研究的分析而发展建立的）。一般来说，对于解析以定量资料为依据的研究，运用这一模型来严密地考察它的适用范围是非常有用的。很多研究都既包括理论—检验的成分，也包括理论—建构的成分，应用 ABCDE 模型有助于把这两种成分区别开来。当然，我们在实际生活中也会遇到一些社会研究报告，其目的既不是理论—检验，也不是理论一建构，报告中理论与事实的连接方式也是各种各样的。当我们应用 ABCDE 模型来考察它们时，就会发现大多数的社会研究报告是“不完备”的，它们没有以严格的形式说明 A 和 B 阶段。总之，运用模型对研究进行分析有助于澄清作者的观点，并能评估其理论“不完备”的程度。这种“不完备”性反映的是社会研究报告陈述问题的清晰程度或含蓄程度的不同，以及讨论问题的理论相关性的清晰程度或含蓄程度的不同。也就是说，不完备性仅仅指的是模型的理论阶段，在经验社会研究中一般都具备 C、D、E 这三个阶段。

从上述意义来讲，解析社会研究报告可以分成两个部分进行，也就是对两个问题进行分析。第一部分，我们可以首先考察作者的 C、D、E 过程和他对这三个阶段的讨论。通过分析作者对实证工作的论述，我们就能做出评价。由于是在经验层次上详细考察作者论证的有效性，因此可以将这种有效性称之为内容经验效度。第二部分，我们可以考察 A、B 阶段以及它们与经验阶段之间的关系，通过对作者论证的仔细分析而做出评价。由于是在理论层次上详细考察论证的有效性，可以称之为内容理论效度。一个完备的社会研究报告是非常容易按这两部分来分析的。对于“不完备”的社会研究报告，虽然报告的作者没有按照 ABCDE 模型的确切形式进行安排，但总可以把社会研究报告分为两部分：一是作者关于经验（即 C、D、E 过程）的论述部分，二是作者关于理论与证据关系（检验或建构）或其他任何关于研究目的的论述部分。因此，也总是有可能评价其内容理论效度和内容经验效度。

二、解析社会研究报告应注意的问题

罗斯指出，当我们在阅读和解析社会研究报告时，有几点方法性的东西是应该注意的。

第一，论述的清晰度如何。在一些报告中，研究中的某些重要细节往往没有直接写出来，而是隐含着的，但是我们可以从报告中推导出来。

第二，研究报告所提供的资料分析是否可扩展使用。虽然依据表格或报告中所提供的信息范围和信息性质，对一定的研究资料进行再分析的空间是有限的，但是这一方法仍然值得重视。因为依据已有信息的深入分析可能会大大地扩展已有的观点，甚至可能有全新的发现。

第三，应该尽可能地了解研究报告的研究背景。在很多情况下，作为刊物文章出现的研究报告可能只是源于同一研究的不同版本之一，或者某项研究只是一个较大研究的一部分，涉及一系列相关研究。在这些情况下，了解这一研究的来龙去脉会有助于评价。比如说，它可以帮助理解为什么作者选择了一个特殊的研究背景，或者为什么呈现的资料局限于特定的一套变量。对于某些研究报告，简略地参考其他有关文献，有助于认识研究背景。

第四，应该全面认识对理论与证据之间联系的分析。在一个给定的研究中，理论检验与理论建构的使用程度常常是相当明确的，但有时也难以区分。当然，研究的目的并不只是理论检验或理论建构，有些研究可以缺乏明确的理论指导。

我们所举的例子，基本都符合 ABCDE 模型，但这并不意味着研究要牵强地概括为 ABCDE 模型。在评价研究报告的时候，我们对其所做的概括必须保持原文的真实性，再现作者论述的基本面貌，并精细地指明原文与模型的差异。如果不是在报告中明确写出而是由推断得出的概括，应当加以说明。

最后要说明的一点是：对于某项研究，ABCDE 模型的应用可以导出几种略有不同但又都可以接受的概括报告的形式。尤其对于那些没有说清某些细节，特别是研究的目的没有叙述清楚的研究报告来说，就更是这样。比如，假如有两个评价者使用同样的方法来评价波特菲尔德和吉布斯的研究，对于 A 阶段和 B 阶段，他们可能会得出完全不同的看法。对于这种情况，我们考察其合理性的唯一标准就是：概括必须与报告的实际内容完全一致，评价者对自己做出的任何推断都必须有明确的说明。

三、解析社会研究报告的一般步骤

罗斯总结得出，对于以定量资料为基础的研究报告，我们可以按照这样的方法进行解析：

第一，研究概要：在尊重作者原意的同时，尽可能地以 ABCDE 模型表达。应当指明原文与原型的偏差。评价者必须清楚地说明他的任何推断。

第二，操作化评价（C 阶段）：首先，考察有关资料收集技术、抽样、单位、变量等确切细节，然后考察要获得这些细节所做的决策，即概念—指标联系的理论基础、样本选择的原因等。

第三，进一步的描述性细节：原则上说，步骤一和步骤二可能已经包括了所有与描述研究有关的因素，但实际上，往往需要对两个领域的细节有进一步的探求。

1. 理论—证据联系：进一步澄清作者的理论化。

2. 资料分析：列出报告中的所有表格，注意表格所表现出的问题和作者对它们的解释。

第四，内在经验效度：仔细评价研究的经验部分，在经验层次上严格检查表格和它们的解释（暂时将抽样和概念以及指标联系问题搁置一边）。

第五，内在理论效度：在严格的理论检验研究中，我们要考察与经验证据相关联的阶段 A 和 B。要评价内在理论效度，我们就要评价作者所有的理论论述。这些论述不仅与提供的证据相连，而且有其逻辑上的一致性。我们还必须评价抽样，这里的关键问题在于作者是否在他的解释中充分考虑了样本的局限性，他做出的概括是否正当合理。

第六，总体评价：主要结论，突出评价中最为重要的观点及其他未提到的观点。

对这一解析程序及各阶段间的相互联系可用图 16 - 1 来表示：

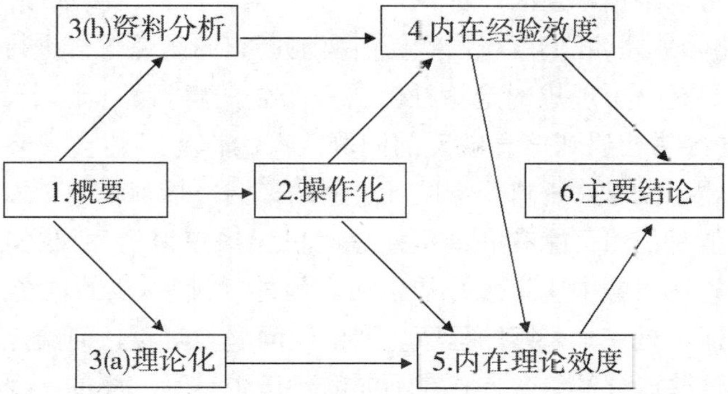

图 16－1 解析程序及各阶段间的相互联系

四、关于实地调查和定性资料研究

以上我们主要是对基于定量资料的社会研究报告进行的分析。同时，罗斯指出，对于实地调查和以定性资料为基础的社会研究报告，我们也同样可以用类似的方法进行解析。

首先我们要从总体上对研究报告进行解析，其中包括五个方面：

1. 研究的自身历史是什么。概括出研究的最初目的；这个研究的时间，研究者在实地调查时的角色以及现场联系等方面是怎样展开的。

2. 收集什么资料，使用什么方法（观察法、访问法、谈话、档案法等），怎样做现场记录。

3. 抽样是怎样进行的，它在多大程度上是偶然的、推理的等，调查总体是什么。

4. 资料分析是怎样做的，在报告中资料是怎样做摘要和介绍的（图表、引用访问记录等），这些资料是怎样被提出来进行描述的。

5. 产生的结果是什么。这里必须识别出报告中研究者的目的（是建构理论，还是某些性质的描述）；提出了什么概念和范畴；这些概念和范畴中有哪些是从资料中发现的，哪些是预先存在的；哪些是参与者概念，哪些是理论概念；建立了什么理论或假设。根本的问题是，研究者的结果（描述、理论等）是否与其所获得的资料一致。

就报告结论的合理性而言，我们可以从三个方面进行评价并得出最终的结论：

1. 评价该报告的概念—指标联系的效度。提出一个概念（以及它的范畴，它们在哪儿存在），并且检查出它和资料的联系，明确什么资料是作为概念（或它的范畴）的指标提出来的，研究者是怎样证明概念—指标联系的效度的。

2. 评价理论或假设的效度。由于这往往被理解成只是对概念之间关系的评价，因此这个问题也包括检验这些联系的经验证据。

3. 抽样和概括。检查抽样对效度的影响。当建立理论的时候，研究者考虑过选择over局限吗？假如已经试图做出概括，它得到证明了吗？

4. 最后，我们可以根据以上的评价，结合相关因素，得出一般的结论。

使用上述策略和方法，我们就可以对任何实地调查的研究报告进行彻底的分析。当然，从整体上看这只是一个理想的定性社会研究报告的解析。实际上，我们在解析社会研究报告的过程中经常会遇到信息缺乏的问题。有的作者可能会省略有关课题研究的自然过程的细节，或者没有对资料分析进行足够的说明。尽管我们可以根据报告推导出一些隐含的信息，但是仍然可能有一些信息是我们无法获得的，那我们只能在评价时指出这一点，并说明它在报告中应该怎样被引出。另外，我们提供的这个“5 + 4”阶段也是一个灵活的策略，而不是一个严密的程序。列出的问题为解析任何给定的研究报告提供了基本的成分，但这些成分的组合方式在不同的环境中是不一样的。我们应根据实际的情况及需要灵活地掌握。

第四节　学术论文的撰写

从文章结构和各部分的要求来看，学术论文与研究报告基本相同，只不过学术论文要求更具学术味道。因此，下面将在本章上述内容的基础上，就学术论文如何体现学术性做重点讨论。就定量和定性两大研究范式而言，这两类论文的结构和学术要求基本是一致的，但前者的撰写方法相对更加固定。对于定量论文的撰写方式，彭玉生在其文章《“洋八股”与社会科学规范》已写得非常清晰[①]。在该文，作者将定量论文分为八个组成部分，即所谓的“八股”：问题、理论（文献）、假设、数据、测量、方法、发现和结论。本教材的第四、第六、第十一和第十四章，包括本章的前三节对于这八个部分都已进行了讲解。由于定量研究的“八股”不完全适合于定性研究，因此下文在讨论学术论文撰写要点的同时，略偏重讨论定性论文写作注意事项。

一、标题、摘要和关键词

学术论文较好标题通常具有理论性适切和经验性适当的特征。以论文《世界工厂里军事化男性气质的塑造与实践——一项对富士康基层管理人员的研究》为例[②]，主标题不但显示了该论文所讨论的理论概念是“男性气质”，而且并非泛泛讨论，而是适当地窄化深化于“世界工厂里的军事化男性气质”。副标题则表明该项研究的经验性，即在哪里进行，具体研究对象是谁。与之相应，不好的标题通常会犯两类错误。一类是只有理论性而没有经验性，或理论概念过大（如类似于《男性气质的建构》的标题），都会令标题空洞。另一类是只有经验性而没有理论性（如《某地进城务工人员生活状况调查》）。由于这样的标题缺乏理论性，因此不符合学术论文必须具有明显学术属性的要求。对于前一类错误的修正，需要将理论概念适当窄化深化，同时限定具体的研究对象。关于后一类错误，

---

① 彭玉生：《“洋八股”与社会科学规范》，《社会学研究》2010 年第 2 期。

② 邓韵雪：《世界工厂里军事化男性气质的塑造与实践——一项对富士康基层管理人员的研究》，《妇女研究论丛》2018 年第 3 期。

根本原因在于写作者的头脑中缺乏理论及概念，不知如何以学术眼光来观察和分析社会现象。相应的解决之道是平时勤于阅读经典文献和前沿文献，不断积累概念和理论。由于优秀论文的文献综述一般质量较好，因此通过精读最近两三年发表的优秀前沿论文的文献综述，有助于在短时间内迅速了解该领域的理论发展脉络和重要概念。但要提醒的是，论文的文献综述是作者从自己要研究的问题出发，所以不可能谈及所引文献的全部。因此，在短平快地阅读优秀前沿论文的文献综述的同时，还应阅读经典文献的原文。另外要提醒入门者的是，从学术论文的写作顺序上看，论文发表时的确切标题多是在全文基本成形后再反复推敲拟定的，所以在研究和写作过程中不必太纠结于标题的确切表达。

摘要的字数通常在300字左右，会依据不同刊物的具体要求而有所区别。其组成部分和所占比例通常如下安排较为合适。研究缘由或意义不超过摘要的四分之一。研究方法以一句话简洁陈述。一半的篇幅用于陈述研究发现，特别是新意。用一两句话点明研究发现的理论或实践价值。至于关键词，数量一般为三至五个，词汇应该是论文重点讨论的理论概念，也可以根据研究议题或对象，有少量的非理论专门词汇（如“留守儿童”等）。

二、引言与研究问题

引言的功能就是要引出本研究，只不过就学术论文而言，引言的重点在于清晰且有说服力地论述本研究的现实意义和理论意义。在论述理论意义时，要与已有理论进行对话，并在其基础之上指出本研究打算深入、细化、提升或创新之处。由于本章前三节已较细致地阐述了如何撰写引言，这里主要讨论如何提出较好的研究问题。另外，由于社会学论文以实证研究为主，即基于可验证的经验材料来讨论概念或理论，因此下面所讨论的如何提出研究问题主要针对的是实证研究。

研究问题的提出需经历从明确主题到具体确定问题的过程，大致可分三个环节。第一个环节是确定研究主题，如“男性气质的建构”就可以作为一个研究主题。第二个环节是下降至研究议题，如分析中国代工厂中基层管理者的男性气质建构过程。那如何从主题下降至议题呢？通常有两条路径。一个是理论驱动。如研究者看到有较多文献研究的是跨国企业如何建构高级管理人员的男性气质，但发现很少有文献研究基层管理者的男性气质建构，于是希望验证研究前者所得到的发现是否也通用于后者，或后者的建构有哪些不同于前者之处，这就是理论驱动。研究者接下来需要进行的是将理论好奇落实于具体经验，即寻找到可从事实证研究的适当对象。如果研究者发现可以接近研究对象，如有机会在工厂的车间、宿舍或其他现场通过参与观察法获得足够的第一手资料，那就可以展开此项研究。研究主题下降至研究议题的第二条路径是经验驱动。如研究者通过各种方式（如熟人讲述工作经验），发现大型代工厂里基层管理者的男性气质建构很有特点，而且有渠道获得很多翔实资料，于是研究者对此现象产生了好奇，希望予以理论探讨，这就是经验驱动。研究者接下来需要进行的是将具体经验挂靠于理论，即找到如何开展研究的理论切入点、核心概念和分析框架。

关于提出较好研究问题的第三个环节，即从研究议题下降至研究问题，需要“两条腿走路”。“一条腿”是阅读大量核心文献。对正在学术入门的本科生而言，难点可能在于确定什么是核心文献。这需要入门者自己通过文献阅读来揣摩，或通过向师长请教来确定。以“分析中国代工厂中基层管理者的男性气质建构过程”为例，核心文献的确定可能需要以下思路：欲深入理解中国代工厂，需要将其嵌入新自由主义主导下的全球化生产；欲理解代工厂对于基层管理者的男性气质建构，需要将男性气质的建构置于代工厂的管理制度和日常运作之中；而且男性气质的建构可具体区分为身体、语言和行为实践等。之所以强调是核心文献，是因为在此环节不能满足于阅读背景文献，如关于男性气质的入门文献。背景文献的阅读应该放在第一环节。研究议题下降至研究问题所需的“另一条腿”是带着议题到研究现场开展类似于试调查的初期调研，如，到大型代工厂观察工厂基层管理者的日常工作。在观察中，需要尝试用已阅读到的理论和概念对眼前现象进行解释，找出已有文献未曾研究的现象，或尝试对旧现象提出新的解释方向。如果发现了自己头脑中现有理论或概念不能解释的现象，那需要再去寻找和阅读新的核心文献。

这“两条腿”相互配合、多次往复后，才可能提出符合以下原则的较好研究问题：具体、深入、具有较高理论意义。这里所说的“具体”包含两层含义。一层含义是要有具体的研究对象，如富士康工厂中的男性基层管理者，及围绕他们的上级、下级、女性等。另一层含义是指研究能落在实处，如将工厂的制度管理和日常运作操作化为工厂的等级制度、工作安排（如每日的早会、晚会、工作进度的安排与落实等）、工厂文化（如厂训、工作会议使用的语言、各级人员相处的风格等）。较好问题的“深入”大致相当于赵鼎新所提出的“差异性发问”①。赵鼎新所言的差异性提问包含以下六个要素：(1)发问包含的信息量大；(2)对差异性有合适的测量；(3)对导致差异的原因有因果关系及替代假说；(4)没有不成立的隐含假设；(5)发问的答案不能过于明显或发散；(6)研究的案例在经验或理论上具有重要性。仔细研读这六个要素和赵鼎新在文中所举例子，笔者认为差异性发问的实质在于：对欲研究的问题已有较准确和深入的了解，并能结合现有理论，提出精深程度较高的具体研究问题。与差异性发问相对应的，是空泛的过程性发问（如工厂如何建构男性气质）。以上文所讨论的研究主题和研究议题来评估，“工厂如何建构男性气质”这一问题界于研究主题和议题之间，远未深入细化为差异性发问。至于较好问题的“具有较高理论意义”，则是指研究问题应当能对所使用的核心概念或理论有实质意义的推进，有较高的理论成就。通常而言，如果研究问题能够做到具体且深入，特别是能够进行差异性发问，那基本就能达到“具有较高理论意义”这一标准了。

那么到底什么样的问题较好地符合具体、深入、具有较高理论意义这三条标准呢？《世界工厂里军事化男性气质的塑造与实践——一项对富士康基层管理人员的研究》一文所提出的研究问题大致可做示范。

第一，分析在新自由主义的全球生产链条中，中国代工厂管理体制的特点及其对性

① 赵鼎新：《质性社会学研究的差异性发问和发问艺术》，《社会学研究》2021年第5期。

别关系的影响，特别是工厂的等级制度、工作安排、工厂文化等如何型塑了基层管理者性别化的身体、语言和实践；

第二，分析代工厂中新自由主义话语的生产和运用，以及如何影响基层管理者对工厂体制、管理工作的理解，他(她)们又是如何运用性别策略和性别实践参与到男性气质的构建中①。

我们认为，上述两组问题较好地展示了该研究到底是研究什么、从哪些方面进行研究、研究的理论新意在哪里等学术论文的核心和价值所在。

三、文献综述

文献综述是针对某研究议题，对密切相关的核心文献做出梳理。文献综述有两个基本功能：一是分析前人就此问题已取得了哪些研究成果；二是自己的分析将从哪些方面进行，要用到的概念和理论有哪些。要特别注意的是，文献综述不是文献罗列，而要找到逻辑关系，进行恰当地综合、分类、评价，从而提炼为概念丰富且密切相连的理论框架。下面继续以《世界工厂里军事化男性气质的塑造与实践——一项对富士康基层管理人员的研究》一文来进行讨论。

该文作者将文献综述分成两大部分：管理者的男性气质研究，新自由主义与男性气质塑造的研究。在每个部分之下，再进一步分成子部分及各个段落。下面展示第二部分的部分框架和内容。

新自由主义与男性气质塑造的研究

(一)新自由主义经济系统对代工厂中性别气质的影响。

第一段：新自由主义是一种经济实践(略)。

第二段：在新自由主义主导的全球生产体系中，中国出口加工区的代工厂通常形成"专制工厂政体"(见下)。

第三段：中国代工厂对工人的男性气质塑造不同于西方国家的工厂(略)。

第四段：上述研究为本研究提供借鉴，但其研究的不是基层管理者，而是基层工人(略)。

第五段：新自由主义除作为经济系统塑造男性气质外，还作为霸权话语塑造男性气质(略)。

(二)新自由主义话语对工作场所中性别气质塑造的影响(略)②。

在上述框架之下，作者在每一段再概括论述其具体内容。以第二段为例：

---

① 邓韵雪：《世界工厂里军事化男性气质的塑造与实践——一项对富士康基层管理人员的研究》，《妇女研究论丛》2018 年第 3 期。

② 邓韵雪：《世界工厂里军事化男性气质的塑造与实践——一项对富士康基层管理人员的研究》，《妇女研究论丛》2018 年第 3 期。

在新自由主义主导的全球生产体系中，中国出口加工区的代工厂通常形成“专制工厂政体”（despotic factory regime），典型表现是低工资、超长工作时间、工伤和职业病频发、劳工缺乏工会等组织保护以及资方强制（coercion）控制劳动过程。已有研究进一步指出，对于工人的性别和性别气质的强调和塑造是资方打造专制型工厂管理体制的重要组成部分。如李静君的研究指出，工厂管理者在劳动过程中不断强调打工妹的未婚女性身份。潘毅对深圳电子厂的研究发现，工厂中的管理者常常提到打工妹是女性，应该温柔、懂事、勤劳、听话。通过突出打工妹的女性身份和女性气质，工厂管理体制试图达成对工人的规训和自我规训，从而实现专制化管理①。

在该段落中，作者段首语即本段中心句，概括指出本段将讨论新自由主义形成的专制工厂政体。然后从专制工厂政体的典型表现、打造性别气质是其组成部分、如何打造打工妹的女性气质来实现专制管理等方面予以展开。由此，作者在每一段落都较好地做到了逻辑清晰和紧密围绕中心句。然后通过段落之间的起承转合和各个部分的有序组织，形成了脉络清晰、内容丰富、概念密集、密切相连的文献综述和分析框架。这也是学术论文的优秀文献综述应达到的标准。

要写好文献综述，除应该向上述标准努力外，在搜索文献时应注意以下事项。一是在“中国知网”等数据库进行搜索时，建议首先使用论文数据库，其次是博硕论文数据库。二是搜索时使用的关键词，通常应是学术概念。如果所搜索的关键词较为大众，可以将搜索条件设置为出现在主题、标题或关键词中；如果搜索词较为小众，则可将搜索条件设置为出现在摘要或全文里。三是对显现出来的论文应从质量方面进行甄别。四是除搜索数据库外，可使用优秀文献＋滚雪球，特别是从较新较优论文的参考文献进一步扩展。这是迅速找到自己研究所需核心文献的有效途径。五是除阅读期刊文章外，还应搜索和阅读研究议题所涉及的经典著作。此外，在阅读文献和使用文献综述方面，还应注意两点：一是要做好笔记，包括文献的重要观点、对自己特别有启发的观点和研究方法，文献的作者、名称、出版时间地点，某些重要观点或数据所在的页码等；二是文献不能止步于阅读和综述，还必须真正化为自己观察分析的概念、视角和逻辑框架，即所谓的入脑入心，否则易于出现综述做得不错，但在分析时却不会用，从而形成综述和分析割裂的现象。

四、研究方法

对研究方法的理解要准确深入，才能运用得到位。以常用的定性研究方法访谈法为例。杨善华和孙飞宇在其文章中提出，成功的访谈应深入事实内部②。那么，如何深入事实内部呢？我们的理解是：结构、细节和特色。

---

① 邓韵雪：《世界工厂里军事化男性气质的塑造与实践——一项对富士康基层管理人员的研究》，《妇女研究论丛》2018年第3期。原文中的文献标注已略去。

② 杨善华、孔飞宇：《作为意义探究的深度访谈》，《社会学研究》2005年第5期。

这里的"结构"指要将研究对象置于社会结构中进行考察，而社会结构可形象化地、操作化地理解为由四个层面组成的社会生态结构：个人，首属群体，单位或组织，社会文化和社会政策。换言之，在设计访谈提纲、寻找访谈对象和进行访谈时，要注意从这四个层面去挖掘研究对象所嵌入的社会结构。以研究男性如何承担父职为例，下列变量都会影响父职表现，包括男性个人层面的属性，如年龄、学历、收入、城乡户籍、工作性质（如是否经常加班或出差等）、性别观念、生育观念；男性的家庭属性，如子女数量与年龄，妻子的学历、收入与工作性质，是否与祖辈同住，祖辈参与孙辈照顾的情况，该男性幼时父亲履行父职的状况等；男性所在的工作单位属性，如所有制性质，单位规范，盈利状况，单位是否和如何提供男性护理假等；社会文化和社会政策层面的属性，如与生育相关的劳动保障、社会政策和性别观念等。因此，在寻找访谈对象时，不仅要访谈不同年龄、收入、学历、户籍和工作性质的男性，而且要访谈男性的妻子、双方父母和不同属性的用人单位。另外，社会生态结构四个层面的资料需要综合运用各种方法来搜集。除访谈法外，需要通过文献研究法寻找搜集相关的社会政策；通过较大规模的问卷调查，了解整个社会或某个区域的生育和性别观念。对于这些数据，可以自己搜集，也可以从已发表的文献中搜集。

深入事实内部的"细节"指在访谈时，应主要搜集细节性的事实性资料，如受访男性在孩子出生之后，是否和如何提供了喂奶、换尿布、洗澡、哄睡等日常照顾。至于男性如何理解父亲身份等相对抽象的问题，应主要由研究者通过深入细致的研究予以解答，受访男性对此问题的回答只是搜集到的资料，研究者应从研究角度予以理解和使用。

深入事实内部的"特色"指不但要记录受访者的原话，而且要对受访者所使用的本土性概念特别敏感。如郭于华在对骥村妇女访谈时捕捉到的"红火"[①]，是当地妇女们对20世纪50年代农村集体生活的深刻且形象的记忆。因此，访谈时要认真倾听，努力捕捉到受访者描述自己生活时所使用的富于个人特色的本土概念。

之所以要特别强调对于研究方法的理解需要准确深刻，是因为只有如此，才能在论文里介绍研究方法时有效地写清写实研究方法。如在陈述访谈对象的人数和类别时，不但要根据对结果产生重要影响的变量，写明如何根据代表性和全面性进行立意选择，而且要理解受访人数的确定严格说来应该遵循饱和性原则，从而对访谈对象的有效性进行评估。再如，如果运用的主要是参与观察法，鉴于参与观察法的核心是研究者同时拥有局内人和局外人两种身份，以局内人的身份参与研究对象的活动从而深度体验研究对象的生活，以局外人的身份分析研究对象的活动从而摆脱局内人可能会有的视而不见，因此在论文里写明运用此方法时，就需要说明自己是如何做到两种身份兼备并行。

另外要注意的是，多种定性研究方法之间一般是互相辅助的关系，而非互斥。如使用民族志方法进行研究时，在现场很可能也会用到访谈法和观察法。再如，使用访谈法的同时，特别是搜集相关的社会政策时，应该采用文献法。对初学者而言，容易产生的常见错误之一是过分依赖访谈法，试图将所有资料都通过访谈来获取。这既是对各种研究

---

① 郭于华：《心灵的集体化：陕北骥村农业合作化的女性记忆》，《中国社会科学》2003年第4期。

方法的理解不够深入准确，也表明初学者尚未真正形成社会学的基本思路——将研究对象嵌入社会结构来予以研究。

五、分析和结论

论文在介绍研究方法，即交代清楚资料的获取方式之后，一般来说可以进入分析资料部分。就分析的基本工作而言，就是用文献综述里的概念、理论和分析框架对资料进行深入细致的分析。就分析的目的而言，就是要得出可靠且富于新意的结论，更简洁而言，就是要生产新理论。

所谓的新理论，主要有概念、命题和机制三种形式。如《世界工厂里军事化男性气质的塑造与实践——一项对富士康基层管理人员的研究》所生产的新理论就是有力地提出和论证了“世界工厂里军事化男性气质”这一新概念，从而深化细化了人们对于工厂体制和新自由主义如何生产男性气质的理解。命题则是指两个及以上变量之间的关系。大部分定量论文的新意都在于发现了新命题，刘爱玉等作者发现：“在中国现阶段的市场条件下，家庭成员家务劳动的时间投入与经济依赖有显著关系，夫妻双方的任何一方具有经济依赖关系，都会在家务劳动上有更多的投入。”①相比之下，机制较复杂，根据赵鼎新在其文章《论机制解释在社会学中的地位及其局限》所言，机制是指“一组在控制条件下能被持续观察到同样也能通过推理获得的、因此是可以被解释的有着固定互动规律的因果关系”②。通俗而言，不妨把机制理解为一组因果关系，或多个变量 + 明确的因果关系。

如下图是论文《“请客不收礼”：道义关系调适与农村宴请新现象研究》的作者郑姝莉通过对一个村庄的研究，所发现的该村盛行请客不收礼的机制：多个变量通过彼此之间以箭头等符号表达的作用方向，呈现出一组明确的因果关系③。

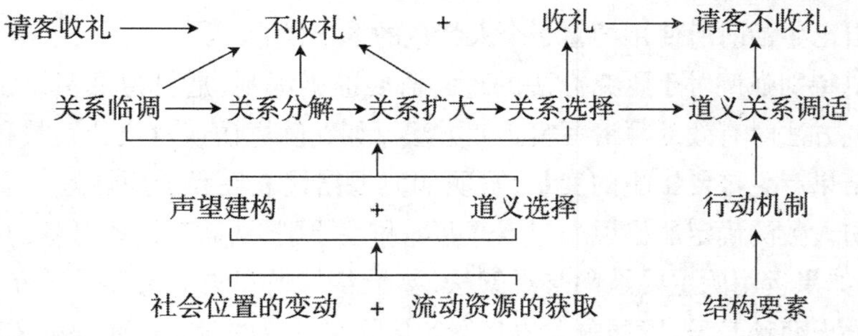

图 16－2　研究框架

无论是运用概念和理论来分析资料，还是分析之后生产新理论，都需要做到分析可靠和理论有效。以基于经验可靠归纳为宗旨的扎根法可以向初学者提供必要训练。为了促成可靠归纳，扎根法对于如何处理文字材料，已发展出可称为逐步从原始资料中生

① 刘爱玉、佟新、付伟：《双薪家庭的家务性别分工：经济依赖、性别观念或情感表达》，《社会》2015 年第 2 期。
② 赵鼎新：《论机制解释在社会学中的地位及其局限》，《社会学研究》2020 年第 2 期。
③ 郑姝莉：《“请客不收礼”：道义关系调适与农村宴请新现象研究》，《社会学研究》2020 年第 3 期。

产理论的一套严格程序——三级编码。第一级编码称为开放编码,是指对于原始文字资料进行逐字逐行地编码。在这一环节,所谓的"码"就是用较简洁的词汇去概括某句话或某些表述,这些词汇可以是理论概念,也可以是日常用语(可参考下图中的开放编码①)。第二级编码称为主轴编码。针对第一级编码生成的几十个,甚至上百个开放编码,研究者用理论概念进行再次地聚类、提炼和命名。第二级码的数量控制在4至9个为宜。第三级编码称为选择编码,是对第二级编码进行再次的聚类、提炼和命名,数量比第二级码更少,一般为3~5个。这一级编码的依据和目的是能将第三级编码用一个总括概念(如下图中的"反思性身体技术")予以最大限度地涵盖。第二级编码中不能被总括概念涵盖的,应舍去(可留待其他论文使用),留下可用的编码。这一过程就是"选择编码"一词所指的选择之意。

由此,经过三级编码的四个步骤(开放编码、主轴编码、选择编码、提炼总括概念),扎根法希望生产出来有效理论:基于密集且高度关联的概念,形成可靠且富有解释力的理论。

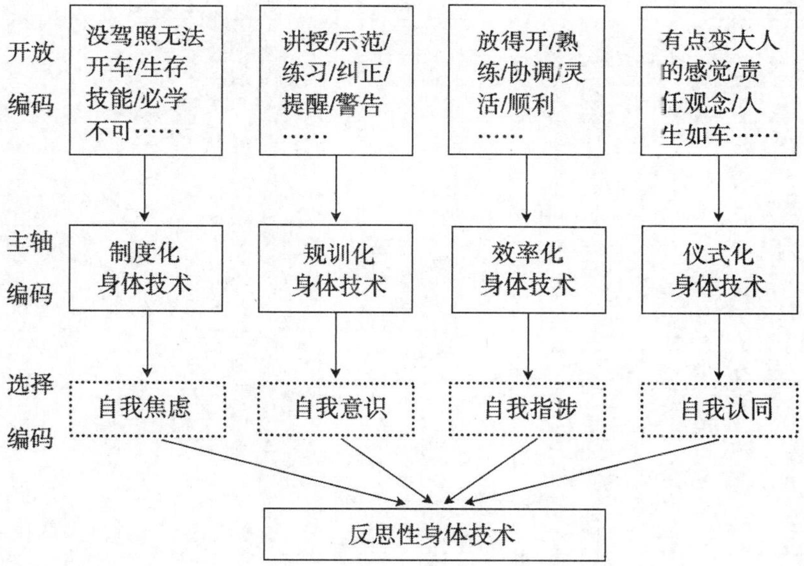

图16-3 编码过程

总之,撰写学术论文是艰苦的心智劳动。就研究方法而言,论文质量的好坏,是对作者理解的是否准确深入和运用的是否扎实严谨的检验。就学术研究而言,不断打磨研究方法和不断提高研究能力是终生修行,既需要对于人类社会如何运作的强烈好奇心,更需要坚持不懈地持续研究和勤于撰写。

① 林晓珊:《反思性身体技术:一项汽车与身体的扎根理论研究》,《社会学研究》2013年第6期。

▶本章小结

社会科学研究的结果表达包括研究报告、学术论文等形式。本章主要对社会研究报告的类型与结构、报告的撰写步骤与要求、社会研究报告的解析方法以及学术论文撰写的要求和注意事项进行了介绍。

▶进一步阅读书目

1. 蔡今中:《如何撰写与发表社会科学论文:国际刊物指南(第二版)》,北京大学出版社 2016 年版。

2. 张静:《社会学论文写作指南》,上海人民出版社 2018 年版。

3. 杨清媚、张国旺主编:《社会学论文写作讲义》,商务印书馆 2021 年版。

4. 郭泽德:《写好论文》,清华大学出版社 2020 年版。

第十七章 社会科学研究中的伦理问题

社会科学研究伦理是开展社会科学研究活动需要遵循的价值理念和行为规范，是促进社会科学研究事业健康发展的重要保障。当前，我国社会科学创新快速发展，面临的研究伦理挑战日益增多。社会科学研究中的伦理问题源自对进行研究的适当方法的关切、两难与冲突。伦理界定了什么是正当的、什么是不正当的，或者说什么是合乎道德、什么是不合乎道德的研究程序。但是绝对的伦理规范并不多，大部分的伦理问题涉及如何在相互竞争的价值之间求得妥协，而且抉择取舍要根据不同情况而定。艾尔·巴比认为，由于很难定义所谓绝对的道德标准，人们往往视一个人群的约定为日常生活中的道德和伦理，不同的群体有不同的道德标准。如果我们准备在某个特殊的社会里生活或在某个特定社区搞研究，了解这个社会（社区）的道德标准是十分有用和非常必要的。①

在实际社会科学研究中，研究者会面对许多伦理上的两难问题，必须决定该如何抉择，而且多数问题牵扯到两种价值——追求科学知识与被研究者或社会上其他人士的权利问题——之间的平衡。伦理守则和其他的研究者可以提供一些必要的指导，但是信守并实施合乎伦理的行为还是掌握在个别研究者手中。专业的社会科学研究需要研究者既具有研究技术的正确知识（例如抽样），又需要具有对于研究所牵扯到的伦理层面问题的敏感度。如果我们准备进行社会科学研究，应当首先掌握研究者一般公认的关于适应研究手段的基本伦理和学术规范。

第一节 社会科学研究基本伦理

虽然我国目前还没有出台明确的社会科学研究伦理守则，但是社会科学研究作为科学研究活动的一部分，参照《关于加强科技伦理治理的意见》中提出的明确科技伦理原则，社会科学研究活动也应当遵循：增进人类福祉；尊重生命权利，应最大限度避免对人

① ［美］艾尔·巴比：《社会研究方法（第十四版）》，邱泽奇译，清华大学出版社 2022 年版，第 56 页。

的生命安全、身体健康、精神和心理健康造成伤害或潜在威胁，尊重人格尊严和个人隐私，保障科技活动参与者的知情权和选择权；坚持公平公正，应尊重宗教信仰、文化传统等方面的差异，公平、公正、包容地对待不同社会群体，防止歧视和偏见；合理控制风险，应客观评估和审慎对待各种风险，力求规避、防范可能引发的风险；保持公开透明等原则。

一、自愿参与

社会科学研究经常要打扰人们的生活，人们总是在没有任何准备的情况下，接到一个访谈电话，收到一份邮寄问卷或是听到访问员的敲门声，这些都意味着研究对象的日常起居和正常活动被打断，并耗费一定的时间和精力，甚至被要求提供某些本人不愿传递给陌生人的私人信息。因此社会科学研究者要充分尊重研究对象是否参与的意见，慎重对待“自愿参与原则”，即研究是否要事先征得被研究者的自愿同意。

1. 自愿参与

在医学研究中，一个主要的伦理原则即参加实验必须是自愿的，这一规范同样适用于社会科学研究，不能强迫任何人参加研究。研究对象同意参加研究（如回答问题），而且可以选择在任何时间退出研究。研究者依赖研究对象的自愿合作，所以研究者需要以细致敏感的心，精心设计并提出问题，充分尊重研究对象。这一规范看似容易，做起来却很困难。例如，在医学研究中，试制中的药物有时会在囚犯身上进行测试。在最符合伦理要求的案例中，囚犯们都会被事先告知实验的性质、目的和可能出现的危险，他们也被告知参与实验完全出于自愿，而且不会因此获得比如减刑、假释等报酬。尽管这样，志愿者合作的动机还是相信自己会从中得到好处，或者担心不合作会在日后遭受报复，即使只是监管人员的恶劣态度，包括一些简单的训斥。社会科学研究中经常会出现这种相似的情境，例如一位研究生育意愿的研究者，通过一些小学分发问卷，由学生带回家交给家长填写。虽然问卷上声明是自愿填写，但学生家长担心不参加会影响孩子在学校的学习、生活，所以他们感觉合作比不合作对自己的孩子更加有利。

当然，自愿参与原则有时可能会直接与社会科学研究的要求发生或多或少的冲突。假如研究对象（如填写问卷的人、接受电话采访的人）都是自愿参加的，代表性可能会受到质疑，因为自愿参加某项研究这一行为本身可能是某种特殊个性的反映，而研究结果就难以体现各种类型，特别是不愿意参加研究的群体的真实情况。在一个描述性调查中，只有用科学方法抽出的样本中的大多数对象参加了研究，不管是自愿的还是多少有点不情愿的，研究者才能把样本的调查结果推论到总体，得出较为准确的科学结论。

2. 知情同意

正由于社会科学研究必须遵守“绝不强迫任何人参与研究，且不给参与者带来任何伤害”的基本伦理原则，社会科学研究才必须遵守知情同意原则，即研究者要让受试者了解他们将要去参与的是什么形式的活动，活动的性质是什么，研究的程序有哪些，研究的风险有多大，是否有什么收益或可能受到什么伤害等。受试者看完并理解这份知情同意书中的各项陈述后，可以签名表示他们知道这些风险，并且是在没有受到任何强迫形式的情况下完全自愿地参与研究的。当然,某些研究如隐藏身份的田野研究,经机构审查委员会(Institutional Review Board, 缩写为 IRB)审查可以不必签知情同意书,大规模样本受访者的匿名调查也不必签知情同意书。

知情同意书作为一份书面的同意参与协议书,需要提供以下内容:①

(1)简要描述研究的目的和程序,包括期望的研究时间。

(2)说明参与研究可能出现的风险与不安。

(3)保证匿名性和资料的保密性。

(4)明确研究人员的身份,以及从何处可能了解到研究对象的权利、研究问题有关资料的信息。

(5)说明参与完全出于自愿,参与者可以随时中止,而不会受到任何惩罚。

(6)说明在研究过程中可能会使用一些替代程序。

(7)说明可能给研究参与者的好处或报酬,以及研究对象的人数。

(8)说明向研究对象提供一份简要的研究结果报告。

看待知情同意这项伦理议题的另一种方法,就是修正研究者与参与者之间的关系。研究者与研究对象间的关系是平等的,而非传统上研究者握有高于研究对象的权力与权威。一旦采取平等的立场,知情同意这项伦理议题就不存在了。相反,研究者让参与者了解研究技巧,研究对象则成为研究的积极贡献者,双方互蒙其利。强调研究者与研究对象间的平等关系是结合研究关系与方法论的方式之一。使用某些抽样方法可以创造这样的平等关系。例如知情人抽样法、焦点团体法以及社区论坛法等,使社区成员都有机会同时成为研究的参与者与贡献者。研究者与研究对象间的平等关系是参与式研究的特色。

打破研究者与参与者之间的传统对立关系,树立研究者与研究对象的新型平等关系,除有助于解决知情同意的议题外,还会解除“研究者并不太理会、考虑、回应研究对象的需求”这样的疑虑,促使研究者与研究对象之间建立伙伴关系,使社会科学研究更具有回应性。同时也会进一步提高研究的效度,越是抱着传统观点——强调研究者与参与者的间隔——不放,研究对象越有可能因为不了解研究者的目的和动机而提供一些无效甚至虚假的信息。

3. 避免强迫特殊群体参与的原则

在社会科学研究中,某些受试者群体没有能力给予真正的自愿知情同意,他们可能缺乏必要的能力,或是可能间接受到强迫。学生、监狱犯人、公司员工、军事人员、无家可归者、领取福利津贴者、小孩或是精神障碍者,都可能同意参与研究,然而他们可能没有充分的能力来做决定,或是他们同意参与可能是因为想要得到的某些好处,如比较好的成绩、提早假释、获得升迁或是额外的服务。

研究者遵循知情同意原则时,一定要考虑到参与者拥有同意权的最低年龄要求。我

① [美]劳伦斯·纽曼、拉里·克罗伊格:《社会工作研究方法——质性和定量方法的应用》,刘梦译,中国人民大学出版社 2008 年版,第 125 页。

国虽然没有明确要求，但是针对未成年人的调查研究不仅需要得到未成年人的同意，还必须获得其监护人知情同意。例如，2021 年 11 月中旬，为建立学生的心理健康档案，上海长宁区教育局在多所中小学开展问卷调查。该项研究初衷是进行青少年心理健康问题筛查，但研究过程未遵循家长知情同意伦理原则且问卷内容引用了《Beck 自杀意念量表》遭到家长们的强烈抵制，因此，长宁区教育局迅速停止该调查问卷工作并发文致歉。[①]

强迫他人参与研究是不合乎伦理的，这包括给予他们其他方法无法取得的特殊利益。例如，指挥官命令士兵去参与研究，老师规定学生要做过受试者才能通过这门课程，或是雇主期待受雇者完成一项调查作为继续雇用的条件等，这些都是不合乎伦理的做法。即使是研究者以外的其他人士（例如雇主）强迫别人（例如受雇者）参与研究，也是不合乎伦理的作为；即使是告知后的同意，也会变成扭曲性的同意。

是否涉及强迫参与有可能是个复杂的议题，研究者必须对每个个案分别加以评价。例如，一个被判有罪的犯人被给予坐牢还是参与一个实验性的复健计划这两种选择。这位被判有罪的犯人可能不相信这份计划书的效益，但是研究者可能相信它可以帮助这个犯人。这是个强迫的案例，但是研究者必须判断受试者以及其对社会的效益是否超过伦理上对强迫的禁止。

教师有时候会要求修读社会科学的学生参与研究计划书做受试者。例如，一位高校教师正在进行一项关于男女学生同居问题的研究，他要求班上的全部学生用 20 分钟的时间完成一份早就拟好的调查问卷。当然他告诉所有学生进行这项研究（填写调查问卷）是自愿参与的，但同时又说不填这份调查问卷的学生，必须另外写一篇 3000 字的学术论文上交。这很明显是一种胁迫，这个教师利用权威强迫学生填写调查问卷参与研究。这是一种特殊的强迫案例。常被提出支持这种要求的论点有：通过其他渠道找受试者可能非常困难并且可能要支付许多费用；以学生为受试者的研究所得到的知识将对社会发展有利，对学生将来的成长也有利；学生将会因直接体验真实的研究情境，而对社会科学研究有更多的了解。在这三种论点中，只有第三种可以算是支持有限度强迫的理由。有限度的强迫只有当它具有明确的教育目标、学生有选择参与或不参与研究的权利，以及在遵守其他伦理原则的情况下，才可以接受。

二、不伤害参与者

无论参与者是否自愿，社会科学研究都绝不能伤害研究对象。研究者必须熟知所有可能出现的伤害类型，竭尽所能地将这些伤害降至最低。社会科学研究会伤害到研究对象的方式可能有下列几种：生理伤害、心理伤害、法律伤害以及对个人收入、工作、前程或生活所造成的其他伤害。

1. 生理伤害

社会科学研究中最基本的伦理原则是研究者不应该对参与者造成任何生理伤害。研究者应该在开始做研究之前，就预先设想可能会涉及的风险，包括基本的安全事项（如

---

① 《学校“自杀问卷”被叫停，家长在担心什么?》，《中国新闻周刊》2021 年 11 月 24 日。

建筑物的安全、桌椅与仪器等)。如果研究的内容涉及压力,预料研究对象可能会受伤害或是有遭受攻击的危险时,就应该而且必须立即排除有可能遭受危险的研究对象(如心脏病患者、精神障碍或患有疾病者)。研究者对研究对象因参与研究而造成的伤害负有不可推卸的道德与法律上的责任。如果研究者不再能够保证研究对象的人身安全,就应该立即终止自己的研究计划。下面这个著名的金巴尔多囚犯实验研究,正是基于伦理的原因而不得不提前宣告研究结束。

金巴尔多在1973年做了一项著名的研究,引起了激烈争论。研究者把一些志愿应试的大学生随机分成"犯人组"与"看守组"。"犯人"被"逮捕"后,"警察"给"犯人"戴上手铐,并把他们带到了"警察局"。签字画押、验明正身之后,"犯人"被蒙住两眼,带到了斯坦福大学地下室的一个"监狱"里。这些被试者经历了真正的犯人才会碰到的各种事情,如戴手铐脚镣、全身喷消毒剂、脱去平常的衣服、换上监狱里统一制作的"布袋衣",而且"犯人"不再有姓名而只有一个号码。监狱里有三位"看守"负责监视"犯人"的一切行动。研究者用闭路电视与录音装置观察"犯人"与"看守"的反应,并定时与他们个别谈话。这一模拟实验原定为两个星期,但只进行了六天便不得不停止了。因为"犯人"和"看守"都有了异常的行为表现。如扮演"犯人"的被试者逐渐变得依赖、软弱、无助、抑郁、易怒,而扮演"看守"的被试者则越来越有虐待"犯人"的倾向。这一模拟实际监狱情况的研究,暗示了现实监狱中可能出现的某些问题。①

2. 心理伤害

社会科学研究中比较少见会对受试者造成生理伤害的风险,但是社会科学研究者可能使人们处于充满压力、尴尬、焦虑或不愉快的情境当中。例如,在研究中研究对象经常被要求透露他们的反常行为,不为一般人所认同的态度,或有无低收入、领取社会救济等贬低身份的个人特质,透露这些资料多少会让研究对象感到不舒服。

社会科学研究也可能迫使研究对象面对平常不太可能考虑的问题,即使这类信息并不直接透露给研究者,类似的问题还是会发生。参与者回顾过去时,某些可能不正义、不道德的过去会浮现在眼前,如此一来,研究本身就可能成为研究对象无休止的痛苦的根源。例如,研究项目事关行为规范,那么研究对象也许会开始质疑个人的道德,而这种质疑也许在研究结束之后还会一直延续下去。②

有的社会科学研究故意把参与者安排在会使他们在心理上产生不舒服或感觉有压力的真实情境中,研究者得以了解人们如何回应真实生活中产生高度焦虑的情境。使受试者产生不舒适的感觉,这违反伦理吗?有些人认为,事先做好预防措施,然后从中获取知识的价值,远远超过让受试者承受些压力与潜在的心理伤害。然而也有人认为,即使是出于确切的科学理由,必要的研究设计也会让受试者承受极度的压力与永久伤害的风险,这个代价未免太大了。著名的史丹利·米尔格拉姆的服从研究(Miligram obedience study)的伦理问题,仍然处于这样的争论中。

---

① 周晓虹:《现代社会心理学》,江苏人民出版社1991年版,第93页。
② [美]艾尔·巴比:《社会研究方法(第十四版)》,邱泽奇译,清华大学出版社2022年版,第58页。

米尔格拉姆的服从研究通过检视服从权威的压力强度，试图找出纳粹统治下的恐怖大屠杀是如何发生的。在受试者签过“知会同意表”后，在事先串通好的随机选择下，受试者被指派去当“老师”，而另一个实验者的同谋则扮演“学生”。教师测验学生对文字的记忆力。如果学生记错，老师就增加电击的强度，对学生施加处罚。学生被安排在另一个房间，老师只能听到学生的声音，但看不到学生。电击的仪器以明显伏特数值的增加标示出来。学生一旦犯错，老师就打开电源的开关。学生也发出叫声，好像承受着极大的痛苦。在场的研究者则向老师说诸如“你必须继续做完”之类的话语。米尔格拉姆报告说：“我们观察到受试者冒汗颤抖、说话结巴、紧咬下唇、紧张到指甲都戳到肉里去了，这些都是这个实验的特色，而不是异常反应。”被实验的危险程度吓到的受试者的百分比，远远超过预期的百分比。①

从米尔格拉姆服从研究中可以看出，产生压力和焦虑感的研究也会有一定危险，致使实验者对他人出现麻木不仁，或发展出一种操纵他人的心态。研究者在执行了对受试者造成心理伤害的实验之后，应该向其表达歉意。把受试者置于产生焦虑的实验可能也会使讲求伦理的研究者感到不安。因此，研究者绝对不应该制造不必要的、超过产生预想结果所需要的最低限度的压力，或对研究目的没有直接和正当作用的压力。如果研究的压力程度产生长时间的作用，研究者应该持续追踪，并向受试者提供免费的心理咨询或其他可能的一切帮助。经验丰富的研究者若考虑从事会导致强烈压力或焦虑的研究，一定会对引起焦虑或不舒适的情境事先做好预防措施。在研究计划阶段，他们应该先向曾经做过类似研究的学者与心理健康专家请教，过滤高危险性的群体（例如情绪有问题或心脏有问题的人），并且在发生危险状况时对研究采取紧急干预或终止的措施。研究者应该在研究前就取得受试者的知情同意，而且研究结束后立即向他们做实验的执行报告。

3. 法律伤害

研究者有责任保护受试者不会增加被逮捕的风险。如果参与研究会提高被逮捕的风险，受试者就不会信任研究者，也不会愿意参与未来的研究。研究者可以在进行某类研究之前取得不受执法机关干预的保证。例如，美国司法部就对研究犯罪行为的研究者提供书面的弃权书。研究者在收集资料时若发现非法活动，也会引发相关的伦理议题。研究者必须把保护研究者——受试者关系以及对未来研究者效益的价值，与对无辜第三者可能造成的潜在伤害，做个衡量取舍。研究者要对他自己的决定负责任。例如，逢恩·曼南在其对警察的田野研究中，报道说看到警察殴打民众，也亲眼看到非法行动以及不按规定的程序作业，但是他写道：“在这些麻烦纠纷当时以及这些事件之后……我谨守警察的行事作风：不透露一点风声。”

田野研究者经常面对困难的伦理决定。例如，当泰勒（S. J. Taylor）研究一家精神病院时发现院中人员对收容者加以辱骂与施以虐待。他有两种选择：放弃研究并请求调查，或者保持沉默，继续做完几个月的研究，出版所有的发现，然后推动终止虐待的行为。

① ［美］劳伦斯·纽曼、拉里·克罗伊格：《社会工作研究方法——质性和定量方法的应用》，刘梦译，中国人民大学出版社2008年版，第120页。

在权衡各种状况之后,他选择了后者,现在他是一位积极争取精神病患者权利的提倡者。①

类似的伦理难题还可以从纽约一家餐厅的个案中看出来,这个案例因涉及机密问题而更加复杂。有位社会学研究生进行餐厅侍者的参与观察研究。在研究计划期间,田野地点——一家餐厅失火了,于是怀疑有人纵火。地方执法当局要求察看田野笔记,还想询问研究者餐厅里的一切活动。这时研究者就面对一个难题:他应该配合调查而破坏研究伦理所承诺的信赖、保密与诚信,还是要坚守保密的原则保护研究对象,而去面对藐视法院与妨害司法公正的处分,这包括罚款与坐牢。他想要做出合乎伦理的行为,并且又不必入狱服刑。经过好几年的法律纠纷,最后解决的方式是研究者做出有限的合作,同时获得法官裁决保住了田野笔记的保密性。但是,这个议题花了好几年的时间才得以解决,研究者付出了可观的金钱与个人的成本。

观察非法行为可能是某些研究计划的目的。暗中进行观察并且记下非法行为,然后向执法机关提供信息的研究者违反了对研究对象应该遵守的伦理标准,并且危害到未来的研究。然而,对于非法行为知情不报的研究者等于间接纵容犯罪行为,可能会因此而卷入被疑为从犯的官司。研究者是该做个寻求知识的专业研究者,还是做个自主的卧底线民呢?任何形式的研究都是在一定社会中进行的。越来越多的研究者认为研究必须考虑到其题目是不是当时当地的道德和法律所能接受的,所用方法的性质也必须是被接受的。社会研究者无权凌驾于道德和法律之上。他们不可能违反法律而免于责罚。他们也不能期待,如果自己的研究公然违反了公众对于礼节和荣誉行为的观点,他们可能免于面对指责。②

汉弗莱斯(Laud Humphreys)的"茶室交易"研究曾引起伦理的争议和广泛讨论,潜在的法律伤害是其遭受的一项批评。汉弗莱斯是一位研究生,他对同性恋研究特别感兴趣。他尤其感兴趣的是,一些非同性恋者会不经意地突然表现出同性恋行为。因此,他把研究地点就设定在公园的公共厕所内,也就是同性恋者口中的"茶室"中,在那里观察陌生人相遇时所表现的同性恋行为。研究的结果发表在他 1970 年出版的《茶室交易》(*Tearoom Trade*)中。

汉弗莱斯特别感兴趣的是,这些研究对象在其他地方过着"正常"的生活,在家庭中和社区中都没有遭到另眼看待,没有任何一点蛛丝马迹显示他们是同性恋者。因此,在"茶室"这样的场合,他们应该隐匿自己的身份。那么,这项研究又该如何进行呢?

汉弗莱斯决定利用情境中的社会结构。一般来说,典型的"茶室"情境应该包括三个人:两个正在进行同性恋行为的人和一位旁观者,后者一般被称为"守卫皇后"(watchqueen)。因此,开始时,汉弗莱斯在公共厕所出入,并且在适当的时机扮演旁观者的角色。既然做"守卫皇后"可以观察到行为,这样的参与观察法就与实地参加政治抗议

---

① S. J. Taylor. "Observing Abuse: Professional Ethics and Personal Morality in Field Research", *Qualitative Sociology*. Vol. 10. 1987. Pp. 288 – 302.

② [英]马丁·丹斯考姆:《做好社会研究的 10 个关键》,杨子江译,北京大学出版社 2007 年版,第 162 ~ 163 页。

或在十字路口观察行人穿越红绿灯的实地调查一样。

为了更确切地了解同性恋在“茶室”里的行为，汉弗莱斯必须更深入地了解研究对象。为了避免使研究对象受到惊吓，汉弗莱斯想出了一个方法。他偷偷地记下研究对象的车牌号码，然后通过警方追踪到他们的姓名和地址。经过伪装并确定不会被认出来之后，汉弗莱斯又亲自登门造访。他向研究对象说自己正在进行一项调查研究。这样的方法让他成功地收集到在公共厕所中所收集不到的个人资料。

汉弗莱斯的研究在社会学领域内外都引发了极大的争议。有些批评家认为汉弗莱斯假科学之名，侵犯他人的隐私，因为一般人在公共厕所做了什么事和汉弗莱斯一点关系也没有。也有人认为其中涉及欺骗行为，因为汉弗莱斯欺骗受访者，让他们以为他不过是一个有窥视癖的参与者。此外，另一派学者认为公共厕所是公共场合，因而成为观察的对象也是无可厚非的。尽管如此，人们对汉弗莱斯后来掩饰身份，骗得个人隐私的研究方法表示不赞同，甚至觉得这样的方法违反了研究的伦理，受试者从未同意被研究，采用欺骗的手法，受试者的名单也有可能会被某些别有用心的人用来威胁受试者、结束婚姻或是提出犯罪诉讼。当然，也有学者出来为汉弗莱斯的研究方法辩解。他们认为这个特殊的议题值得好好研究，确实没有其他更好的研究方法可以使用。他们认为汉弗莱斯的欺骗行为并没有伤害受访者，因为他处理的时候相当谨慎，没有使受访者在“茶室”中的行为曝光。①

4. 其他伤害

社会科学研究还可能对研究对象的个人收入、工作、前程或生活造成负面影响。例如，研究者进行一项受雇者的调查研究，得到的结论是督导员的表现欠佳，结果使督导员失去了工作。又如某位研究者研究福利金的领取者，结果，这些领取福利救济者丧失了他们的健康保险，生活质量降低。当发生这类伤害时，遵守伦理的研究者会异常敏锐，应个别评估每个个案，权衡潜在利弊得失，思考可能采取的预防及补救措施。

三、匿名和保密

在社会科学研究中，研究者为了研究社会行为可能会触及研究对象的个人隐私。调查研究者利用问卷收集到人们的意见、看法、观念及信仰等背景资料；实验研究者有时候使用双面镜或隐藏式麦克风对被研究者进行“监看”“监听”；实地研究者可能观察非常私人层面的行为或偷听人们的谈话，使被研究者的隐私处于完全没有预警之下而遭到侵犯或破坏。无论研究者采取哪种研究方式，都必须注意尊重研究对象的隐私权，通常以完成收集资料后不暴露研究对象的身份来保护其隐私权。可以采取两种形式——匿名和保密（它们常被混为一谈，实际是有所差异的），这两种形式都要求把个人身份及其相关信息资料分别处理。

1. 匿名

匿名是指研究者无法辨识某个回答的研究对象时，这个研究对象可以说是匿名的。

---

① ［美］艾尔·巴比：《社会研究方法（第十四版）》，邱泽奇译，清华大学出版社 2022 年版，第 69 页。

当研究者运用访谈法时,由于访问员是从一个可以辨别的研究对象那里收集相关资料的,因此访谈是无法匿名的。当问卷写上辨识号码以助于追踪及提升回收率时,匿名性就会有问题。确保匿名不但使受访者感到安心,同时也能提升回答的客观性。例如,你询问有关偏差行为的问题(如吸毒、非法同居、同性恋等),如果能做到匿名,研究对象才可能提供真实的回答,即使有少数研究对象自愿透露自己的姓名,研究者也应当见到后立即把它抹掉。

伴随互联网络时代来临,研究者利用网络进行问卷调查、实验法和访谈法收集资料收获便捷的好处同时,也要注意到网络调查法中对参与者匿名的处理。一些第三方在线调查软件会自动存储 IP 地址以及参与者的答复,这些数据可能变成个人身份信息。研究人员往往需要收集个人人口统计学信息作为研究设计的一部分,为保持匿名性,研究者将任何个人识别信息与研究回复分开存储是一种良好的伦理实践行为。研究者利用线上的讨论或社交媒体网站收集数据时,应该意识到使用这种方式收集到的数据通常跟用户相关的在线身份相关联,并可能与个人的线下身份相联系。例如,一个在线焦点小组访谈或观察研究中,为了更好地控制参与者的匿名程度,研究人员可以采用分配给参与者研究专用的化名的方法,以及将用户名等个人识别信息与其他研究数据分开存放的方法。①

2. 保密

保密是指研究者知道研究对象的身份及其回答,但保证不透露这些资料。显然,进行访谈因为无法确保匿名,保密就显得格外重要。在研究开始之前,无论在口头上或问卷的说明信函上,研究者都应该先向研究对象解释保密原则,应该主动向被研究者许诺保密原则,告诉对方自己在任何情况下都不会暴露他们的姓名和身份,一切与他们有关的人名、地名和单位名都将使用匿名,必要时还应该删除那些敏感性材料。

社会科学研究中大多数有关保密的内容似乎都是些琐碎细小的事,但是在研究进行过程中是绝对不应该忽视的。研究者可能由于粗心大意,将一些敏感性的资料文件放置在无关人员可能会看到的地方,研究者还有可能在与他人的闲聊中不经意地谈到他们的研究对象,这些都是极不应该的。特别是在被研究者不止一个人,而他们在研究的过程中又彼此认识的情况下,研究者应该特别注意不要在他们中间传播彼此的情况,并且告诫他们不要将彼此的情况告诉其他人。

有时,保密原则会遭遇到较严重的威胁。某些研究者往往会接到传票,法院想从他们那里获取有关其研究对象的资料。这类要求或命令常常给研究者造成很大的被动和困扰,也可能会给研究对象造成较大的侵犯或伤害。例如,1989 年,爱克森石油公司"瓦尔迪兹"号超级油轮在阿拉斯加的瓦尔迪兹(Valdez)港口附近搁浅,造成 1000 万加仑的石油流入海湾。媒体广泛地报道了这起海上漏油事件对经济和环境所造成的破坏,却较少关注那个地区居民所承受的心理和社会层面的伤害。只有一些零碎的报道涉及因漏

---

① [英]克莱尔·休森、卡尔·沃格尔、戴安娜·劳伦特:《如何进行网络调查(第 2 版)》,董海军译,中国人民大学出版社 2021 年版,第 119 ~ 120 页。

油事件所造成的困扰，例如使得酗酒、家庭暴力等现象不断增加。到后来，威廉王子海湾（Prince William Sound）和阿拉斯加海湾（Gulf of Alaska）的22个社区，控告爱克森石油公司在居民经济、社会和心理上造成的伤害。为了确认破坏的程度，这些社区委托圣地亚哥一家研究机构负责家庭调查。在调查中，居民被问到家庭所遭受的困扰等私人问题，被抽样的居民要披露令他们痛苦和尴尬的资料，当然他们得到了绝对保密的保证。调查结果显示，个人和家庭问题在漏油事件发生后确实有所增加。当爱克森石油公司得知调查资料会用来证明居民的遭遇时，他们采取了一个不寻常的步骤：要求法庭调阅这些问卷！法庭答应辩方的要求，下令研究者交出问卷，其中包括可以辨别研究对象身份的资料。爱克森石油公司的用意，就是要让接受调查的研究对象出庭接受审问，说明前面他们在得到身份保密承诺的情况下向研究者所说出的答案。但是，许多接受调查的研究对象是土生土长的美国人，在他们的文化规范中，公开披露自己的生活是十分痛苦的事。①

只要采取一些必要的措施，是可以减少或避免泄密的。研究人员应该加强保密原则的观念，对于敏感性资料应有所限制，只能允许必要的研究人员接触，而对于无关人员要尽量避免他们接触。有关私人资料的信息文件，不用时应该立即锁在柜子里。在某些研究里也许并不需要记录参与者的姓名、身份、喜好及其他有关资料，但在某些研究中也许必须要有若干来源出处明确的资料，在这类研究中，也许用编号方式就可达到目的而不一定非要用姓名，可以将问卷或资料上的姓名抹去。如果确实需要，可以将标有姓名的部分撕下对应编号，而把姓名与编号对照参考用的名册另行存放，由专人保管、取用。当不再需要用到有关私人身份的资料时，应该尽快销毁。1980年修订公布的《美国社会学协会道德准则》特别提到："在一项特定的研究的可能范围内，研究人员应尽可能预计到对保密的潜在威胁。在处理隐私问题上，去掉识别符号、使用随机化回答以及统计法等手段，均可于适用处使用之。""研究项目参与者所提供的机密信息，即使是不享有法律保护或未特许不予泄露的信息，社会学家亦必须以机密信息对待之。保守机密的义务亦适用于研究机构其他接触信息的人员（访谈员、编码员、抄写员，等等）。"②在最后的研究报告中，原则上不该包括能够辨识出个人身份的任何陈述。有的社会科学研究报告通常包括一个向有关人员致谢的部分，如果研究者在这个部分明确列出被研究者的名字，那么为他们制造匿名的努力便会前功尽弃。因此，在撰写这个部分之前，研究者需要与被研究者商量，问他们是否愿意将自己的真实姓名列出来。有的被研究者也许可能需要阅读研究报告初稿以后才能做出决定，在这种情况下，研究者应该给他们寄一份初稿。如果研究报告定稿之前研究者因为某些原因没有与被研究者就这个问题达成共识，一般的做法是在致谢部分不提及被研究者的真实姓名以及他们生活和工作的地点。

"斯布尔代尔"（Springdale）研究是一个因研究报告的发表而侵犯研究对象隐私权的典型例证。这项研究是维迪奇（Vidich）和本斯曼（Bensman）有关纽约上州一个小镇的社会学探究，在研究发现发表之后，未能隐匿个别参与者的身份，导致社区的制度或特定个

---

① ［美］艾尔·巴比：《社会研究方法（第十四版）》，邱泽奇译，清华大学出版社2022年版，第60页。

② ［美］肯尼思·D.贝利：《现代社会研究方法》，许真译，上海人民出版社1986年版，第665页。

人受到公众的审视，结果造成对隐私权相当严重的侵犯。维迪奇和本斯曼在他们的著作《大众社会中的小镇：一个农业社区内的阶级、权力与宗教》中描写了一个社区的政治和社会生活，这个社区被冠以“斯布尔代尔”的假名，所根据的是维迪奇在该地居住两年半的观察。书中企图“探索社区内的社会生活基础，该社区欠缺力量去控制规约和决定其存在的各种制度”。

在“斯布尔代尔”计划开始之前，小镇居民得到研究人员的保证，没有任何个人的资料在研究报告中可以辨识出来。而事实上研究者也为这个计划特别设计了伦理规章。这个规章所明示的目的是，通过对隐私和匿名的保障以及保证资料的机密性，“维护研究参与者的清白与福祉”。尽管书中所提到的人都用了假名，可是某些人还是可以在研究报告中被辨认出来，并且这些人可能因书中的描述方式而受到伤害。这项研究的出版，虽然隐藏了人们的身份，但仍使得小镇的一些人从此落入困窘的境地，他们看到并强烈反对书中对社区成员（包括社区领袖）的描述。

“斯布尔代尔”的居民，无疑都感到研究者违反了匿名的承诺。书中的语调和相关评价也遭到普遍质疑。譬如，书中的一段写着：斯布尔代尔的居民不愿意承认他们价值上的失败，他们在面对重大事件时的无能以及他们在生活方式上的许多缺陷。借由自我逃避和自我欺骗，他们努力规避面对一些争议，一旦承认这些争议，将威胁他们个人和社会存在的整个结构。不去面对这些争议，取而代之的是，在其些情况中，他们妥协并修正自己的行为，同时在其他情况则再增强他们的传统模式。

“斯布尔代尔”事件所引发的，且经常与实地研究报告相关联的伦理问题是，社会科学研究者对所研究的社区居民匿名维护的责任到底该到什么程度？当研究参与者可以辨认他们自己在书中的困窘和受到的贬抑，导致的负面影响，也许包括减少个人的自尊以及丧失对科学过程的信心。同时，他们声称对他们社会结构的描述有所误导，也对报告的正确性加以质疑，势必降低人们对书中描述的信心。“斯布尔代尔”的居民对该书出版的反映是，在国庆日游行中公开嘲讽研究人员，不论如何都拒绝未来与任何社会科学家的合作，因此排斥了重复研究和长期追踪的可能。①

当然，不同文化对“隐私”和“隐私权”等概念的界定和理解存在着较大差异，研究者有可能由于缺乏必要的意识而做出“侵权”的行为。很多研究者发现，大部分研究对象对研究并不是特别在意，甚至认为没有必要对自己的信息保密。例如，当问及被研究者是否可以对访谈内容进行录音，录音整理以后立刻销毁录音带或者交由他们自己处理时，他们似乎没有自己明确的态度，认为“怎么样都行”“无所谓”“可以随便处理”。正如下面一位研究者的分析备忘录中所写的，在这种情况下，研究者不仅不应该感到无所谓，可以随意处理，反而应该特别小心，主动为被研究者保密。正是因为对方缺乏足够的意识，研究者才更加有责任这么做。

“也许中国人还不像美国人那样具有那么多的自我保护意识，所以他们并没有意识到有那么多的道德、法律方面的问题。也许我自己在过去也同样未曾仔细思考过那么多

① A. J. Kimmel. *Ethics and Values in Applied Social Research*. Newbury Park, CA: Sage. 1988.

的个人隐私权的道德、法律方面的问题。这是不是提醒我们做准研究的人，当访谈对象对我们疏于防范之时，我们应该更加理智、更讲道德地来保护手无寸铁的访谈对象的个人权益不受到丝毫的侵犯呢？学者的道德也许是我们这些人应该经常反省的一个问题。”①

总之，作为研究者，必须充分尊重研究对象的隐私权，严格保守研究资料的机密，避免使研究参与者受到任何不必要的不利影响。

四、研究中的蒙蔽和适当的补偿问题

1. 研究中能否运用欺骗形式

社会科学研究中的伦理守则有时也意味着两难选择。如果我们将研究计划告知参与者，就会影响研究结果。例如，我们采用观察法来收集某种行为的资料，而且研究对象知道自己正在被观察，他们的行为可能会不同于以往并且有较为明显的改变。如果我们告诉参与者可以自由选择是否参加研究，我们就会面临另一个令人困扰的问题：有一部分人选择参与，可是研究者无法知晓如果研究对象是那些拒绝参与者，研究结果是否会有所差别甚至截然不同。由于大部分定性研究的资料来自观察和访谈，研究者在与研究对象的互动过程中可能采取某些欺骗形式：研究可能是在研究对象不知情的情况下暗中进行的，研究者可能用假的角色、名字或身份，或是在某些方面对研究对象有所误导。

在研究者使用欺骗、伪装研究，或使用隐藏性的研究方法时，会产生一个至今争议不断的伦理问题：研究是否应该向被研究者公开？研究中能否运用欺骗形式？某种形式的欺骗是否必要而且是否可以被接受？

有些学者支持欺骗，并且认为欺骗是进入田野工作、获得对社会生活许多层面充分了解的必要手法。这一派学者认为，社会科学家对社会负有追求真理、发展科学、增强了解的责任，研究者可以使用各种正常或非正常的方法来取得自己所需要的所有信息，甚至包括隐瞒自己的身份，掩饰自己的调查意图，设计人为的研究情境，欺骗调查对象等。他们认为，人类的本性之一就是不相信别人，伪装自己，大多数人不愿意向其他人暴露自己的真实想法，那些有权有势的人总是企图向研究者隐瞒真相。如果研究者在研究对象面前对自己的活动完全直言不讳，那么研究对象就会试图隐瞒那些他们认为不好的行为和态度，因此，研究者可以对研究对象实施欺骗，没有必要征得被研究者的同意。只有通过隐瞒型的研究，研究者才有可能了解事实真相，获得可靠、真实的信息。

有些学者则反对使用欺骗并且认为隐蔽型研究是不道德的，因为这种研究不仅剥夺了被研究者自愿选择的机会，而且可能违背了他们的意愿。在“受蒙骗”的情况下，被研究者没有任何余地了解自己是否愿意参与研究，更不可能向研究者表达自己的真实意愿。在隐蔽的情况下对被研究者进行调查还极有可能给他们带来伤害，他们在“无知”的情况下暴露的想法和透露的信息今后可能给他们自己带来麻烦。这些学者对这条伦理准则持特别强硬的态度，比如布尔默（Bulmer）认为欺骗“在伦理上是不正当的，在实践上

---

① 陈向明：《质的研究方法与社会科学研究》，教育科学出版社2000年版，第435页。

是不必要的，对作为一种学术研究的社会学也是毫无益处的"①。他们认为伦理道德是研究者应该坚持的信条和必须遵守的准则，没有协商的可能，也不存在调和的余地。研究者没有权利侵犯他人的隐私，一切研究都应该对被研究者公开。在开始研究之前，研究者应该征得被研究者的同意，并且向对方承诺保密。不论研究效果如何，研究者都应该尊重被研究者做选择的权利，给予他们选择不参加和不合作的自由。研究者不应该利用自己权力上的优势或操作上的方便而隐瞒身份、"蒙混过关"。②

2. 必要的、适度的蒙蔽？

虽然研究中欺骗手法的道德地位遭到人们的普遍质疑，但是也有众多研究者认为，在一些实地研究和实验研究中采取一定程度的蒙蔽是十分必要、合乎需要的，因为其目的是使研究对象总体处于一种真实的"自然"状态。

以往不少有价值的研究就是在隐瞒参与者的情况下进行的。例如，拉・皮埃尔（La Piere）在20世纪30年代进行的关于种族和民族歧视问题的研究，是他与一对中国夫妻到美国各地的旅馆及餐厅旅途过程中进行的。因为旅馆与餐厅的经营者不知道研究者的身份，因此这份研究结果得出"经营者有歧视"的结论，与研究者之前进行的问卷调查的结果明显不同。假如经营者一开始就知道研究者的身份，也许他们表现出来的行为会有所不同。③

在研究课题为一致性、服从性或认识的和谐性一类的实验里，实验人员往往在表面上将注意力集中在一些虚假的题目上，如学识、直觉等。因为他们相信，实验的有效程度部分地依赖于实验对象对真实的题目毫不知情。这就是所罗门・阿希论一致性的著作的理论基础。在那里，他只向实验对象说明这是一项有关直觉的实验（如"看上去哪条直线显得更长一点"），实际的目的却是观察实验对象是否屈从于团体的压力。阿希的这项工作对它所涉及的任何人来说，也许只带来很少或根本不带来伤害。④

我们认为，对伦理问题应该持一种比较谨慎、灵活的态度，对事情的判定必须考虑到研究的具体情境，考虑到研究进行时的各种条件、有关人员之间的关系以及研究有可能带来的后果。研究者在道德方面所做的每一项决策都受制于参与研究双方的价值观，都会影响到被研究者，也都会有短期和长期的效应。

研究者在不得已（确实有科学上、教育上或实用上的价值，而且没有其他可行的方法）的情况下采取某种程度上的蒙蔽行为是可以接受的。但是，研究者在"欺骗"的时候应该问自己："这个隐蔽行为的性质是什么？这个隐蔽行为对当事人、对我自己、对我的职业群体以及整个社会会带来什么后果？如果不隐蔽，我是否可以获得同样的信息？如果不能获得同样的信息，那么这个信息对于我的研究乃至科学的发展有多么重要？"如果当事人不会因此而受到伤害，而研究者又能获得更多的、更加有用的资料，应该允许研究

---

① ［美］诺曼・K. 邓津、伊冯娜・S. 林肯主编：《定性研究（第1卷）：方法论基础》，风笑天等译，重庆大学出版社2007年版，第150页。

② 陈向明：《质的研究方法与社会科学研究》，教育科学出版社2000年版，第427页。

③ R. T. La Piere. "Attitudes vs. Actions", *Social Forces*. Vol. 13. 1934. Pp. 230 - 237.

④ B. H. Zisk. *Political Research——A Methodological Sample*. Massachusetts: D. C. Heath and Company. 1981.

者采取不伤害参与者的、必要的、适度的蒙蔽行为，当然上述问题不应该由研究者的主观判断决定。研究者最好在资料收集完毕后，立即向研究对象说明，最迟不得晚于研究结束之前，这也被称为对研究对象的任务报告，即事后告知研究真相，让他们了解其在研究中的经历，发现可能造成的问题并及时修正。研究者应谨慎进行这项工作，既是为挽回事前进行适当蒙蔽带来的影响，也是为确保研究对象心里不会产生不满情绪。

3. 对研究对象适当的补偿问题

有人认为，相对于被研究者的付出来讲，任何补偿都是无济于事的，特别是当他们被"利用"和"蒙蔽"时。但更多的人认为，为研究对象提供一些适当的金钱或精美的礼品，不但能够表达研究者的歉疚与谢意，而且能够从物质上补偿被研究者所付出的时间和精力，在一定程度上可以激励被研究者更好地参与研究，提供更真实、更全面的信息，有助于研究正常有效地进行。例如，在农忙时进入农户家中调查农民子女教育收费问题，可以适当地支付一定数额的货币以补偿农民因接受访问调查而误了农活的损失。又如，研究者运用偶遇抽样在街头进行市民公德意识的问卷调查，可以给受访者一些诸如钥匙扣、圆珠笔、打火机之类的小礼品，这样可能有助于调查的顺利进行。

当然，对被研究者是否支付一定的钱款进行补偿、支付多少钱进行补偿、采取什么方式进行补偿也是一个伦理议题。假如给的金额太少会失去诱因，对研究对象而言缺少参与研究的积极性和热情；给的太多（尤其当我们的研究对象经济窘迫时）则有可能造成强迫式的"购买"合作关系。有的被调查者则认为，参与研究是自身价值的体现或者是一次情感的宣泄，物质补偿反而可能成为一种人格的侮辱。所以，没有经验的研究者在进行研究工作之前，最好请教一下自己的同事或有经验的研究者，问清楚相关的合适补偿是多少，什么样的人群适合采取这种补偿方式。这种激励式的补偿究竟要给多少，在不同的情况下会有不同的数目，但通常会考虑被研究者被打扰的时间长短，以及对研究对象造成多大的不方便而定。

当然并不是每一个社会科学研究者都有这样的财力去补偿、激励研究对象，特别是对一些没有固定收入的年轻学生来说。在这样的情况下，研究者可以以一个友好的可以信赖的陌生人的角色进入被研究者的生活。

在研究期间，可以有另一种形式的补偿，即自然地延长访问期程。例如，研究者在一个比较偏僻的乡村从事贫困失学儿童的研究，恰巧唯一的授课教师生病要长期住院，孩子们不得不停课休学回家，这个时候只要有可能，研究者完全可以做一个不要任何报酬的临时代课老师，不仅可以帮助孩子，支援山村的教育，而且会更加有利于自己研究工作的开展。同样的道理，我们在社会科学研究中，应该做一些简单的、力所能及的，但是对研究对象来说是非常有用的事情。比如，处理法律纠纷，做一场学术报告，接受研究对象的相关咨询，为研究对象出谋划策，甚至只是耐心地听被研究者的倾诉等，这些其实都是对被研究者的一种"报偿"。

第二节 社会科学研究的专门规范

作为社会科学研究者,需要切实保障研究对象的基本权益,同时也需要遵守对同行和读者的伦理规范。2004 年 8 月 16 日,教育部发布了新中国成立以来的第一部《高等学校哲学社会科学研究学术规范(试行)》。该规范对高校哲学社会科学研究的基本规范、学术引文规范、学术成果规范、学术评价规范和学术批评规范都做了明确的规定。在此,我们着重强调对于刚开始从事研究的人而言应注意的学术研究规范问题。

一、在选题阶段应在创新中坚持学术规范

近些年来,有些研究者根本不尊重他人的研究成果,采取回避或视而不见的方式,在自己所著的论文或著作中,对前人或他人已有的研究不做出任何说明及评述,以显示他研究成果的创新性和独创性。如果听任这种创新型“研究”继续发展下去,学术研究领域必然会出现大量的低水平的重复研究成果,学术的积累和发展进步就更无从谈起。“既然学术研究的根本目的是创新,其最基本的规范就应该以保证创新为基础。”①

首先,研究者在选题阶段必须充分查阅与自己选题相关的研究的全部内容,了解已有成果的理论框架和研究背景、该研究使用的研究方法(包括研究对象、研究方式、抽样设计、样本特征、资料分析方法等)、主要结论。② 在系统查阅的基础上,研究者还应对已有的研究进行全面的梳理,总结在该问题的研究上,他人已经取得了哪些成果,还存在哪些不足,然后提出自己的研究问题。其目的在于了解相关的学术史,知道从哪些方面创新,正所谓“有破才有立”。如果不做系统全面的文献梳理而闭门造车,有时花费巨大精力而取得的成果可能就是已有成果的重复,必定会造成很大的浪费;或者轻率地认为自己的研究是填补空白,或者以回避他人研究成果的方法来填补“假想的空白”,都是不规范的。

其次,研究者必须客观地评价他人的研究成果。一个真正的研究者,在任何时候都应该站在客观的立场,坚决彻底地去除任何学术研究以外的因素,始终用实事求是的精神评价他人的研究成果、评述自己的研究课题,不偏不倚、恰如其分地做出中肯的结论。坚持就事论事,只看成果本身有无创新,观点正确还是偏颇,结论在多大范围内适用,还存在哪些相对薄弱的环节,研究成果能体现多少专业理论素养和研究水平,有没有深入研究的价值和理论借鉴意义,对专业领域和社会贡献究竟有多大……除此之外,不应过多考虑研究者是否是专业领域的权威、是否有很高的社会地位、是否出身“学术名门”、是否提供了项目支持与援助、个人品德及与自己的关系如何等因素。另外,评述时不能带有任何感情色彩,尽量使用中性、规范的学术语言。

---

① 葛剑雄:《论学术研究规范与创新》,《中国高等教育》2004 年第 10 期。

② 风笑天:《社会学研究方法(第二版)》,中国人民大学出版社 2005 年版,第 62 页。

再次，研究者必须说明自己的成果与已有成果之间的关系，实事求是地对自己的研究成果进行学术定位。做这样的说明是对他人研究的尊重，因为他人的研究可能为自己的研究提供了某些启示（或思路，或方法，或概念），同时也是对同行和读者负责，因为更多人可以通过我们的研究，直接了解最新的学术进展和进一步发展的可能性。作为一个严谨的研究者，应该清楚学术活动是一项有着很强继承性的特殊活动。对于大多数选题涉及的领域和内容，前人或同时代的其他人应该涉足并研究过，想要找到所谓的"空白"并不容易。说明自己的成果与已有成果之间的关系就是将自己的研究放在一个知识的地图（Knowledge Map）①中，对自己的研究进行客观的学术定位。

另外，研究问题的选择要把握真问题，不能把伪问题当作真问题，即研究者要提出能够发展理论认知、填补理论不足或者契合现实需要的问题，不能想当然地开展研究，更不能选择一个不是问题的问题来开展研究。因此，研究者要对于所从事的课题进行学术价值和社会价值的评估。判定选题的学术价值，要看该选题是否针对以前没有解决的问题，是否可能在前人研究的基础上推进理论的发展；而对社会价值的评估，要看该选题是否有助于解决社会实践中面临的实际问题或做出前瞻性的预测等。社会科学研究与自然科学研究有很大的不同，许多成果不具有直接的使用价值，也无法对其进行物化衡量。因此，对于某一研究课题是否具有学术价值和社会价值，有可能产生各种不同的评判结果。作为研究者，有必要在论著的开端，说明自己的选题理由，阐明自己的价值判断。这样做，既有利于研究领域的开拓，也有利于新的学术观点和学术思想的传播。

二、论证过程严密

研究者无论做什么研究，其最终目的都是分析问题、解决问题，无论他提出什么样的理论或假说，都应该进行严谨的证明。不管是对所提假设的证实还是对已有知识的证伪，研究者都必须做到以下几点：

其一，概念必须界定，界定必须准确。如果研究中涉及既定概念的使用，必须充分尊重概念的原本含义，尽量做到把其内涵原汁原味地呈现出来。如果原有的概念只是在特定情境下对研究对象的不完全表述，还存在着不确定性和不完整性，则应该对这一概念进行修订，甚至重新定义。一旦要提出新的概念，则必须对新概念进行科学界定、准确定位和规范表述。

其二，立论必须有据。科学研究活动要求每一项研究都充分建立在事实的基础上。社会科学研究的材料主要来自人们对社会的观察（包括历史上人们对社会的观察或记录）。社会科学工作者获取研究材料是一项严肃的工作，各学科依据本门学科的性质，对于获得资料的方法与途径都有严格的规定。例如，社会学用随机抽样确定调查对象的方法，社会人类学的参与、观察和体验的方法，历史学的史料学方法等都是各学科对资料获取方法的限制和要求。获取材料方法的失误可能导致全部研究的失败。

---

① 《恪守学术规范　推进学术创新——"首都中青年学者学术规范论坛"纪要》，《社会科学论坛》2004 年第 12 期。

研究者在研究过程中要审慎选取资料。对研究资料进行区分和甄别是研究者的重要责任,研究者不应对所有资料都不加区分地予以运用,或者只选取那些能佐证自己观点的资料,而有意忽视那些不利于证明自己观点的资料。在资料选取过程中,研究者还应当分清原创的与模仿的,分清充足的与残缺的,分清深刻的与浅薄的,分清历史资料与现实数据的真伪。在甄别资料时,研究者还应当判断哪些资料可以作为研究的主要依据,哪些资料需要进一步更细致的阅读,哪些资料需要进行重新验证等。①

从本质上说,任何一项科学研究都是可以重复的。要使自己的研究获得学界的承认,就必须使这项研究具有可重复性,即这项研究是可以检核并经得起检核的:依据研究者的方法,他人亦可获得同样的资料;依据研究者提供的文献,他人也可以获得同样的资料。因此,对研究中的资料来源做真实、详尽的说明是每一个研究者对学术负有的责任和义务。

其三,论证必须严密。证明过程中的逻辑严谨是任何一门学科的基本要求。对研究者而言,研究者在做出每一个判断性的结论时,既要考虑所依据的材料是否合适、充足,也要考虑所进行的逻辑推理是否严密。论述观点要注意形式逻辑的矛盾律,不要前后矛盾,不能武断臆测。任何学科的研究都要求证明过程必须做到逻辑严密,不能犯自相矛盾的错误。文章的结论必须是一步一步推导出来的,至少要符合形式逻辑中"三段论"的要求。做任何一项研究,研究者的思想都要有确定性,研究思路要保持前后一致,不仅要考虑支撑材料是否恰当和充实,同时要考虑所进行的逻辑推理是否严密和无懈可击。"学术创新"应该是建立在严格的逻辑证明的基础上的。没有经过证明的思想火花最多只能称为"假设",而不能当作"创新"。②

三、分析和报告中的研究规范和伦理问题

在规范的结果报告中,方法的介绍是一个不可或缺的部分。研究者要清楚、明白地介绍自己的研究方法和研究过程中各种操作的关键细节(尤其是运用调查研究法时)。研究者也有义务详细陈述研究设计的缺失及限制,使读者和同行切实了解其研究的可信程度和研究结论的适用性。尽管承认一些技术上的缺陷可能会使人感觉有失体面,但是在科学研究的规范性面前,严谨和诚实的科学态度是更为重要的。

在结果分析方面,研究者应牢记确保数据的精确性也是社会科学研究中的一条主要准则。研究者应客观地对所有收集到的有关资料采用最适当的分析方法,依据研究设计进行客观、正确的分析,使读者能完整掌握研究的结果,不可刻意选择或遗漏实际的资料,不能故意排除负面的以及非预期的研究资料,更不得制造假资料或为了支持预期的假设而修改资料。分析之后,客观诠释资料所代表的意义,并翔实报告分析的结果。例如,人们经常会针对有项目出资人的研究提出怀疑:"那些为研究项目出资的人,会对研究有所要求吗?"研究者可能会收到来自赞助商的压力,产生的结论可能不够真实,甚至

---

① 教育部社会科学委员会学风建设委员会组编:《高校人文社会科学学术规范指南》,高等教育出版社2009年版,第18页。

② 曹树基:《关于"学术研究规范"的几点思考》,《文汇报》1999年1月2日。

是完全按赞助商的意图进行。为了应对这些怀疑，人们期待研究者以独立的、客观的、诚实的方式实施并报道自己的研究。①

很多学者甚至一些媒体都认为只有正面的发现才值得报告。其实在一项科学研究中，发现两个变量之间并无关系也是非常有价值的。例如，在关于士兵对提升制度的意见的研究中，斯托弗坚持要找出为何宪兵会认为军中升迁制度是合理的，而航空兵却不那么认为的原因，如果他发现研究结果与预想不一样就放弃分析，那么“参照群体”和“相对剥夺”理论的发现就要推迟了。②

四、学术引注规范

社会科学研究活动是一项专业性很强的活动。每个人的精力有限，绝大多数学者穷毕生精力，也只能在一个或几个相关的领域有所突破，有所贡献。社会科学又是综合性很强的科学，对一个问题的解释，往往需要借助于其他相关专业的知识。囿于学力，学者们就不得不引述其他学者的研究作为自己的证明。严肃的研究者会注意合理使用引文，对已有学术成果的介绍、评论、引用和注释，应力求客观、公允、准确。教育部在2004年发布的学术规范对引文问题做出明确规定：引文应以原始文献和第一手资料为原则。凡引用他人观点、方案、资料、数据等，无论曾否发表，无论是纸质或电子版，均应详加注释。凡转引文献资料，应如实说明。

规范的研究者在学术性研究报告中引用他人的研究成果时，总是详细地注明所引用的作者姓名、书名、版权和页码，以示对其他学者的尊重。

对于给自己的研究提供了实质性的帮助，包括重大启发的人，在文章中应该表示感谢。有的时候研究者在报告中使用了别人的观点，或者使用了某个核心概念，但这个观点或概念不是公开发表的，是研究者与学生之间对某个问题进行讨论，其中一位学生讲了一些对这个问题的看法，或共同讨论下激发出的概念，最后这种观点或概念被吸纳进自己的研究成果，应在文中用注释方式说明这个观点或概念的形成过程，说明哪些人为该观点或概念的形成做出了贡献。

在研究中能时刻做到尊重已有研究成果，实质上是尊重那些成果背后严谨治学、求真求实的研究者。能否恪守学术道德，遵守学术规范，坚持务实创新，是每一个研究者现在和将来都必须面对和回答的首要问题。

五、研究成果呈现中恪守诚信原则

社会科学研究的权威性很大程度上依托研究资料的真实性和研究结果的客观性，这是社会科学研究诚信的基础。研究结果的呈现形式有论文、论著和研究报告等。研究者呈现研究结果时，应该恪守科学道德准则，遵守科研活动规范，践行科研诚信要求，既要杜绝出现抄袭和剽窃他人科研成果（包含观点剽窃、数据剽窃、图片和音视频剽窃、研究

---

① ［英］马丁·丹斯考姆：《做好社会研究的10个关键》，杨子江译，北京大学出版社2007年版，第163页。

② ［美］艾尔·巴比：《社会研究方法（下）》，邱泽奇译，华夏出版社2000年版，第116页。

方法剽窃、文字表述剽窃、整体剽窃、他人未发表成果剽窃等）、伪造和篡改研究数据、研究结论等学术不端行为，也要避免不当署名、一稿多投和重复发表等其他学术不端行为。①

▶本章小结

社会科学研究领域里的伦理道德问题是一个十分复杂的问题，不仅涉及所有与研究有关的人员和社会机构，而且贯穿于研究的全过程，具有十分丰富的内容层次。当涉及具体的文化差异时，情况更加细微而复杂，这会导致许多社会科学研究在伦理道德上的两难。因此，对研究者来说，不仅要牢记有关的原则和法规，遵守这些伦理原则，而且要对可能出现的伦理道德问题保持足够的敏感，及时敏锐地加以识别，意识到自己应该承担的责任。应在科学的方法要求以及研究可能危及的人权和价值之间取得平衡，采取相应措施适当地加以处理。我们相信，好的伦理与好的研究方法是同时并进、相辅相成的，认真考虑研究中的伦理问题可以使研究者更加严谨地从事研究工作。

▶进一步阅读书目

1.［英］梅拉尼·莫特纳、玛克辛·伯奇、朱莉·杰索普等主编：《质性研究的伦理》，丁三东、王岫庐译，重庆大学出版社2008年版。

2. 陈向明：《质的研究方法与社会科学研究》，教育科学出版社2000年版。

3. 教育部社会科学委员会学风建设委员会组编：《高校人文社会科学学术规范指南》，高等教育出版社2009年版。

---

①　参见《学术出版规范——期刊学术不端行为界定》（CY/T 174—2019）（2019年），国家新闻出版署网站https://www.nppa.gov.cn/nppa/contents/805/102815.shtml。

附 1

高等学校哲学社会科学研究学术规范(试行)①

（教育部社会科学委员会2004年6月22日第一次全体会议讨论通过）

一、总则

(一)为规范高等学校(以下简称高校)哲学社会科学研究工作,加强学风建设和职业道德修养,保障学术自由,促进学术交流、学术积累与学术创新,进一步发展和繁荣高校哲学社会科学研究事业,特制订本规范。

(二)本规范由广大专家学者广泛讨论、共同参与制订,是高校师生及相关人员在学术活动中自律的准则。

二、基本规范

(三)高校哲学社会科学研究应以马克思列宁主义、毛泽东思想、邓小平理论和“三个代表”重要思想为指导,遵循解放思想、实事求是、与时俱进的思想路线,贯彻“百花齐放、百家争鸣”的方针,不断推动学术进步。

(四)高校哲学社会科学研究工作者应以推动社会主义物质文明、政治文明和精神文明建设为己任,具有强烈的历史使命感和社会责任感,勇于学术创新,努力创造先进文化,积极弘扬科学精神、人文精神与民族精神。

(五)高校哲学社会科学研究工作者应遵守《中华人民共和国著作权法》《中华人民共和国专利法》《中华人民共和国国家通用语言文字法》等相关法律、法规。

(六)高校哲学社会科学研究工作者应模范遵守学术道德。

三、学术引文规范

(七)引文应以原始文献和第一手资料为原则。凡引用他人观点、方案、资料、数据等,无论曾否发表,无论是纸质或电子版,均应详加注释。凡转引文献资料,应如实说明。

(八)学术论著应合理使用引文。对已有学术成果的介绍、评论、引用和注释,应力求客观、公允、准确。

伪注,伪造、篡改文献和数据等,均属学术不端行为。

四、学术成果规范

(九)不得以任何方式抄袭、剽窃或侵吞他人学术成果。

(十)应注重学术质量,反对粗制滥造和低水平重复,避免片面追求数量的倾向。

---

① 教育部网站,http://www.moe.gov.cn/edoas/website18/info7727.htm。

（十一）应充分尊重和借鉴已有的学术成果，注重调查研究，在全面掌握相关研究资料和学术信息的基础上，精心设计研究方案，讲究科学方法。力求论证缜密，表达准确。

（十二）学术成果文本应规范使用中国语言文字、标点符号、数字及外国语言文字。

（十三）学术成果不应重复发表。另有约定再次发表时，应注明出处。

（十四）学术成果的署名应实事求是。署名者应对该项成果承担相应的学术责任、道义责任和法律责任。

（十五）凡接受合法资助的研究项目，其最终成果应与资助申请和立项通知相一致；若需修改，应事先与资助方协商，并征得其同意。

（十六）研究成果发表时，应以适当方式向提供过指导、建议、帮助或资助的个人或机构致谢。

五、学术评价规范

（十七）学术评价应坚持客观、公正、公开的原则。

（十八）学术评价应以学术价值或社会效益为基本标准。对基础研究成果的评价，应以学术积累和学术创新为主要尺度；对应用研究成果的评价，应注重其社会效益或经济效益。

（十九）学术评价机构应坚持程序公正、标准合理，采用同行专家评审制，实行回避制度、民主表决制度，建立结果公示和意见反馈机制。

评审意见应措辞严谨、准确，慎用"原创""首创""首次""国内领先""国际领先""世界水平""填补重大空白""重大突破"等词语。

评价机构和评审专家应对其评价意见负责，并对评议过程保密，对不当评价、虚假评价、泄密、披露不实信息或恶意中伤等造成的后果承担相应责任。

（二十）被评价者不得干扰评价过程。否则，应对其不正当行为引发的一切后果负责。

六、学术批评规范

（二十一）应大力倡导学术批评，积极推进不同学术观点之间的自由讨论、相互交流与学术争鸣。

（二十二）学术批评应该以学术为中心，以文本为依据，以理服人。批评者应正当行使学术批评的权利，并承担相应的责任。被批评者有反批评的权利，但不得对批评者压制或报复。

七、附则

（二十三）本规范将根据哲学社会科学研究事业发展的需要不断修订和完善。

（二十四）各高校可根据本规范，结合具体情况，制订相应的学术规范及其实施办法，并对侵犯知识产权或违反学术道德的学术不端行为加以监督和惩处。

（二十五）本规范的解释权归教育部社会科学委员会。

附表1：随机数字表

04 49 35 24 94 75 24 63 38 24 45 86 25 10 25 61 96 27 93 35 65 33 71 24 72
00 54 99 76 54 04 05 18 81 59 96 11 96 38 96 54 69 28 23 91 23 28 72 95 29
35 96 31 53 07 26 89 80 93 54 33 35 13 54 62 77 97 45 00 24 90 10 33 93 33
59 80 80 83 91 45 42 72 68 42 83 60 94 97 00 13 02 12 48 92 78 56 52 01 06
46 05 88 52 36 01 39 09 22 86 77 28 14 40 77 93 91 08 36 47 70 61 64 29 41

32 17 90 05 97 87 37 92 52 41 05 56 70 70 07 86 74 31 71 57 85 39 41 18 38
69 23 46 14 06 20 11 74 52 04 15 95 66 00 00 18 74 39 24 23 97 11 89 63 38
19 56 54 14 30 01 75 87 53 79 40 41 92 15 85 66 67 43 68 06 84 96 28 52 07
45 15 51 49 38 19 47 60 72 46 43 66 79 45 43 59 04 79 00 33 20 82 66 95 41
94 86 43 19 94 36 16 81 08 51 34 88 88 15 53 01 54 03 54 56 05 01 45 11 76

98 08 62 48 26 45 24 02 84 04 44 99 90 88 96 39 09 47 34 07 35 44 13 18 80
33 18 51 62 32 41 94 15 09 49 89 43 54 85 81 88 69 54 19 94 37 54 87 30 43
80 95 10 04 06 96 38 27 07 74 20 15 12 33 87 25 01 62 52 98 94 62 46 11 71
79 75 24 91 40 71 96 12 82 96 69 86 10 25 91 74 85 22 05 39 00 38 75 95 79
18 63 33 25 37 98 14 50 65 71 31 01 02 46 74 05 45 56 14 27 77 93 89 19 36

74 02 94 39 02 77 55 73 22 70 97 79 01 71 19 52 52 75 80 21 80 81 45 17 48
54 17 84 56 11 80 99 33 71 43 05 33 51 29 69 56 12 71 92 55 36 04 09 03 24
11 66 44 98 83 52 07 98 48 27 59 38 17 15 39 09 97 33 34 40 88 46 12 33 56
48 32 47 79 28 31 24 96 47 10 02 29 53 68 70 32 30 75 75 46 15 02 00 99 94
69 07 49 41 38 87 63 79 19 76 35 58 40 44 01 10 51 82 16 15 01 84 87 69 38

09 18 82 00 97 32 82 53 95 27 04 22 08 63 04 83 38 98 73 74 64 27 85 80 44
90 04 58 54 97 51 98 15 06 54 94 93 88 19 97 91 87 07 61 50 68 47 66 46 59
73 18 95 02 07 47 67 72 52 69 62 29 06 44 64 27 12 46 70 18 41 36 18 27 60
75 76 87 64 90 20 97 18 17 49 90 42 91 22 72 95 37 50 58 71 93 82 34 31 78
54 01 64 40 56 66 28 13 10 03 00 68 22 73 98 20 71 45 32 95 07 70 61 78 13

08 35 86 99 10 78 54 24 27 85 13 66 15 88 73 04 61 89 75 53 31 22 30 84 20
28 30 60 32 64 81 33 31 05 91 40 51 00 78 93 32 60 46 04 75 94 11 90 18 40
53 84 08 62 33 81 59 41 36 28 51 21 59 02 90 28 46 66 87 95 77 76 22 07 91
91 75 75 37 41 61 61 36 22 69 50 26 39 02 12 55 78 17 65 14 83 48 34 70 55
39 41 59 26 94 00 39 75 83 91 12 60 71 76 46 48 94 97 23 06 94 54 13 74 08

77 51 30 38 20 86 83 42 99 01 68 41 48 27 74 51 90 81 39 80 72 89 35 55 07
19 50 23 71 74 69 97 92 02 88 55 21 02 97 73 74 28 77 52 51 65 34 46 74 15
21 81 85 93 13 93 27 88 17 57 05 68 67 31 56 07 08 28 50 46 31 85 33 84 52
51 47 46 64 99 68 10 72 36 21 94 04 99 13 45 42 83 60 91 91 08 00 74 54 49
99 55 96 83 31 62 53 52 41 70 69 77 71 28 30 74 81 97 81 42 43 86 07 28 34

附表2：Z分布表

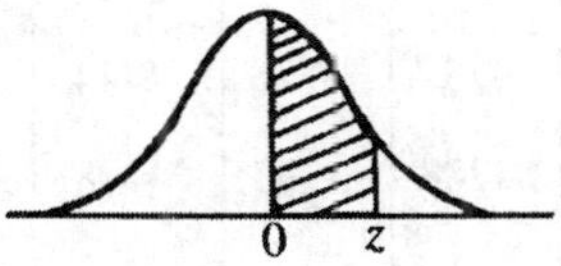

Z	.00	.01	.02	.03	.04	.05	.06	.07	.08	.09
0.0	.0000	.0040	.0080	.0120	.0160	.0199	.0239	.0279	.0319	.0359
0.1	.0398	.0438	.0478	.0517	.0557	.0596	.0636	.0675	.0714	.0753
0.2	.0793	.0832	.0871	.0910	.0948	.0987	.1026	.1064	.1103	.1141
0.3	.1179	.1217	.1255	.1293	.1331	.1368	.1406	.1443	.1480	.1517
0.4	.1554	.1591	.1628	.1664	.1700	.1736	.1772	.1808	.1844	.1879
0.5	.1915	.1950	.1985	.2019	.2054	.2088	.2123	.2157	.2190	.2224
0.6	.2257	.2291	.2324	.2357	.2389	.2422	.2454	.2486	.2517	.2549
0.7	.2580	.2611	.2642	.2673	.2704	.2734	.2764	.2794	.2823	.2852
0.8	.2881	.2910	.2939	.2967	.2995	.3023	.3051	.3078	.3106	.3133
0.9	.3159	.3186	.3212	.3238	.3264	.3289	.3315	.3340	.3365	.3389
1.0	.3413	.3438	.3461	.3485	.3508	.3531	.3554	.3577	.3599	.3621
1.1	.3643	.3665	.3586	.3708	.3729	.3749	.3770	.3790	.3810	.3830
1.2	.3849	.3869	.3888	.3907	.3925	.3944	.3962	.3980	.3997	.4015
1.3	.4032	.4049	.4066	.4082	.4099	.4115	.4131	.4147	.4162	.4177
1.4	.4192	.4207	.4222	.4236	.4251	.4265	.4279	.4292	.4306	.4319
1.5	.4332	.4345	.4357	.4370	.4382	.4394	.4406	.4418	.4429	.4441

（续表）

Z	.00	.01	.02	.03	.04	.05	.06	.07	.08	.09
1.6	.4452	.4463	.4474	.4484	.4495	.4505	.4515	.4525	.4535	.4545
1.7	.4554	.4564	.4573	.4582	.4591	.4599	.4608	.4616	.4625	.4633
1.8	.4641	.4649	.4656	.4664	.4671	.4678	.4686	.4693	.4699	.4706
1.9	.4713	.4719	.4726	.4732	.4738	.4744	.4750	.4756	.4761	.4767
2.0	.4772	.4778	.4783	.4788	.4793	.4798	.4803	.4808	.4812	.4817
2.1	.4821	.4826	.4830	.4834	4838	.4342	.4846	.4350	.4854	.4857
2.2	.4861	.4864	.4868	.4871	.4875	.4878	.4881	.4884	.4887	.4890
2.3	.4893	.4896	.4898	.4901	.4904	.4906	.4909	.4911	.4913	.4916
2.4	.4918	.4920	.4922	.4925	.4927	.4929	.4931	.4932	.4934	.4936
2.5	.4938	.4940	.4941	.4943	.4945	.4946	.4948	.4949	.4951	.4952
2.6	.4953	.4955	.4956	.4957	.4959	.4960	.4961	.4962	.4963	.4964
2.7	.4965	.4966	.4967	.4968	.4969	.4970	.4971	.4972	.4973	.4974
2.8	.4974	.4975	.4976	.4977	.4977	.4978	.4979	.4979	.4980	.4981
2.9	.4981	.4982	.4982	.4983	.4984	.4984	.4985	.4985	.4986	.4986
3.0	.4987	.4987	.4987	.4988	.4988	.4989	.4989	.4989	.4990	.4990

主要参考文献

1. 袁方主编:《社会研究方法教程(重排本)》,北京大学出版社 2013 年版。

2. [美]艾尔·巴比:《社会研究方法(第十四版)》,邱泽奇译,清华大学出版社 2022 年版。

3. [美]劳伦斯·纽曼:《社会研究方法——定性和定量的取向(第 7 版)》,郝大海等译,中国人民大学出版社 2021 年版。

4. [美]肯尼思·D. 贝利:《现代社会研究方法》,许真译,上海人民出版社 1986 年版。

5. 林楠:《社会研究方法》,农村读物出版社 1987 年版。

6. 杨国枢等主编:《社会及行为科学研究法》(上下册),重庆大学出版社 2006 年版。

7. 风笑天:《社会研究方法(第 6 版)》,中国人民大学出版社 2022 年版。

8. [德]马克斯·韦伯:《社会科学方法论》,杨富斌译,华夏出版社 1999 年版。

9. [法]埃米尔·迪尔凯姆:《社会学研究方法论》(又译为《社会学方法的规则》,1999 年第 2 版),胡伟译,华夏出版社 1988 年版。

10. [美]罗伯特·K. 默顿:《社会研究与社会政策》,林聚任等译,生活·读书·新知三联书店 2001 年版。

11. [英]安东尼·吉登斯:《社会学方法的新规则——一种对解释社会学的建设性批判》,田佑中、刘江涛译,社会科学文献出版社 2003 年版。

12. [德]阿尔弗雷德·许茨:《社会实在问题》,霍桂桓、索昕译,华夏出版社 2001 年版。

13. [瑞士]让·皮亚杰:《人文科学认识论》,郑文彬译,中央编译出版社 1999 年版。

14. [美]威廉·富特·怀特:《街角社会——一个意大利人贫民区的社会结构》,黄育馥译,商务印书馆 1994 年版。

15. [英]G. 罗斯:《当代社会学研究解析》,林彬、时宪民译,宁夏人民出版社 1988 年版。

16. 范伟达编著:《现代社会研究方法》,复旦大学出版社 2001 年版。

17. 陈向明:《质的研究方法与社会科学研究》,教育科学出版社 2000 年版。

18. [美]诺曼· K. 邓津、伊冯娜·S. 林肯主编:《定性研究(第1卷):方法论基础》,风笑天等译,重庆大学出版社2007年版。

19. [美]诺曼· K. 邓津、伊冯娜·S. 林肯主编:《定性研究(第2卷):策略与艺术》,风笑天等译,重庆大学出版社2007年版。

20. [美]诺曼·K. 邓津、伊冯娜·S. 林肯编:《定性研究(第3卷):经验资料收集与分析的方法》,风笑天等译,重庆大学出版社2007年版。

21. [美]马茨·艾尔维森、卡伊·舍尔德贝里:《质性研究的理论视角:一种反身性的方法论》,陈仁仁译,重庆大学出版社2009年版。

22. [英]大卫·希尔弗曼:《如何做质性研究》,李雪、张劼颖译,重庆大学出版社2009年版。

23. [德]伍威·弗里克:《质性研究导引》,孙进译,重庆大学出版社2011年版。

24. [美]Matthew B. Miles、A. Micheal Huberman:《质性资料的分析:方法与实践》,张芬芬译,重庆大学出版社2008年版。

25. [美]阿巴斯·塔沙克里、查尔斯·特德莱:《混合方法论:定性方法和定量方法的结合》,唐海华译,重庆大学出版社2010年版。

26. [美]约翰·W. 克雷斯威尔:《研究设计与写作指导:定性、定量与混合研究的路径》,崔延强译,重庆大学出版社2007年版。

27. [美]科宾、施特劳斯:《质性研究的基础:形成扎根理论的程序与方法(第3版)》,朱光明译,重庆大学出版社2015年版。

28. [英]A. R. 拉德克利夫-布朗:《社会人类学方法》,夏建中译,山东人民出版社1988年版。

29. [美]尼尔·J. 斯梅尔塞:《社会科学的比较方法》,王宏周、张平平译,社会科学文献出版社1992年版。

30. [美]彼得·罗西、霍华德·弗里曼、马克·李普希:《项目评估:方法与技术(第6版)》,邱泽奇等译,华夏出版社2002年版。

31. [美]内森·凯菲茨:《应用数理人口学》,郑真真、顾大男、任强译,华夏出版社2000年版。

32. [美]德尔伯特·C. 米勒、内尔·J. 萨尔金德:《研究设计与社会测量导引(第6版)》,风笑天等译,重庆大学出版社2004年版。

33. 郭志刚、郝虹生、杜亚军等编著:《社会调查研究的量化方法》,中国人民大学出版社1989年版。

34. 郭志刚主编:《社会统计分析方法——SPSS软件应用(第二版)》,中国人民大学出版社2022年版。

35. 李沛良:《社会研究的统计应用》,社会科学文献出版社2002年版。

36. 柯惠新、黄京华、沈浩编著:《调查研究中的统计分析法》,北京广播学院出版社1992年版。

37. [美]布来洛克:《社会统计学》,傅正元、沈崇麟、黎鸣等译,中国社会科学出版社

1988 年版。

38. 卢淑华编著:《社会统计学(第四版)》,北京大学出版社 2015 年版。

39. 袁方主编:《社会调查原理与方法》,高等教育出版社 1990 年版。

40. 徐经泽主编:《社会调查原理与方法》,高等教育出版社 1994 年版。

41. 宋林飞:《社会调查研究方法》,上海人民出版社 1990 年版。

42. 风笑天:《现代社会调查方法(第六版)》,华中科技大学出版社 2021 年版。

43. 于忠智主编:《社会调查研究实用教程》,东方出版社 1991 年版。

44. 边燕杰、李路路、蔡禾:《社会调查方法与技术:中国实践》,社会科学文献出版社 2006 年版。

45. [美]L. 基什:《抽样调查》,倪加勋主译,中国统计出版社 1997 年版。

46. 谢宇:《社会学方法与定量研究(第二版)》,社会科学文献出版社 2012 年版。

47. E. Babbie. *The Practice of Social Research* . Belmont, California: Wadsworth Publishing Company. 2015.

48. K. D. Bailey. *Methods of Social Research* . New York: The Free Press. 1987.

49. P. Bazeley & K. Jackson. *Qualitative Data Analysis with NVivo* (2nd Ed.). London: Sage Publications. 2013.

50. C. G. A. Bryant. *Positivism in Social Theory and Research* . London: Macmillan. 1985.

51. N. Denzin & Y. Lincoln (eds.). *The Sage Handbook of Qualitative Research* (Fifth Ed.). Thousand Oaks, CA.: Sage Publications. 2018.

52. E. Durkheim. *The Rules of Sociological Method* . New York: The Free Press. 1938.

53. U. Flick (ed.). *The SAGE Handbook of Qualitative Data Analysis* . London: Sage Publications. 2014.

54. M. Hardy & A. Bryman (eds.). *Handbook of Data Analysis* . London: Sage Publications. 2005.

55. D. Knoke & J. H. Kuklinski. *Network Analysis* . Beverly Hills, California: Sage Publications. 1982.

56. D. C. Miller & N. J. Salkind. *Handbook of Research Design and Social Measurement* (6th Ed.). Thousand Oaks, CA.: Sage Publications. 2002.

57. P. H. Rossi et al (eds.). *Handbook of Survey Research* . New York: Academic Press. 1983.

58. J. Scott. *Social Network Analysis: A Handbook* . London: Sage Publications. 2000.

59. S. Wasserman & K. Faust. *Social Network Analysis: Methods and Applications* . Cambridge: Cambridge University Press. 1994.

60. B. Wellman & S. D. Berkowitz (eds.). *Social Structures: A Network Approach* . Greenwich, Connecticut: JAI Press Inc. 1997.

后　记

本书第四版的修订工作仍然是我们集体合作完成的,参与本次教材修订的人员有所增加。在我们共同讨论修订方案的基础上,各章作者补充修改了部分内容,增加和更新了进一步阅读书目,最后由林聚任对全书做了统稿工作。各章撰写者分工如下:

第四版前言:林聚任
第一章:刘玉安、林聚任
第二章第一节、第二节:林聚任
第二章第三节:泥安儒
第三章:林聚任
第四章:武中哲
第五章:马光川、解玉喜
第六章:林聚任
第七章:解玉喜
第八章:林聚任
第九章:邱敏、郝双英
第十章:丁苏红
第十一章:岳彩新、李忠路
第十二章:武中哲
第十三章:林聚任
第十四章:林聚任、李忠路
第十五章:林聚任、刘佳
第十六章:周云红、王向贤
第十七章:邱莉

本教材于2020年被评为"山东省普通高等教育一流教材",2022年又被列入"山东大学高质量教材出版专项",获得出版支持,因此第四版得以修订出版,特此致谢。

本次修订出版得到了山东人民出版社马洁女士的大力支持,在此一并感谢。我们在修订写作过程中参考和吸收了国内外同行专家新出版的大量研究成果,恕不一一列出,特表谢忱。

本书仍存在一些不足之处,诚挚希望各位读者批评指正。

编者

2023 年 6 月